2018年第1辑
总第1辑

企业合规论丛（第1辑）

华东师范大学企业合规研究中心 / 编

中国法制出版社
CHINA LEGAL PUBLISHING HOUSE

目　录 CONTENTS

论文争鸣

判解研究

专题研讨 1
破产法专题

论债务人企业所得税制度在破产程序中的改进

宋全胜

内容摘要 在我国企业破产清算，以及以重整、和解的法律方式挽救危困企业的过程中，普遍感到我国的现有税收法制与企业破产法的规定及立法目的的脱节，其中债务人的企业所得税便是问题突出的重点。学者及实务工作者也多从已有法律、政策的角度分析此问题。本文从企业破产法立法目的及税收制度设计原则的角度进行分析，意在理顺现有企业所得税制度在企业正常经营过程中的合理性与在企业破产清算、重整与和解中的不合理之处，并提出在破产程序中债权人企业所得税的立法建议。

关键词 企业所得税 对象 立法目的 公平原则

在我国企业破产清算，以及以重整、和解的法律方式挽救危困企业的过程中，普遍感到我国的现有税收法制与企业破产法的规定及立法目的的脱节，其中债务人的企业所得税便是问题突出的重点。本文论述的是在破产程序中产生的债务人企业所得税的问题，不包括债务人企业进入破产程序前拖欠的企业

作者单位：中国人民大学破产法研究中心，中欣重组顾问（北京）有限公司。

所得税（笔者主张该部分税收债权与其他税收债权一样按照企业破产法规定的顺位进行清偿）。

一、破产程序中的债务人企业所得税的问题

（一）破产清算中的债务人企业所得税的问题

按照财政部、国家税务总局《关于企业清算业务企业所得税处理若干问题的通知》（财税〔2009〕第 60 号）的规定，首先，财税〔2009〕第 60 号文适用于按《中华人民共和国企业破产法》（以下简称《企业破产法》）规定需要进行清算的企业，即依法破产清算的企业。其次，企业资产的分配顺序为企业全部资产的可变现价值或交易价格减除清算费用，职工的工资、社会保险费用和法定补偿金，结清清算所得税、以前年度欠税等税款，清偿企业债务，按规定计算可以向所有者分配的剩余资产。亦即结清清算所得税、以前年度欠税等税款是在清偿企业债务之前。最后，清算所得为企业的全部资产可变现价值或交易价格，减除资产的计税基础、清算费用、相关税费，加上债务清偿损益等后的余额。按照此规定清算所得主要来源于资产处置产生的所得以及债务清偿的损益。而债务清偿损益，按照国务院令第 512 号《中华人民共和国企业所得税法实施条例》（以下简称《企业所得税法实施条例》）第 12 条的规定，企业取得收入的货币形式包括债务的豁免。

而且，除了因债务豁免产生的应税所得外，因资产的处置也有可能产生应税所得。在很多时候，债务人因破产清算进行资产处置或在重整与和解程序中为了偿债进行资产处置都会低于其资产的计税基础，毕竟这是在特殊时期"紧急"地处置资产。但是，也有可能因市场行情的上扬，如债务人所拥有的房地产、股票等资产在处置时价格上涨，此时这些资产的可变现价值或交易价格远远高于其计税基础。即便如此，债权人的受偿仍须打折。（本文不讨论理论上存在的破产清算后仍有剩余资产向股东分配和重整和解中破产债权不打折清偿的极端情况。）

让大家明显感到的问题是，在破产清算的情况下，债权人因债务人的资不抵债尚不能得到债权的全额清偿，即债权人会发生经济损失。而国家却有可能在此过程中收取债务人的企业所得税，特别是在债务人因不能全额清偿债务被视为获得收入而产生可能应税的清算所得，而且是在债务人的资产总额相对于债务总额越小，不能清偿的额度越大，即债权人的损失越大的情况下，清算所得额越大。即债权人损失越大，国家可能收税越多。如果利益主体在看待利益得失有正相关的感情的话，在债务人破产清算的企业所得税方面，就会"债权人越哭，国家越乐！"

（二）重整与和解中的债务人企业所得税的问题

同样，在挽救危困企业的重整与和解的过程中，也会出现同样的问题，在不能清偿的额度越大，即债权人的损失越大的情况下，清算所得额越大，国家可能收税越多。但大家看到财政部、国家税务总局《关于企业重组业务企业所得税处理若干问题的通知》（财税〔2009〕59号）以及后续相关的国家税务总局关于发布《企业重组业务企业所得税管理办法》的公告（国家税务总局公告2010年第4号）和国家税务总局《关于企业重组业务企业所得税征收管理若干问题的公告》（国家税务总局公告2015年第48号）的时候，感到了一丝希望或"以为抓住了救命稻草"，认为重整与和解中的债务重组可以适用上述规定中的按特殊重组业务进行税务处理。但是，特殊性税务处理并不意味着不缴税，只是在纳税时间上进行了递延。而且，按特殊性税务处理还同时需要满足规定的5项条件，以及，企业债务重组确认的应纳税所得额占该企业当年应纳税所得额50%以上，可以在5个纳税年度的期间内，均匀计入各年度的应纳税所得额；企业发生债权转股权业务，对债务清偿和股权投资两项业务暂不确认有关债务清偿所得或损失，股权投资的计税基础以原债权的计税基础确定；企业的其他相关所得税事项保持不变；等等。

如此，不仅造成了国家与本已注定债权损失的债权人争利，对于危困企业的挽救也造成困难，既直接增加债务人企业的负担，又增加了战略投资者参与债务人企业重组的成本。

二、现有企业所得税制度出现问题的原因分析

（一）我国现有企业所得税制度在企业正常经营和“资足抵债”情形下的合理性

客观地讲，对于企业正常经营过程中，以及企业清算出现的不是“资不抵债”而是“资足抵债”甚至依法清偿完债务尚有财产可以向股东分配的情形下，我国现有的企业所得税制度的相关规定还是合理的，特别是关于债务人债务重组的规定。

对于正常经营的企业，以及清算时依法清偿完债务尚有财产可向股东分配的企业，企业所得税制度规制的是企业和企业背后的股东的收益。在此情形下，关于一般收入的应税所得的规定是合理的，关于债务重组的应税所得的规定也是合理的。一般来说，销售货物、提供劳务、转让财产、股息、红利等权益性投资收益、利息、租金、特许权使用费、接受捐赠的收入，都是企业资产的正向的、直接的增加，把这些收入规定为应纳税所得额正向因素并无不当。也正如我们大家所知，企业的负债是除股东出资外的另一主要的资产来源方面，如通过向银行负债借款而增加企业的货币财产，通过赊购向销售方负债购入货物增加企业的存货等。但股东出资与负债所不同的是，非经合法的利润分配程序或减资程序，不得向股东分配或让其抽回出资，而债务人的负债是以后需要足额向债权人清偿的。如果债权人豁免了债务人企业的部分债务，这就意味着曾经流入企业的资产不再需要流出按照当初约定的价值的资产，即企业间接地增加了豁免债务数额的收入。对这样的债务豁免规定为应税所得，对于正常经营的企业以及清算时依法清偿完债务尚有财产可向股东分配的企业，规制了企业及其股东，都是合理的。

而且，出于对债务人发生财务困难的考虑，为了有利于债务人的解困，国家出台了以《关于企业重组业务企业所得税处理若干问题的通知》为代表的

关于符合条件的债务重组可以进行特殊性税务处理的规定，这无疑具有巨大的积极意义。

（二）我国现有企业所得税制度在企业破产清算以及重整与和解情形下的不合理性

如前所述，按照我国现行规定，在破产清算中，债权人损失越大，应税所得可能越高。例如，在债务人企业破产清算程序中，按照《关于企业清算业务企业所得税处理若干问题的通知》的规定，如果债务人被依法豁免了800万元的债务，则在应税所得的正方向会增加800万元的清算所得，假设清算费用、相关税费的因素为零，而且包括清算期在内的（企业应将整个清算期作为一个独立的纳税年度计算清算所得）往前5年可用于弥补所得的亏损总额为零，则按照25%的企业所得税税率（同时假设可依法减免和抵免的税额为零），则因债务豁免就可能产生200万元的应纳税额。而此时无担保的债权人受偿总额可能极少甚至为零。

同样，如果上例是发生在重整或和解程序中，因800万元的债务豁免，即使有特殊性税务处理的相关规定，则仍存在产生200万元的应纳税额的可能。

上述问题让大家感到不公平，但在与传统税法理论和税务实践人士沟通中，会被理直气壮地顶回来，因为他们以目前企业所得税制度在企业正常经营和“资足抵债”情形下的合理性，而且是比较充分的合理性，作为挡箭牌。进而也导致了从事破产理论和实务的人们陷入“这也不是，那也不是”的困惑之中。笔者认为需要从三个方面反思这种不合理性。

1. 所得税属性和开征原则方面的不合理性

所得税是在收入分配环节中进行的课税，一般情况下，其税收负担难以转嫁，作为纳税的企业和个人将承担最终的税收负担。由于所得税的纳税人就是负税人，因此所得税属于直接税的范畴。尽管所得税在保证财政收入方面不如商品税，但它的课税是建立在真实可靠的税基之上的，能够更好地针对纳税人的实际纳税能力来确定税收负担，调节收入和财富的分布，因而有利于税收公平原则的实现。[1]因此，所得税除了具备税收的一般特性外，一个重要的特征便是根据纳税人的财富增加多少和纳税能力的大小来确定缴纳所得税的额度。

对于什么是“应税所得”(Taxable Income)，一直以来就有不同的看法，概括起来主要有周期说、纯资产增加说、净值(加消费)说和交易说等四种。[2]周期说强调应税所得是从一个可以获得固定收入的永久性“来源”中取得的收入；纯资产增加说认为所得是在一定时期内新增加的并可随意支配的经济资产的总额，但要从中扣除所有应支付的债务和资本损失；净值（加消费）说认为所得是在一定时期内的实际消费额（个人所得税纳税人）加上财富净增加额；会计学家们所赞同的交易说中的所得是某一时期在交易基础上实现的全部收入，减去为取得这些收入而消耗的成本费用，再减去同期亏损之后的余额。不同国家对上述学说的应用有一定的倾向性，实质上是在所得税制中对公平和效率的选择。其中，周期说和交易说倾向于效率，纯资产增加说和净值（加消费）说倾向于公平。特别是净值（加消费）说使应税所得接近真实所得，从而在更大程度上反映出纳税人的纳税能力，有利于税收公平的实现。以“交易说”为基础的所得税制比较简单，征管便利，但又由于课税仅考虑交易的所得，不考量全部纳税人的纳税能力而有悖于公平原则。[3]纳入所得税课税范围内的所得，应当能够表现为纳税人经济力量的净增加。[4]

从我国已有的关于企业所得税的制度规定上来看，我国采取的是有利于实践操作的交易说。而且，在我国的所得税立法中，无论是企业所得税法，还是个人所得税法，并无其他法律那样的立法宗旨，而是直接规定纳税主体和纳税所得的计算。如《中华人民共和国企业所得税法》(以下简称《企业所得税法》)第 1 条规定，在中华人民共和国境内，企业和其他取得收入的组织为企

[1] 参见王玮编著:《税收学原理》，清华大学出版社 2012 年版，第 219 页。

[2] 参见杨斌:《比较税收制度》，福建人民出版社 1993 年版，第 292 页。

[3] 参见王玮编著:《税收学原理》，清华大学出版社 2012 年版，第 221 页。

[4] 同上注，第 223 页。

业所得税的纳税人，依照该法的规定缴纳企业所得税；第 5 条规定，企业每一纳税年度的收入总额，减除不征税收入、免税收入、各项扣除以及允许弥补的年度亏损后的余额，为应纳税所得额。这样，一方面便于操作，提高了效率。另一方面，在公平性方面造成了隐患，使得企业所得税法律解释困难且完善修法时失去明确的指导思想。

如前所述，企业正常经营过程中，以及在企业清算出现的不是“资不抵债”而是“资足抵债”甚至依法清偿完债务尚有财产可以向股东分配的情形中，企业负债的同时增加了企业资产但也需依法足额偿债，债权人豁免部分债务意味着等额的资产不必再流出企业，因而企业间接地获得了收入。但在破产清算的情况下，债务人的全部资产要用于向债权人偿债，在债务人股东有限责任和企业破产的制度下，债权人依法被迫地豁免了企业的债务。无论豁免的数额大小，都不会再增加债务人企业的资产或收入，因为此时债务人企业的资产除了支付必要的破产费用和共益债务外的唯一用途就是向债权人清偿，债务人股东并不能获得分配，而且清偿之后债务人企业就要注销，也没有机会去增加收入。如果此时再因此产生企业所得税的应税所得及应纳税额，就与所得税的“直接税属性”，以及所得税的范围“能够表现为纳税人经济力量的净增加”的开征原则相悖了，在征税的对象、时机和额度方面都存在问题。

2. 税收制度设计原则方面的不合理性

同时，这种结果也违背了我国税收制度设计的总体原则。国家税务总局的官方网站表述了我国税收制度设计遵循以下原则：财政原则、公平原则、效率原则和适度原则。其中，税收公平原则，是指政府征税要使不同纳税人承受的税收负担与其经济状况相适应，并使各个纳税人之间的负担水平保持均衡，不同纳税能力的纳税人承担不同的税收，纳税能力强者多纳税，纳税能力弱者少纳税，无纳税能力者不纳税。税收的效率原则要求政府征税活动要有利于资源的有效配置，促进经济行为的合理化和社会经济效率的提高，或者对经济效率的不利影响最小。适度原则要求在税收制度设计中，社会整体税收负担的确定，要充分考虑国民经济发展状况和纳税人负担能力，既能基本满足国家的财政需要，又不能使税负太重影响到经济发展与人民生活。而当前企业所得税在破产情形下的制度设计就与公平原则、效率原则和适度原则都有一定的冲突。债权人损失越大，应纳税额可能越大——不公平；加大本已受损债权人的进一步损失，对经济效率的不利影响不是最小——无效率；给债权人“雪上加霜”——不适度。

3. 破产法立法目的方面的不合理性

破产法的直接调整作用，是保障决定市场经济能否正常运转的债务关系在债务人丧失清偿能力时的最终有序、公平实现。[5]故有在经济上“企业平常是股东的，破产时是债权人”的共识。如果对于正常经营的企业，以及清算时依法清偿完债务尚有财产可向股东分配的企业，企业所得税制度规制的对象是企业和企业背后的股东，那么在破产清算程序中，当前的企业所得税制度就会是表面上规制的是债务人企业，实质上规制的是债务人不能全额清偿的债权人。

重整制度将债务清偿与企业拯救两个目标紧密结合，一方面，通过对债务关系的调整，消除破产原因，避免企业破产；另一方面，则将债权人权利的实现建立在债务人企业复兴的基础上，全面采取重整措施，力图保留企业的营运价值，以企业继续经营所得偿还债务，最终使债权人得到较破产清算更多的清偿。[6]而和解是在破产清算以外再创设的挽救企业的救济制度，以使纯粹因经济不景气而在经济危机中遭遇不幸的、陷入破产状态的债务人避免破产。[7]其实，无论是重整还是和解，都是债务人不能清偿到期债务，而且实践中绝大多数在程序（重整程序或和解程序）中债务人都不能全额清偿债权，即债权人总要被迫豁免部分债务。尤其是当前被相对较多适用挽救危困企业的重整程序，在制度设计之本意就是将无力全额清偿债务的本应进入破产清算程序的债务人“置之死地而后生”，因此在重整中法院批准的条件之一就是“按照重

[5] 参见王欣新：《破产法》，中国人民大学出版社 2007 年版，第 16 页。

[6] 同上注，第 345 页。

[7] 参见王东敏：《新破产法疑难解读与实务操作》，法律出版社 2007 年版，第 127 页。

整计划草案，普通债权所获得的清偿比例，不低于其在重整计划草案被提请批准时依照破产清算程序所能获得的清偿比例”，这是法律保护债权人合法利益的最下限。在和解程序中，之所以债权人会议可以通过多数决的方式通过和解协议，和解协议中对债权人的清偿条件也一定不会比债务人进入破产清算程序低。也就是说，作为挽救债务人的重整与和解程序，重整计划或和解协议无论是通过债权人会议自治决定后由法院批准认可，或通过法院强制批准，法律要保护的是：债权人的受偿不低于依照破产清算程序所能获得的清偿。而且，法院、管理人、债权人也是把对债权人利益的保护放在第一位的，之所以要挽救债务人以及在债权人方与重组方的谈判中作出让步，也都是基于重组成功生产盈利更多地提高债权人的清偿比例的无奈之举。即使如此，债权人获得的清偿通常仍然不会是全额。再者，在重整程序中还规定了可以直接调减债务人原股东（出资人）的权益。因此，在重整与和解程序中，在经济上亦未颠覆“企业平常是股东的，破产时是债权人”之说。

如果我们认为在破产清算程序中，对债务人因清算所得征收企业所得税会导致对债权人的不公平，那么，在重整与和解程序中，国家因此也“雪上加霜”地与债权人“分一杯羹”，同样是不公平的。因为债务人的资产是固定的，此增则彼减。而且，这还会增加重组方参与债务人挽救的成本，重组方有可能因此放弃参与挽救，并进而导致挽救失败再转入破产清算程序。另外，在破产程序中产生的债务人企业所得税，不是债务人拖欠未缴的以往年度的企业所得税，而是在破产过程中随着债务人的财产处置和债务豁免产生的。

因此，当前的企业所得税制度与企业破产法的立法目的是相悖的，规制的对象错误，不仅直接加重了受损债权人的损害，也不利于有挽救价值和希望的危困债务人的成功。

三、讨论中三种不成立的观点

在对当前企业所得税的政策在企业破产程序中的不合理性进行讨论时，经常听到以下观点，笔者认为对于完善企业破产程序中的企业所得税政策并无积极意义。

（一）债务重组等重组的特殊性处理能解决问题的观点

对于未进入破产程序中的债务人，个别债权人出于各种目的与债务人进行债务重组，此时并无改变债务人企业的主体性质和股东实际控制的事实。因此，为了鼓励对困难债务人的帮助，国家也在债务重组满足条件下，以税收的特殊性处理来给予政策优惠。但除了必须符合法定条件外，所谓的特殊性处理并非不税收，而是税收的递延。这并不能改变上述企业所得税制度规制对象错误的结论，只是将“错误”分解和递延。

（二）应税所得可以弥补往年亏损的观点

有人认为，不管应税所得的正向要素如清算税收如何计算，一般都可以弥补破产企业往年的亏损。且不管法律关于弥补亏损 5 年的限制时间，但现实中可能出现如下两种可弥补的亏损总额较小的情况：一是企业正常经营突然发生财务危机而进入破产程序，企业往年无亏损或亏损额较小；二是企业已多年停止经营，停止经营期间发生的各种成本费用极少，亏损额也不大。当有这两种情况时，如果清算等破产程序中的应税所得比较大，则很难以弥补亏损来减小。

（三）债务豁免数额与应纳税额计算死循环的观点

在实务中，大家在谈到破产程序中因债务豁免产生应纳税额时，还常常以计算会产生死循环为由作为现有债务人企业所得税制度的弊端加以攻击，例如，如果 1000 万元的总债权，扣除各种破产费用和共益债务后的资产总额为 400 万元，按 40% 清偿，即债务豁免 600 万元，假设其他因素可扣减的因素为 0，则因债务豁免产生了应税所得 600 万元，应纳税额为 150 万元（600 万元 ×25%）。如果先缴纳 150 万元的企业所得税，资产余额为 250 万元，用以清偿债务 250 万元，清除率变为 25%，重组所得 = 债务豁免额 =750 万元，应

纳税额 =187.5 万元（750 万元 ×25%）……以此类推。

其实，这是未以方程的方式去解决问题而是一开始就人为地把债务豁免数额给固定下来导致的。如果我们在上例中，设债务豁免（重组所得）=Y 万元，应纳税额为 X 万元，则：

在应纳税额计算方面：X=Y×25%

在资产分配方面：400=（1000−Y）+X

通过解方程，很容易求得：债务豁免 =Y=800 万元，应纳税额 =X=200 万元，需向债权人清偿 200 万元（1000−Y）。

从上例可以看出，400 万的资产因不能清偿债权人 800 万元而产生 200 万元的企业所得税，只能按 20% 的清偿率向债权人清偿。

假如在上例中债务人企业的扣除各种破产费用和共益债务后的资产总额为 Z 万元，从上述公式中可知债务豁免的额度 Y 为应纳税额的 4 倍即 Y=4X，当 Z=Y÷4 即资产总额等于不能清偿的债权总额的 25% 时，则 X=Z，Z 将全部用于缴纳应纳税额 X，债权人清除率将为 0。在上例中如果债务人企业的扣除各种破产费用和共益债务后的资产总额为 250 万元，则在先缴企业所得税的情况下，应税所（债务豁免额）为 1000 万元，应纳税额为 250 万元，向债权人的清除率为 0。

四、关于破产债务人企业所得税的立法建议

在破产中，对债务人的企业所得税给予不同于非破产情形下的不同对待，在国外是有立法例的。例如，McConnell 在《预打包破产的经济性》（The Economics of Prepackaged Bankruptcy）中谈到预打包破产的税收优势时说："如果债务人公司与债权人达成自愿协议，债权人同意取消一定比例的债务——比如 1/3——这个部分是要作为应税收入纳税的。但是在破产情况下类似的债务重

组就不必纳税。”[8]

我国的理论和实务工作者也多从政策层面，呼吁给予企业破产的实施更多的税收优惠。但是，笔者认为，就破产程序中债务人的企业所得税而言，应该从企业所得税立法层面给予完善。《企业所得税法》第 55 条第 2 款规定，企业应当在办理注销登记前，就其清算所得向税务机关申报并依法缴纳企业所得税。《企业所得税法实施条例》在第 11 条中解释了《企业所得税法》第 55 条所称的清算所得，是指企业的全部资产可变现价值或者交易价格减除资产净值、清算费用以及相关税费等后的余额。《关于企业清算业务企业所得税处理若干问题的通知》对清算所得内容的规定有所改变——“企业的全部资产可变现价值或交易价格，减除资产的计税基础、清算费用、相关税费，加上债务清偿损益等后的余额，为清算所得”，并且规定了具体的清算企业财产分配方式为“企业全部资产的可变现价值或交易价格减除清算费用，职工的工资、社会保险费用和法定补偿金，结清清算所得税、以前年度欠税等税款，清偿企业债务，按规定计算可以向所有者分配的剩余资产”。从上述我国相关制度的发展，可以看出下层制度对上层制度的突破，也反映出制度的完善从下层更容易着手。但是，为了从根本上解决观念认识的问题，笔者建议还是应在立法层面制定针对破产程序中债务人的企业所得税制度，具体如下：

在破产程序中，债务人企业财产以特定财产优先受偿对该特定财产享有担保权的权利人，再依《企业破产法》的顺序清偿债务；如财产有剩余，在缴纳破产所得税后，按规定计算可以向所有者分配的剩余资产。

上述建议有四点需要说明：

（1）将清算所得统一为破产所得，以涵盖破产清算、重整与和解三种破产程序，也适应三种破产程序依法相互转换后的混乱。（2）如清偿债务后财产有剩余缴纳破产所得产生的企业所得税，不应反向侵蚀向债权人的清偿，这是为

---

[8] McConnell, *The Economics of Prepackaged Bankruptcy*, pp.93-97. 转引自帕特里克·A. 高根（Patrick A.Gaughan）:《兼并、收购和公司重组》，顾苏泰、李朝晖译，中国人民大学出版社 2010 年版，第 478 页。

了保证企业所得税法律规制对象的正确。（3）程序的严格性。只有在法院主持下的司法破产程序（包括破产清算、重整与和解）中才能适应，并且相关数据应由独立的中介机构鉴证。而且对于债务人的债务、资产、分配方案、重整计划、和解协议应有相关独立的中介机构给予鉴证。这是为了防止借破产程序对可能产生的企业所得税的逃避行为。（4）个别细节因素仍须继续认真思考和完善。

总之，我国现有的破产程序中债务人企业所得税制度，与所得税的原理、税收制度的设计原则以及破产法的立法目的相违背，已形成对债权人合法权益的损害以及对有挽救希望和价值的债务人挽救的桎梏，需要国家在立法层面上加以完善。

论我国的个人破产立法

——以金融基础设施建设为视角

陈本菲

内容摘要 金融基础设施是指金融运行的一系列硬件设施和制度安排，法律基础设施在金融基础设施中占据举足轻重的地位。在发展中国家的金融活动中，破产法的制度构建、执行情况，对一个国家金融事业的发展有着重要影响。个人破产立法有利于建立适当的应收账款评估机制，推动信贷行业安全，促进经济活动最大化。从金融基础设施角度论证和探寻个人破产立法的价值具有一定的理论和实践意义。本文以个人破产制度的历史溯源与发展现状研究为切入点，阐明个人破产制度的本源及本质，并重点介绍和分析了个人破产制度与金融基础设施之间的互动关系。本文从程序性规则构建和实体性规则构建两个角度入手，从主体角度、多元纠纷解决机制、法庭内程序和法庭外程序四个角度对程序性规则构建进行立法研究，从自由财产、个人破产免责和失权与复权三个重要制度对实体性规则构建进行了探讨，从而对个人破产立法的相关制度安排进行了分析，并提出立法建议。

关键词 个人破产 金融基础设施 ADR 程序 免责

作者单位：中国邮政储蓄银行总行法律与合规部。

一、个人破产制度的历史溯源与发展现状

（一）个人破产的历史溯源

个人破产法，是指“个人债务人不能清偿到期债务时，由法院依法宣告其破产，并对其财产进行清算和分配或者进行债务调整，对其债务进行豁免以及确定当事人在破产过程中权利义务关系的法律规范[1]”。在不存在债权债务的社会，亦不存在债务人破产和清偿债权人。进入信贷社会后，信贷是个人对他人信誉的信任，此时尚未建立信誉的概念，信贷仅是出于对维持生存及生活状况的经济需求。[2]但是信贷的出现和发展一直处于非正常和惩罚之下。最开始，负债在宗教和法律上都是严厉制裁的对象，以防止债务人违约以及打击借贷[3]。

最早的个人破产法可追溯到印度法（债权人可以砍掉债务人的手或者挖掉债务人的眼睛，甚至杀死债务人）和法老法（无力偿债的债务人可能看到债权人以同态复仇法侮辱债务人的父亲的尸体）。《汉谟拉比法典》（第117令）规定将无力偿债的债务人及其家人贩卖为奴偿还债务，或者供债权人奴役至少三年。希伯来法律判处无力偿债的债务人在债权人处为奴至少六年。在古希腊，债务人及其亲属的奴役也是对违约债务人的惩罚措施。[4]

公元前450年的《十二铜表法》也对欺诈情形下债务人的奴役和死刑进行了规定。罗马法《十二铜表法》奠定了债务集中处理的基础，即债权人可以

---

[1] 李曙光：《破产法的转型》，法律出版社2013年版，第204页。

[2] See Carlsson, B., Hoff, D.*Dealing with insolvency and indebted individuals in respect to law and morality.* Soc. Leg. Stud. 9(2), pp.293–317 (2000), p29.

[3] See Levinthal, L.*The Early History of Bankruptcy Law.* Univ. PA. Law Rev. 66, 223 (1918). Tabb, C. (ed.): Bankruptcy Anthology, Cincinnati, Anderson Publishing, pp.5–9.

[4] See Feibelman, A.*Defining the social insurance function of consumer bankruptcy.* ABI Law Rev.13, pp.1–58 (2005). p.34.

将违约债务人肢解，并根据债权份额领走属于自己的尸块。[5] 从历史角度看，债务处理从夺走债务人的人身属性（生命、自由和名誉），发展到聚焦债务人的财富。公元前 46—45 年，罗马法《关于财产让与的优流斯法》(Lex Iulia de bonis cedendis) 规定了财委付（cessio bonorum），即破产债务人将其财产分配给债权人，这一规定不仅构成了现代破产法的源头，也首创了债务人权利。[6] 财产委付允许信誉良好的破产债务人通过向债权人自愿转让财产而拒绝囚禁和污名，并且财产让与不应当剥夺债务人最低生存所需。

现代破产法产生于 14 世纪意大利的贸易城市。现代破产法的出现是诸如佛罗伦萨、热那亚、米兰和威尼斯等城市商业活动的快速发展的自然结果。[7] 意大利破产制度继受罗马法之精神，但从其产生时起，已经具备了防止个别债权人扣押债务人的全部财产，从而导致其他债权人不公平的功能。[8]

1542 年亨利八世时期，第一部英文破产法通过，仅适用于商人。在该部法律中，债务人大多数被视为罪犯。不诚实债务人面临监禁或者在极端的情况下，被处以死刑。1706 年《安妮法》(Statute of Anne) 创设了对程序中配合债权人的债务人免除剩余债务的可能性，其前提是债权人不反对。该法于 1842 年失效。

法律概念上的破产，作为经济发展的必要条件而出现，并且在很长一段时间内仅适用于商人。[9]个人破产在早期社会的缺失，催生了针对由于个人或商业原因无法偿还债务的债务人的债务集中处理程序。同时也催生了对破产债

---

[5] See Levinthal, L. *The Early History of Bankruptcy Law*. Univ. PA. Law Rev. 66, 223 (1918). Tabb, C. (ed.): Bankruptcy Anthology, Cincinnati, Anderson Publishing, pp.5–9 (2002). p.6.

[6] See Alberts, T.C. *The Insolvency Law of Ancient Rome (2005)*. URL: http://www.ancientworlds.net/aw/Article/688167, 2016-12-23.

[7] See Frade, C. ERA Forum (2012) 13: 45.doi:10.1007/s12027-012-0249-9.

[8] 参见文秀峰：《个人破产法律制度研究——兼论我国个人破产制度的构建》，中国人民公安大学出版社 2006 年版，第 3 ～ 4 页。

[9] See Frade, *Bankruptcy, stigma and rehabilitation*, C. ERA Forum (2012), June 2012, Volume 13, Issue 1, pp. 45–57.

务人的消极和耻辱文化以及宗教评判。这一公开的耻辱在债务处置中全部发泄到债务人及其家人身上。但随着时间推移，传统的复仇心态向补偿规则让步，商人破产开始独立，并向更高的社会接受程度提出要求；与此同时，对债务人的人身处置也逐渐被处置债务人财产所取代。而就个人而言，企业破产法（14世纪）的立法仍领先个人破产（19世纪）五个世纪。

现代个人破产制度，可以说是自19世纪才开始慢慢形成的。[10] 1800年第一部破产法典在美国诞生，且适用于联邦范围。正如Bruce H. Mann所称，这部法典标志着北美破产法的世俗化，并结束了清教徒的宗教道德。[11]同时，他也指出，“尽管破产不再被视为道德弱点，但是仍被视为经济风险，并且不会丧失其最初的道德特征”。1898年《破产法典》首次规定了个人的“重新开始”（fresh start），对破产程序的所有方面都进行了详细的规定，并规定破产法适用于所有的自然人和法人。[12]该法经过1938年修订，一直沿用到1978年《破产改革法》（Bankruptcy Reform Act），《破产改革法》对之前的破产法进行了全方面和实质性修改，创立了诸多先进破产理念。美国也成为当今破产法律制度最为健全、完备的国家。

经过发展，个人破产的立法目的已经从单纯保护债权人利益转向保护债权人利益和债务人利益，并作为个人市场主体之市场退出方式，以维护市场经济。从保护债权人利益的角度看，破产法的两个目标是：保证债务人所有债权人的公平受偿以及避免债务人损害债权人的经济利益，如Levinthal所言：“破产法的目的是保护债权人，首先免于来自债权人彼此损害，其次避免来自债务人的损害。”[13]从保护债务人利益的角度看，允许个人破产意味着个人在陷入

[10] 参见许德风：《破产法论——解释与功能比较的视角》，北京大学出版社2015年版，第155页。

[11] See Mann, B.H. *Republic of Debtors.Bankruptcy in the Age of American Independence*. Harvard Uni-versity Press, Cambridge (2002). p. 255.

[12] 参见文秀峰：《个人破产法律制度研究——兼论我国个人破产制度的构建》，中国人民公安大学出版社2006年版，第6页。

[13] See Levinthal, L. *The Early History of Bankruptcy Law*. Univ. PA. Law Rev. 66, 223 (1918). Tabb, C. (ed.): Bankruptcy Anthology, Cincinnati, Anderson Publishing, p.5.

财务困难时除了免受人身处罚外，通常还享有两方面的权利：一是保护自己的某些财产不被债权人强制执行；二是重新开始，即通过破产程序免除旧债，使将来的收入和财产不再受债权人的追夺。[14] 如我国深圳经济特区在《深圳经济特区个人破产条例草案建议稿附理由》中明确规定："本条例立法的目的有三：一是为了规范个人破产清算程序，公平处理债务人的债务，使得债权人能公平受偿；二是为了给予陷入经济上困难的债务人以重生的机会，保证其基本经济生活；三是为了维护社会主义市场经济秩序，推动社会经济发展。"

从历史发展角度看，个人破产立法是市场经济发展的必然产物，是文明进步和法治完善的重要组成部分，具有重要的时代价值；同时个人破产立法也是个人参与经济活动的重要制度保障，对债权人和债务人都起到重要的利益保护作用。

（二）我国个人破产的立法与发展现状

现代市场经济包括市场主体的准入、竞争、监管、退出等一整套完整制度，我国现有的市场主体退出制度仅限于公司退出，个人市场退出机制缺失。我国历史上长期处于重农抑商的政策之下，商品经济发展有限，缺少西方产生个人破产的经济基础，民间债务处理多采用"父债子还"的道德伦理调整方式。近代以来，中国传统自然经济开始向资本主义发展，中国个人破产制度的构建也被提上议程。近代以来中国主要的个人破产立法活动主要包括：

第一，清朝时期，清政府于 1906 年（光绪三十二年）颁布了中国史上第一部破产法，即《破产律》，该法一共 9 节 69 条。根据第 1 条："商人因贸易亏折，或遇意外之事，不得已自愿破产者……"和第 8 条"凡虽非商人，有因债务牵累自愿破产者，亦可呈明地方官，请照本律办理"可知，清朝采用商人破产主义，非商人也可以参照办理的一般破产主义。该律第 4 条规定了债务人的破产财产和自由财产："除该商必需衣物家具外，所有财产货物由地方官先

[14] 参见许德风：《破产法论——解释与功能比较的视角》，北京大学出版社 2015 年版，第 515 页。

行查封。”以及第 45 条：“破产之商，不得涉及其兄弟叔伯侄暨妻并代任经理之财产。”破产程序的进行由当地地方官主持，实行多数债权人平等受偿的原则。后因该法与先清偿外国人债款的丧权辱国惯例冲突，于 1908 年被废除。

第二，中华民国时期也对个人破产立法作出了新的尝试。1915 年，中华民国政府以德国和日本破产法为参考，拟定了采取商人破产主义的破产法草案。破产法草案共有 337 条，包括实体法、程序法和罚则三篇。该草案于 1927 年由国民政府司法部暂予施行。1934 年 10 月 22 日，国民党政府公布施行了《商人债务清理暂行条例》，该条例只适用于商人，且规定的是有关商人债务的清理程序而非破产程序，其最大特点是推行强制和解制度及和解前置主义，体现了官方对债权债务通过和解加以了结的一种引导。[15] 1935 年 7 月 17 日，国民政府公布了《破产法》，次日公布了《破产法施行法》，这两部法律于同年 10 月 1 日起施行，前述《商人债务清理暂行条例》因此而失效。《破产法》共 4 章 159 条，分为总则、和解、破产和罚则。总体上来看，该法在制度设计上注重法律移植与本土习惯的融合，从结构体例、法律规范和语言文字等各方面，体现出较高的立法水平和立法技术，相较于之前的破产立法均有突破和超越，被视为中国近代破产立法之集大成者。[16] 我国台湾地区现行破产法就是在此基础上修改而成的。

第三，我国现阶段个人破产立法仍处于空白状态。1949 年到 1986 年，我国没有确立正式的个人破产制度。为解决私营企业破产问题，最高人民法院曾颁布一些规范性文件，如 1956 年 1 月 26 日的《最高人民法院关于私营企业破产还债中的问题的批复》（现行有效），1957 年 1 月 17 日《最高人民法院关于破产清偿的几个问题的复函》（现行有效）等。

1986 年，全国人大常委会通过《中华人民共和国企业破产法（试行）》，

---

[15] 参见段宝玫：《民国时期破产规范在实践中的表达——以商会个案裁断为视角》，载《学术探索》2014 年第 5 期。

[16] 参见赵万一主编：《商法学》，中国法制出版社 2006 年版，第 341 页。

根据该法第 2 条，[17] 其适用对象为全民所有制企业；2006 年，《中华人民共和国企业破产法》（以下简称《企业破产法》）颁布，其适用对象为企业法人。对于非法人组织，《企业破产法》并没有明确其破产能力，而仅在第 135 条作出参照适用的规定。[18] 如，2012 年 12 月，最高人民法院《关于个人独资企业清算是否可以参照适用企业破产法规定的破产清算程序的批复》中，答复个人独资企业清算可以参照适用企业破产法规定，但是根据《中华人民共和国个人独资企业法》第 31 条的规定，人民法院参照适用破产清算程序裁定终结个人独资企业的清算程序后，个人独资企业的债权人仍然可以就其未获清偿的部分向投资人主张权利。目前，最高人民法院根据针对多数债权人的其他组织和公民“资不抵债”的情况，制定了强制执行中的参与分配制度，《最高人民法院关于适用〈中华人民共和国民事诉讼法〉若干问题的意见》第 297—299 条，《最高人民法院关于人民法院执行工作若干问题的规定》第 40 条、第 90 条—95 条，《最高人民法院关于适用〈中华人民共和国民事诉讼法〉执行程序若干问题的解释》第 25 条、第 26 条，对参与分配做了相应的规定。

二、个人破产制度与金融基础设施的互动关系

（一）个人破产是金融基础设施的重要组成部分

从金融学角度，金融基础设施内涵丰富，早期阶段，“Moskow（2002）将金融基础设施定义为支持金融市场和金融中介有效发挥作用的法律、管制和会计制度。Amable 和 Chatelain（2001）认为金融基础设施与一般基础设施（如道路、通信）的区别在于它们的使用目的，金融基础设施的目的是降低金融交易的成本”[19]；而主流观点认为，金融基础设施应同时包含硬件设施和规则制

---

[17] 参见《中华人民共和国企业破产法（试行）》（1986）第 2 条：“本法适用于全民所有制企业。”

[18] 参见《中华人民共和国企业破产法》第 135 条：“其他法律规定企业法人以外的组织的清算，属于破产清算的，参照适用本法规定的程序。”

[19] 孙龙建：《银行业市场约束研究》，中国财富出版社 2014 年版，第 93 页。

度两个方面。中国人民银行发布的《2005年金融稳定报告》指出，“金融基础设施是金融运行的硬件设施和制度安排”。

随着金融理论的不断发展，不同国家或机构对金融基础设施的概念界定也不断完善。国际金融机构、组织以及国内机构、学者均对金融基础设施进行了概念界定。因此，分析个人破产与金融基础设施之间的关系以及个人破产在金融基础设施建设中的作用，首先需要明确金融基础设施的基本内涵，对本文语境下的金融基础设施内容进行界定。笔者将通过分析比较国际和国内机构、组织和学者对金融基础设施概念界定，得出对金融基础设施界定的个人意见。

2006年，巴塞尔银行监管委员会（Basel Committee on Banking Supervision）发布最新的《有效银行监管核心原则》（以下简称《核心原则》），管委会将完善的金融基础设施建设作为有效银行监管的四项先决条件；2012年，巴塞尔银行监管委员会对《核心原则》进行了修改，修改后的《核心原则》认为完善的金融基础设施包括9个方面内容："（1）一贯实施并提供公平争议解决机制的商事法律体系，包括公司法、破产法、合同法、消费者保护法、物权法等；（2）有效独立的司法机关；（3）国际普遍接受的综合且明确的会计准则和规定；（4）使用财务报表的公司的独立外部审计体系；（5）能胜任、独立且经验丰富的专业人员（会计、审计和律师），工作成果按照官方或专业组织根据国际标准设立并实施的透明法律和道德准则并接受监督；（6）针对其他金融市场以及在适当情况下对这些市场的参与者的明确规章制度和充分的监督；（7）安全、有效且良好规制的支付和清算系统（包括中央对手方）；（8）提供借款人征信信息的高效、有效的征信机构；（9）公众可获取基本经济、金融和社会数据。”[20]

巴塞尔银行监管委员从9个方面对金融基础设施的概念界定可归结为法

[20] According to Bank for international settlements, Core Principles for Effective Banking Supervision, 2012: "Well developed public infrastructure includes: ① a system of business laws, including corporate,

（转下页）

律制度、财务和会计制度、征信制度三大方面，特别值得注意的是，修订后的《核心原则》强调了破产法作为金融基础设施中法律制度的重要地位。

此外，国际金融组织也对金融基础设施作出了界定。根据世界银行国际金融公司（IFC）的定义，“金融基础设施指能够保障金融中介有效运行的一系列机构，包括支付制度、征信机构和抵押登记等。从更广义层面看，金融基础设施包括支撑金融部门运行的现行法律制度框架[21]”。国际金融公司赖金昌先生认为，现代信贷市场中，金融基础设施中的征信体系、担保物权制度和破产制度是保证信贷市场良好运行不可或缺的三个重要内容。[22]国际货币基金组织在工作报告中将金融基础设施定义为包括：（1）法律法规框架（包括执行和争议解决机制和破产法典）；（2）监管、会计和审计；（3）金融公司管理规则

(接上页)

bankruptcy, contract, consumer protection and private property laws, which is consistently enforced and provides a mechanism for the fair resolution of disputes; ② an efficient and independent judiciary; ③ comprehensive and well defined accounting principles and rules that are widely accepted internationally; ④ a system of independent external audits, to ensure that users of financial statements, including banks, have independent assurance that the accounts provide a true and fair view of the financial position of the company and are prepared according to established accounting principles, with auditors held accountable for their work; ⑤ availability of competent, independent and experienced professionals (eg accountants, auditors and lawyers), whose work complies with transparent technical and ethical standards set and enforced by official or professional bodies consistent with international standards, and who are subject to appropriate oversight; ⑥ well defined rules governing, and adequate supervision of, other financial markets and, where appropriate, their participants; ⑦ secure, efficient and well-regulated payment and clearing systems (including central counterparties) for the settlement of financial transactions where counterparty risks are effectively controlled and managed; ⑧ efficient and effective credit bureaus that make available credit information on borrowers; and ⑨ public availability of basic economic, financial and social statistics."

[21] According to IFC, "Financial infrastructure is the set of institutions that enable effective operation of financial intermediaries. This includes such elements as payment systems, credit information bureaus and collateral registries. More broadly, financial infrastructure encompasses the existing legal and regulatory framework for financial sector operations."

[22] See Jinchang Lai, *Financial Infrastructure Development and Regional Economic Growth*, Report at Finance and Central Bank Deputies' Meeting Cebu, Philippines 10 September 2015, p.4.

和机构;(4)信息基础设施(公众登记、公开数据、披露法律规则、征信和产业分析);(5)清算、结算和兑换体系;(6)资产流动和安全网络设施。[23]

国内学者也对金融基础设施进行了概念界定。我国学者也多从法律制度、支付体系、会计制度、审计制度、征信制度等角度对金融基础设施进行界定,如:朱新蓉教授认为,金融基础设施是指包括一整套支持金融市场和金融中介有效运行的法律制度、会计制度、审计制度、信息披露机制、交易与清算组织等;[24]张新教授认为,金融基础设施主要包括支付体系、法律环境、公司治理、会计准则、信用环境、反洗钱以及由金融监管、中央银行最后贷款人职能、投资者保护制度组成的金融安全网等。[25]

通过上述分析可知,金融基础设施是指金融运行所需要并依靠的硬件设施和制度规则,是支持金融市场有效运行的交易支付系统、征信信息系统、清算结算系统等,以及由法律制度、监管制度、会计制度、审计制度等内容组成的一系列制度安排。

法律制度是维护金融良好运行的根本,在金融基础设施中占据核心地位,完善的法律制度是金融市场正常运转的保证。由上文可知,国际和国内普遍将破产法作为金融基础设施法律框架下的重要组成部分,个人破产制度作为破产法的一部分,是金融基础设施建设的重要内容,其在金融市场中起着支持金融市场和使金融中介有效运行的作用,地位越来越得到重视和强调。

---

[23] See Biagio Bossone, Sandeep Mahajan and Farah Zahir, Working Paper-Financial Infrastructure-Financial Infrastructure, Group Interests, and Capital Accumulation: Theory, Evidence, and Policy, IMF Working Paper, 2003. "Our definition of financial infrastructure includes: ① Legal and regulatory frameworks (including enforcement and conflict resolution mechanisms, and bankruptcy codes); ② Supervision, accounting, and auditing (i.e., rules, systems, practices, and professions); ③ Financial corporate governance rules and institutions; ④ Information infrastructure (i.e., public registries, public statistics, laws and rules on disclosure, credit and industry analysis); ⑤ clearing, settlement, and exchange systems (i.e. technology platforms, networks, and rules and standards); and ⑥ Liquidity and safety net facilities."

[24] 朱新蓉主编:《货币金融学》,中国金融出版社 2010 年版,第 524 页。

[25] 参见张新主编:《金融稳定理论与实务》,中国金融出版社 2007 年版,第 170 ~ 173 页。

个人破产制度作为信贷权人退出机制的主要内容，其制度构建对一个国家的金融事业发展起着重要影响。计量经济结果表明，运行良好的法律体系对包括股东及其小投资者在内的外部投资者具有良好的产权保护作用，从而促进金融市场发展和刺激投资，带动经济增长。巴塞尔银行监管委员会《核心原则》指出，破产制度作为金融基础设施的组成部分，制度缺失将削弱金融体系和金融市场，或者阻碍其发展。[26] 个人破产制度作为破产制度中的重要方面，在金融基础设施建设中扮演着重要角色，是金融基础设施不可或缺的内容。

（二）个人破产制度构建是金融基础设施建设的必要条件

第一，个人破产制度是金融稳定和金融基础设施建设的客观要求。

金融基础设施在金融体系中扮演着中心角色，并构成了金融体系运行的前提。“观察数据表明，（i）金融基础设施的健全和融资渠道，Levin (1998), Peria and Singh (2014), Love, Peria and Singh (2013)；以及（ii）金融与经济增长、减少贫困，如 Bruhn and Love (2014)，Anand, Tulin and Kumar (2014)，Imran and Khalil (2012)，Sahay et al. (2015)，Pasali (2013) 对区域经济增长和一体化相关联。”金融基础设施中出现的问题也会对整个金融体系的运行产生消极且严重的后果，并可能造成巨大的社会成本。因此，构建安全高效的金融基础设施对金融体系的稳定具有十分重要的意义。

法律基础设施在金融市场的运作以及资本流动和国内储蓄的有效中介方面发挥着关键作用。金融规制和监管的有效管理和运行也有赖于更广义的法律框架，即破产制度框架和债权人权利保护，金融安全网等。防范化解金融风险、维护金融稳定，离不开个人破产制度的建立和完善。从广义上说，关系金融稳定的基础性法律制度包括：维护金融稳定的各种民商事法律制度、金融监管法律制度，以及打击金融犯罪的刑事法律制度等。从狭义上说，关系金融稳

---

[26] See *Bank for international settlements, Core Principles for Effective Banking Supervision*, 2012, http://www.bis.org/publ/bcbs230.htm, 2017 年 3 月 20 日访问。

定的基础性法律制度主要包括企业破产法律制度、防范和打击金融犯罪的刑事法律制度、反洗钱法律制度和保护基本民事权利的法律制度等对维护金融稳定起直接作用的法律制度。其中，破产法律制度中的个人破产制度奠定了债务人市场退出的法律基础，也为防范金融风险、维护金融稳定提供了有力的法律支持。[27]因此，良好的法律环境是金融基础设施建设的保障，金融基础设施的建设需要有完善的法律制度，破产法制度的完备和健全，是维护正常金融基础设施的前提。

第二，个人破产构建是金融基础设施建设的现实需要。

建立个人破产问题的重要性得到越来越多的关注。金融危机使人们意识到消费者破产问题是一种系统性风险，伴随的是对国内法律和制度现代化的需求，从而运用法律有效、高效地解决个人过度负债的风险。[28]世界银行在全球开展了关于各国现行有效的个人破产的现有法律的初步调查，涵盖了59个国家，其中25个国家为高收入国家，34个国家为中等收入或低收入国家，调查人数占全球总人口的67.5%，调查表明，调查的中等收入和低收入国家中，一半以上的国家没有任何个人破产的法律制度。[29]

破产体制主要是为能够获得足够收入支持自身和家庭的个人设计的，而且只有对他们才发挥最大作用，但是过重的债务负担削弱了他们的主动性，降低了他们的生产能力。这些债务人并不寻求政府对他们生活更多的干预，他们在官方批准的浪费和破坏性的债权执行行为中，寻求更少的政府干预。其目标在于停止适得其反的收债行为，而非得到经济资源或其他资源。

---

[27] 参见张新主编：《金融稳定理论与实务》，中国金融出版社2007年版，第180～185页。

[28] See Jason J Kilborn, Jose M. Garrido, Charles D. Booth, Johanna Niemi and Iain D.C. Ramsay, "Report on the Treatment of the Insolvency of Natural Persons" Insolvency and Creditor/Debtor Regimes Task Force, Working Group on the Treatment of the Insolvency of Natural Persons, Report on the Treatment of the Insolvency of Natural Persons, p2.

[29] See Susan Block-Lieb, Best Practices in the Insolvency of Natural Persons, Insolvency and Creditors/Debtor Regimes Task Force Meeting, January 10-11, 2011, p.2, p.3 .

（三）个人破产制度对金融基础设施的价值分析

理论层面上，个人破产制度在更广的金融系统和经济中发挥着增强稳定性和可预测性的作用；并且发挥着安全阀门的作用，起到释放金融制度中过度举债经营和产能过剩积累的压力的作用。很多立法者将其新的个人破产制度的功能述为：提供更加顺畅地规制金融和经济活动的安全阀门。监管法规可以通过阻止经济领域中产生泡沫，保持稳定和可预测的经济活动。个人破产制度可以为经济活动带来的不良后果提供更及时、破坏性更小的处理方式，从而保证经济活动的更顺畅、更稳定、更具可预测性。

第一，有利于建立适当的应收账款评估机制，推动金融交易健康发展。

机构债权人的应收账款对社会产生着广泛的重要影响。对此类应收账款进行恰当评估，有利于投资人和监管者更好地处理与前述债权人的关系。[30] 投资人对这类公司的投资管理，很大程度上依赖对应收账款预期现金流和价值的准确观察。同时，政府监管者也通过应收账款报表评估企业能力，判断是否介入监管，对信贷机构尤其如此。

应收账款评估的一个重要作用是评估最终从债务人收回账户结余的可能性。债务人陷入财务困境后，其账款的真正价值被迅速侵蚀，机构债权人即便发现价值侵蚀，也难以对问题的整个范围和程度作出评估。此外，债权人为维护其他利益，保持表面良好信誉，往往选择低估债务人财务困境的程度，严重低估应收账款清偿的延迟，或者无法核销坏账。如前所述，机构债权人应收账款的估值对社会具有广泛的影响，应收账款价值的夸大一经发现，便会引发一系列消极的连锁反应，美国房地产危机便是例证。

而破产制度虽然不能完全避免上述问题，但是能够敦促债权人更为及时

[30] See Jason J Kilborn, Jose M. Garrido, Charles D. Booth, Johanna Niemi and Iain D.C. Ramsay, Report on the Treatment of the Insolvency of Natural Persons' Insolvency and Creditor/Debtor Regimes Task Force, Working Group on the Treatment of the Insolvency of Natural Persons, Report on the Treatment of the Insolvency of Natural Persons, p.29.

地发觉其应收账款价值被财务困境消灭或削减，并接受适当的救济措施。对债务人无法清偿的应收账款进行官方公告和确认，有助于重新评估债权人的呆账坏账情况，从而作出更合理的投资或监管。此外，对债务人无力清偿的确认，在很多国家中可以产生税收效果，债权人可就损失主张税收减免。前述效果最终能够产生更健康的投资环境，更有效地管理机构债权人在经济和社会中扮演的角色。恰当及时处置不良贷款，控制信贷行业的危机，使金融交易得以健康发展。

第二，有利于推动信贷行业安全，预防错误风险评估。

在个人借贷的现代背景下，个人破产制度有利于降低债权人错误风险评估带来的成本，通过将出借人过于激进的信贷决策产生的风险集中于出借人本身，个人破产制度敦促债权人对信用担保和贷款展期更加负责。置身于机构债权人铺天盖地的广告裹挟以及资信评分计算机化中，借款人对不可避免的违约和债务困境的管理能力远不如机构债权人。另外，借款人容易产生过度自信，易高估成功的可能性，从而低估违约风险。[31]正如许德风教授所说："心理学、行为经济学的研究发现，人们容易过分低估未来所面临的困难，高估某项投资或经营成功的可能性，即人们通常有'乐观偏见'。"[32]机构债权人在了解此类心理的基础上，设计预期违约成本低于信用评估和担保成本的次贷商业模型，将导致的损失转移到外部第三人，降低其宽松的信贷担保决策对自身的影响，也使得借款人因信用未被合理评估而承担更高的成本。

以 2014 年—2016 年我国家庭负债情况为例，2014 年第一季度到 2016 年第三季度，中国的家庭负债占 GDP 比重从 34.5% 攀升至 43.2%。根据统计数据，2006 年家庭负债 GDP 占比平均值为 27.21%，到 2016 年第三季度达到最高值 43.2%。

---

[31] Jason J Kilborn, Jose M. Garrido, Charles D. Booth, Johanna Niemi and Iain D.C. Ramsay, Report on the Treatment of the Insolvency of Natural Persons' Insolvency and Creditor/Debtor Regimes Task Force, Working Group on the Treatment of the Insolvency of Natural Persons, Report on the Treatment of the Insolvency of Natural Persons, p.32.

[32] 许德风：《破产法论——解释与功能比较的视角》，北京大学出版社 2015 年版，第 516 页。

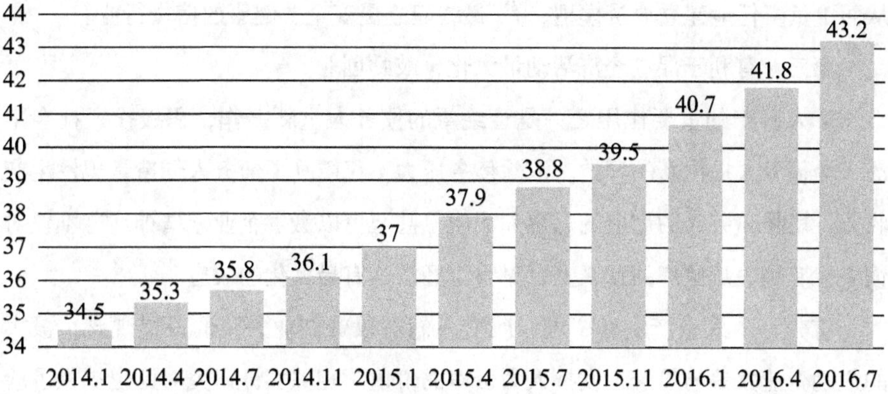

（纵轴：家庭负债 GDP 占比；横轴：时间）

图 1　2014 年至 2016 年中国家庭负债 GDP 占比[33]

此外，在西南财经大学进行的中国家庭金融调查中，在中国家庭金融调查样本中，有负债的家庭占 38.22%。其中，城市家庭负债比例为 35.16%，农村家庭负债比例为 40.31%。中国家庭负债均值为 62,576 元。城市家庭总负债均值为 100,815 元；农村家庭总负债均值为 36,504 元。

由上面的数据可知，我国现在存在着严峻的家庭负债，而这些负债中的信贷债务一旦无法偿还，对金融稳定的不良影响可想而知，这就对个人破产的立法提出了迫切的需求。

良好的法律基础设施对改进市场约束具有积极作用，对市场参与者和银行的激励结构都有直接影响。完善的法律体系有利于降低市场参与者控制银行冒险的交易费用，债权人和股权人等的权利能够得到保障，银行冒险行为能够被法律明确禁止。[34] 个人破产制度还能够加强出借人评估借款人的偿还能力，

[33] 数据来源：http://www.tradingeconomics.com/china/households-debt-to-gdp, 2017 年 3 月 23 日访问。

[34] 参见孙龙建：《银行业市场约束研究》，中国财富出版社 2014 年版，第 38 页。

从而更负责任地建立放贷模型，[35]最终建立更安全、健康的信贷行业。

第三，有利于促进经济活动最大化，鼓励创业。

个人破产的重要作用之一是让绝望的债务人重新振作，积极投入社会生活，为债务人提供新的开始。消除债务压力不仅鼓励了债务人创造常规性生产收入，增强债务人的创造的意愿和渴望，甚至可以激发企业家精神。这不仅对债务人有利，从更广的意义上，对整个经济具有最大化的效应。

首先，个人破产制度“可以改变人们对投资创业失败的畏惧观念，极大的鼓励企业家参与投资，发挥人力资本的价值。相关实证研究对此也提供了验证：有学者研究了欧洲15个国家13年以来独立营业者人数比例的变化与个人破产制度的关系，发现这些国家独立营业者人数比例与个人破产制度宽严变化的相关度要远远大于GDP和其他经济指数。而破产豁免的额度与企业家的自我雇用率呈正相关”[36]。

其次，企业家作为生产要素越来越得到重视。“当下，人力资本已成为最重要、最有价值的资源。企业家精神的培养和发扬受到诸多相关因素的影响，法律制度是其中非常重要的一项。个人破产制度尽量将破产非道德化，允许企业家——在我国，受益者主要是个体工商户、独资企业主和小规模有限公司的股东（兼经营者）——有重新开始的机会，将有助于进一步促进经济的发展。”[37]

---

[35] See Susan L. Rutledge, etc., Good Practices for Financial Consumer Protection, International Bank for Reconstruction and Development, World Bank Report, “In the US, a number of consumer protection provisions have been introduced as amendments to Regulation AA on Unfair or Deceptive Acts or Practices, the Truth in Lending Act (TILA) and the Truth in Savings Act. For example, the Federal Reserve Board has approved an amendment to TILA that aims to ensure responsible lending in mortgage markets. One of the key provisions is a lender’s responsibility to assess the repayment ability of a borrower by checking income and other assets, excluding the value of the property being mortgaged.” p.59.Accessed: http://siteresources.worldbank.org/EXTFINANCIALSECTOR/Resources/Good_Practices_for_Financial_CP.pdf, 2017年3月20日访问。

[36] 许德风：《破产法论——解释与功能比较的视角》，北京大学出版社2015年版，第518页。

[37] 同上注。

最后，增强企业家精神能够使国家经济活动和国际竞争力最大化。在紧密结合的现代经济体中，一个人的活动会影响到许多其他人的活动，特别是在严重依赖个人服务和消费者消费的国家。个别陷入财务困境的债务人对 GDP 的影响可能很微小，但许多国家潜在的大量寻求救济的债务人表明，这些国家存在的经济潜力即使不是数量极大，也可谓数量可观。[38]

此外，也有研究发现：企业家精神友好型的破产法在从实物期权理论为视角的研究下，可以促进企业家精神的发展。不愿承担特定企业家失败的经济也无法收获蓬勃的企业家精神带来的益处和增长。[39] 企业家精神友好型的破产法从五个方面促进企业家精神的发展：（1）破产重整的可利用性；（2）破产程序的速度；（3）破产清算的速度；（4）获得自由财产的机会；（5）管理者申请破产后保留工作的机会。这五个方面也为我们构建个人破产制度提供了反思和参考。

第四，有利于提升更为广泛的金融体系与经济的稳定性和可预测性。

金融基础设施的一个重要功能是有效动员储蓄向生产性资本转移，实现资本配置效用最大化，从而促进经济增长。金融基础设施的发展有利于促进规模更大、效率更高的产业资本的积累，且金融基础设施越发达，承受外部冲击的能力就越强，因而对金融稳定和经济发展至关重要。[40]

而个人过度谨慎，储蓄数额超过必要限度，这种规避风险的方法之下，不必要的大量储蓄成为当前经济的潜在损失。经济发展的过程中不可避免存在风险，个人破产制度为个人提供了一种制度支撑和安全网，鼓励个人在社会认

[38] See Jason J Kilborn, Jose M. Garrido, Charles D. Booth, Johanna Niemi and Iain D.C. Ramsay, Report on the Treatment of the Insolvency of Natural Persons' Insolvency and Creditor/Debtor Regimes Task Force, Working Group on the Treatment of the Insolvency of Natural Persons, Report on the Treatment of the Insolvency of Natural Persons.p.39.

[39] See Seung-Hyun Lee, Mike W. Peng and Jay B. Barney, *Bankruptcy Law and Entrepreneurship Development: A Real Options Perspective Author(s)*, The Academy of Management Review, Vol. 32, No. 1 (Jan., 2007), pp.257-272.

[40] 参见朱新蓉主编：《货币金融学》，中国金融出版社 2010 年版，第 524 页。

为合理的范围内尽可能参与经济生活。因此，个人破产制度的建立将推动金融基础设施向更完善更发达的方向发展，从而维护金融体系的稳定。

另外，个人破产制度本质上是一种安全阀门，其能够减轻过度负债和被抑制的生产力对经济体系造成的压力。[41]监管机制因此能够通过预防和阻止经济泡沫的出现，从而实现经济的稳定性和可预测性。

个人破产制度对金融基础设施的价值不仅限于上述几种，个人破产制度还可以集中放贷损失，并进行更高效更有效的损失分配，从而降低甚至消除债务人受困于永久债务困境而带来的直接和间接的社会成本，具有积极作用。个人破产制度通过避免债权人无效价值寻找和偏颇性清偿，从而维护所有债权人的集体利益，增加债权人的收益等。

（四）金融基础设施建设对个人破产的推动作用

金融基础设施与个人破产之间存在关联互动关系。个人破产是金融基础设施的重要组成部分，是金融基础设施建设的必要条件，个人破产立法对金融基础设施建设具有重要价值。同时，金融基础设施体系内其他制度又构成个人破产制度的配套措施，其完善对个人破产制度起到重要推动作用。以金融基础设施中的征信制度为例，个人征信指由依法成立的个人信用征信机构对个人的信用信息和信誉信息进行采集加工，并在法律许可范围内向社会提供个人信用信息查询和评估服务的活动，是金融基础设施的重要组成部分。个人破产是债权人与债务人之间的信用关系产生危机后的司法概括性债务清偿。个人征信制度在个人破产制度中的破产启动、自由财产、破产免责和失权与复权等多方面都具有重要作用，完善的个人征信制度有助于个人破产制度的正常、健康运行，同时，对个人破产中失信行为的惩治，有利于防止个人破产制度的滥用。

---

[41] See Jason J Kilborn, Jose M. Garrido, Charles D. Booth, Johanna Niemi and Iain D.C. Ramsay, 'Report on the Treatment of the Insolvency of Natural Persons' Insolvency and Creditor/Debtor Regimes Task Force, Working Group on the Treatment of the Insolvency of Natural Persons, Report on the Treatment of the Insolvency of Natural Persons, p.40.

第一，个人征信制度建设与个人破产立法具有关联性，对个人破产立法具有积极的推动作用。在个人破产程序启动阶段，个人破产的准入标准是“个人债务人不能清偿到期债务”，进入破产程序后，个人债务人不得对债权人进行个别清偿，债务人丧失对破产财产的处分权，这一阶段就需要依靠个人征信制度对债务人的信贷状况，包括银行账户、房产、有价证券、债权、车辆等资产状况，财产交易状况等提供信息，从而判断个人债务人是否符合破产原因，确定破产财产的范围等。在破产程序中，自由财产和破产免责需要个人征信制度，如前所述，破产程序中，健全的个人征信制度可以支持司法部门确定债务人的财产范围，并能明确区分债务人个人财产和他人财产，合理界定破产财产与自由财产，防止破产人隐匿、转移和不正当处置财产；[42]个人征信制度也对破产免责制度具有重要作用，一般而言，债务人存在恶意逃避债务，隐匿、毁损、恶意处分破产财产以及隐匿、毁损、伪造或者编造财务账簿等资料的不诚信行为，导致债务人财务状况不明确的，或者因浪费、赌博、投机行为导致财产不当减少的，不得适用破产免责制度，而对此类不适用破产免责制度的衡量，也离不开个人征信制度。

第二，完善的个人征信制度可以为个人破产制度的良好运行提供保障。一方面，完善的个人征信制度能够通过收集和共享经济活动主体的信用信息，减少放贷机构和贷款申请人之间的信息不对称，避免由此产生的逆向选择和道德风险，提高资金分配和运用效率，[43]从而保证信用交易的有序进行，控制信用风险，预防和减少债务纠纷和个人破产的发生。同时，完善的个人征信制度有助于金融机构对贷款人的有效评估，减少金融消费者的盲目性，降低不良贷款的可能性，有利于保护金融消费者的权益。另一方面，当个人破产不可避免地发生时，事前的个人征信信息收集也可以对个人破产程序的顺利推进起到促

[42] 参见中国人民银行济南分行课题组：《征信系统建设与个人破产制度研究》，载《武汉金融》2012 年第 4 期。

[43] 参见李稻葵、刘淳、庞家任：《金融基础设施对经济发展的推动作用研究——以我国征信系统为例》，载《金融研究》2016 年第 2 期。

进作用，推动债权人与债务人进行债务整理，达成破产重整等协议，并降低破产成本，提高破产决策的时效性和合理性。

第三，个人破产中对失信行为的惩治，有助于个人破产失权和复权制度的实现，同时督促债务人在破产程序中诚实守信，杜绝隐匿财产和恶意逃债的行为发生。破产失权与复权需要考察债务人的信用及经济状况，这就必然需要发挥个人征信制度的作用，只有个人征信数据符合复权标准的，才可以解除债务人权利资格受限制的状态；同样，债务人在破产过程中发生失信违法行为的，可以采取加重破产失权的处罚方式，进而对其他破产债务人起到警示作用，保证个人破产程序的顺利进行。

因此，完善个人征信制度贯穿个人破产立法的方方面面，对个人破产制度起着不可或缺的推动作用。个人征信制度对个人破产的准入、破产财产的界定、破产免责、失权与复权制度等都有重要的作用，个人破产的立法也需要不断完善个人征信制度。完善的个人征信制度也有助于破产法院等机构运用信用惩戒功能，发挥威慑作用。

总之，以个人征信制度为例的金融基础设施为个人破产制度提供了配套制度安排，对个人破产程序中的准入标准、财产范围、成本降低、失信威慑等起着重要作用。金融基础设施作为金融运行所需要并依靠的硬件设施和制度规则，其涵盖的交易支付系统、征信信息系统、清算结算系统以及法律制度、监管制度、会计制度、审计制度等内容，有助于为防范个人破产的风险，也能够在个人破产程序发生时，提供一系列全方位的制度支撑，从而推进个人破产程序的顺利进行。

三、我国个人破产制度的程序性规则构建

个人破产制度的设计目标之一是降低整体社会成本，如确定破产债务人

债务的有效性和偿付能力的误差成本以及债权人、债务人和第三方的成本。[44]同时，个人破产制度作为金融基础设施的一部分，是消费信用和商业信用基本规则的一部分，是一国发放消费信贷和发展债务催收机构不可或缺的有机组成部分。个人破产制度的构建首先需要解决的问题是制度的对象，即个人破产中的“个人”的范围。

企业破产法中的破产包含三个重要制度种类，即破产清算、破产和解、破产重整。而个人债务人发生破产情形时，如何适应法律，选择何种程序，主要考虑的因素包括债务人财团的规模、债权人人数、债权人的态度以及立法赋予的权利。[45]个人破产的债务人债务规模、债权人数量等都具有不同于企业债务人的特点，同时个人破产的目标与企业破产不完全相同，这就决定了个人破产的立法不能照搬企业破产法的制度安排。个人破产中，除债务人和债权人外，还涉及法院、行政机构和社会中介组织等多个主体；其程序不仅涉及在争议解决中发挥重要作用的多元纠纷解决机制，也包括更为正式和严格的法庭内规则和法庭外规则，其中，法庭内规则又可根据程序内容分为个人破产重整、个人破产清算和法庭内 ADR 规则；法庭外规则主要包括行政规则、社会中介规则和法庭外 ADR 程序规则等。

因此，本部分将对个人破产制度的主体范围进行界定，并围绕个人破产的程序性规则展开论述。

（一）我国个人破产的主体界定

从传统民法理论看，民事主体只有两类，即法人和自然人。在民事诉讼

---

[44] See Jason J Kilborn, Jose M. Garrido, Charles D. Booth, Johanna Niemi and Iain D.C. Ramsay, Report on the Treatment of the Insolvency of Natural Persons' Insolvency and Creditor/Debtor Regimes Task Force, Working Group on the Treatment of the Insolvency of Natural Persons, Report on the Treatment of the Insolvency of Natural Persons, p. 53.

[45] 参见刘静:《个人破产制度研究——以中国的制度构建为中心》，中国检察出版社 2010 年版，第 191 页。

法上，诉讼程序主体包括自然人（公民）、法人和其他组织。[46]而“个人”并非严格的法律概念，因此，我们需要明确“个人破产”一词中，“个人”的概念内涵，并明确“个人破产”与“自然人破产”“消费者破产”等概念之间的关系。笔者试图从国外对“个人破产”概念的界定和国内个人破产制度对“个人”的认知进行分析。

根据适用主体的范围不同，个人破产大致可以划分为商人破产主义与一般破产主义。商人破产主义指个人破产仅适用于参与商事活动的自然人，一般破产主义指个人破产适用于所有符合破产原因具有破产能力的自然人，不对其是否参与商事活动的动机进行区分的立法模式。

《德国破产法》在第二章第15条中规定了无法律人格的合伙或公司申请破产权利的资格；在第九章专门制定了消费者破产程序和其他小型破产程序的规定；在第十章规定了遗产破产程序、婚姻财产共有制中共有财产的破产程序等。[47]《德国破产法》第304条规定：“（1）债务人为不从事或不曾从事独立经济活动的自然人的，以本章中未作出另外的规定为限，对破产程序适用一般规定。债务人曾经从事独立经济活动的，以其财产状况简明清晰并且针对该债务人不存在因劳动关系所生的债权为限，适用本款第1句。”可见，现行德国破产立法中“个人破产”包括自然人破产、合伙破产、消费者破产、遗产破产等。

法国的个人破产适用于所有商人、手工业者、农业生产者以及所有私法法人。《法国破产法》第625-1条规定，在开始进行司法重整或者司法清算程序时，适用于“（1）从事商业、农业生产者或者在行业目录上注册的自然人；（2）从事经济活动的，法律上或者事实上法人领导的自然人；（3）上述第2项所确定法人领导人的常任代表的自然人”[48]。

[46] 参见《中华人民共和国民事诉讼法》第48条：“公民、法人和其他组织可以作为民事诉讼的当事人。”

[47] 参见胡玲：《债务人生存权益视角下的我国个人破产立法研究》，中国法制出版2014年版，第10页。

[48] 李飞主编：《当代外国破产法》，中国法制出版社2006年版，第23页。

同样，作为个人破产制度较发达的美国，其个人破产制度也经历了从商个人主义到一般破产主义的转变。1800 年，美国颁布了第一部破产法，只适用于商人，1841 年，美国国会通过第二部破产法，适用于所有的债务人，后于 1843 年废止。1989 年，美国颁布了第四部破产法，将破产法的适用范围扩大到涵盖所有自然人和法人；1978 年，美国联邦成文法典第十一章公布施行新破产法，确定实行一般破产主义。[49]《美国破产法》第 109 条(e)规定:“有固定收入的自然人，在破产申请归档之日，所欠的确定的、清算的、无担保的债务不足 25 万美元并且确定的、清算的、担保的债务不足 75 万美元，或者除股票经纪人、商品经纪人之外的有固定收入的自然人或其配偶，在破产申请归档之日，所欠的确定的、清算的、无担保的债务总计不足 25 万美元并且确定的、清算的、担保的债务不足 75 万美元，只有满足以上两种情况之一的自然人，才可能是本法第十一章的债务人。”[50]

此外，《日本破产法》的破产程序特点之一是，其程序对象没有特定的限定，法人、自然人都在其广义的适用对象范围之内，[51] 即所有的自然人都可以被认定为具备破产能力;《日本民事再生法》第 1 条规定，“制定本法的目的在于，为了经济上陷入困境的债务人……”，第 2 条规定“(一)再生债务人是指经济上陷入困境的债务人……”。我国台湾地区、香港地区和澳门地区也采取

---

[49] 参见刘静:《个人破产制度研究——以中国的制度构建为中心》，中国检察出版社 2010 年版，第 60 页。

[50] 11 U.S. Code § 109 - Who may be a debtor “(e) Only an individual with regular income that owes, on the date of the filing of the petition, noncontingent, liquidated, unsecured debts of less than $ 250,000 and noncontingent, liquidated, secured debts of less than $ 750,000, or an individual with regular income and such individual' s spouse, except a stockbroker or a commodity broker, that owe, on the date of the filing of the petition, noncontingent, liquidated, unsecured debts that aggregate less than $ 250,000 and noncontingent, liquidated, secured debts of less than $ 750,000 may be a debtor under chapter 13 of this title.”

[51] 参见〔日〕山本和彦:《日本倒产处理法入门》(第 4 版)，金春等译，法律出版社 2016 年版，第 41 页。

一般破产主义，如台湾地区“消费者债务清理条例”第2条之规定。[52]

围绕作为破产债务人的“个人”概念之争体现出的是对个人破产立法的态度以及对《破产法》功能认知的不同。早期我国学界围绕“个人破产”的概念，主要存在三种观点：第一种观点认为，个人破产属于商个人破产主义，即仅指从事生产经营活动的自然人的破产；第二种观点认为，“个人”即为一般民法意义上的“自然人或公民”，“个人破产”即“自然人破产”；第三种观点认为，“个人破产”应当理解为“经济实体中因承担无限责任导致的个人破产和一般法律意义上的自然人的个人破产”[53]。

作为我国个人立法的早期筹划阶段，2002年2月《破产法（草案）》与2004年的破产法一审稿[54]中采取的商人破产主义立场，而随着对个人破产功能的认知加深以及信贷消费等的发展，学界对“个人”的界定也更趋完善全面。如，李曙光教授认为：“可将个人债务人可具体细分为负债的自然人个人或消费者个人，合伙企业及其合伙人，个人独资企业及其出资人，其他依法设立的营利性组织和从事工商经营活动的自然人。”[55]刘静教授认为，将作为法律主体的个人的破产划分为商事个人破产和民事个人破产两种类型，其中，前者主要是指对合伙承担无限责任的合伙个人、独资企业主、以个体工商户和家庭承包经营户形式经营的个人和家庭；后者主要是指消费者破产。[56]

---

[52] 参见台湾地区“消费者债务清理条例”第2条：“本条例所称消费者，指五年内未从事营业活动或从事小规模营业活动之自然人。前项小规模营业指营业额平均每月新台币二十万元以下者。前项所定数额，‘司法院’得因情势需要，以命令增减之。”

[53] 吴叶舟：《刍议我国个人破产制度的构建》，复旦大学2008年硕士毕业论文。

[54] 第3条规定：“本法适用于下列民事主体：（一）企业法人；（二）合伙企业及其合伙人；（三）个人独资企业及其出资人；（四）其他依法设立的营利性组织和从事工商经营活动的自然人。企业法人已解散但未清算或者未清算完毕的，在本法规定的程序范围内视为存续。”

[55] 李曙光：《破产法的转型》，法律出版社2013年版，第206页。

[56] 参见刘静：《个人破产制度研究——以中国的制度构建为中心》，中国检察出版社2010年版，第13页。

从比较法角度看，多数国家不再严格区分商人与非商人或经营者与消费者，[57]一般破产主义已成为了世界多数发达国家个人破产制度的主流选择。[58]从个人破产的立法目标看，个人破产是为了解决自然人债务人的有限个人财产在多数债权人之间进行分配的问题，若仅采用商人破产主义则将导致非商自然人无法通过个人破产获得保护，债权人无法公平受偿，与破产法的理念相背离。[59]此外，从金融基础设施的角度看，金融基础设施为金融市场和金融中介提供各项制度支撑，而自然人是金融市场的重要参与者，个人破产立法的主要目的之一是解决贷款者、借款者、消费者等自然人的债务问题，个人破产作为金融基础设施的重要组成部分和建设内容，也应当体现金融基础设施的广泛性和可获得性的特征。

因此，笔者认为，从破产法律制度的完整性角度考虑，我国个人破产立法应采取一般破产主义，应包括非法人组织破产、自然人破产。其中，自然人破产又可分为商个人破产和非商个人破产，前者包括合伙企业的合伙人、个人独资企业的投资人，非商个人破产主要是指进行消费借贷的个人破产。

（二）我国个人破产制度的多元纠纷解决机制探寻

多元纠纷解决制度（以下简称“ADR”）具有解决商事争议，释放经济资金的作用。ADR 程序广泛适用于诉讼领域，其好处可以概括为以下三个较广的类别：

---

[57] 参见许德风：《破产法论——解释与功能比较的视角》，北京大学出版社2015年版，第522页。

[58] 参见李帅：《论我国个人破产制度的立法进路——以对个人破产“条件不成熟论”的批判而展开》，载《商业研究》2016 年 3 期。

[59] 同上注。

表1 ADR程序的好处[60]

类别	好处
个人好处	·以价格更低的救济手段解决争议 ·比主流法庭程序更快捷 ·在建议型和简易型程序中，扣押权由双方作出，无须经由第三方 ·在建议型和简易型程序中，因双方合意达成协议，对强制执行协议的需求降低
对私营经济的好处	·通过创造更好的商业环境促进私营经济的发展 ·降低合同执行和争议解决的直接和间接成本 ·降低交易成本，避免商业资源转移 ·增强商业中的谈判方法
公共好处	·促进良好的公共领域治理，降低法庭争议积压，提高法院体系效率 ·提供更多的争议解决方式选项，提供更多公平渠道 ·在特定领域，提供有效争议解决方式，从而提高法院体系的声誉

就个人破产领域而言，ADR的适用也越来越广泛。以日本为例，日本为避免企业以及消费者被刻上“倒产企业”或“破产者”的印记，帮助其实现经济重整，推出了法庭外程序，即倒产ADR程序。日本的倒产ADR程序多采用司法型ADR，即特定调解程序，该程序由2000年施行的《促进调整特定债务等的特定调解相关法律》所确立。特定调解程序是一个完全和解型的程序，[61]同时以法院的介入为前提，在程序的透明性以及确保债权人之间的公正性方面，优于法庭外债务清理程序。消费者倒产ADR程序包括司法型ADR程序和民间型ADR程序，为处理消费者多重债务问题提供了有利途径。

---

[60] See Barbieri, Gina Lea. 2011. Alternative dispute resolution center manual: guide for practitioners on establishing and managing ADR centers. Investment Climate Advisory Services.Washington DC; World Bank.accessed:http://documents.worldbank.org/curated/en/906371468169461301/Alternative-dispute-resolution-center-manual-guide-for-practitioners-on-establishing-and-managing-ADR-centers, 2017年3月20日访问。

[61] 参见〔日〕山本和彦:《日本倒产处理法入门》(第4版)，金春等译，法律出版社2016年版，第28页。

尽管很多国家和地区在立法中将司法外债务谈判等 ADR 程序作为个人破产的替代程序，但是许多现有制度经验揭示，债务人与所有的债权人不易达成自愿和解，容易造成时间拖延，并存在债权人可能利用谈判强迫债务人接受繁重的、不可行的付款计划的风险。[62] 因此，只有进行合理的制度安排，个人破产的 ADR 程序才可能在实务中发挥作用。

导致 ADR 程序效率低的原因有很多，如债权人更信任正式的监管程序，特别是税务机关等公共债权人，通常不愿意接受 ADR 程序，或者因其缺乏法律授权而无法接受。个人破产的 ADR 程序离不开两个因素，一是特别有说服力的政府监管机构的监督进行，二是重要且完善的咨询机构取得税务等公共债权人机关的信任。结合我国现状以及个人破产程序中可能遇到的问题，在设置 ADR 程序时，可以将其运用在法庭内程序，作为法庭程序的补充内容，也可在法庭外程序中设置以行政机关为主导的 ADR 程序安排。具体的制度安排将在本章第三节和第四节展开讨论。

（三）我国个人破产的法庭内制度构建

法庭内破产制度是个人破产制度的核心内容，也是多数国家个人破产制度的基础。不同国家的法庭在实践中起到的实际作用有所差别。例如，充当程序启动的看门人，制定还款计划，确定财产、债务人义务相关的问题，监督破产管理人以及确定免责债务等。

法庭内破产制度具有显著的优势。首先，此类制度具有专业性强的特征。法院作为个人破产的基础，办案人员的自身法学修养高，专业素质强，同时通过专门处理个人破产案件，可以积累丰富的办案经验。其次，法官可以充当公正的决策者。法院作为独立的司法部门，与行政机构存在潜在利益冲突不同，

[62] See Jason J Kilborn, Jose M. Garrido, Charles D. Booth, Johanna Niemi and Iain D.C. Ramsay, Report on the Treatment of the Insolvency of Natural Persons' Insolvency and Creditor/Debtor Regimes Task Force, Working Group on the Treatment of the Insolvency of Natural Persons, Report on the Treatment of the Insolvency of Natural Persons, p.47.

其更具有可信度。当然，法庭内破产制度也存在成本高、案件累积导致效率低、监管难以到位等问题。这就要求我们在设计法庭内个人破产制度时，既要发挥个人破产制度的公平清偿作用，又要提高效率。

个人破产程序经历了从单纯的破产清算到清算与和解程序并行的阶段，继而发展到个人重整程序成为诸多国家用以取代或涵盖和解程序的阶段。[63]因此，在介绍我国法庭内破产程序之前，笔者将对个人破产重整与破产和解之间的选择作出分析。

1883年英国首先将和解制度引入破产程序，并引入“和解前置主义”[64]的制度，1886年比利时颁布了以预防破产为目的的和解法，开创了和解分离主义的立法例。之后，大陆法系国家纷纷效仿，西班牙、德国、法国、日本等先后在个人破产中制定了和解法律，形成和解程序与清算程序并行的阶段。但是，随着英美法系重整程序的出现与迅速流行，和解制度被质疑为一个成本高昂、没有实效、可操作性不强的制度。[65]多个国家在个人破产改革中废除了和解制度；同期，美国在个人破产中引入重整程序，并在实践中取得良好效果，受其启发，许多国家开始引进个人重整程序。于是，以清算程序为基础，以重整程序为推介程序的个人破产司法程序体系逐渐形成。

根据世界银行在关于消费者破产报告的数据，被调查的高收入经济体和中低收入经济体中，21个高收入经济体和16个中低收入经济体建立了消费者破产的清算程序，4个高收入经济体和17个中低收入经济体未建立清算程序；20个高收入经济体和16个中低收入经济体建立了消费者破产的债务重整程序，

[63] 参见刘静：《个人破产制度研究——以中国的制度构建为中心》，中国检察出版社2010年版，第196页。

[64] 赵万一主编：《商法学》，中国法制出版社2006年版，第357页。

[65] 参见刘静：《个人破产制度研究——以中国的制度构建为中心》，中国检察出版社2010年版，第197页。

5 个高收入经济体和 17 个中低收入经济体未建立债务重整程序。[66] 可见，一方面个人破产重整程序与破产清算程序被作为通用的个人破产制度衡量标准，另一方面，很多国家的个人破产制度以个人破产重整和破产清算制度为主要内容。目前国内对个人破产制度构建的研究，也主要以破产重整和破产清算制度为主体，如《深圳经济特区个人破产条例草案建议稿附理由》在制度设计上也采取了个人重整（第七章）和个人清算（第八章）。

鉴于此，本文亦采取上述普遍被国际和实务界推崇的个人重整和个人清算来设计法庭内个人破产程序规则。

1. 我国个人破产的重整制度构建

个人破产重整通过债务人与债权人合意，形成债务清偿计划的重整方案，从而实现破产债务人的债务清偿和部分债务免除的效果，具有成本低、灵活性强，满足债务人和债权人需要的作用。重整制度也广为个人破产制度国家所采用。在进行我国个人破产立法时，国外个人破产重整制度的构建为我们提供了丰富的立法和实践经验。本节将对英国个人破产重整制度进行介绍和分析，并从重整申请主体、重整方案最长清偿期限、重整方案的通过和认同以及个人重整与清算制度之间的制度选择价值进行探讨。

英国 1986 年《破产法》(Insolvency Act 1986)、《破产规则》(Insolvency Rules 1986) 对个人自愿重整（Individual voluntary arrangement）的个人重整制度，其含义是债务人自愿部分或者全部偿还债权人，经过 75% 或以上债权人的同意后，该和解对全部债权人具有约束力。个人自愿重整在登记的破产专家监督下进行。监督人签发“完成证书”则意味着债务人完成了协议项下的义务；

[66] See Susan L. Rutledge, etc., Good Practices for Financial Consumer Protection, International Bank for Reconstruction and Development, World Bank Report. Accessedhttp://siteresources.worldbank.org/EXTFINANCIALSECTOR/Resources/Good_Practices_for_Financial_CP.pdf, 2017 年 2 月 26 日访问。

若签发"终止证书"，则债务人未能遵守协议项下的义务，程序结束。[67]英国个人自愿重整的重整制度在个人破产实务中发挥着重要作用，并于2016年、2017年对前述法律规则作出修改。

表2 截至2017年1月英格兰和威尔士按登记年份个人自愿重整及结果[68]

年份	已完成		进行中		终止		共计
	案件数	占比	案件数	占比	案件数	占比	案件总数
1990	1379	71.50%	0	0.00%	549	28.50%	1928
1991	2128	69.40%	0	0.00%	937	30.60%	3065
1992	3326	70.90%	0	0.00%	1364	29.10%	4690
1993	3879	68.80%	0	0.00%	1755	31.20%	5634
1994	3442	67.70%	0	0.00%	1639	32.30%	5081
1995	2916	66.70%	0	0.00%	1454	33.30%	4370
1996	3083	69.00%	0	0.00%	1387	31.00%	4470
1997	3091	68.60%	0	0.00%	1416	31.40%	4507
1998	3376	69.00%	2	0.00%	1515	31.00%	4893
1999	5108	71.10%	0	0.00%	2074	28.90%	7182
2000	5642	71.00%	1	0.00%	2308	29.00%	7951
2001	4513	71.90%	1	0.00%	1760	28.10%	6274
2002	4407	70.20%	0	0.00%	1874	29.80%	6281
2003	4987	65.80%	17	0.20%	2570	33.90%	7574
2004	6678	62.30%	170	1.60%	3876	36.10%	10,724
2005	12,473	61.60%	524	2.60%	7259	35.80%	20,256
2006	25,727	58.40%	1228	2.80%	17,123	38.80%	44,078

[67] See The Insolvency Service, Individual Voluntary Arrangements: Outcome Status and Provider Breakdown, 1990 – 2015, England & Wales. 载 https://www.gov.uk/government/collections/insolvency-service-official-statistics, 2017年3月26日访问。

[68] 需要注意的是，2016年登记数据将包含在下一个统计周期中，该数据不包括撤回或中止的登记案件。

续表

年份	已完成		进行中		终止		共计
	案件数	占比	案件数	占比	案件数	占比	案件总数
2007	23,221	55.40%	1565	3.70%	17,141	40.90%	41,927
2008	21,588	55.60%	2140	5.50%	15,131	38.90%	38,859
2009	27,484	57.80%	4956	10.40%	15,123	31.80%	47,563
2010	24,606	48.60%	12,560	24.80%	13,465	26.60%	50,631
2011	14,507	29.60%	23,900	48.80%	10,617	21.70%	49,024
2012	6146	13.20%	31,263	67.10%	9215	19.80%	46,624
2013	4446	9.10%	36,348	74.40%	8065	16.50%	48,859
2014	2746	54.00%	41,732	81.40%	6801	3.30%	51,279
2015	1103	27.00%	35,397	88.20%	3638	9.10%	40,138

数据来源：Insolvency Service, January 2017.[69]

1990—2002 年，登记的个人自愿重整案件每年以失败告终的比例约在 30%，此后程序终止的案件比例整体上呈现上升趋势，从 2002 年的 30% 到 2007 年的 41%，又下降到 2009 年的 32%。2017 年 1 月，登记于 2010 年的 25% 的个人自愿重整案件仍处于进行中。个人自愿重整案件通常持续五六年，但是截至 2017 年 1 月，登记于 2008 年的个人自愿重整案件仍有 5% 在进行中，已经开始 8 年左右了，登记于 2009 年的个人自愿重整案件大约有 10% 仍在进行中，已经开始了 7 年左右。[70]

综上所述，英国的个人自愿重整的重整制度经历了一系列的改革，并在实践中总结了翔实的数据，值得我国在进行个人破产重整制度设计时借鉴。

第一，个人重整应当由符合条件的债务人提出申请。个人重整程序以债

[69] See at https://www.gov.uk/government/collections/insolvency-service-official-statistics, 2017 年 3 月 26 日访问。

[70] See The Insolvency Service, Individual Voluntary Arrangements: Outcome Status and Provider Breakdown, 1990 – 2015, England & Wales. see at https://www.gov.uk/government/collections/insolvency-service-official-statistics, 2017 年 3 月 27 日访问。

务人有清理债务的诚意为前提。如果债务人没有自愿偿债意愿，即使强迫其进行个人重整程序，也没有实现个人重整的可能。[71]英国1986年《破产法》第253条（3）规定："申请由下列人员作出：（a）如果债务人是未清偿债务的破产者，由债务人、债务人财产的托管人或官方破产管理人以及（b）不论任何情况下的债务人。"强调了债务人在重整制度中提出申请的重要地位。根据美国破产法，可以申请第十三章重整救济的债务人需要满足：（1）自然人；（2）拥有"固定收入"，且（3）所欠的确定的、清算的、无担保的债务不足25万美元并且确定的、清算的、担保的债务不足75万美元等第109（e）条之规定。[72]

个人重整程序以债务人的将来收入作为前提，而债务人获得未来收入及将收入用以清偿的意愿对个人重整成功与否具有重要意义，这也是其他国家在制度设计中采取债务人申请的原因之一。在制定我国个人重整制度时，也宜将申请主体设计为债务人申请。

同时，为了防止债务人滥用个人重整机制，也应设置衡量债务人是否符合重整条件的标准。美国关于不适格债务人的条款值得我们学习借鉴。美国破产法第109（g）条规定："任何个人或家庭农场主在此前180日内曾经作为破产法上的债务人的，并有下列情形之一的，本章不适用——（1）案件因债务人故意不遵守法院命令，或者在正当的控诉中故意不出庭而被法院撤销；或者（2）债务人在请求本章第361条规定的自动中止（automatic stay）

[71] 参见卢林主编：《深圳经济特区个人破产条例草案建议稿附理由》，法律出版社2016年版，第110页。

[72] See 11 U.S. Code § 109 (e) : "Only an individual with regular income that owes, on the date of the filing of the petition, noncontingent, liquidated, unsecured debts of less than $ 250,000 and noncontingent, liquidated, secured debts of less than $ 750,000, or an individual with regular income and such individual's spouse, except a stockbroker or a commodity broker, that owe, on the date of the filing of the petition, noncontingent, liquidated, unsecured debts that aggregate less than $ 250,000 and noncontingent, liquidated, secured debts of less than $ 750,000 may be a debtor under chapter 13 of this title."

救济后，获得案件的自愿撤诉的[73]。”第 109 条（g）（1）款容易理解，债务人不遵守法院命令，无正当理由不遵守程序的行为，构成对个人重整机制的滥用；第（2）款则是因为债务人通过利用撤回申请，导致债权人无法获得第 362 条（a）[74]规定的自动中止的权利后果，构成滥用。

第二，重整方案的内容应当记载清偿金额、分期清偿方法、清偿期限等内容，并发挥金融基础设施中的征信制度、财务会计制度等，随时掌握破产债务人的财产状况。个人重整的目的是债务人以将来之收入清偿债权人的债权，据此，个人重整的方案应以债权人和债务人之间的合意为基础，就债务清偿的相关方面达成合意，但个人重整作为一项司法程序，在保证当事人合意的同时，也应当将程序效率纳入考量范围。这就需要我们特别关注重整方案的清偿期限。因为每个破产债务人的债务情况及清偿能力各有差异，个案重整计划中的清偿期限也会存在差异，而本文作为程序效率考量的清偿期限为最长清偿期限。

一方面，重整方案的清偿期限应当适宜，尤其是不应期限过长。从保护债权人利益角度考虑，重整方案清偿期限越长，似乎清偿债权人的限度越大，但事实并非如此。世界银行对全球施行个人破产制度的国家的调查表明，较长的还款期限会抑制采取重整制度救济的债务人数量，从而导致个人破产的制

[73] See 11 U.S. Code § 109 (g) : “Notwithstanding any other provision of this section, no individual or family farmer may be a debtor under this title who has been a debtor in a case pending under this title at any time in the preceding 180 days if—(1) the case was dismissed by the court for willful failure of the debtor to abide by orders of the court, or to appear before the court in proper prosecution of the case; or(2) the debtor requested and obtained the voluntary dismissal of the case following the filing of a request for relief from the automatic stay provided by section 362 of this title.”

[74] See 11 U.S. Code § 362: “(a) Except as provided in subsection (b) of this section, a petition filed under section 301, 302, or 303 of this title, or an application filed under section 5(a)(3) of the Securities Investor Protection Act of 1970, operates as a stay, applicable to all entities, of—……”

度目标无法实现；[75]实践中债务人在发现重整方案的压力和考验后，中途放弃方案的案例也大量存在。此外，从整体角度看，个人破产的一个重要社会经济功能是除去生产力障碍，让债务人作为生产要素尽快恢复社会生产，创造社会价值，长期的债务清偿方案会压制债务人的生产积极性，延迟债务人破产康复。[76]我国目前仍是发展中国家，经济发展仍具有高度波动性和不确定性，变动中的经济环境使得长期重整计划充满不确定性和不灵活性。结合前述英国个人自愿重整制度的相关时数据，重整计划通常五六年完成，处于进行中状态的并非时间越久越少。《深圳经济特区个人破产条例草案建议稿附理由》认为应将清偿期限定为 8 年，笔者认为期限过长。因此，笔者认为最长清偿期以实务中较常用的 3 年至 5 年为宜，又因我国个人破产尚无相关经验，立法初期采用 5 年较为合适。

另一方面，最长清偿期限容易在实务中出现僵化和标准化的倾向，对此，应进行债务人的激励性回扣的制度设计，并赋予法官自由裁量权。激励性回扣是指在重整方案后期，采取为债务人提供标准的、分等级的激励性债务减让或报酬激励的方式，如债务人在清偿期限内法官指定的时间内完成某一阶段目标清偿计划的，将下一阶段债务减让一定百分比，或者将年度收入的 10% 或 15% 作为报酬奖励债务人。我国个人重整立法在前述最长清偿期限的基础上，可由法官根据个案情况制定激励期间和债务清偿标准，债务人在实现清偿目标后，可以按逐年 5% 的债务减让标准作为激励。

第三，重整方案的通过和认可需兼顾债权人利益和程序效率。根据前述

[75] See Jason J Kilborn, Jose M. Garrido, Charles D. Booth, Johanna Niemi and Iain D.C. Ramsay, Report on the Treatment of the Insolvency of Natural Persons' Insolvency and Creditor/Debtor Regimes Task Force, Working Group on the Treatment of the Insolvency of Natural Persons, Report on the Treatment of the Insolvency of Natural Persons, p. 86.

[76] See Jason J Kilborn, Jose M. Garrido, Charles D. Booth, Johanna Niemi and Iain D.C. Ramsay, Report on the Treatment of the Insolvency of Natural Persons' Insolvency and Creditor/Debtor Regimes Task Force, Working Group on the Treatment of the Insolvency of Natural Persons, Report on the Treatment of the Insolvency of Natural Persons, p.86.

英国个人重整制度，即个人自愿重整制度可知，个人重整制度中容易出现效率低、拖延时间长的问题，因此，在设计重整方案通过时，既要兼顾个人重整的合意性，又要兼顾效率，实现个人重整的简速、经济。其他国家和地区制定个人重整方案的通过标准值得我们借鉴。如，我国台湾地区“消费者债务清理条例”第 59 条规定，“债务人会议可决更生方案时，应有出席已申报无担保及无优先权债权人过半数之同意”;《德国破产法》第 244 条规定:“(1) 为使债权人接受重整计划，必须具备下列条件，即每一个小组中：①参加表决的债权人均有过半数同意计划；并且②表示同意的债权人的请求权总额均超过参加表决的债权人的请求权总额的半数……。”这两种规则均体现了多数债权人的意思表示，尤其是无担保债权人这一在破产程序中难以获得清偿的债权人群体的意见，具有一定的参考借鉴意义。因此，在我国的个人重整立法中，可以将重整方案的通过和认可标准设置为，超过半数的债权人其持有的债权额超过已申报的无担保及无优先权总债权额的二分之一，此组债权人的利益受债务人重整方案的直接影响，可以反映债权人整体的利益取向，并且能保证程序快速进行，避免延误拖沓。

第四，个人重整制度与个人清算的制度选择问题。在选择个人清算程序和个人重整程序上，目前有两种观点。观点一认为，应当先进行重整，重整不成功的，再进行清算；观点二认为，应当将两种程序进行并列，债务人申请重整的，应当进行重整，债务人申请清算的，应当进行清算。在进行重整的过程中，若发生需要清算的事由，符合清算条件的，转入清算程序；在清算程序中，如果符合转入重整程序的条件的，则可转为重整程序。笔者认为，观点二更符合我国现状，既可以保证债权人债权的实现，避免债务人滥用清算程序，逃避债务清偿；也可以让符合清算的债务人进入破产清算程序，实现重生。因此，在个人重整程序中，当重整方案未获得债权人通过的，应转入清算程序。

2. 我国个人破产的清算制度构建

一般认为，破产清算程序是指在破产宣告后，围绕着清理债务人的财产并将破产财产分配给债权人而进行的程序。[77]个人破产清算制度中，财产所剩无几的债务人将其剩余财产按照清算程序在债权人之间进行公平分配，而作为清算程序救济，债务人可以获得免除剩余债务的清偿责任，并获得“重新开始”，从而实现债务人在经济上的重生。但是，债务人财产本已所剩无几，在对破产费用和有担保的债权进行清偿后，能够剩余用以分配给无担保债权人的财产的可能性并不大。因此，个人破产清算程序的主要功能并非对债务人的财产进行收集和公平分配，而是通过对债务人免责使其获得新生。因此，个人清算制度的内容主要围绕债务免除设计，包括自由财产的范围、免责财产的范围等，后文将对此作出更详细的介绍，在此不再赘述。

尽管个人清算程序更侧重于债务人的利益保护，但个人清算并非是所有陷入经济困境的债务人的最佳选择，在进行个人清算构建之前，需要对适用个人清算的替代程序以及对象资格进行分析，在此基础上，再对自由财产、免责、失权和复权等制度进行立法。

第一，应当明确个人清算程序适用对象的立法理念，明确对象范围。

个人清算程序中首先需要在引导困境债务人寻求程序救济和将健康债务人排除在程序之外二者之间保持平衡。[78]有的观点认为，个人清算制度虽然不是一项无限制且自动获取的权利，但是在其准入方面，不应对其财务状况和主观善意进行严格检查。[79]另外一种观点则认为，个人清算作为债务人消除债务获得重新开始的制度，应当设置严格的准入规则，防止债务人滥用程序，逃避债务。因此，个人清算程序的立法需要明确程序适用对象上的立法理念。笔者认为，第二种观点更符合我国现状。一方面，债务人虽然陷入财务困境，

[77] 参见文秀峰：《个人破产法律制度研究——兼论我国个人破产制度的构建》，中国人民公安大学出版社2006年版，第122页。

[78] See Kilborn, Jason J., *Treating the New European Disease of Consumer Debt in a Post–Communist State: The Groundbreaking New Russian Personal Insolvency Law* (August 12, 2015).p.9.

[79] See Kilborn, *Jason J., Treating the New European Disease of Consumer Debt in a Post–Communist State: The Groundbreaking New Russian Personal Insolvency Law* (August 12, 2015).p.10.

但其对债权人清偿债务的义务并没有改变，破产程序仅是对债务人的救济程序，其并不否认债权人的利益，或者更进一步说，是为了保障全体债权人更公平受偿，所以，债务人在有较高收入的情况下，应当偿还所欠债务，不应当滥用清算程序，逃避债务。另一方面，个人清算的替代性程序可以承担解决债务人财务困境的问题。个人清算程序虽然能够为债务人提供重新开始的机会，但并非所有财产所剩无几的债务人都会在寻求个人清算程序之前，与债权人进行债务调整协商，减少债务或者延长清偿期限。

第二，个人清算的适格对象的检验标准。前文对我国个人清算制度的立法理念进行了讨论，认为应当采取严格的准入标准，那么这一标准该如何设计就成为需要具体讨论的问题。

《美国破产法》第七章规定债务人包括自然人、合伙人、企业或者其他商事主体[80]，申请人必须先进行经济情况调查（means test），以查明债务人是否有足够的财产对个人重整方案的债权人作出最小数额的清偿。经济情况调查主要包括两步，第一步，债务人的收入与所在州同样规模的家庭收入的中位数相比，若债务人收入高于中位数，则需要进行第二步考察，即根据美国国税局规则将收入中的正当开支扣除，计算得出税后所得收入，如果（1）债务人未来五年的预期税后所得少于 6000 美元，则债务人可能符合清算程序的要求；（2）若债务人未来五年的预期税收所得超过 10,000 美元，债务人能够对特殊情形作出解释的，也可以获得清算批准；（3）若债务人的预期税后所得在 6000—10,000 美元，则需要将债务人未来五年的税后所得与债务人无担保债务进行比较，以确定债务人是否可能向债权人进行较大金额的清偿，当债务人未来五年的税后所得高于债务人无担保、无优先权债务的 25% 时，则参照收入高于 10,000 美元的情形处理，当未来五年的税后所得低于无担保、无优先权债务的 25% 时，债务人通过经济情况调查，符合清算程序要求。[81]美国在债

[80] See 11 U.S.C. § § 101(41) 109(b).

[81] See 11 U.S. Code § 707(b).

务人申请个人清算时设置较为繁琐的法庭审查标准，有助于避免债务人滥用个人清算程序，恶意逃避债务清偿。

考虑到个人清算的设置目标，笔者认为，我国在进行个人清算立法时，也应当对债务人申请清算设置庭前审查标准，对于符合清算要求的，应当进行清算；不符合清算要求的，由申请人决定是否申请重整或者采取其他法庭外债务整理措施。我国目前各地区各省份之间经济上还存在较大差距，设立同一收入标准显然不合理，标准地方化则可能更符合困境债务人的实际情况。我国在设置个人清算准入程序时，可以借鉴美国的经济情况调查，建立相关经济情况标准。在个人破产的语境下，由家庭收入、个人收入等构成的家庭收入中位数具有一定的参考意义。家庭收入中位数由统计局在当前年度计算和公布，如果当前年份尚未计算和公布，则应在当前年度之后和统计局作出计算和公布的下一年度之间作出调整，以反映当前年份之后和之前的城市消费者的消费者物价指数。申请个人清算的债务人在满足破产原因之后，若其收入高于申请破产地的家庭收入中位数，则应建议申请人采取个人清算的替代性程序；若其收入低于或等于申请破产地的家庭收入中位数，则准许进入个人清算程序。

3. 我国个人破产法庭内 ADR 程序构建

破产法庭每年处理的大量个人破产案件将会影响到千千万万的个人。ADR 程序最大的优点体现在程序的简易性以及低成本性，且程序效率高，实用性强，得到广泛适用。而且，在某些国家中，如日本，法庭 ADR 程序的费用全部由国家负担，极大地节省了程序成本。

在设计法庭 ADR 程序时，我们首先应当确定法庭 ADR 程序的目标，这决定了 ADR 程序的很多问题，并且为法庭衡量 ADR 规则的成果提供标准。法庭 ADR 规则的目标主要包括：节约时间和金钱，增强债务人债权人双方对法律体系的满意度以及达成潜在诉讼较少的持久协议等。[82] 当然，法庭 ADR

---

[82] See BARRY RUSSELL, Mediation in Bankruptcy Courts, see at http://www.cacb.uscourts.gov/mediation-program, 2017 年 3 月 27 日访问。

程序也存在多重影响因素，如保密性和利益冲突；保密性是法庭 ADR 程序极为重要的部分，要求所有参与者均在程序中进行保密，程序调解者、参与双方和律师都应在程序开始前签署保密协议书。

其次，我们可以将制度安排具体内容概括为以下几点：第一，应当以地方法规等的形式制定法庭 ADR 的通用指导意见，且如果不是全部法庭也需要是大多数法庭的工作人员进行程序处理，法官推动程序进展；第二，成功的法庭 ADR 程序得益于法官及其司法团队的设计、指导和艰辛工作，因此，应当建立包含书记员在内的与法院案件管理系统协调统一的调解机制；第三，法庭 ADR 程序由法庭工作人员主导，唯一的成本是其中的人事成本，包括法官裁决案件适用调解程序的时间成本，书记员通过案件管理系统分配案件的时间成本等。[83]

最后，我们可以将制度的具体步骤设计为：法庭组成调解委员会；调解委员会与债务人进行会面，了解债务人的债务情况和财产状况；调解委员会与债权人具体协商，重新计算债权额和清偿时间。

（四）我国个人破产制度的法庭外规则构建

1. 行政规则构建

首先，行政规则的整体机构设置和目标。制度框架与法律的复杂性相关，个人破产尤其如此，对专业知识、纠纷解决等都有较高要求。澳大利亚的正式个人破产制度也包括法庭扣押令，该扣押令基于债务人申请破产、破产后和解、个人破产和解以及债务和解中债权人的申请作出。澳大利亚个人破产的行

[83] See *Alternative dispute resolution center manual:A Guide for Practitioners on Establishing and Managing ADR Centers*, World Bank Group at http://documents.worldbank.org/curated/en/906371468169461301/Alternative–dispute–resolution–center–manual–guide–for–practitioners–on–establishing–and–managing–ADR–centers. p.6, 2017 年 3 月 19 日访问。

政管理工作由澳大利亚金融安全局（AFSA）规制，[84] AFSA 是最高法律顾问司法长官的执行机构，通过提供高质量的个人破产和托管、规则和执行以及个人财产担保服务，管理破产法和物权法的适用。[85] 作为一个特殊机构，AFSA 的服务包括确保债务人、破产人及其组织、破产从业人员遵守《破产法》的要求以及相关的法律规定；并负责债务和解以及个人破产和解，规制受托人及其债务和解管理人的行为。同时，AFSA 也参与个人破产的立法，如《2016 年破产法改革法案》（Insolvency Law Reform Act 2016）中 AFSA 与司法部、财政部、澳大利亚证券和投资委员会共同开展。[86]

结合我国现状，从整体制度构建上，可以将破产制度的整体管理责任分配给某个专门的政府机构或者成立专门的部门机构，由该机构作为金融基础设施重要组成部分的个人破产制度的监管者。该专门机构可以行使监管、规则制定和执行的权力。承担的主要职能可以包括：第一，调查债务人财产，充当小型破产财团的管理人；第二，识别和整理案件，给债务人和债权人提供中立的意见和建议，预防道德风险；第三，建立检测和报告框架，防止政府内部潜在利益冲突风险。

其次，行政规则的 ADR 程序设置。正如前文所述，ADR 程序需要具有说服力的政府监管机构监督进行，以解决部分债权人更信任正式的监管程序等问题。ADR 程序可以作为司法制度的一部分，也可以划入自由市场的范围。ADR 程序本身又可以分为司法模式和独立模式，司法模式又可以分为法庭附属模式和法庭相关模式，前者指 ADR 项目或业务在法院体系授权和使用，并由法院控制，只有法院有权采取调解，法官扮演调解者的角色，达成的协议作

---

[84] See Rosalind Mason, Stephen O' Mahony, *Perspectives on Australian Bankruptcy Law through the Prism of World Bank Report on the Insolvency of the Insolvency of Natural Persons, QUT* Law Review,Volume 14, p.8.

[85] See Austrialian Financial Security Authority Annual Report 2015–16, https://www.afsa.gov.au/sites/g/files/net1601/f/annual_report_2015–16.pdf, 2017 年 3 月 28 日访问。

[86] See Austrialian Financial Security Authority Annual Report 2015–16.

为法庭裁判具有可执行性；[87]后者指 ADR 程序与法庭相关但不是其中一部分，其解决的案件由适当法庭提交或者法庭外其他主体提交，达成的协议作为法庭裁决，具有可执行性。[88]由此可见，司法模式的 ADR 程序中的“法庭相关模式”与法院相关，但是本身并不是法院体系的组成部分，而在“法庭附属模式”需要由法庭控制组织的情况下，“法庭相关模式”可由其他主体控制和管理。面对我国当前个人破产立法不足，且个人破产经验欠缺的现状，司法模式下的“法庭相关模式” ADR 程序可以纳入前述个人破产行政规则之中；而司法模式下的“法庭附属模式” ADR 程序则是司法内程序，也即法院个人破产程序的组成部分。

另外，ADR 程序中的独立模式是指从整个法院框架内脱离，并建立在私营部门，主要包括商会型模式和其他独立模式。商会模式是指由特定管辖区域内商会建立或联合建立的模式；其他独立模式既不涉及法庭，也不涉及商会，而是由独立的私营组织设立。

综上所述，我国行政规则的 ADR 程序主要指司法模式中的“法庭相关”模式，选择或者成立政府部门机构，为个人破产制度提供信贷咨询等服务，主体可限制为信贷消费者，参照其他国家的规定，在具体内容上可以参照规定：第一，当事人有自发偿债的意愿；第二，当事人的收入在一定时期内足以偿还债务；第三，债务类型属于信贷债务。该 ADR 模式下的，服务提供者根据当事人的申请提供法律意见，拟定债务清偿计划，与债权人进行沟通、谈判和调解，并签订和解协议等。

2. 社会中介规则构建

自然人破产的中介可能是律师、会计师或者债务咨询师。这些中介可能有不同的背景、资历和作用。社会中介可以协助债务人，参与谈判，参与和监

[87] See *Alternative dispute resolution center manual:A Guide for Practitioners on Establishing and Managing ADR Centers*, World Bank Group, pp.6–8.

[88] See *Alternative dispute resolution center manual:A Guide for Practitioners on Establishing and Managing ADR Centers*, World Bank Group at pp.6–10.

督清算方案，法院破产规则和行政规则均需要依赖受托社会中介的工作。受托社会中介可以显著降低交易成本和错误成本，提高效率；同时，受托社会中介可以确保还款计划的可行性，债务核查的有效性，识别并调查债务人的不同类型，并对管理清偿方案提出中肯的意见。前文提到，ADR 程序中的独立模式是指从整个法院框架内脱离，主要包括商会型模式和其他独立模式，其主体建立在私营部门，因此可以纳入社会中介规则内。

社会中介参与个人破产制度需要特别注意中立性和从业素质考察。中立性是社会中介制度的核心，社会中介规则中应对其从业人员制定一系列聘用、委派、训练等的管理政策，在有独立咨询师的情况下，独立咨询师也应当受到上述制约。良好的社会中介从业人员需要具有独立的人格和专业的技能和知识背景，同时也对其个人素养提出了要求，如良好的倾听技能，压力之下保持冷静的能力，推进型而非指令型，解释问题和解决难题的能力，可靠、保持中立、公平和不歧视等。[89]

3. 我国个人破产法庭外 ADR 程序设计

Wiiliam Whitford 教授（1979）通过大量研究得出结论："消费者债务收取最重要的事实是，到期未付债务的最终履行大部分是通过债务人与债权人之间就债务人清偿达成的某种合意，有时也是债务人的多个债权人之间达成协议。只有很小一部分未履行债务是通过强制执行直接实现的。"[90] 该结论可以视为个人破产制度司法外程序的理论依据。

个人破产上的司法外程序指司法外债务整理程序，指债权人与债务人在没有第三人居间调解的情况下，在法庭之外通过对话的方式就债务人的破产处

---

[89] See *Alternative dispute resolution center manual:A Guide for Practitioners on Establishing and Managing ADR Centers,* World Bank Group at pp.22–23.

[90] Wiiliam Whitford, A Critique of the Consumer Credit Collection System, 1979 Wis. L. Rev. p.1047.

理问题达成和解的破产处理。[91]司法外债务解决程序为债权人和债务人提供了更多的程序选择，有利于有效清偿债务，保障及时公平分配。根据司法外债务整理程序在各国消费者破产法中的地位，可以将其分为两种模式：司法外债务整理程序前置主义的立法模式，如德国、荷兰、法国等国家；司法外债务整理程序选择主义的立法模式，如英国、澳大利亚、加拿大。司法外消费者债务整理机构以中间人的角色负责法院外和解程序的运作，此类机构在美国包含了消费者协会、破产协会、律师事务所等多种性质的组织。德国与美国比较相似，法国设立了个人过度负债委员会，专司消费者司法外债务整理程序。在韩国，金融机构也组织信用恢复委员会通过债务调整的方法救济债务人，对该对象债务总额范围的限制跟个人重整一样。

日本为满足消费者债务人的多重债务问题，成立了日本司法援助中心，并于 2011 年出台《个人版法庭外债务整理指引》，对个人债务人设置了法庭外债务清理制度，综合考虑个人债务人的多样性及债务人的具体情况，并创设了多重清偿计划类型。

综上所述，在我国的个人破产立法中，可以考虑发挥银行等金融机构和其他行业组织的作用，调动债务人和债权人的积极性，开展司法外破产程序。

四、我国个人破产制度的实体性规则构建

（一）自由财产制度的构建

自由财产制度是个人破产制度的特有制度，其与债务人的某些财产不用于清算和债权人分配的概念紧密联系在一起。“为了保护债务人基本的生存权和发展权，个人或类似个人的债务人的破产财产中，基于法律规定或者法院的

[91] 参见〔日〕山本和彦：《日本倒产处理法入门》（第 4 版），金春等译，法律出版社 2016 年版，第 14 页。

决定，应当由债务人保留而不得用于分配清偿的财产，即为自由财产，又称豁免财产”[92]。可见，自由财产的理念是，当债务人获得免责、退出破产并重新开始时，他们的财产能够满足自己和家人破产后的最低生活需求，必要时包括最低的业务需求，[93]因此，自由财产制度保护了债务人的尊严和文明身份，赋予债务人未来经济恢复和获得收入的能力，并保护其家庭成员免收贫困所带来的不利后果。[94]

自由财产关系破产债务人的生存权和发展权，也涉及债权人能够受偿的债权的数额，但是，自由财产效果不足以为债务人提供真正的重新开始的机会，且自由财产制度一般不限制债权人的权利，债务人在今后任何超出自由财产范围的多余财产或收益，仍属于债权人。因此，在确定自由财产的范围时，首先，要确保自由财产的范围合理，保障债务人和家属的正常生活；其次，要保证自由财产的范围相对明确性，维护债权人和债务人的合法权益；最后，自由财产的确定应当具有开放性和灵活性，根据时间和地域上的差别以及破产债务人的具体情况而确定自由财产保留的范围，不可制定僵化固定的衡量标准。

世界银行对自由财产三种不同的分类方法进行了总结概括，笔者以表格形式进行比较分析。

[92] 刘静：《个人破产制度研究——以中国的制度构建为中心》，中国检察出版社2010年版，第209页。

[93] See Jason J Kilborn, Jose M. Garrido, Charles D. Booth, Johanna Niemi and Iain D.C. Ramsay, Report on the Treatment of the Insolvency of Natural Persons' Insolvency and Creditor/Debtor Regimes Task Force, Working Group on the Treatment of the Insolvency of Natural Persons, Report on the Treatment of the Insolvency of Natural Persons, p.23.

[94] See Resnick, Prudent Planning or Fraudulent Transfer: The Use of Nonexempt Assets to Purchase or Improve Exempt Property on the Eve of Bankruptcy, 31 Rutgers L. Rev. pp.615–621(1978).

表3 自由财产的分类方法[95]

分类方法	含义	特点
总值固定的狭窄财产范围内的豁免	债务人申请破产申请时，债务人所有财产自动变为破产财产，债务人可以在狭窄范围内为自己及家人豁免财产。	· 自由财产的范围有限，只包括水平极低的债务人贸易工具、债务人及家庭的必要衣物及床上用品。 · 债务人多处于困窘状态，牺牲了对未来的贡献。 · 破产惩罚主义。
债务人特定财产的豁免	债务人申请破产时，从法律层面，其所有财产可分配给债权人，债务人可豁免不超过一定限额的特定类别的特定财产。法律规定了较为宽泛的豁免财产范围，包括家庭住宅、汽车、家居用品、家具以及贸易工具等。	· 豁免建立在多重因素之上，灵活度高。 · 允许债务人申请豁免达到一定价值的某些类别的财产，具有普遍公平性。 · 以牺牲效率为代价，债务人与债权人易产生分歧。 · 自由财产之外的破产财产价值限额过低。
破产管理人依据标准收回超额价值的物品	债务人申请破产时，全部现有财产均豁免，破产管理人或政府监管机构有义务就对债权人以及破产财产而言特定超额价值提出权利要求。	该方法的假设基础是，债务人的财产对债务人和家人的价值远大于债权人，因此，该方法在破产债务人财产有限的情况下更为高效。

此外，还有些国家和地区的自由财产按照财产类型进行分类和特定豁免，按照家庭住宅，汽车等交通工具，家居用品，工资、薪水和养老金、退休金计划，专业书籍、家具、设备或交易工具等进行豁免财产分类。

澳大利亚破产法规定破产动产应分配给债权人，但债务人主张支持个人及家庭成员生活的资产，应当予以豁免。[96]美国则采取列举式立法模式，将

[95] See Jason J Kilborn, Jose M. Garrido, Charles D. Booth, Johanna Niemi and Iain D.C. Ramsay, Report on the Treatment of the Insolvency of Natural Persons' Insolvency and Creditor/Debtor Regimes Task Force, Working Group on the Treatment of the Insolvency of Natural Persons, Report on the Treatment of the Insolvency of Natural Persons, pp.77–80.

[96] See Rosalind Mason, Stephen O' Mahony, *Perspectives on Australian Bankruptcy Law through the Prism of World Bank Report on the Insolvency of the Insolvency of Natural Persons,* QUT Law Review Volume 14.

自由财产以财产清单的方式在《破产法典》第 522 条（d）中详细列出，同时各州有权决定是否采纳第 522 条（d），不采纳的，债务人可以依据非破产法的规定获得自由财产。具体到我国的自由财产的范围，有学者认为可以将自由财产分为维系债务人及其抚（扶）养的亲属生活需要的财产、维系职业需要的财产以及专属于个人的财产。

笔者认为，我国立法多受大陆法影响，在自由财产立法上可以采用概括式立法的方法，可以参照表 3 中的第二种分类方法，以法律、行政法规的形式规定豁免的财产，即债务人可豁免不超过一定限额的特定类别的特定财产，包括禁止扣押的财产和债务人具有人身专属性的财产。此外，在确定自由财产的范围既要考虑到与家庭财产的分割，保留生活必需的财产，也要从长远考虑，保留一定的职业必需财产等。在衡量债务人生活必需财产和职业必需财产时，应当注意各地生活、生产水平的差异，应以当地最低生活保障为基准，由法官作出判断。在对上述财产进行界定和划分时，应当充分发挥征信制度的作用，全面调查、了解债务人的财产，并将属于自由财产的记录到征信系统内。

（二）个人破产免责制度的构建

债务人提出破产时的所有财产和债务将在破产程序中集中处理，债务人除被豁免的财产之外，所有的财产将用于清偿债权人。“免责财产”指债权人无法对债务人清偿债务后所获得的财产主张权利。[97] 所以，免责制度是指在个人破产程序终结后，对于破产人未能清偿的债务，依照法律规定，在符合一定条件的情况下予以免除继续清偿责任的制度。[98]

历史上免责制度的立法理念经过了一系列的变化，以法国和德国为代表

---

[97] See William C. Whitford, *Changing Definitions of Fresh Start in U.S. Bankruptcy Law*, 20 J. Consumer Policy 179 (1997), p.179.

[98] 参见刘静：《个人破产制度研究——以中国的制度构建为中心》，中国检察出版社 2010 年版，第 223 页。

的大陆法系国家，免责制度主要为保护债权人利益而设置，其目的是促进债务人对债权人实现债务清偿；以英国和美国为代表的英美法系国家中，免责制度的立法理念是实现债务救济，保护债务人的基本人权，同时将免责作为市场经济必然后果的破产的救济程序。此两种立法理念导致免责制度存在些许差异，但从制度的实践效果来看，免责制度对债务人、债权人和社会利益的共同实现都有重要意义。[99]因此，不论采取何种立法理念，在免责制度的设计中都应注意平衡破产债务人的免责利益和债权人的清偿利益之间的关系。[100]免责制度的构建有三个考量因素，一是债务人从免责中能得到什么；二是什么样的债务人被免责；三是免责的效果。[101]在进行我国个人破产立法时，应当从债务人免责的获得方式、免责的限制情形进行立法。

1. 免责的获得方式

各国在个人破产免责制度的立法上，通常采用三种制度获得方式：第一种是当然免责主义，即破产财产清算分配结束后，破产人无须提出申请，依照法律规定自动获得免责的法律效力，[102]以美国为典型；第二种是许可免责主义，即在法律预先规定的免责条件下，如果破产人在认为自己符合法律规定的免责条件时，向法院申请免责，由法院决定是否免责；[103]第三种是二元免责模式，即当然免责主义与许可免责主义的混合，如西班牙破产法虽然没有正式区分免责的不同路径，但债务人可以通过两种不同方式获得免责，这两种不同的途径通常根据程序中债务人偿还的债务金额决定，第一种方式是债务人在个人清算程序之后支付了特定数额的债务，则债务人获得直接免责；第二种是清偿的债务金额未达到门槛，债务人在遵照无免责债务清偿计划最多五年之后，可

[99] 参见许德风:《论个人破产免责制度》，载《中外法学》2011 年第 4 期。

[100] 参见卢林主编:《深圳经济特区个人破产条例草案建议稿附理由》，法律出版社 2016 年版，第 288 页。

[101] See David G. Epstein, Bankruptcy and Related Law, 6th Edition, Law Press China, 2005.

[102] 参见刘静:《个人破产制度研究——以中国的制度构建为中心》，中国检察出版社 2010 年版，第 230 页。

[103] 同上注。

以获得免责。[104]

如英国1986年《破产法》第279条(1)(a)规定“根据第264条(1)(d)申请而被裁定破产的或债务人在破产程序开始后15年内的任何时间未被免责的，可根据下一条规定由法院作出决定进行免责”和第280条(1)规定：“破产程序开始五年后，符合第279条(1)(a)规定的案件的，破产债务人可以向法院申请破产免责……”[105]可知，英国对债务人免责采取许可主义，并对破产债务人申请免责的条件作出了详细规定。《德国破产法》第287条第1款(1)规定：“剩余债务免除以债务人的申请为前提，此项申请应当与其请求开始破产程序的申请一并提交……”鉴于我国缺乏个人破产的实践经验，加强对债务人监督以防止程序滥用仍具有必要性，因此，笔者认为我国在个人破产免责立法上宜采取许可免责主义。

2. 免责的限制情形

免责制度的限制情形主要包括归责于债务人行为的不予免责和法定不得免责两种情形。

首先，并非所有申请免责的债务人均可获得法院的批准，应当对法律不予免责的债务人行为进行规定。为防止债务人滥用个人破产清算程序逃避债务，世界各国都对免责给予了一定的限制，债务人通过破产清算，对债权人利益已经造成一定影响，因此，债务人在清算程序中必须遵守相应的诚实信用原则，最大限度地保障债权人的债权得以实现。如果有归责于债务人的事由，损

---

[104] See Arias–Varona, F. Javier, Individuals' Insolvency in Spain (August 1, 2015). *Consumer Insolvency Proceedings in the European Union and Switzerland: A Comparative Study, Forthcoming*, pp.11–12, https://papers.ssrn.com/sol3/papers.cfm?abstract_id=2708340, 2017年3月24日访问。

[105] See C.45 Insolvency Act 1986 280.–(1): " An application for an order of the court discharging an individual from bankruptcy in a case falling within section 279(l)(a) may be made by the bankrupt at any time after the end of the period of 5 years beginning with the commencement of the bankruptcy."

害债权人利益，法院应当裁定不予免责。[106]债务人不可免责的行为大致可以分为三类，一是债务人多次利用个人破产清算程序，恶意逃避债务；二是债务人具有不诚实行为，隐匿、毁损、恶意处分破产财产以及隐匿、毁损、伪造或者编造财务账簿等资料的行为，导致债务人财务状况不明确的；三是债务人因浪费、赌博或者投机行为导致财产不当减少的行为。

对此，我国在进行立法时，可以将不予以免责的事由定为：（1）曾于五年内依据个人破产法进行免责的；（2）隐匿、毁损、转移清算财产，或者其他导致清算财产减少，不利于债权人的行为；（3）债务人在明知存在清算可能，仍对个别债务进行清偿的；（4）隐匿、毁损、伪造或者编造财务账簿等资料的行为，导致债务人财务状况不明确的；（5）违反限制消费的法律规定或参与其他投机行为导致个人财产显著减少的；（6）其他应当不予免责的行为。

同时，应对债务人是否符合“诚实”的标准进行界定。在个人免责中，“诚实”即债务人如实反映财务状况，保证破产财产不因债务人的故意而减少，从而保证债权人尽可能获得清偿。

3. 不予免责的债务类型

应当对法定的不予免责的债务进行规定。各国破产法中规定了某些特定的不受破产免责影响的债务，对这些法律特别规定的不能免责的债务，债务人在获得免责后，仍须承担清偿责任。一般而言，法律规定的不受免责影响的债务主要是国家的税收、因破产人的恶意行为而产生的债务、雇员的工资债务、罚金和罚款等。如《美国破产法》第 523 条规定了 12 种不能免责的债务；《英国破产法》第 281 条规定了 7 种不能免责的行为。税收债权是公民履行纳税义务而产生的债权，是纳税平等的体现，且税务机关缺乏授权放弃该部分债权，因此，税收债权不应免责；破产人的恶意行为是其损害免责制度下债权人利益和社会公共利益的行为，不应获得免责制度的保护；个人破产中，出于对劳动

---

[106] 参见卢林主编：《深圳经济特区个人破产条例草案建议稿附理由》，法律出版社 2016 年版，第 293 页。

者利益的保护，雇员的工资债务应当由破产人继续承担；罚金和罚款是国家对债务人非法行为的处罚，应当根据债务人的行为主观性质进行区别对待，对债务人主观故意的行为或者重大过失的侵权之债，不应免除，对债务人过失产生的不严重后果的侵权之债，可以由法院酌情免除。

我国立法时可以将税款债务、雇员债务、罚款罚金、因故意或者重大过失造成的侵权之债等纳入不可免除的债务范围。

（三）失权与复权制度的构建

从某种意义上，失权与复权制度是破产惩戒主义的一种体现，也体现了个人破产从保护债权人利益向保护债务人利益和社会利益的转变。[107]失权制度是在破产宣告后，对破产人担任某些职务的资格、行使某些权利以及某些行为的限制。复权制度是对失权债务人取消前述限制的制度。失权制度的意义在于，通过对破产人的限制，形成一定的惩戒和震慑作用，防止恶意逃债和欺诈或者挥霍财产，不履行清偿责任等，也为社会提供了交易信用衡量标准，健全了征信体制，保护了交易安全。复权制度体现了破产债务人重生的思想，失权破产人在一定条件下恢复到原本状态，可以继续发挥其对社会经济的贡献，且对破产人的经济活动和生活起到了教育和指引作用，实现债务人重生。失权与复权制度并不是独立发挥作用的，而是与个人免责、个人重整等制度一并发挥作用。恰当的失权与复权制度的构建，不仅要考虑失权、复权制度本身的制度特点，也要与个人破产的其他制度衔接。

第一，失权与复权制度的适用对象为破产个人债务人。个人破产制度下的破产人的失权与复权与企业破产中公司特定管理人员的责任承担存在区别，也与被执行人限制高消费等失权性质的对象存在差异。一方面破产失权的适用对象不同于企业破产中的企业董事、监视和高级管理人。我国《企业破产法》

[107] 刘静：《个人破产制度研究——以中国的制度构建为中心》，中国检察出版社2010年版，第241页。

第 125 条规定："企业董事、监事或者高级管理人员违反忠实义务、勤勉义务，致使所在企业破产的，依法承担民事责任。有前款规定情形的人员，自破产程序终结之日起三年内不得担任任何企业的董事、监事、高级管理人员。"该条直接规定了董事、监事或者高级管理人员的法律责任，是从公司经营和治理的角度对公司管理人员在履行职务时的行为进行的惩罚。个人破产者的失权与复权是基于其未能清偿到期债务的破产惩戒。适用对象的不同也决定了其制度的内容存在差异。企业破产下的企业管理人员仅担任企业董事、监事、高级管理人员等的任职资格受到限制；而个人破产失权下，破产人失去的任职资格不仅包括公司治理层面的董事、监视、高级管理人员等，也包括特定职业的任职资格，也会失去财产处分权等权利。另一方面，破产失权的适用对象与执行中的被执行人不同。《最高人民法院关于限制被执行人高消费及有关消费的若干规定》第 1 条规定，被执行人未按执行通知书指定的期间履行生效法律文书确定的给付义务的，人民法院可以采取限制消费措施，限制其高消费及非生活或者经营必需的有关消费。纳入失信被执行人名单的被执行人，人民法院应当对其采取限制消费措施。这是从执行的角度对被执行人的高消费等行为作出的限制，其限制的原因是被执行人不履行执行通知中的给付义务。而个人破产中的破产人可能也会受到限制高消费等行为的失权，但其原因是破产行为，而非不履行执行中的给付义务。

第二，失权制度的路径选择和具体构建。根据各国的立法实践经验，失权的方式主要可以概括为两种，即当然形成主义和裁判形成主义。当然形成主义是基于破产人破产的事实而在宣告破产后，破产人必然进入失权状态；裁判形成主义是个人破产人发生破产事实后，需由裁判决定破产人是否进入失权状态。学术界对此两种失权方式都有较为详尽的论述，支持当然形成主义的学者认为，当然形成主义能够实现破产惩戒的作用，打击欺诈性破产和破产中的欺诈行为，实现债权人利益的保护，保护社会交易；支持裁判形成主义的学者认为，失权并非破产的应有之义，失权具有附属性和制裁性的特点，应将破产人的主观状态、财产清偿比例以及破产后果等因素联系起来，由裁判机关作出裁决。当然形成主义和裁判形成主义的理论依据都具有道理，但结合我国当前的实际情况，笔者认为裁判形成主义更适当。在此我们可以参照《最高人民法院关于限制被执行人高消费及有关消费的若干规定》第2条规定，即人民法院决定采取限制消费措施时，应当考虑被执行人是否有消极履行、规避执行或者抗拒执行的行为以及被执行人的履行能力等因素。笔者认为，在制定我国个人破产失权制度时，也应当综合破产人是否存在主观恶意逃债、规避履行清偿义务、清偿数量及比例等因素，由裁判机构结合调解、清算或重整情况，作出是否失权以及失权期限等的裁判。

失权的内容方面，失权一般从三个方面对债权人进行限制，一是对破产债务人某些任职资格的限制，包括担任律师、会计师、公证员、法官、检察官等，也不得担任企业董事、监事以及高级管理人员等。二是对破产人行使某些权利的限制，如财产管理和处分的权利限制。三是对破产人某些行为的限制，包括限制高消费以及非生活或经营必需的消费行为等，也包括对破产人通信和离开住所的限制。我国在失权制度的构建方面主要可以从上述两个角度进行构建，将裁判形成主义作为破产人失权的路径，将失权的内容从任职资格、权利限制和行为限制三个方面进行规定，并根据破产人的主观状态、偿债情况等作出失权期间的裁判，从而实现破产警示、保护债权人和社会利益三者的结合。

第三，我国复权制度的路径选择和具体构建。所谓复权，是指依据法律的规定或者依照法定的程序，将破产人或者准破产人因破产宣告所受的破产程序以外的公私权利或者资格的限制予以解除，恢复固有权利。[108]复权制度是现代破产法的重要内容，体现了人权保护的理念。对复权制度的立法模式主要有三种，即当然复权主义、申请复权主义和以当然复权为主、申请复权为辅的

---

[108] 参见卢林主编：《深圳经济特区个人破产条例草案建议稿附理由》，法律出版社2016年版，第310页。

立法主义。[109]当然复权主义制度下，破产人只要具备了规定的复权条件就可以自动地恢复失权状态前的权利状态，获得权利不需要提出申请，也不需要向法院提出要求获得批准，这一模式被英美国家普遍采用。申请复权主义制度下，破产人失权以后，需向法院等裁判机构提出申请，经过审查批准后，才可以恢复权利。以当然复权为主，申请复权为辅的平衡模式下，当然复权模式具有程序简单，破产人对复权可预见性高等特点，但是不利于对破产人的监督，较易出现破产人不诚实现象。而申请复权模式会带来债务人和裁判机关的程序压力，但是能够更好地对破产人实行监督。

因此，笔者认为我国建立严格的批准制度，建议采取申请复权主义的模式。此外，还应当对破产人可以提出申请的情形作出规定，又因复权与失权制度都与个人破产的其他制度紧密相关，在规定复权申请条件时，也应将其他个人破产制度安排纳入复权制度安排的考虑范围。破产人满足如下情形时，可以向法院提出复权申请条件：债务人已经清偿其对所有债权人的债务；债务人已经履行完毕重整计划或调解协议；债务人失权的，在失权期间内未违反失权规定，且债务规模在 50 万以下的已清偿所欠债权人 70% 以上的债务，债务规模在 50 万以上的已经清偿所欠债权人 50% 以上的债务的；债务人免责满 7 年的；或者债务人自宣告失权后满 10 年的；等等。满足复权申请条件的破产人，应当向法院提出申请，并可召开债权人会议，债权人对破产人在复权期间内的行为等有异议的可以提出，对破产人复权其他方面存在问题的，向法院提出。最终由法院决定破产人是否复权。

五、结　论

金融基础设施建设日益成为各国金融发展的重要课题，而个人破产制度

---

[109] 参见刘静：《个人破产制度研究——以中国的制度构建为中心》，中国检察出版社 2010 年版，第 246 页。

作为金融基础设施的基础性、核心性的组成部分，对个人破产进行立法以及制定相关规则也应给予充分的认识和关注。

本文对个人破产的基本理论进行了介绍，从历史发展的角度对个人破产的本源和本质进行理解，结合我国个人破产的立法和发展现状，得出我国个人破产立法具有时代价值。个人破产与金融基础设施之间具有互动关系，个人破产是金融基础设施的重要组成部分，对金融基础设施建设具有重要的价值；金融基础设施建设对个人破产立法又具有促进和推动作用。在进行前述分析的基础上，本文从程序性规则和实体性规则两个方面对我国个人破产立法提出建议。笔者认为，应当将我国个人破产立法的主体设定为自然人，采用一般破产主义；程序性规则中，又从 ADR 程序、法庭内程序和法庭外程序三个方面进行分析，ADR 程序中的调解程序在个人破产中的应用具有很大潜力。法庭内程序最重要的是个人重整和个人破产程序。法庭外程序主要从参与破产的非法庭主体的角度进行分析，如行政主体、社会中介主体等，笔者在文中对他们适用的不同规则进行了介绍。

论破产程序中的担保物权

王巧璐

内容摘要 随着担保物权制度的广泛运用与担保物范围的扩张，企业破产时绝大多数资产上附有多种担保物权，如何处理破产程序中的担保物权成为破产实务中的重要问题之一。我国对于破产程序中的担保物权采取了保护和限制相结合的立法模式，需要分别从保护和限制两个维度，探究其法理基础、立法现状与司法实践。从保护担保物权的维度，我国主要是从担保物权在清算程序中的优先受偿及特殊的权利行使规则两方面进行规定；从合理限制担保物权的维度，我国主要从其权利的行使主体、时间及方式三方面进行规范。本文在我国立法和司法实践的基础上，结合案例数据、学界争议及国外经验，对破产程序中担保物权的实务困境和突出问题进行剖析，以问题为导向提出、分析问题后，提出相关立法、执法、司法等完善建议。只有坚持保护与限制相结合，才能在充分发挥担保物权保护交易安全等制度价值的同时，减少其在破产程序中可能带来的负外部性。

关键词 破产程序 担保物权 别除权

作者单位：中华人民共和国商务部。

一、破产程序中担保物权问题的产生

破产法立法宗旨从债权人本位发展到重视债务人与债权人保护，再发展到现代破产法的社会本位，要求平衡债权人、债务人及社会多方利益。并且随着担保制度的发展和广泛运用，破产企业的大多数财产都被赋予担保物权，因而处理破产程序中的担保物权成为破产法、物权法、担保法等学科交叉的重难点，出现许多实务困境亟待解决。

（一）破产法立法宗旨的转变

破产是指债务人不能清偿债务或失去偿债能力的状态。在破产制度产生之初，破产被视为一种犯罪行为，债权人可以对债务人实施财产及人身惩罚。随着市场风险增加与市场竞争日益激烈化，人们逐渐意识到优胜劣汰及破产是市场的自然现象，对破产人采取更加宽容的态度并仅采取财产上的处罚。[1]早期破产法产生于自然经济与小商品经济的社会基础，以债权人利益至上为破产立法的宗旨。

随着商品经济与资本主义的发展，破产制度也从片面保护债权人转变为债务人和债权人利益双向保护。英国、美国出现了免除剩余债务、和解、暂停行使等债务人救济程序。

现代社会不断发展使经济结构呈现整体化的特征，经济主体之间的联系日益紧密，“一荣俱荣，一损俱损”是这个时代的鲜明特色。破产法学界逐渐认识研究“破产预防”“破产重整”等概念，包括管理人制度、重整制度与和解制度在内的破产预防制度逐渐发展，社会整体利益被逐渐重视，产生社会本位保护模式。由此，破产法立法宗旨实现了从单独保护债务人权益到兼顾债权

---

[1] 参见唐少青：《论破产程序中的担保权益》，黑龙江大学2009年法律硕士学位论文。

人与债务人权益，最后发展到社会本位的演变。[2]

（二）担保物权的概念及发展

担保物权是指以确保债务清偿为目的，于债务人或第三人所有之物或权利上所设定的一种定限物权。[3]担保物权根据发生原因的差别，可以分为法定与意定担保物权。法定担保物权，是指在符合一定法定要件时当然发生的担保物权，如留置权。法定担保物权通常基于保护特定债权人的利益而设置，其效力一般优先于意定担保物权。而意定担保物权是产生于当事人约定的担保物权，如抵押权。意定担保物权往往是以担保物权作为融资的手段，又称作融资性担保物权。[4]

罗斯科·庞德说，在商业时代，财产多半由允诺构成。[5]随着商业社会的发展，市场交易的典型特征之一就是交易不能即时清偿。经济学表明在债权债务关系中，授予信用是价值的单方面转移行为并蕴含极大风险，除非该风险能得以有效控制，否则理性经济人不会贸然涉足。而担保物权凭借其公示公信力及优先受偿性，为交易提供了稳定预期，从而保障交易安全、促进经济繁荣。因此，担保物权成为了社会融资的基本手段，并且其种类逐渐多样化，占有担保物的方式转变，标的物从单一财产发展到企业的整体财产，使担保物权制度日渐成熟并广泛运用于市场经济生活。[6]

我国目前规定的担保物权类型主要包括：第一，抵押权。《中华人民共和国物权法》（以下简称《物权法》）第 179 条规定：抵押是不转移担保财产占有

---

[2] 参见叶青：《对我国企业破产清偿制度的经济法思考》，南昌大学 2011 年法学硕士学位论文。

[3] 参见谢在全：《民法物权论》（下），中国政法大学出版社 1999 年版，第 527 页。

[4] 参见梁慧星、陈华彬编著：《物权法》，法律出版社 1997 年版，第 305 页。

[5] 参见转引自李永军：《合同法原理》，中国人民公安大学出版社 1999 年版，第 21 页。

[6] 参见谢在全：《民法物权论》（下），中国政法大学出版社 1999 年版，第 530 ～ 532 页。

的担保物权。另外，我国《物权法》第180条[7]、第184条[8]从正反两个方面对抵押权的标的物做了规定。由于设置抵押权不必转移担保财产的占有，因而可以维持担保人正常的生产经营，从而实现更大的经济效益，因而在现代社会抵押权的运用十分广泛，也是破产程序中担保物权问题研究的主要权利。第二，质权。质权是转移担保财产由债权人所有的担保物权。根据标的物的不同可以将质权分为动产质权与权利质权。第三，留置权。留置权是一种法定担保物权，是债权人动产合法占有动产，由于债务人不按照合同约定履行债务而依法留置该动产并享有优先受偿权。[9]

（三）破产程序中担保物权实施的法律困境

在传统的担保手段下，动产质押需要转移占有，因此企业有相当一部分财产上未附有担保物权。随着经济的不断向前发展，企业资金压力与银行放款需求对担保法律完善的现实需要不断加强，担保物权制度的广泛运用使很多企业的重要财产上都被附有多样的担保物权。因而当债务人企业陷入破产时，破产程序最重要的工作之一就是清理和实现担保物权。[10]在这种情况下，破产制度和担保物权发生了一定的法益冲突，虽然二者都可以帮助债权人实现债权，但破产程序是一种概括执行的程序，以公平清偿和集体清偿为原则；而担

---

[7] 参见《中华人民共和国物权法》第180条："债务人或者第三人有权处分的下列财产可以抵押：（一）建筑物和其他土地附着物；（二）建设用地使用权；（三）以招标、拍卖、公开协商等方式取得的荒地等土地承包经营权；（四）生产设备、原材料、半成品、产品；（五）正在建造的建筑物、船舶、航空器；（六）交通运输工具；（七）法律、行政法规未禁止抵押的其他财产。抵押人可以将前款所列财产一并抵押。"

[8] 参见《中华人民共和国物权法》第184条："下列财产不得抵押：（一）土地所有权；（二）耕地、宅基地、自留地、自留山等集体所有的土地使用权，但法律规定可以抵押的除外；（三）学校、幼儿园、医院等以公益为目的的事业单位、社会团体的教育设施、医疗卫生设施和其他社会公益设施；（四）所有权、使用权不明或者有争议的财产；（五）依法被查封、扣押、监管的财产；（六）法律、行政法规规定不得抵押的其他财产。"

[9] 参见李永军：《破产法：理论与规范研究》，中国政法大学出版社2013年版，第303～307页。

[10] 参见许德风：《破产法论——解释与功能比较的视角》，北京大学出版社2015年版，第307页。

保物权是为保护特定债权人的利益而设立的，体现优先清偿与个别清偿原则。

因为破产程序中的担保物权涉及《企业破产法》《物权法》及《中华人民共和国担保法》(以下简称《担保法》)等多个法律部门，在实践中操作起来难度很大，也容易引起误解，因此有必要对相关规则的法理基础及操作规则进一步研究和细化，从而指导实务工作。

我国破产程序中的担保物权主要存在以下实施困境：一是破产清算清偿顺位问题。破产程序中除了担保物权具有优先受偿性之外，共益债权、劳动债权与税收债权都属于优先权，这些优先权与担保物权的优先顺序法律并未加以明确规定，因而形成学界争议与实务分歧。二是担保物权在破产程序中的行使规则并未明确，破产程序中的一些特殊程序，如执行中止、权利申报、重整等程序是否适用于担保物权还有待明晰。三是担保物权的暂停行使制度不够完善。我国借鉴美国等国家破产法的经验确立了在重整程序中担保物权的"暂停行使"规则，但由于相关规则不够细化，导致我国并未形成一套完整的暂停行使制度，对担保物权在重整程序中的限制及权利救济尚需细化落实。四是从总体上看，我国破产法对担保物权的特殊规定不够完善，导致其凭借民法优先受偿性在破产程序中依旧受到偏重的保护，而对担保物权的限制，包括从其行权主体、时间、方式等方面的限制都不够细化，有待完善。

由于担保物权的优先受偿属性是民法的基础理论，所以许多国家破产立法和实践中均承认担保物权在破产程序中的优先受偿属性，并且在一些大陆法系国家破产法中担保物权人享有的权利具有一个专有名称——"别除权"。[11]然而，由于动产担保制度的成熟运用，企业陷入破产状态时大多数财产上都附有担保物权，如果绝对保护担保物权在普通民事程序中的优先受偿性，将不利于企业财产整体价值的变现和社会利益的维护，因而担保物权在破产程序中可以直接"别除"而不受破产程序约束的观念早已过时，各国破产立法处理担保物权出现了保护和限制两种相互竞争的法益倾向，主要分为三种立法模式：德

[11] 参见许德风：《论担保物权的经济意义及我国破产法的缺失》，载《破产法论坛》2010 年第 4 辑。

国的担保物权极端保护模式、法国的极端限制模式以及美国、英国、日本采用的保护与限制相结合的折中模式。由于折中模式在担保物权保护与限制之间实现了利益平衡，兼顾担保物权人、普通债权人及债务人的利益保护，因而成为一种广泛运用的担保物权保护模式，我国《企业破产法》也是采用保护与限制相结合的折中模式。因而本文将以我国司法实践为基础，分别从保护担保物权和限制担保物权两个角度剖析其法理基础和现存问题，以问题为导向提出完善措施和建议。

二、破产程序中保护担保物权的现状与问题

对破产程序中的担保物权进行保护的法理基础主要是别除权理论，别除权是担保物权在破产程序中的权利延伸，担保物权凭借其公示公信力和对世性从而为债权提供更充分的保护，从而有助于维护交易安全并实现实质公平。在司法实践中，我国破产法中对担保物权的保护主要体现在两个方面：破产清算程序中优先受偿与担保物权的特殊行使规则，但还存在相关争议问题有待进一步明晰。

（一）保护担保物权的法理基础——别除权理论

别除权是指因债权设有担保物权或其他优先权，在破产程序中可以就债务人的特定财产优先受偿的权利。别除权与破产程序中存在的其他相关权利相比，具有以下特征：一是别除权行使权利的对象是债务人的财产；二是别除权是针对债务人设定担保之特定财产行使的权利；三是别除权是一种优先受偿权；[12] 四是别除权是民商实体优先权利在破产法上的转化和延伸。[13]

破产别除权理论的产生是顺应简单商品经济向现代社会化大生产转变的

---

[12] 参见王欣新：《破产别除权理论与实务研究》，载《政法论坛》2007年第1期。

[13] 参见赵治宇：《破产别除权法律问题研究》，上海师范大学2014年法学硕士学位论文。

时代需求，具有深刻的社会根源和重要的立法意义。

第一，保护交易安全的需要。担保物权凭借其优先性及排他性，从而保障交易预期的稳定，而此种保障效应在破产程序中会体现地更为明显。当债务人出现破产原因时，担保物权所担保的债权可以获得优先的清偿顺位和清偿保证，从而对市场交易主体产生更大的吸引力。因此，打破破产程序集体受偿和平等受偿的别除权制度便在德国应运而生。

第二，有利于实现实质公平。平等清偿是破产法乃至民法的核心原则，民事主体的平等原则也是债权制度的根基。但现代法律中的平等包括形式平等与实质平等两个方面。只片面追求形式平等而忽略实质平等将会导致生产要素的不合理配置，适度合理地突破形式平等的要求可以刺激竞争，提高效率进而实现实质平等。因而赋予担保物权所担保的债权相比于普通债权更大的优先效力，是因为担保物权人所付出的权利成本，体现了对形式平等的突破从而保障实质公平。因而现代破产法应设立以平等清偿为原则，优先为例外的多层级清偿体系。突破平等清偿原则建立破产别除权制度，不仅没有根本违背民法的平等原则，更是找到了破产法公平与效率的最佳平衡点。

（二）破产清算程序中优先受偿

破产清算是指法院依债权人或债务人的申请，在债务人不能清偿到期债务时依法宣告其破产，并将全部财产公平分配给全体债权人的法律制度。[14]《企业破产法》第 109 条规定了担保权人在破产程序中的优先受偿权[15]第 110 条规定担保权人未受偿部分及放弃优先受偿权的转为普通债权受偿。[16]依此，在破产清算程序中，破产别除权人在债务人进行破产清算时，可以优先受偿破

[14] 参见范健、王建文：《破产法》，法律出版社 2009 年版，第 246 页。

[15] 参见《企业破产法》第 109 条："对破产人的特定财产享有担保权的权利人，对该特定财产享有优先受偿的权利。"

[16] 参见《企业破产法》第 110 条："享有本法第一百零九条规定权利的债权人行使优先受偿权利未能完全受偿的，其未受偿的债权作为普通债权；放弃优先受偿权利的，其债权作为普通债权。"

产财产中的特定财产，而不用依照破产清算分配方案受偿。[17]

然而，《企业破产法》第 113 条规定了破产财产的清偿顺序，[18] 由该条规定可以看出普通破产债权之外的共益债权（即破产费用与共益债务）、税收债权、劳动债权等也具有优先受偿性，这些债权与担保物权会产生优先性的冲突和顺位问题。在司法实践中，各种具有优先性的债权受偿秩序混乱，担保债权与共益债权、劳动债权、税收债权等优先债权之间的受偿顺序缺乏明确的法律规定，因而导致司法实践中的处理不一，甚至出现有财产担保债权“逆序位”受偿现象，有的案件中，行政罚款和税收债权有的优先于劳动债权受偿，有的后于部分劳动债权，[19] 正如学者所言，破产法具有一些程序法的特点，其内容没有明确规定破产程序开始前各种实体权利的性质，进而出现适用困局。[20] 因此，本文将对破产程序中担保物权与共益债权、劳动债权及税收债权的清偿顺位进行分别论述。

1. 担保物权与共益债权的清偿顺位问题

本文中所说的共益债权是指破产费用与共益债务。一方面，破产费用是指在破产程序中为全体债权人利益而支付的费用，《企业破产法》第 41 条规定了破产费用的具体内容。[21] 另一方面，共益债务是指在破产程序中为全体债权人利益而在债务人财产上设定的债务总称。《企业破产法》第 42 条规定了共

[17] 参见范健、王建文：《破产法》，法律出版社 2009 年版，第 146 页。

[18] 参见《企业破产法》第 113 条：“破产财产在优先清偿破产费用和共益债务后，依照下列顺序清偿：一是破产人所欠职工的工资和医疗、伤残补助、抚恤费用，所欠的应当划入职工个人账户的基本养老保险、基本医疗保险费用，以及法律、行政法规规定应当支付给职工的补偿金；二是破产人欠缴的除前项规定以外的社会保险费用和破产人所欠税款；三是普通破产债权。”

[19] 参见陈立兵、陈梦群：《破产债权受偿顺序的司法实践考察——以整体主义思维为分析框架》，载《破产法论坛》2015 年第 10 辑。

[20] 参见张凤翔：《企业破产案件中涉担保债权问题的处理》，载《人民司法·应用》2013 年第 7 期。

[21] 参见《企业破产法》第 41 条：“破产费用包括在法院受理破产案件后发生的下列费用：破产案件的诉讼费用；管理、变价和分配债务人财产的费用；管理人执行职务的费用、报酬和聘用工作人员的费用。”

益债务的内容。[22] 破产费用与共益债务都是为全体债权人的共同利益而发生，并应由债务人财产中优先受偿，且无须债权申报。

第一，立法规定。《企业破产法》第 43 条第 1 款规定："破产费用和共益债务由债务人财产随时清偿。" 第 109 条规定了担保物权人的优先受偿权。对此立法规定的一般理解是担保债权人享有对担保财产的优先受偿权，而共益债权应优先从无担保财产中受偿。此外，对上述清偿原则还存在一些例外规定，如根据《物权法》第 173 条规定的担保物权的担保范围还包括保管与实现担保物权的费用，[23] 在破产程序中可将该费用理解为破产费用，而稍加扩充解释，为全体债权人利益而由债务人财产负担的共益债务被包含在担保物权的担保范围也是合理的。但是，根据《最高人民法院关于审理企业破产案件确定管理人报酬的规定》第 2 条的规定，担保物价值不计入确定管理人报酬的财产总额，由此共益债权只能从无担保财产中支付，该条是考虑到担保物中存在一部分不需要维护工作的或维护工作不由管理人承担的，如商标权、股权无须维护工作，而不移转占有的质权和留置权其维护工作与管理人无关，同时第 13 条例外规定，[24] 管理人付出合理劳动的部分可以收取适当报酬。[25]

第二，立法规定的不明晰导致司法实践中的做法不统一，由于担保制度

[22] 参见《企业破产法》第 42 条："共益债务包括：(一) 因管理人或者债务人请求对方当事人履行双方均未履行完毕的合同所产生的债务；(二) 债务人财产受无因管理所产生的债务；(三) 因债务人不当得利所产生的债务；(四) 为债务人继续营业而应支付的劳动报酬和社会保险费用以及由此产生的其他债务；(五) 管理人或者相关人员执行职务所致人损害所产生的债务；(六) 债务人财产致人损害所产生的债务。"

[23] 参见《物权法》第 73 条："担保物权的担保范围包括主债权及其利息、违约金、损害赔偿金、保管担保财产和实现担保物权的费用。"

[24] 参见《最高人民法院关于审理企业破产案件确定管理人报酬的规定》第 13 条："管理人对担保物的维护、变现、交付等管理工作付出合理劳动的，有权向担保权人收取适当的报酬。管理人与担保权人就上述报酬数额不能协商一致的，人民法院应当参照本规定第二条规定的方法确定，但报酬比例不得超出该条规定限制范围的 10%。"

[25] 参见王欣新：《破产费用、共益债务与物权担保债权之间的清偿关系》，载《人民法院报》2015 年 9 月 2 日。

的完善和交易风险的增加，债权人在可能的情况下都会寻求物权担保，《物权法》第181条对动产浮动抵押制度的规定是担保物权可能附着于破产企业的全部财产，而当债务人全部财产都被设置物权担保时，破产费用与共益债务可否从担保物变价款中支付？若此时仍坚持只能从无担保财产中支付共益债权，那么将导致债务人财产不足以清偿破产费用，进而使破产程序终结，使担保权人的权利也难以顺利实现，形成破产程序进展的困境。[26]

2. 担保物权与劳动债权的清偿顺位问题

根据《企业破产法》第113条的规定，劳动债权包括工资支付请求权、社会保险费用请求权及补偿金，其中基本养老与医疗保险费用以外的社保费用属于第二清偿顺位。劳动债权是企业与劳动者之间由于劳动合同形成的债权债务关系。企业进入破产程序之后，劳动债权的请求权应列入破产债权，由管理人列出清单并公示，从破产财产中受偿。劳动债权属于民法之债，各国立法大都为劳动者权益将其列为法定优先权。[27]劳动债权的优先地位与担保物权的优先受偿之间的清偿顺位并未明确规定，而若破产财产不足以清偿全部债权，则其优先受偿的顺序直接影响清偿比例。[28]

对于劳动债权与担保物权的清偿顺序问题，存在两种观点：一种观点认为，劳动债权只具有在无担保财产中优先受偿的第一顺位，而不应具有优先于担保物权受偿。劳动债权虽应优先保护，但将劳动债权全部置于担保债权之前清偿是不妥的，并且仅凭这一措施也无法根本解决拖欠职工债权问题。[29]另一种观点认为，劳动债权属于"法定优先权"，所以应将劳动债权置于担保物权之前，即赋予"超级优先的法律地位"，从而根本解决破产企业职工劳动工

[26] 参见王欣新：《破产费用、共益债务与物权担保债权之间的清偿关系》，载《人民法院报》2015年9月2日。

[27] 参见王利明：《关于劳动债权与担保物权的关系》，载《法学家》2005年第2期。

[28] 参见周徐海：《破产法担保债权与劳动债权清偿顺位研究》，西南政法大学2012年法学硕士学位论文。

[29] 参见王欣新：《破产立法中永远的痛——谈债权人保护与对破产企业职工保护的关系》，载《证券时报》2004年11月8日。

资优先于抵押受偿的问题。[30]

针对此问题，2006 年《企业破产法》采取变通的立法方法。首先，担保物权基于对特定担保财产的优先受偿性。《企业破产法》将担保债权排除在了破产财产的清偿顺序之外，即担保债权人可不依破产财产清偿顺序而优先受偿。其次，规定了过渡期条款。《企业破产法》第 133 条规定，企业破产法施行前国有企业破产的特殊事宜依据国务院规定办理。[31] 同时根据国务院有关规定[32]的精神，国有企业破产时，劳动债权可以优先于担保债权受偿。最后，新破产法确立了有条件的劳动债权优先于担保物权受偿。依据《企业破产法》第 132 条的规定，破产人在该法公布之日前（2006 年 8 月 27 日）所欠职工的劳动债权依照法定清偿顺序清偿后不足以清偿的部分，以破产人的特定财产优先于对该特定财产享有担保权的权利人受偿。上述有关内容构成了我国担保物权与劳动债权清偿顺序的特点。[33]

企业破产对于债权人和劳动者都是沉重的打击，尤其是劳动者还兼具债权人和劳动者的双重身份，在目前的法律框架下，破产清算程序中劳动债权是第一顺位的债权，但由于该领域属于破产法和劳动法的交叉的边缘领域，缺乏有效的关注和指导。实践中，无论是在法律适用上，在政策实施上，还是在司法应对上都存在诸多争议，导致近年来引发了大规模信访、诉讼、上访的现象，暴露出破产企业劳动者安置上存在法律适用不统一、政策与实践脱节等问题，对社会稳定和经济发展产生很大隐患。[34]

针对担保物权与劳动债权的清偿顺位问题，本文认为劳动法律关系不同

---

[30] 参见申卫星：《论优先权同其他担保物权之区别与竞合》，载《法制和社会发展》2001 年第 3 期。

[31] 参见《企业破产法》第 133 条："在本法施行前国务院规定的期限和范围内的国有企业实施破产的特殊事宜，按照国务院有关规定办理。"

[32] 参见《关于在若干城市试行国有企业破产有关问题的通知》和《在若干城市试行国有企业兼并破产和职工再就业有关问题的补充通知》。

[33] 参见王延川：《破产法理论与实务》，中国政法大学出版社 2009 年版，第 276 页。

[34] 参见顾妍、钱菲：《劳动者权益保护在破产程序中的困局与应对》，载《破产法论坛》2015 年第 10 辑。

于一般民事法律关系，劳动者与企业之间带有人身依附性和情感纽带，所以在破产清算程序中赋予劳动债权第一顺位清偿权是合情合法的。但当其与担保物权发生冲突时，由于担保物权所具有的公示公信力和对世属性，一味为维护稳定的社会需要而牺牲担保物权人的利益，使有财产担保债权被隐形置换了受偿序位显然失之偏颇，并且从德国、日本与韩国的立法实践可以看出，在社会保障体系比较完善的国家中，通常会通过建立职工工资支付保障基金、完善社会保险法与劳动法等形式来保护职工的权益，而不是采用赋予劳动债权“绝对优先权”的方式。[35]

3. 担保物权与税收债权的清偿顺位问题

关于担保物权与税收债权的清偿顺序，《中华人民共和国税收征收管理法》（以下简称《税收征管法》）与《企业破产法》对于税收优先权和担保物权的优先顺序出现了立法冲突。[36]《税收征管法》第45条规定税收债权优先于设立于其后的担保物权，[37]而《破产法》第109条规定担保物权对特定财产的优先受偿权，第113条规定税收债权在破产财产支付了共益债权与劳动债权之后清偿。《税收征管法》以发生时间作为确立税收债权与担保物权清偿顺序的标准。但《破产法》却规定担保物权可就特定担保财产优先受偿，而税收债权不仅劣后于担保物权，并且清偿顺序位于共益债权、劳动债权之后。由此，对破产程序中担保物权与税收债权的清偿顺序出现两种观点：一种观点认为税收债权优先受偿。因为税收债权属于公法之债，关系国家财政收入与经济发展，所以理应优先于私法之债担保债权受偿；另一种观点认为担保物权优先受偿。因为担保物权具有对世性和绝对性，对维护交易安全与市场诚信体系具有重要意义。

对此，本文认为《税收征管法》第45条的前三款确立了税收优先权制度，

---

[35] 参见顾妍、钱菲：《劳动者权益保护在破产程序中的困局与应对》，载《破产法论坛》2015年第10辑。

[36] 参见沈理平：《破产清算中的税收优先权》，载《税务研究》2005年第3期。

[37] 参见《税收征管法》第45条：“纳税人欠缴的税款发生在纳税人以其财产设定抵押、质押或者纳税人的财产被留置之前的，税收应当优先于抵押权、质权、留置权执行。”

税收债权优先于行政罚款，除法律另有规定优先于无担保债权，并且优先于设立在后的担保物权。税收由于其法定性、公益性和风险性的特征，通过优先受偿权得以保障国家的财政能力，这不仅关系到国家职能的行使效率，更会影响到国计民生。

但是如博登海默所说："平等、自由、安全和公共利益都不应当被假设为绝对价值，因为它们都不能孤立地、单独地表现为终极和排他的法律思想，我们必须将它们放置于适当的位置上。"[38] 担保物权要用来保护私法债权必须经过登记或交付等公示程序，物权法体系中对担保物权的公示效力、公示方式及公示程序等都有了一系列较为完善的规定，第三人容易获悉风险信息，进而判断是否进一步交易。[39] 税收优先权基于公益性优先于设立在后的担保物权，但是税收优先权却缺乏相应的公示制度，导致普通债权人很难了解在债务人的财产上已经负担了多少税收债权，从而无法准确预测交易风险，也会对担保物权的公示公信效力带来冲击。

尽管我国《税收征收管理法》第 45 条第 4 款规定了欠税公告条款，第 46 条规定了抵押权人和质权人对纳税人欠税信息的获取权利，[40] 但该条款只是提示性的条款，没有明确税务机关公告欠税信息的具体方式、程序和效力，以及未公告造成的法律后果，导致公告条款缺乏现实可操作性。此后，2004 年国家税务总局颁布的《欠税公告办法（试行）》（以下简称《办法》）。《办法》对欠税公告的发布机关、公告内容、公告媒体及法律责任都有具体规定，但其立法宗旨却一定程度上偏离了税收优先权公示制度的目的，《办法》第 1 条规定了立法目的，[41] 将欠税公告定性为一种督促纳税人自觉缴纳欠税的行政事实行

[38]〔美〕E. 博登海默：《法理学——法律哲学与法律方法》，邓正来译，中国政法大学出版社 1999 年版，第 199 页。

[39] 参见熊伟：《中国税收优先权制度的存废之辩》，载《法学评论》2013 年第 2 期。

[40] 参见季怀银：《关注新破产法保障税收权益》，载《中国税务》2007 年第 5 期。

[41] 参见《办法》第 1 条："为了规范税务机关的欠税公告行为，督促纳税人自觉缴纳欠税，防止新的欠税的发生，保证国家税款的及时足额入库，根据《税收征管法》及其实施细则的规定，制定本办法。"

为，[42]忽视了保护纳税人及其他债权人的利益。

因此处理担保物权与税收债权清偿顺位问题的关键在于完善以欠税公告为基础的税收优先权公示制度，将经过公示程序的税收债权赋予优先权，对未经公示的税收债权列为普通债权与其他无担保债权同序，以此平衡公私法益。

（三）担保物权的特殊权利行使规则

担保物权在破产程序中的特殊权利行使规则是指其不依破产程序而行使，破产程序以公平受偿与集体受偿为基本原则，而别除权由于其性质特殊不受破产程序的约束，而依照民事程序进行。[43]我国针对抵押权、质权、留置权的不同特征规定了不同的行使程序：（1）抵押权、质权的行使程序。《物权法》第195条及《担保法》第53条、第63条规定了抵押权与质权的两种行使方式：一是协议折价方式；二是拍卖变价优先受偿的方式。破产程序中抵押人的相关财产处分权应移交给管理人行使。（2）留置权的行使程序。由于留置权是一种法定担保物权，在一般民事程序中，当债务人不履行债务而留置权人留置债务人的财产后，必须履行催告程序而未果后，[44]才能行使留置权。[45]在破产程序中，留置权人可向管理人进行催告，而管理人可清偿债务或替代担保来取回留置物。[46]

担保物权可以不依照清算程序与和解程序行使权利是达成共识的，也是对于破产程序中的担保物权给予充分保护的体现，但执行程序中止、债权申报

---

[42] 参见李建人：《欠税公告制度的完善》，载《税务研究》2014年第2期。

[43] 参见徐晓：《论破产别除权的行使》，载《当代法学》2008年第4期。

[44] 参见《物权法》第236条："留置权人与债务人应当约定留置财产后的债务履行期间；没有约定或约定不明确的，留置权人应当给债务人2个月以上履行债务的期间，但鲜活易腐等不易保管的动产除外。债务人逾期履行的，留置权人可以与债务人协议以留置财产折价，也可以就拍卖、变卖留置财产所得的价款优先受偿。"

[45] 参见李永军：《破产法：理论与规范研究》，中国政法大学出版社2013年版，第315～316页。

[46] 参见《企业破产法》第37条："人民法院受理破产申请后，管理人可以通过清偿债务或者提供为债权人接受的担保，取回质物、留置物。"

确认及重整程序是否适用于破产程序中的担保物权尚存争议。一种观点认为：担保物权人无须依据破产清算与和解程序行使权利，执行中止与债权申报规则也不适用于担保物权。[47]另一种观点认为尽管担保物权不依破产清算程序行使，但必须依破产程序进行，应遵循执行中止、债权申报规则及重整程序。[48]因而，本文将对存在争议三种程序规则是否适用于担保物权进行分别分析。

1. 执行中止规则与担保物权的行使

对于执行中止规则是否适用于担保物权存在以下争议：一种观点除重整程序之外，担保物权人提起的执行程序不受中止效力的约束，以免造成对担保权人合法权利的不合理约束，台湾学者陈计男也支持这种观点。[49]另一种观点认为，根据《企业破产法》第 30 条的规定，担保财产也属于债务人财产，因而破产申请被受理后，担保物权人不能直接行使其担保权将担保财产变现用于清偿自己债权，并且一些法院在实务操作中接受破产受理对担保物权执行产生中止效力的观点。[50]

本文认为，《企业破产法》第 19 条规定了执行程序中止规则，[51]其立法目的在于保障全体债权人的公平清偿，而由于担保物权的优先受偿性，普通债权人只能对担保物权针对特定财产受偿后的剩余部分受偿，若对担保物权适用执行中止规则，并不能起到保护普通债权的作用，所以担保物权的行使可不受执行中止规则的限制。并且由最高人民法院民二庭编著的企业破产法司法解释丛书也认为原则上除重整程序之外，别除权人提起的执行程序不受中止效力约束，但也存在应受约束的例外情况，即担保物与其他破产财产整体变现将显著

---

[47] 参见刘子平：《破产别除权的认定标准及其行使》，载《法律适用》2007 年 11 期。

[48] 参见韩长印：《我国别除权制度改革初论》，载《南京大学评论》2004 年春季号。

[49] 参见王欣新：《破产别除权理论与实务研究》，载《政法论坛》2007 年第 1 期。

[50] 参见蒋新华：《企业破产法对担保物权规定的不足与完善》，载《人民司法》（应用）2010 年 21 期。

[51] 参见《企业破产法》第 19 条："人民法院受理破产申请后，有关债务人财产的保全措施应当解除，执行程序应当中止。"

提高其他债权人清偿比例之情形。[52]所以担保物权应以不受执行中止规则约束为原则，以遵守中止规则为例外，当担保财产与其他破产财产共同变现价值明显提高时，可赋予管理人申请将执行中止规则适用于担保物权的权利。重整程序中的暂停行使制度不同于执行中止规则，是对破产程序中的担保物权进行限制的制度，此部分内容将在第三部分中详细论述。

2. 债权申报确认规则与担保物权的行使

《企业破产法》第44条规定了债权人应依据破产法行使权利，且第56条第2款规定了申报债权规则。对于担保物权人是否应当进行债权申报存在两种对立观点。

一种观点认为，应尊重担保物权人的意思自治而非强制其必须申报债权，理由有二：一是破产债权申报的目的是明确表示其债权依破产程序行使，而破产程序是以公平清偿和集体清偿为原则，担保物权人由于其优先受偿权而不受破产程序公平清偿与集体清偿的限制，若不申报债权，担保物权就担保财产未受偿的部分债权可能无法作为普通债权从破产程序中受偿，而通过破产法第56条的补充申报规则可以避免此风险；二是破产法规定[53]的未申报债权的后果只是不能依照破产程序行使权利，并非权利灭失，从而担保物权可依其他程序行使权利。[54]

另一种观点认为，我国破产法未规定别除权人可以免除申报义务，则别除权人也应当申报债权。但别除权人未依法申报债权的后果只是破产法中程序性权利的受限，并非其实体权利的丧失，因而如果担保权人合法占有其设定质权或留置权的财产，不能因其未按期申报债权而要求强制取回。[55]

[52] 参见程顺增：《论破产清算中担保物权实现的限制——以民法体系下实现之不同为视角》，载《破产法论坛》2015年第10辑。

[53] 参见《企业破产法》第56条第2款："债权人未依照本法规定申报债券的，不得依照本法规定的程序行使权利。"

[54] 参见徐晓：《论破产别除权的行使》，载《当代法学》2008年第4期。

[55] 参见王欣新：《破产法》，中国人民大学出版社2011年版，第176页。

本文认为担保物权人应当申报债权，理由如下：第一，担保物权人虽然享有独立于破产清算程序的优先受偿权，但担保财产仍属于破产财产，须通过管理人而行使权利；第二，别除权人所享有的特定财产不一定能满足担保债权，而担保财产不能清偿担保债权的剩余部分仍需依照破产程序作为普通债权受偿；第三，债权申报的目的是便于完整统计债权债务情况，而要求担保物权人也进行债权申报可以审查别除权是否合法，预防担保财产被随意处置而损害其他债权人的利益。并且由于担保物权制度的广泛运用和担保物权种类的多样化，破产企业财产上负担的担保物权数量繁多且种类各异，要求担保物权人依法申报债权可以便于破产财产的全面了解和掌握，从而保护担保物权人与普通债权人的合法权益。

3. 重整程序与担保物权的行使

重整是对破产企业进行债务清理与营运重组，使其恢复营业能力的程序。重整程序对于债务人、债权人及社会利益都有极大的促进作用，因而随着现代破产法立法宗旨的逐渐演变，日益成为重要的破产程序之一。而由于破产企业的重要资产上通常都附有担保物权，而该资产与企业运营密切相关，如果担保物权在重整程序中也不受任何限制地优先受偿，将极大降低重整的价值与可行性，因而各国破产法都在重整程序中对担保物权进行适当限制。我国《企业破产法》第 75 条第 1 款规定了重整程序中担保物权的暂停行使规则，有学者据此认为担保物权应依据重整程序行使，但笔者认为该观点失之偏颇，理由如下：首先，担保物权在重整程序中暂停行使不代表其依据重整程序而行使，而且破产法中也未规定担保物权在重整程序中的行使规则；其次，担保物权在重整程序中暂停行使存在例外规定，如果出现足以危害担保权人权利的情形，担保权人有权请求恢复行使别除权。所以，只能说别除权的行使在重整程序中受到限制，但并非别除权应依照重整程序来行使。[56]

[56] 参见徐晓：《论破产别除权的行使》，载《当代法学》2008 年第 4 期。

三、破产程序中限制担保物权的现状与问题

在破产程序中为平衡担保物权人、非担保债权人、债务人等各方利益主体的权益，对担保物权进行充分保护的同时也需要对其进行合理限制。现代破产法对担保物权进行合理限制的法理基础在于：营运价值的留存、非完全自愿债权人及公司有限责任制度存在。而我国破产法主要是从担保物权的行权主体、行权时间及行权方式三个方面对担保物权的行使加以适当限制，从而协调各方利益与社会效益，保证破产程序的顺利进行。

（一）限制担保物权的法理基础

英国破产法学者弗莱切曾指出："发达的破产法的一个重要特点就是集体受偿原则，集体受偿原则的根本信条就是，在管理债务人资产和处理债权人请求时，不必考虑资产取得和债务发生的时间顺序。"[57]为保证破产债权人公平受偿，在对担保物权进行保护的同时，有必要对破产程序中的担保物权进行适当限制，以预防担保物权的负外部性的发生，限制担保物权主要有以下两方面的理论基础：

第一，清偿比例与生产力留存。民法中担保物权设置的目的就是最大限度保证债权的实现以维护交易安全，所以只需就特定担保财产单独变现即可。而在破产程序中一般来说，财产整体变现的价值高于部分变现的价值。我国《企业破产法》第 112 条第 2 款规定破产企业可以全部或部分变价出售。为了提高普通债权人清偿比例和促使企业实质更生，管理人应该尽可能将破产企业整体变价出售，尤其企业的厂房、设备等重要资产上附有担保物权时，如果片面追求保护担保物权人而坚持部分变现原则，则可能大大降低其他债权人的清偿比例，不利于资源的优化配置和生产要素的重新整合。因此，当整体变现价

[57] 王卫国：《破产法精义》，法律出版社 2007 年版，第 45 页。

值大于单独变现时，给予担保物权以充分保护的同时可以适当限制担保物权的行使，以实现破产财产变现价值的最大化和企业整体营运价值的保存。[58]

第二，公司的有限责任制度。企业经营的利润与风险常常是相伴而生，由于现代公司制度的发展及法人独立性的完善，公司的股东或经营者只需承担有限责任，从而使其有充分的动力进行高风险投资，这样会损害公司债权人的利益。而在公司的债权人中，担保债权人凭借其对担保财产的优先受偿性可以获得清偿顺位，并且担保财产多附着于公司的重要财产中，担保物权人对重要财产进行变价受偿将直接损害其他普通债权人的权利。因此，从这个意义上看，也有必要对担保权的变现权予以限制。[59]

（二）担保物权行权的主体限制

我国民法中明确担保物权的实现主体为担保权人或担保人，根据《物权法》第 195 条、第 220 条、第 236 条、第 237 条的规定，担保权人可以与担保人协议以担保财产折价或者以拍卖、变卖该担保财产所得的价款优先受偿。担保权人与担保人未就担保权实现方式达成协议的，担保权人可以请求人民法院或者自行拍卖、变卖担保财产。当担保权人怠于行使该权利时，也可由担保人行使。

我国《企业破产法》中规定的担保物权的实现主体尚存争议。一方面，认为实现主体是担保权人的理由有二：一是从部门法性质的角度，程序法应服从于实体法。由于部分学者认为《企业破产法》在性质上属于程序法，第 109 条规定了担保权人的优先受偿权，并且本文第二部分已论述担保物权的行使规则不依破产程序，而依据民事程序，因而担保权人在破产宣告后可以变现担保物并优先受偿。二是从破产法体系解释角度。根据《企业破产法》第 64 条的债权人会议决议“双过半”规定，担保权人只算“人数”，不算其担保债权额，

[58] 参见程顺增：《论破产清算中担保物权实现的限制——以民法体系下实现之不同为视角》，载《破产法论坛》2015 年第 10 辑。

[59] 参见曾辉：《论我国破产程序中担保物权制度的完善》，对外经济贸易大学 2013 年法律硕士学位论文。

从而导致担保权人对变现事项缺乏真正表决权，并且在《企业破产法》第十章第二节变价与分配规定中未涉及担保物的变价分配问题，因而从体系解释来看，破产程序中并未明确规定担保物权的行使程序，则担保权人自身是担保权的实现主体。[60]

另一方面，认为管理人是实现主体的理由有二：一是法律规定。《企业破产法》第25条规定管理人应该接管、管理和处分债务人财产，第111条规定管理人应当制定破产财产变价方案，第59条和第61条规定担保权人仅有权参与债权人会议并通过财产变价方案。[61]二是法律效益。担保物权由管理人依据法定程序实现，有利公正公开行使担保权，从而保障担保权人、普通债权人及债务人多方利益。[62]

本文认为，应将破产管理人作为担保物权的实现主体，理由如下：第一，《企业破产法》第30条规定了债务人财产的范围。[63]第25条规定管理人的职责之一是接管、管理和处分债务人财产。由此担保财产属于债务人财产，应由管理人接管和处分。第二，《企业破产法》第110条规定担保债权就担保财产未受偿部分作为普通债权受偿，所以担保财产变现价值的大小直接影响到普通债权的受偿数额，而若由担保权人自行实现担保物权，其只需使变现金额满足所担保债权额，缺乏实现担保财产价值最大化的动力，为追求快速受偿且担保物价格不低于所担保债权额的情况下担保财产会立即变现，这样无疑会损害债务人及其他普通债权人的利益。第三，允许担保物权人作为行权主体，则导致担保财产不能与其他破产财产整体变价，而担保财产多数是企业生产经营的核心资产，直接影响企业的营运价值，破产财产整体变价往往比单独变价更利于

[60] 参见许德风：《论担保物权的经济意义及我国破产法的缺失》，载《清华法学》2007年第3期。

[61] 参见程顺增：《论破产清算中担保物权实现的限制——以民法体系下实现之不同为视角》，载《破产法论坛》2015年第10辑。

[62] 参见王欣新：《破产别除权理论与实务研究》，载《政法论坛》2007年第1期。

[63] 参见《企业破产法》第30条："破产申请受理时属于债务人的全部财产，以及破产申请受理后至破产程序终结前债务人取得的财产，为债务人财产。"

实现财产价值的最大化。第四，破产法的法律属性是实体与程序内容合一的综合性法律，其内容包括实体性规范、程序性规范、免责与复权、法律责任等部分。[64]因而片面地将破产法归类为程序法即要求在此问题上遵从实体法——物权法的规定是不合理的。

（三）担保物权行权的时间限制——暂停行使制度

前文论述过原则上执行中止规则不适用于担保物权的行使，这是对担保权的一种程序保护规则，其他国家通常将其规定在自动中止制度的一部分。但在重整程序中，由于担保物权涉及的财产通常是与企业生产经营密不可分的，直接关系重整程序的成败，所以有必要对重整程序中的担保物权进行一定限制，以使企业获得重新运营及公司更生的机会。但我国的担保物权暂停行使制度仅适用于重整程序中，是由于对其进行限制的法律制度。

1. 立法规定及现存问题

《企业破产法》第 75 条规定了重整程序中担保物权的暂停行使制度及其请求恢复行使的概括条件。[65]但对于如何认定危害担保物权的情形、是否存在其他补充救济方式等均未明确，导致实务操作难度大，暂停行使制度在破产重整程序中不能充分发挥作用。相比而言，国外破产实践中对于暂停行使制度的规定更为完善，如美国破产法，尽管并未单独规定重整程序中担保物权的特殊限制问题，但在自动中止制度中已经进行了较为完善的规定，我国可以学习借鉴，为了便于和执行中止规则相区分，本文将美国制度的相关部分也称为“暂停行使制度”。

2. 美国暂停行使制度

美国破产法中对动产与不动产的担保物权制度进行了分别规定，州法规

[64] 参见王欣新：《破产法》，中国人民大学出版社 2011 年版，第 8 页。

[65] 参见《企业破产法》第 75 条：“在重整期间，对债务人的特定财产享有的担保权暂停行使。但是，担保物有损坏或者价值明显减少的可能，足以危害担保权人权利的，担保权人可以向人民法院请求恢复行使担保权。”

定不动产担保，动产担保则以“担保权”为名整合在《统一商法典（UCC）》第九编中。具体制度包括暂停行使的情形、解除及放弃等。

第一，暂停行使的情形。美国《企业破产法》第362条规定暂停行使申请经法院裁定许可后生效。暂停行使针对以下几种行为类型：事实行为、法律行为、司法行为及行政行为等。[66]

暂停行使的情形具体包括：其一，从财产范围来看，所有破产财产都要受到暂停行使制度变现的约束，包括所有权保留的情况。[67]其二，从违反成本来看，担保权人违反暂停行使制度不仅会因为不合法而无效，更可能承担损害担保物的损失。

第二，暂停行使的解除。暂停行使的解除制度有利于担保权人监督管理人和债务人适时变现，实现担保物价值的最大化。解除的程序是担保权人向法院提出申请，法院在符合法定情形的情况下可以批准其申请，授权担保权人在法定范围内处置担保物。实践中，法院通常根据当事人证词及专业评估意见来认定。[68]

美国《企业破产法》第362条d款第1项[69]规定可以解除暂停行使的两种法定情形包括：一是有关担保物缺乏充分保护的要求。充分保护制度的目的在于保护债权人在破产程序之外依协商所获取的权利。充分保护是指无论担保权人的债权是否进入破产程序都必须获得同样的保护。充分保护包括三种情形：第一，债务人通过向担保权人支付现金的方式补偿担保物价值损失，可定期或一次性支付；第二，提供额外或替代性担保；第三，债务人提供了足以弥补其损失的有价值的财产。[70]

[66] 参见付翠英：《破产保全制度比较：以美国破产自动停止为中心》，载《比较法研究》2008年第3期。

[67] 保留所有权的债权人财产，即使债权人为名义上的所有权人，但是由于购买人即债务人也拥有法律上或者衡平上的经济利益，仍然不允许债权人实现其取回权。

[68] See In re Elmira Litho, Inc. ,174 B. R. 892, 902 (Bankr. S.D.N.Y. 1994).

[69] 该款明确规定：“根据利害关系人的请求，破产法院经过通知和审理，可以根据本条a款规定，给予免予暂停行使的救济，救济方式包括终止、废除、变更或调节暂停行使。”

[70] 参见许德凤：《破产法论：解释与功能比较的视角》，北京大学出版社2015年版，第311页。

二是担保物非重整必需且债务人不享有其权益。美国采用公平市场价值规则来确定“权益”即担保物价值与主债权差额，法院可参照买卖方自由协商的市场价格，[71]实践中可参考权威专家意见。[72]

三是暂停行使的放弃。暂停行使的放弃是指债务人与担保权人协商一致自动放弃暂停行使，从而使担保权得以尽早实现[73]。由于暂停行使制度不仅有利于保护债务人利益，也维护社会公共利益，所以通常认为债务人无权放弃暂停行使，但美国法院并未绝对禁止该制度。例如，债务人在破产程序开始后谋求额外的融资，由于此时融资难度大并且清偿风险高，出借人可以预先要求债务人放弃暂停行使，并获得法院确认。另外，若担保物变现不损害破产财产整体价值，则可以允许债务人放弃暂停行使。[74]

（四）担保物权行权的方式限制

担保物的使用和变现在破产清算程序和重整程序中具有不同的规则，与破产重整相比，破产清算是一般性规则，因此破产清算程序中担保物的使用和变现规则也适用于重整程序中，但重整程序中担保物权人的法律地位也有一些特殊之处。

1. 清算程序中担保物权的行权方式

（1）我国立法现状与不足。《企业破产法》中未明确规定担保物变价和分配的具体规定，而根据第 109 条的规定，从体系解释的角度可以认为破产宣告后，担保物权人可以参照《物权法》关于变价的有关条款自行变价担保物。目前主要依据 2004 年制定，2005 年开始施行的《最高人民法院关于人民法

[71] 参见许德风：《破产法论：解释与功能比较的视角》，北京大学出版社 2015 年版，第 311 页。

[72] See In re Elmira Litho, Inc. ,174 B. R. 892, pp.898–900 (Bankr. S.D.N.Y. 1994). 在该案中，原告关于解除暂停行使的请求被法院驳回，其重要理由之一是，评估师在法庭辩论中不能准确解释诸如“继续经营价值”“折现率”等概念。

[73] 参见许德风：《破产法论：解释与功能比较的视角》，北京大学出版社 2015 年版，第 313 页。

[74] See Rasmussen et al. , The Economic Analysis of Corporate Bankruptcy Law, 3 Am. Bankr. Inst, L. Rev. 85, 99 (1995).

院民事执行中拍卖、变卖财产的规定》，但该条文规定不完善，常引发实践争议。[75] 并且担保物的变现方式单一，主要采用拍卖的形式。

（2）美国破产清算程序中担保物的使用和变现制度规定如下：美国法中权利人可以根据“债权人出售权”[76]条款的约定或者拍卖的方式对有关担保物进行变现。变现分为日常经营的情况与非日常经营的情况：若是在日常经营之内变现，破产管理人无须取得法院的许可；反之，在日常经营之外变现，则需要遵守通知程序与听证程序，并且利害关系债权人有提出异议权。[77] 并且担保权人应在变现受益的范围内承担相关程序费用。[78]

2. 重整程序中担保物权人的表决权与强制批准重整计划

重整程序中没有严格意义上的实现担保物权的问题，因为担保物权的实现主要在重整协议中进行规定，通常无须再变现担保物。重整程序中担保物权的实现主要是通过担保物权人行使表决权进而影响重整计划的制定与执行来体现，而强制批准重整计划制度也体现了对担保物权人行使权利的适当限制。而我国目前立法中存在对于担保物权人的表决权行使规则及强制批准重整计划制度不完善等问题。

（1）担保物权人的表决权问题。首先，企业破产法规定担保物权人对于部分事项的表决权。《企业破产法》第 59 条第 1 款规定了债权人会议的表决权，并规定有财产担保债权人由于不受和解协议及破产财产分配方案的约束，

---

[75] 既有的研究主要着眼于变现权的性质、变现的主体等问题上，缺乏对技术性规则的探讨，对破产中担保物的变现问题就更少有涉及。如罗越明等：《物权法抵押权强制实现制度的性质及适用》，载《法律适用》2008 年第 10 期；曹士兵：《我国〈物权法〉关于抵押权实现的规定》，载《法律适用》2008 年第 1 期；程啸：《现行法中抵押权实现制度的一些缺陷及完善》，载《法学杂志》2005 年第 3 期。

[76] See Hinekl, Essentials of Practical Real Estatel Law, West Legal Studies, 2004, p. 123.

[77] See In re James A. Philips, Inc. 29 B.R.391, 394(S.D.N.Y.1983); Warren, Bankruptcy, 6th. Ed. Foundation Press, 2002, p. 613.

[78] See Presley, The Cost of Realization by a Secured Creditor in Bankruptcy, 28 V and L. Rev. 1091, 1108 f (1975).

所以对这两种事项不享有表决权，而对于其他破产事务，如重整计划草案的通过等都享有表决权。其次，破产法规定了有财产担保的债权人表决权的行使规则。[79]《企业破产法》第 64 条第 1 款规定债权人会议的表决规则是人数过半数，且债权额占无担保债权总额的半数以上，其不妥之处在于，排除担保债权额而计算债权总额，导致担保债权人的表决权只能在人数上发挥作用，实质上使担保权人的表决权名存实亡。这样的规定的产生与我国旧破产法忽视担保权人保护的历史原因是分不开的，并且导致以下危害：一是与新《企业破产法》保护担保权人的表决权的立法本意不符，不能鼓励担保权人参与破产程序的积极性，从而影响破产程序顺利进行；二是《企业破产法》第 64 条规定了人数与债权额双过半的表决规则，但却出现担保债权人这类主体只能适用表决规则的一部分的情形，违背立法规律。[80]

（2）强制批准重整计划制度不完善。由于现代破产法以社会本位为立法宗旨，而破产重整程序具有四方面的目标定位：一是使破产企业恢复营运能力，从而促进市场经济的发展及维护利害关系人的权益。二是使债权人的利益保值甚至增值。三是为企业提供新生的机会，有助于发展企业家或职业经理人阶层。四是鼓励全体利害关系人共同参与解决债务人危机，从而节省政府公共成本，稳定金融市场秩序。[81]

重整计划是重整程序的重要文件，其经法院批准后对债务人及债权人均有法律约束力，[82]而强制批准重整计划制度的设立意义在于，当债权人利益与债务人利益、社会责任之间出现失衡时，借助公权力推动重整程序的进行。

---

[79] 参见《企业破产法》第 59 条："依法申报债权的债权人为债权人会议的成员，有权参加债权人会议，享有表决权……对债务人的特定财产享有担保权的债权人，未放弃优先受偿权利的，对于本法第六十一条第一款第七项、第十项规定的事项不享有表决权。"

[80] 参见王欣新：《破产别除权理论与实务研究》，载《政法论坛》2007 年第 1 期。

[81] 参见邱莉莉：《我国破产预防程序中担保物权的地位研究》，上海交通大学 2007 年法学硕士学位论文。

[82] 重整计划的法律约束力体现在：未依照破产法申报债权的债权人，禁止其在重整计划执行期间行使权利，只能在重整计划执行完毕后按照同类债权的条件行使权利。重整计划减免的债务，在重整计划执行完毕后，债务人不再承担清偿责任。

强制批准重整计划应当遵循以下基本原则：一是最小组别通过标准，即至少有一个权利人组别表决通过了重整计划草案；二是绝对优先原则，是指任何反对重整计划的组别的重整受偿顺序与其破产清算顺序相同，并严格依照先后顺序受偿；三是禁止不公正歧视标准，不能对反对组别给予任何不公平待遇，同一顺位必须公平受偿；四是最大利益原则，是指债权人重整程序所获利益大于其清算程序所获利益；五是可行性原则，是指重整计划草案应该客观可行，具有可操作性，因而法院在强制批准重整计划时有必要进行实质审查[83]。

我国《企业破产法》第87条规定了强制批准重整计划，并具体列举了6项行使条件。其中，第1款规定了最小组别通过标准，第（1）、（2）项规定了绝对优先原则，第（3）项规定了最大利益原则，第（4））、（5）项规定了公平对待原则。

强制批准重整计划会对有财产担保的债权人行使权利造成一定的限制，因而应该完善对其权利的保护，具体包括两个方面：一是担保债权的全部清偿及延期补偿；二是担保债权未受实质损害。

第一，延期补偿问题。如果重整计划草案是经债权人会议通过后，经法院正常批准时，由于担保权人组别已经自愿通过重整计划草案，所以不存在对其损失进行延期补偿的问题。但若重整计划被法院强制批准，则为避免公权力过度侵害私权利，则有必要对担保权人因此所受到的损失进行补偿。司法实践中对于延期补偿期间存在以下不同观点。一种观点认为，延期期间只包括强制批准重整计划之后债权的延期清偿期间，不包括重整受理至批准的时间。这是由于《企业破产法》第46条第2款规定了破产申请受理后，附利息债权停止计息，所以担保债权的延期清偿利息在重整申请受理后至批准前也应该停止计息。另一种观点认为，《企业破产法》46条停止计息条款不适用于担保债权，延期清偿期间应包括重整申请受理后至清偿前的整个期间。笔者认为，第二种

[83] 张海征、王欣新：《论法院强制批准重整计划制度之完善》，载《首都师范大学学报》（社会科学版）2014年第4期。

观点更为合理，一是从法理角度，无担保债权适用停止计息的规定是为了保证集体清偿原则的落实，但由于担保债权的优先受偿权，其在清算与和解程序中都可以优先个别受偿，依据强制批准重整计划的基本原则之一——债权人利益最大化原则，债权人重整程序所获利益大于其清算程序所获利益，因而有必要对担保物权人重整申请受理后的延期利益进行公平补偿。二是依据《担保法》的规定，除合同另有约定之外，“担保的范围包括主债权及利息、违约金、损害赔偿金和实现抵押权的费用”。由此，债权的利息属于担保范围即有权优先受偿，所以担保债权不因破产申请而停止计息。并且，王欣新教授也认为应公平补偿担保物权重整的延期清偿损失，实践中可以采取定期支付重整受理后的债权利息。[84]

第二，担保权未受到实质性损害。担保权的损害可以分为实体性权利损害与程序性权利损害。重整程序中优先受偿权的暂停行使体现了担保权的程序性权利受到限制，但同时《企业破产法》第 75 条也规定担保物受损可恢复行使担保权的申请条件，从而充分保护担保权人的合法权益。而其理解重点在于“实质性损害”，是指担保物权所受损害已经足以影响其权利人行使与实现权利。对于实质性损害危险的救济，除了应当允许担保权人向法院请求恢复行使担保权之外，还应当约定价值补足机制，如增加担保或替代担保，以保证原担保物的等价足额清偿。[85]

四、完善破产程序中担保物权规则的建议

前文已经分别论述破产程序中担保物权的优先受偿顺位、特殊行使规则、担保权行权主体、行权时间、行权方式的立法现状与问题，在保护和限制担保物权方面存在的规则不足及相关争议，本部分将通过法理辨析、比较研究等方

---

[84] 参见王欣新:《破产别除权理论与实务研究》，载《政法论坛》2007 年第 1 期。

[85] 参见王欣新、宋玉霞:《重整计划强制批准法律问题研究》，载《江汉论坛》2014 年第 10 期。

式，从企业破产法、税法、社会保险法、物权法等领域的立法建议、司法适用和配套制度建设等方面提出详细的完善建议。

（一）完善担保物权的保护规则

1. 担保物权与共益债权的清偿顺位建议

根据《企业破产法》第43条、第109条的规定可知，担保物权与共益债权清偿的一般原则是担保债权人就特定担保财产优先受偿，而以无担保财产优先支付共益债权。但如果出现破产企业的全部或大部分财产都被设置担保，而无担保财产不足以支付破产费用和共益债务，进而影响了破产程序顺利进行，应由担保权人支付剩余共益债权，若存在多位担保债权人，则可以按照担保债权的比例分担共益债务。但还存在一种例外情况，若担保权人自己占有担保物，独自在破产程序之外对担保物进行管理维护，破产管理人并未对担保物付出努力，如留置，则担保权人无须承担该部分破产费用和共益债务。

对于上述建议可以出台相应司法解释加以完善和落实。从共益债权（破产费用和共益债务）的定义可知，其是为全体债权人的利益而发生的费用负担，根据“谁受益，谁负担”的公平原则，如果破产财产的大多数都被设置了担保物权，管理人的主要工作就是管理、处分、变价和分配担保物，破产程序为担保权人利益而开展，所以其产生的共益债务理应在无担保财产不足以支付后，由担保财产支付剩余部分。[86]

2. 担保物权与劳动债权的清偿顺位建议

破产程序中的劳动债权人是破产企业的职工，其风险承受能力、自我保护能力及信息获取能力都处于劣势。根据罗尔斯的分配两原则，凡是关系到生存权的利益，都应当保证平等；关系到一般经济利益的可以给予不平等待

[86] 参见王欣新：《破产费用、共益债务与物权担保债权之间的清偿关系》，载《人民法院报》2015年9月2日。

遇。[87] 在我国工会制度不发达、社会保障制度不够健全的情况下，出现破产企业劳动者安置上存在法律适用不统一、政策与实践脱节等问题，应当通过以下方式加以解决：

（1）破产法司法解释：明确劳动债权优先于担保物权的情形。在对《企业破产法》第 132 条、第 133 条理解与执行中需要注意：第一，只有在新破产法公布之日前发生的劳动债权可优先于担保物权受偿，立法是以债权发生的时间为分界线。第二，若新破产法实施后受理的破产案件中，出现公布日前后均有劳动债权发生的情形，出现优先和劣后于担保债权的两类劳动债权，在用无担保财产进行清偿时，如果依照劳动债权发生的时间顺序清偿，则发生在后的劳动债权可能既不能优先于担保债权受偿，也不能获得足够的无担保财产受偿，最终导致该部分劳动债权受偿率低下；如果无担保财产优先支付发生在新破产法公布之后的劳动债权，发生在前的劳动债权仍可以从担保财产中受偿，劳动债权可以获得最大限度的清偿，但担保债权人的利益则受到影响。对此，在我国社会保障制度尚不健全，未设立职工工资保障基金的情况下，可以采取后一种做法，优先支付发生在后的劳动债权以提升劳动债权的整体受偿比例，减少过渡期法院审判破产案件的压力，这样做符合立法本意，也可以最大限度保障劳动债权。在过渡期间之后，应在破产程序中严格保障担保物权对于劳动债权的优先受偿权，同时完善社会保障等机制充分保护劳动债权。[88]

（2）社会保障：建立劳动债权保障基金。近年来，西方国家对“失业者”已经形成完善的经济福利政策，并且弱化破产程序中劳动债权的优先受偿性。如澳大利亚、德国、奥地利等国已经取消工资优先受偿权，而用完备的社会保障制度来保障其清偿权益。[89] 可见，解决破产企业的劳动债权保障问题的根本出路不是赋予劳动债权以“超级优先权”而在于完善社会保险制度、建立工

[87] 参见陈立兵、陈梦群：《破产债权受偿顺序的司法实践考察——以整体主义思维为分析框架》，载《破产法论坛》2015 年第 10 辑。

[88] 参见王欣新：《破产法》，中国人民大学出版社 2011 年版，第 308 页。

[89] 参见李永军：《破产法律制度》，中国法制出版社 2000 年版，第 135 页。

资保障基金。我国目前并未建立全国性的劳动债权保障基金，但已有地方试点探索经验，如1996年深圳市出台了《深圳经济特区欠薪保障条例》，2013年全市共征收欠薪保障费8037.8万元，比2012年增加12.5%；使用欠薪保障基金2116万元，为61家用人单位的3599名员工垫付欠薪，垫付欠薪用人单位数、垫付金额、垫付人数分别比2012年同期增加7%、13.4%及减少了5.9%。[90]

因此，可以借鉴深圳欠薪保障基金的实践经验，由政府主导设立劳动债权保障基金，企业一旦被宣告破产，立刻用劳动者劳动债权保障基金会作为代位权人参加清偿，劳动者不必等到企业财产变卖时才得到清偿，从而避免破产案件受理时间过长导致劳动债权迟迟难以受偿。保障基金的资金来源于政府财政的专项划拨和每年企业缴纳一定数额的资金，以此作为企业破产时劳动债权的清偿保障。同时，应当加大公共财政对社会保障的投入，支持建立种类齐全、覆盖面广的社会保障体系，逐步建立政府主导的劳动债权保障保险制度，以使破产企业职工的劳动债权可以获得最终清偿，促进市场经济的发展与诚信社会的建立。[91]

3. 担保物权与税收债权的清偿顺位建议

由于本文第二部分已分析处理担保物权与税收债权的清偿冲突问题的解决方法是基于欠税公告的基础上，构建我国税收优先权的公示制度，从而使经过公示的税收债权优先于担保物权受偿，起到平衡国家财政利益与社会交易安全利益的作用。具体来说，可以从以下几个方面完善税收优先权公示制度：

（1）公示条件

税收优先权的公示条件应该是构建税收优先权公示制度需要首先解决的问题，但是《欠税公告办法（试行）》却没有对其进行详细阐述，而相较之下，美国税法典对此的规定较为完善，可供借鉴。

[90] 参见《2013年深圳市人力资源和社会保障统计公报》，载“深圳市人力资源和社会保障局官方网站”，网址：http://www.szhrss.gov.cn/xxgk/tjsj/zxtj/201405/t20140506_2367665.htm，2016年3月8日访问。

[91] 参见王欣新：《破产法》，中国人民大学出版社2011年版，第308页。

首先，税收优先权公示的前提是税收优先权的产生，根据美国《国内税收法典》6321 节规定："有纳税义务的人在经税务机关的要求后，仍疏忽或拒绝缴纳该数额的税款，该数额（包括任何利息、额外数额、附加税、可征收的罚款以及因此所产生的额外成本）对于属于该纳税人的所有财产以及财产权利，无论是不动产还是个人财产都享有留置权。"由此可以总结出，税务留置（即税收优先权）的发生必须具备以下三个条件：一是联邦税务局完成税收核定。正常情况下纳税人依法主动申报税单，并且支付相关款项，税务局的电脑会自动完成核定，同时划拨相关款项，纳税义务即告消灭；但如果税务局发现纳税人申报款项有误，就会启动欠税预告等一系列程序，如果纳税人置之不理，在收到欠税通知 90 天后，税务局应当立即核定税收，将相关欠税记入纳税人账户。二是通知纳税人，催缴税款。税务局一般应在税收被核定之后的 60 天内尽快通知纳税人，表明应纳税数额以及催缴税款的意图，催缴通知书应送达纳税人住所，或者通常营业所，或者邮寄至纳税人的最后已知地址。三是纳税人未如期缴清税款。收到税收催缴通知书之后，纳税人有 21 天的宽免期；税款总额超过 10 万美元的，则只有 10 天的宽免期，如果纳税人在此期限内仍然未能缴清欠税，不管是出于故意还是疏忽，纳税人的全部财产自动被留置。在这种情况下，需要注意的是，税务留置并非在宽免期结束之后发生，而是溯及至税收核定之日起发生。

其次，符合以上三个条件，税务留置（即税收优先权）自动产生，但是并不是税务留置一经产生，美国税务局就会申请税务留置登记。《联邦税务守则》规定在申请税务留置登记之前，税务局会主动联系纳税人，向其解释税务留置登记可能带来的信用等级下降等后果，给其主动清偿欠税的机会，只有当不登记不足以阻止紧急情况发生时，税务人员才会申请留置登记。[92]

因而，我国税收优先权公示的条件可以从以下两方面加以完善。一方面，核查确定欠税数额。《欠税公告办法（试行）》第 8 条规定了核实欠税情况的

[92] 参见熊伟：《美国联邦税收程序》，北京大学出版社 2006 年版，第 125 ～ 135 页。

方法,[93]税务机关应该对纳税人的涉税信息进行严格核查，比如纳税人身份信息、纳税义务发生时间、所欠税种税款、是否属于新欠税款、是否属于历史拖欠税款、是否有扣缴义务人、是否已经采取了税收保全措施等。[94]另一方面，告知欠税信息。美国税法典明确规定了三次告知纳税人欠税信息的程序：一是税收核定之前，发现纳税人申报的纳税信息有误的欠税预告或欠税通知；二是税收核定后60天内向纳税人发出的催缴通知书；三是税收留置产生之后，申请登记之前，税务局主动联系纳税人并告知税收留置登记带来的不利影响。我国应该借鉴美国的做法，充分告知纳税人其欠税情况、欠税公告的后果等信息，使纳税人可以有效行使自己的救济权利。

（2）公示主体

税收优先权的公示主体应为税务机关，这样不仅可以保证欠税公示信息的准确性和及时性，而且将公示作为税务机关的一项法定义务也可以监督税务机关积极履职，从而保障私法债权的安定性和预期利益。目前，我国根据不同的税种设定了不同的税收征管机关。[95]若由国家税务局、地方税务局、海关[96]分别公示欠税情况，将极大增加利益相关者的查询成本，不能实现税收优先权公示的目的。

《欠税公告办法（试行）》第2条规定县以上（含县）税务局为公告机关，并且第6条根据纳税人欠税金额的差异及对走逃、失踪的纳税人逐渐提高公告

[93] 参见《欠税公告办法（试行）》第8条："公告机关在欠税公告前，应当深入细致地对纳税人欠税情况进行确认，重点要就欠税统计清单数据与纳税人分户台账记载数据、账簿记载书面数据与信息系统记录电子数据逐一进行核对，确保公告数据的真实、准确。"

[94] 参见李建人：《欠税公告制度的完善》，载《税务研究》2014年第2期。

[95] 参见田学伟、徐阳光：《论破产程序中的税收债权》，载《政治与法律》2008年第9期。

[96] 国家税务局负责征收增值税、消费税、车辆购置税以及铁道部门、各银行总行、各保险公司总公司集中缴纳的营业税、企业所得税、城市维护建设税，中央企业缴纳的企业所得税、股票交易印花税等。地方税务局系统负责征收营业税、企业所得税、个人所得税、资源税、印花税、房产税、车船税、耕地占用税等。海关系统负责征收关税、船舶吨税以及进出口环节的增值税、消费税。

机关的级别。公示主体的不统一，造成欠税情况不仅由国家税务局、地方税务局及海关分别进行公示，而且不同行政级别的税务机关还分别进行公示，这样给查询税收公示情况带来了诸多不便，所以应该选定一个统一的税收公示机关。

税收公示机关的选择应该从两方面进行考察：一方面，要考虑公示机关的权威性、信息准确性和效率性，尽可能节约公示所需的行政成本，提高行政效率，所以由直接负责征税工作的国家税务局、地方税务局、海关进行公示都可以提高公示效率；另一方面，还需要考虑纳税人及第三人的查询成本问题，公示制度设立的目的就是使利益相关人及时了解纳税人的欠税情况，从而在考虑税收优先权的前提下，合理地作出交易决策，降低交易风险。所以综合两方面的因素考虑，税收公示机关应该统一为市级国家税务局，由市级国家税务局统一公示国家税务系统、地方税务系统以及海关税务系统的欠税情况，可以提高行政效率，节约查询成本。

（3）公示方式

国外通常采用登记方式进行税收优先权公示，如意大利[97]、法国[98]。美国的《国内税收法典》规定，税务留置登记之前，其效力实际上受到限制。有些特定的私法债权，即便晚于税收留置权产生，也可能优先于税收偿还。而税务留置登记之后，其效力则会大大强化，除了法定的几种优先权之外，税收的偿还将优先受到保障。美国《国内税收法典》第 6321 节规定了税收留置权（即税收优先权）："有纳税义务的人在经税务机关的要求后，仍疏忽或拒绝缴纳该数额的税款，该数额（包括任何利息、额外数额、附加税、可征收的罚款以及

[97] 参见《意大利民法典》第 2752 条规定："在税务代理人制作或参与制作的当年度和上一年度的代收代付执行账册中进行了登记的国家对个人所得税、法人所得税、地方所得税的债权，享有对债务人动产的一般先取特权。"法国 1966 年立法规定："税务机关对下列税收应向商事法院登记处进行登记：个人所得税、公司税、营业税、间接税和关税。必须办理登记的税收债权，在宣告程序开始的判决作出之前办理登记的，才能享受税收优先权。"

[98] 参见费安玲、丁玫译：《意大利民法典》，中国政法大学出版社 2004 年版，第 733 页。

因此所产生的额外成本）对于属于该纳税人的所有财产以及财产权利，无论是不动产还是个人财产都享有留置权。”第6323节规定了税收留置权的公示制度，通过通知的方式加以公示。“第6321节所规定的留置权对于任何担保物权的购买者、持有者、修理工留置权权利人以及判决留置权债权人不具有效力，直到部长公布满足第（f）分节所规定的要求的通知。”第（f）分节规定：“不动产优先权应通知不动产所在地的政府机构，动产优先权应通知纳税人居住地的政府机构。”[99]美国税务留置通知由适当机构登记后，必须按照州法进入公共检索系统，在进入公共检索系统之前，税务留置都不能产生特别的优先权，其效力与登记之前没有区别。

我国若希望借鉴美国等国采用登记的方式对税收优先权进行公示，则需要首先解决的问题是由哪一机关作为登记机关。首先，由于我国法院系统实行四级法院制，另存在知识产权、军事、海事、铁路运输及森林法院五种专门法院，但并不存在专门的商事法院，所以不能由法院作为税收优先权的登记机关。

另外，担保物权的登记机关是否可以作为税收优先权的登记机关？本文认为将税收优先权纳入担保物权的公示系统进行统一登记在目前的国情下也是不切实际的。首先，担保物权的登记分为动产和不动产，而税收优先权是以税收债权为基础的，我国的税收之债主要来自于增值税、营业税、消费税、所得税等，这些税种纳税义务频繁、同税种发生时间区分度较低并且单次应纳税数额较少，所以难以将这些税收债权限定为一定的动产或不动产加以登记。其次，我国动产与不动产登记制度较为复杂：动产方面，我国分为抵押权登记机关和权利质权登记机关，动产抵押的登记机关包括县级以上林木主管部门、工商部门等，而在实践中多达十余个；[100]不动产方面，2013年以前，不动产的登记机构比较混乱，根据不动产的不同种类，分别由土地、房屋、林业等管理

[99] 翟继光编译：《美国税法典》（精选本），经济管理出版社2010年版，第1116页。

[100] 参见张晓娟：《论我国动产担保物权公示方法的改造与完善》，载《学术论坛》2008年第8期。

部门进行登记。2013 年 11 月国务院常务会议决定建立不动产统一登记制度，从此不动产登记制度日趋统一，但目前还不够完善。因此，目前我国担保物权登记制度不够完善，税收优先权纳入担保物权登记公示系统缺乏可行性。

由上述分析可知，由法院或者担保物权登记机关进行税收优先权的公示登记目前都不可行，并且考虑到我国一直以来税务机关采用欠税公告的方式公布欠税信息，所以承袭欠税公告的方式可以减少改革成本，可以以欠税公告作为税收优先权的公示方式。从长远来看，我国税收优先权的公示方式可以学习全国企业信用信息公示系统，从市级国家税务局网站发布欠税公告的方式，逐步建立全国税收信息公示系统，实现统一化和高效化。

（4）公示内容

《欠税公告办法（试行）》第 5 条规定了欠税公告的具体内容。[101] 由于该办法的两大宗旨为规范税务机关的欠税公告行为和督促纳税人自觉缴纳欠税，其中只关注税务机关和纳税人两方主体，然而税收优先权公示制度的建构将涉及税务机关、纳税人和其他利益相关者三个主体，所以在公示内容的设计时，需要兼顾欠税信息公示与纳税人隐私权保护两方面。因而在原公示内容的基础上，应该删除公示①企业、单位的法定代表人或负责人的居民身份证或其他有效身份证件号码；②个体工商户业主的居民身份证或其他有效身份证件号码；③个人（不含个体工商户）的居民身份证或其他有效身份证件号码。

（5）公示时间

《欠税公告办法（试行）》第 4 条规定的公告时间是根据纳税人的主体身份不同，分别规定企业或单位每季度公告一次、个体工商户或个人每半年公告一

[101] 参见《欠税公告办法（试行）》第 5 条："(1) 企业或单位欠税的，公告企业或单位的名称、纳税人识别号、法定代表人或负责人姓名、居民身份证或其他有效身份证件号码、经营地点、欠税税种、欠税余额和当期新发生的欠税金额；(2) 个体工商户欠税的，公告业户名称、业主姓名、纳税人识别号、居民身份证或其他有效身份证件号码、经营地点、欠税税种、欠税余额和当期新发生的欠税金额；(3) 个人（不含个体工商户）欠税的，公告其姓名、居民身份证或其他有效身份证件号码、欠税税种、欠税余额和当期新发生的欠税金额。"

次、走逃失踪或查无下落的非正常户随时公告。现行规定主要是出于催缴税款并便于税务统计的目的，因而除非正常户以外都规定了固定的公告期间，但这样的规定并未起到税收优先权公示的效果，不能使利益相关者及时获悉纳税人的欠税情况从而合理预期交易风险。

相对来说，美国税法典对税务留置登记的时间就没有规定固定的期限，只要符合税务留置登记的条件并且税务机关认为有必要进行登记，即可到指定机构进行税务留置登记，向社会公告纳税人欠税的事实，并申明税收优先受偿的法律效力。但在实务中，申请税务留置登记之前，税务局一般会努力联系纳税人，向其解释登记可能给他带来的后果，比如信用评级机构获知欠税信息会下调纳税人的信用等级，因而会极大地影响其融资能力。税务局会给纳税人一个机会清偿欠税，如果纳税人还是不理不睬，是否登记留置仍然必须经过权衡。只有当不登记不足以阻止紧急情况发生时，税务人员才会申请留置登记。[102]所以，我国欠税公示的时间应该修改为，只要符合欠税公示的条件并且有必要就可以进行欠税公示。

（6）公示效力

《税收征管法》中的税收优先权具有优先于普通债权、行政罚款及设立在后的担保物权的效力，[103]“欠缴的税款发生时间”是指纳税义务的发生时间，只要符合课税要件，那么纳税义务即时产生。这样的规定有利于保障税收但损害市场交易安全，纳税人的交易相对人在设定担保物权时无法获知已经发生的税收债权，如果税收债权已经超过担保物权保护的债权数额，那么担保物权几乎不可能实现。[104]税务机关行使税收优先权，但却对担保物权及交易安定性造成过大的损害，所以应该通过税收优先权的公示效力对此进行一定的补救。

然而，我国目前的欠税公告制度缺乏公示公信效力，欠税公告只是督促

---

[102] 参见熊伟：《美国联邦税收程序》，北京大学出版社2006年版，第135页。

[103] 参见《税收征管法》第46条第2款：“纳税人欠缴的税款发生在纳税人以其财产设定抵押、质押或者纳税人的财产被留置之前的，税收应当优先于抵押权、质权、留置权执行。”

[104] 参见熊伟：《论税收优先权与担保物权的竞合》，载《法学评论》2002年第4期。

纳税人及时缴纳欠税的行政手段，但公告与否不会对税收优先权的效力产生任何影响。对税收优先权公示效力的改进可以参考物权公示效力的原则，物权公示效力主要有两种，即公示要件主义和公示对抗主义。公示要件主义是指未经公示，不发生物权变动的效力，更不能对抗第三人。公示对抗主义是指只要当事人合意实现物权变动，物权变动就生效，但未经法定公示，该物权变动不得对抗第三人。本文认为税收优先权的公示效力采公示对抗主义更为合理，即未经公示的税收优先权也自纳税义务产生时产生，税收债权可以优先于普通债权受偿，但只有经过公示的税收优先权才可以对抗担保物权人。理由有二：第一，税收优先权凭借其公益性的特点，优先于普通债权受偿；第二，由于担保物权是一种绝对权、对世权，是就特定物优先受偿的物上代位权，而税收优先权只是一般优先权，是就纳税人的全部财产及财产权利优先受偿，若未公示的税收优先权先于担保物权受偿会对其公示公信力造成巨大的冲击。另外，美国《国内税收法典》第 6323（a）节规定："税收优先权非经公示，不得对抗任何担保物权人。"[105]

（7）公示责任

责任是与义务相伴而生的，税收优先权公示制度主要涉及税务机关的公示义务，所以公示责任也主要由税务机关承担，可以分为两方面：第一，是税务机关未及时公示，导致税收优先权的对抗效力产生于一些担保物权之后，造成国家税款流失的。这种情况税务机关的责任在《欠税公告办法（试行）》第 12 条中有明确规定。[106] 第二，税务机关公示错误给纳税人造成损失的，税务机关应该及时撤销错误公示，并赔偿纳税人相关损失。

由于前述公示主体是市级国家税务局，所以公示责任对外由市级国家税务局向纳税人及第三人承担，对内具体责任分担可以在国家税务局系统、地方

[105] 翟继光编译：《美国税法典》（精选本），经济管理出版社 2010 年版，第 1116 页。

[106] 参见《欠税公告办法（试行）》第 12 条："公告机关应公告不公告或者应上报不上报，给国家税款造成损失的，上级税务机关除责令其改正外，应按《国家公务员暂行条例》和《人事部关于国家公务员纪律惩戒有关问题的通知》规定，对直接责任人员予以处理。"

税务局系统和海关系统通过追究行政责任的方式予以确认。

税收优先权的公示制度正是实现公私利益协调的重要途径之一，正如博登海默所言："如果个人利益与社会利益不能同时得到满足，那么应当通过价值判断和利益评价来确定他们的先后序列或相对重要性。"[107]税收优先权公示制度的构建是一个系统工程，需要从公示条件、公示主体、公示方式、公示内容、公示时间、公示效力及公示责任等多方面加以完善。

（二）完善担保物权的限制规则

1. 明确担保物权的实现主体——破产管理人

为公平清理债权债务并保护债权人与债务人的合法权益，《企业破产法》应明确规定破产管理人为担保物权的实现主体，具体可以将第25条第6项修改为："（六）管理和处分债务人的全部财产（包括担保财产）。"

同时由于我国现阶段管理人多由律师或会计师组成，不一定都具备出众的商业判断能力及资产变现能力，而担保物的价值会随着市场状况而不断波动，担保物权的实现时机及主体的专业能力将极大影响担保物的变现价值，因此为了避免管理人不适时变现可能给担保物权人带来的损害，可以在司法解释中对第25条进行两方面的补充规定：

第一，比较担保财产价值与担保债权数额的差值。一方面，若担保财产价值远超担保债权数额（如大于40%），预期价格的波动对担保物权人权利的实现影响不大，更多地影响到无担保债权人的清偿比例，此时担保物权的变现时机应由管理人决定。另一方面，若担保财产的价值接近（如小于40%）甚至低于担保债权数额，则预期价格波动对担保物权人及其他无担保债权人都有重要影响，则担保物权的变现时机应综合各方意见，不能由管理人单独决定。此时，管理人可以首先听取担保物权人的意见，若无法达成共识，则可通过债

[107]〔美〕E. 博登海默：《法理学法律哲学与法律方法》，邓正来译，中国政法大学出版社2004年版，第461～463页。

权人会议讨论担保物权的变现时机。

第二，区分担保物的性质及其对企业营运的重要性。一般而言，质物和留置物与企业的其他财产的联系通常较为疏远，并且对于其质权人及留置权人的价值往往大于其对于债务人的价值，因而让担保物权人作为其实现主体更有效率；而不转移占有的抵押权通常对企业整体价值和持续经营能力具有重大意义，其担保物权人通常是银行等贷款人，并不具备处置担保物的专业技能，因而此种情况确立管理人为担保物权的实现主体是更合理的安排。[108]

2. 限制担保物权的实现时间——暂停行使制度

在总结了我国自动制度的现状和不足，分析比较了美国暂停行使制度的可取之处后，笔者建议将我国《企业破产法》的暂停行使制度相关规定修改如下：

（1）暂停行使持续期间

我国《企业破产法》第 25 条第 6 项的规定，破产管理人可以管理和处分债务人的财产，但是又没有规定具体暂停行使的持续期间，因此，就有可能出现在第一次债权人会议并未召开的情况下，管理人就将有关担保物提前变现，这样会损害担保权人利益，并导致债权人大会对债务人营业的决定职权难以实现。针对上述情形，可以考虑明确规定破产管理人的变现期间，在第一次债权人大会召开之前暂停行使制度持续有效。

（2）暂停行使权利范围

分析担保物权暂停行使的范围应当考虑两方面的因素：企业重整对担保财产的依赖程度与担保财产对担保权的影响，只有担保财产对企业重整至关重要且不影响担保物权人的优先受偿权这两个条件同时满足时，才属于暂时暂停行使的担保物权范围。从重整需要的角度看，凡是移转担保财产占有的担保原则上不应停止权利行使。从保护担保权的角度看，不应暂停行使转移占有会导

---

[108] 参见程顺增：《论破产清算中担保物权实现的限制——以民法体系下实现之不同为视角》，载《破产法论坛》2015 年第 10 辑。

致权利人失去其担保权的担保，如留置、动产质押及转移权利凭证占有的权利质押担保。[109] 因此，在重整程序暂停行使的担保权包括抵押担保和不转移质押权利凭证的质押担保两种情况。并且在实践中这两种担保占比较大，且担保财产对重整至关重要，所以通常能满足重整的生产经营需要。[110]

（3）暂停行使解除制度

我国目前对于暂停行使的解除制度过于简单，可以考虑借鉴美国立法及实践的经验，在担保物缺乏充分保护或债务人无权益且担保物非重整所必需的情况下，法院可以在“市场公平价值”等原则的基础上，参考专业机构等的意见，作出是否同意解除暂停行使申请的决定。

（4）暂停行使利息补偿

在暂停行使制度中，因为担保物的迟延变现而导致担保权人的利益受到一定程度的损害时，可以就利息补偿和价值补偿两种形式要求破产管理人补偿损失。

3. 完善担保物权的实现方式

（1）清算程序中担保物权的实现方式的完善

第一，多样化变现方式。我国实务中过多注重拍卖的形式，这样会增加成本、延长变现时间，损害债权人利益。为了实现破产财产的价值最大化，可以在借鉴美国法赋予破产管理人在日常经营中自由变卖标的物的权利。

第二，协商优先模式。在担保物权的实现方式上，为了平衡债务人、担保债权人与普通债权人的利益，可以采取担保权人与管理人协商优先的模式。首先，在债权人会议、债权人委员会与法院的监督之下，担保权人可以与管理

[109] 参见《物权法》第212条：“质权自出质人交付质押财产时设立。”第240条：“留置权人对留置财产丧失占有或者留置权人接受债务人另行提供担保的，留置权消灭。”《最高人民法院关于适用〈中华人民共和国担保法〉若干问题的解释》第87条规定，除“因不可归责于质权人的事由而丧失对质物的占有，质权人可以向不当占有人请求停止侵害、恢复原状、返还质物”外，“质权人将质物返还于出质人后，以其质权对抗第三人的，人民法院不予支持”。

[110] 参见王欣新：《论重整中担保权的暂停行使》，载《人民法院报》2015年7月1日。

人协商对担保财产折价优先受偿；其次，若协商不成可以委托管理人拍卖或变卖担保财产并扣除管理费用后，担保权人就变价款优先受偿。[111]王欣新教授认为可以设置担保权人要求管理人实现担保物权的催告期，逾期可以由担保权人自行处置担保物，从而督促管理人尽快履职实现担保权。[112]而程顺增法官认为，催告期应双向设置，若担保物权人占有担保物而怠于行使或不配合变现，催告期逾期后管理人有权向人民法院申请强制执行。[113]

（2）重整程序中担保物权实现方式的完善

第一，完善担保债权人表决权行使规则。由于现行《企业破产法》第 64 条规定的担保物权表决规则，在计算债权额时将有财产担保的债权数额排除在外，[114]则实质上导致有财产担保债权人的表决权形同虚设，所以建议今后《企业破产法》对规定人数过半，并且所代表的债权额占债权总额的二分之一以上即可。

第二，强制批准重整计划制度完善。我国重整计划中担保物权人的表决规则不够详尽，因此应对我国重整计划的表决规则从以下方面加以完善。

一是进一步明确最小限度组别通过规则。《企业破产法》第 87 条规定“部分表决组未通过重整计划草案”的情况下，法院可强制批准重整计划，但“部分”是容易引起歧义的概念，并未明确规定最小限度组别通过规则，实践中曾出现所有债权人组均未通过重整计划草案，但法院依旧强制批准的情况，导致对债权人权益的严重损害。为避免这种公权力过度干预私法权益的情况出现，应当在立法或者司法解释中明确规定，若所有债权人组别反对通过重整计划草案，则法院无权强制批准，以防止司法公权力过度干预私权利。

[111] 参见刘子平：《破产别除权的认定标准及其行使》，载《法律适用》2007 年第 11 期。

[112] 参见王欣新：《破产别除权理论与实务研究》，载《政法论坛》2007 年第 1 期。

[113] 参见程顺增：《论破产清算中担保物权实现的限制——以民法体系下实现之不同为视角》，载《破产法论坛》2015 年第 10 辑。

[114] 参见《企业破产法》第 64 条：“债权人会议的决议，由出席会议的有表决权的债权人人数过半数通过，并且其所代表的债权额占无财产担保债权总额的二分之一以上。”

二是进一步明确强制批准条件。法院应保障反对通过重整计划的债权人组别权益及债权人表决组中反对意见的个体债权人利益，如在担保债权人表决组中，不能剥夺少数反对者的法定优先受偿权，除非该债权人自愿放弃其权利。[115]

三是给予反对者充分的权利救济。法院强制批准后的重整计划将对全体债权人和债务人产生约束力，因此，为了维护持反对意见主体的合法权益，应允许其通过向法院申请复议等渠道进行权利救济。

四是细化对可行性原则的审查标准。《企业破产法》第 87 条规定可行性原则过于简单，不利于实际操作适用。因此我国可以借鉴美国破产法的审判实践中运用的参考因素：①现金流；②债务人偿债信用状况；③企业营利潜力；④产业政策与行业前景；⑤管理层能力；⑥其他可能影响执行重整计划的因素。在此基础上结合中国实际，出台相关司法解释明确规定可行性原则的审查标准，以指导实践操作。[116]

五是出台司法解释明确对担保权人的保护。一是明确延期利息补偿规则。根据债权人利益最大化原则，重整程序中获得的清偿利益应高于清算受偿利益，因而有必要对担保物权人重整申请受理后的延期利益进行公平补偿，从而调动担保物权人支持配合重整程序的积极性，比如规定定期向担保权人支付在重整申请受理后债权的相应利息。二是为担保权提供充分保护。在担保物权受到实质性损害时，除了现有《企业破产法》第 75 条提供的程序性救济手段之外，可以增加约定价值补足机制，即要求损害担保权的主体提供等价的替代担保或增加担保的方式以保护担保权。

---

[115] 参见王欣新:《破产法》，中国人民大学出版社 2011 年版，第 274 ～ 275 页。

[116] 参见张海征、王欣新:《论法院强制批准重整计划制度之完善》，载《首都师范大学学报》2014 年第 4 期。

五、结 论

破产程序中担保物权制度的完善同时涉及物权法和破产法两个部门，因为实践操作的复杂性而逐渐成为破产实务中的重点及难点。本文通过对破产程序中担保物权的保护和限制制度进行分别分析后得出以下几点结论：

从破产程序中担保物权的保护方面：第一，担保物权与共益债权。担保物权一般优先于破产费用和共益债务从担保财产中受偿，破产费用与共益债务应当优先从无担保财产中支付；但当担保物权几乎完全覆盖破产财产时，管理人为担保物权人利益而发生的共益债权可以从担保财产变现款中受偿。第二，担保物权与劳动债权。担保物权优先于劳动债权受偿，应从完善社会保险、建立劳动债权保障基金等方面保障劳动债权的清偿。第三，担保物权与税收债权。担保物权优先于设立在后或设立在前但未经合法公示的税收债权，应基于现行欠税公告制度完善税收优先权公示制度。第四，担保物权的特殊行使规则，不受清算程序、和解程序、执行中止程序的限制，但应该进行债权申报。

从破产程序中担保物权的限制方面：第一，明确破产管理人为担保物权的行使主体，并区分担保物权的价值与所担保债权的差额、担保物权的性质，规定特定情况下可由担保权人作为担保物权的行使主体，并为担保权人提供充分的权利救济手段。第二，完善暂停行使制度，明确担保物权行使的时间限制。暂停行使制度应改善其在效力起点、持续期间、权利范围、利息补偿、解除及执行监督方面的规则，应当通过立法或者司法解释予以完善。第三，在清算程序与重整程序中对担保物权的行使方式限制有不同的规定。在清算程序中应当采用协商优先模式、多样化的变现方式并适当延长公告时间；在重整程序中，主要是对担保物权人表决权规则的完善和强制批准重整计划制度的改进，应进一步出台司法解释明确最小组别通过规则、细化强制批准的条件与可行性原则、赋予反对组充分权利救济、利息补偿规则充分保护担保权人的合法权益。

只有从破产程序中担保物权的保护和限制两方面进行制度建构和完善，才能发挥担保物权保护交易安全的同时，尽可能减少其在破产程序中可能给其他利益相关人及社会利益造成的负外部性，从而保障破产程序顺利进行。

论破产企业高管的民事责任

梁栋杰　范　煜

内容摘要　在企业资不抵债情况下，管理者损害债权的经营冲动无限扩大，因此有必要予以规制。但囿于传统责任体系的限制，普通诉讼及执行程序对管理者不法行为的约束十分有限。于是，破产法以特别法的形式承担了这一特殊使命。然而遗憾的是，在几年的实践中，这些规定基本处于纸上谈兵的状态，司法中少有适用。究其原因，除去理念、环境等抽象因素，理论分析的不足及规定本身的粗陋和缺乏操作性恐怕也是难辞其咎。本文正以此为视角，在对现行立法进行深入分析后，提出有针对性的完善建议。高管周旋于股东和债权人之间，其自利行为往往兼具损害所有权和债权的表象，进而产生公司法责任与破产法责任适用上的竞合。高管往往又打着有利于至少无害于股东收益的旗号行损害债权之实，因此如何适当确定高管向债权人担责的主观要求成为该项制度是否完善的重要标志。破产企业高管民事责任最可贵的是将高管人员从程序参与人变为当事人，使其从幕后走到台前，对逃债行为无疑会产生更好的规制效果。但与此同时我们也不能不保持谨慎的态度，恪守司法中立的本分，并坚持法律保留原则。

关键词　企业破产　企业高管　民事责任　司法中立

作者单位：海南省第二中级人民法院；海南省洋浦经济开发区人民法院。

人们奋斗所争取的一切，都同他们的利益有关。

——马克思

一、从破解“执行难”到追究高管的责任

（一）高管操纵逃债行为引发“执行难”

根据中央政法委、最高法院《关于规范集中清理执行积案结案标准的通知》的要求，无财产可供执行的案件，执行程序在一定期间无法继续进行，且又符合特定条件的，可在裁定终结本次执行程序后结案。“终结本次执行程序”（以下简称“终本”）的案件，是典型的“执行难”案件。而在此类案件中，涉及被执行人为企业法人的案件又一直占到相当大的比重（见表1）。

表1　某法院近七年“终本”案件情况

年份	执行结案数	“终本”案件数	涉企业法人“终本”案件数	占全部结案比重（%）	占“终本”案件比重（%）
2007	4569	840	443	9.70	52.74
2008	5044	1090	525	10.41	48.17
2009	6342	1635	878	13.84	53.70
2010	5725	1667	985	17.21	59.09
2011	5450	1373	661	12.13	48.14
2012	6351	1519	895	14.09	58.92
2013	6492	1883	993	15.30	52.73

在执行实践中，被执行企业无财产可供执行主要分为两种情况：一种是实质上的无财产，如企业本身就是个皮包公司，自始至终就没有可供执行的财产，又如企业原来有财产，但因弥补亏损及偿还债务至执行阶段已无财产可供执行；另一种是形式上的无财产，如企业为逃避债务，向关联企业或个人转移财产，形成企业无力还债的假象，又如企业账面虽无资产，但有依法可收回的

财产。[1] 在目前经济转型、诚信缺失的市场环境下，有很大比例的“终本”案件是被执行企业转移财产所致。或者出于自利的考虑，或者受出资人的指使，高管人员则往往是上述逃债行为的直接操纵者。

（二）执行程序规制高管逃债行为之不彰

针对不断增加的执行积案，人民法院采取了多项清理措施，如 2008 年的执行积案清理活动、2011 年的反规避执行活动、2012 年涉党政机关清理积案活动、2013 年涉民生案件清理活动等。上述工作虽取得一定成效，却始终无法根除执行积案。这反映出，“执行难”问题不是仅靠加强执行力度就能解决的。当企业实质上就无财产时，根本无法实际执结。即使是形式上的无财产，一些较为隐蔽的转移财产行为如不合理交易、提前清偿、支付高薪、个别清偿等，也很难通过执行程序予以纠正。

为追求执行效果，部分法院及执行法官可能采取非常规的执行方式，进而损害到被执行人、案外人的正当权益，扰乱正常的执行秩序（见表 2）。

表 2　反规避执行中的执行乱象[2]

常见的规避执行行为	反制规避执行行为的主要措施	非常规执行手段
1. 频繁更换经营场所；2. 伪造债务；3. 账外资金往来；4. 关联公司转移财产；5. 变更法定代表人躲避执行；6. 违法注销登记；等等。	1. 限制公司法定代表人及实际控制人自由；2. 冻结经营资质；3. 舆论曝光；4. 追加被执行人；5. 通过揭开公司面纱追究股东责任；6. 丰富财产查询手段；等等。	1. 超标的查封、扣押、执行；2. 随意变更被执行主体；3. 随意追加被执行人；4. 随意执行法定代表人个人财产；5. 以拘代执；6. 随意更改执行期限；等等。

执行乱象的发生首先是执行机制不能承受当事人非理性要求之重的突出

[1] 参见山东省滨州市中级人民法院课题组：《困境与进路：无产可破案件的调研报告》，载《破产法论坛》（第八辑），法律出版社 2013 年版，第 430 页。

[2] 参见杜玉勇：《博弈与重构：走出空壳公司的执行之困》，载《第二届北京市法院执行理论与实务论文评比活动优秀论文集》2014 年 3 月编。

表现。当债务人拒绝履行生效裁判时，债权人将实现债权的全部希望寄托于法院，法院一时间沦为执行案件的“第二债务人”，频频出现的法院执行跑断腿当事人却仍然抱怨连天的现象充分说明了这一点。[3]法官在巨大压力面前，便容易作出违法、违规执行的行为。执行乱象的发生还有执行权自身的原因。执行权带有不同于审判权的行政性。这种行政性决定了执行权不断产生扩张冲动。在我国法治环境尚不完善的当下，执行手段的适度扩张有时确实能解决一些实际问题。但作为硬币的另一面，违法、违规执行便难以避免。另外，审判权和执行权各有其功能和使命，任何一方都不能代替另一方。被执行人在逃债过程中采取的关联交易、伪造债务、转让财产等行为，往往涉及实体法律关系不正常产生、变更或消灭。这需要通过行使审判权予以审查和纠正。此时如果以执代审，虽保证了效率，却有违程序公正。

（三）破产机制将高管从幕后拉到台前

针对债务人高管操纵公司有损债权的行为，破产法通过追究其直接的或间接的经济责任予以规制（见表 3）。此时，高管不得再以公司有限责任作为挡箭牌，而直接成为司法审查的对象。

表 3　我国《破产法》及司法解释规定的债务人高管民事责任

立法形式	具体情形	法律依据
法律	作为可撤销行为、无效行为相对人的财产返还责任	《破产法》第 31 条、第 32 条、第 33 条
	返还非正常收入、所侵占公司财产的责任	《破产法》第 36 条
	有关行为被撤销或认定无效后仍无法弥补债权人损失的补充责任	《破产法》第 128 条

[3] 参见程春华：《为什么破产救济——解决当前民事案件执行难问题的新思路》，载《破产法论坛》（第三辑），法律出版社 2009 年版，第 145 ～ 146 页。

续表

立法形式	具体情形	法律依据
司法解释	对股东未补足的出资及未返还所抽逃出资的补充责任	《最高人民法院关于适用〈中华人民共和国企业破产法〉若干问题的规定（二）》第 20 条第 2 款
	拒不履行提交财产状况说明、债权债务清册等法定义务导致无法清算或造成损失的赔偿责任	最高人民法院《关于债权人对人员下落不明或者财产状况不清的债务人申请破产清算案件如何处理的批复》

破产程序启动后的最大特点就是债务人财产在程序一开始就被全面接管，债务人高管很难在程序进行中再采取如普通执行阶段规避执法的行为。同时，破产机制对高管民事责任的追究不限于逃债行为，个别清偿也可能引起高管民事责任的承担。另外，执行措施主要着眼于诉讼阶段和执行阶段管理人员的规避执行行为，而破产程序则不限于此，只要是损害债权清偿的行为，都在可追责之列。还有，破产程序中通过管理人提起撤销权之诉、无效之诉、赔偿之诉等，以审判方式解决债务人、第三人、高管人员与债权人的利益冲突问题，克服了执行程序中以执行代替审判的倾向，也使法院作为居中裁判者远离当事人利益冲突，符合程序正当性原则。

二、破产企业高管民事责任的属性及特征

（一）公司法上的责任与破产法上的责任

在正常经营期间，高管人员对企业负有忠实和勤勉义务，如违反上述义务造成损害的，需根据公司法的规定向企业承担民事责任，这是公司法上高管的民事责任。当企业处于资不抵债状态时，高管的财产处分行为损害到债权清偿的，此时需要根据破产法的规定承担民事责任，此为破产法上的民事责任。当前，理论界对高管应承担破产法上的民事责任已形成共识，但对该责任的性

质和特征仍存在模糊认识，需进一步厘清。

（二）破产法上高管民事责任之属性

1.信托责任

美国斯托里法官在1824年审理Wood v. Dummer一案中提出，当公司丧失偿付能力时，董事所掌握的公司资产是债权人的信托基金，这就是著名的信托基金规则。我国一些学者也认为，在公司达到破产界限时，高管人员应从维护债权人利益角度出发，履行善良受托人的义务，否则将承担民事责任。[4]但上述理论在我国的适用可能存在以下问题：

（1）依据问题。根据《中华人民共和国信托法》的规定，信托关系是以委托方与受托方基于信任而形成合意为基础，以交付财产为前提，以签订书面合同为要件。可见，债务人高管与债权人的关系并不符合我国信托立法的相关规定。

（2）逻辑问题。部分人认为，高管人员信托义务的利益主体随公司偿债能力的丧失由公司转移到债权人。上述观点似乎经不起仔细推敲。因为，高管履行义务的依据是其与公司签订的合同或公司章程的规定，但该合同或章程并不以公司财务状况的恶化而发生变化甚至废止。在经营状况恶化的情况下，高管人员更负有通过勤勉而有智慧的工作挽回败局的义务。还有部分人认为，当不能清偿的状况出现，高管人员需同时对公司和债权人尽信托义务。[5]笔者认为这种认识更为不妥。在经营危机情况下，公司与债权人的利益考量是不同的，有时甚至会截然相反，要求高管同时承担两种信托义务则会造成其角色错乱。

（3）实践问题。目前，英美等国家在实践中对高管人员所应承担信义义务

[4] 参见朱圆：《论美国公司法中董事对债权人的信义义务》，载《法学》2011年第10期。

[5] 参见孙宏友、咎俊敏：《英美董事个人在破产中所担民事责任及对我国完善〈破产法〉的启迪》，载《现代财经》2010年第3期。

的具体内容仍不甚清晰。[6]我国公司法虽规定有高管人员对公司的忠实、勤勉义务，但在学理上对该义务的具体指向仍不清晰，立法上责任框架也不完善。此情况下，不宜再将高管人员对债权人的信托义务贸然引入立法。

2. 侵权责任

有学者主张，在资不抵债情况下，公司资产应为债权人所有，高管人员造成公司资产减少的，应向债权人承担侵权赔偿责任。[7]笔者认为，依据侵权理论追究高管人员的责任存在以下问题：

（1）法律依据不足。《中华人民共和国侵权责任法》第 2 条第 2 款规定：本法所称民事权益，包括生命权、健康权、姓名权、名誉权、荣誉权、肖像权、隐私权、婚姻自主权、监护权、所有权、用益物权、担保物权、著作权、专利权、商标专用权、发现权、股权、继承权等人身、财产权益。债权人的债权显然并不在上述“民事权益”范围之内。

（2）法理依据不足。高管人员对债权人承担侵权责任的理论前提是在公司资不抵债情况下公司资产已归债权人所有。但根据物权理论，公司作为法律上拟制的主体对其名下财产享有完全的所有权。而公司处于资不抵债状态并不是物权变更的方式，此时公司对其名下财产的所有权并不发生变化。另外，根据破产法的立法宗旨，其所要维护的债权并非单一债权，而是整体债权；在强调债权实现的同时，更强调公平的实现秩序。这种“权利”不可能成为侵权法意义上的“权利”。

（3）实践基础不足。如为侵权关系，则作为受害的一方主体即债权人是主张赔偿的当然主体，索回的赔偿金自然应归入债权人名下。但这与破产法中的程序规则完全不符。在破产程序中，高管民事责任的追究一般由管理人提起诉讼或提出申请，法院通过审理或审核的方式予以确认，且索回的赔偿金归入债务人财产。

---

[6] 参见朱圆：《论美国公司法中董事对债权人的信义义务》，载《法学》2011 年第 10 期。

[7] 参见白江：《公司支付不能或资不抵债时申请破产的义务和责任》，载《华东政法大学学报》2008 年第 1 期。

3. 违法责任

综上，笔者认为，债务人高管对债权人所负民事责任，既不是信托责任，也非侵权责任，而是基于违反法律特别规定而承担的违法责任。具体来说，在企业资不抵债并丧失清偿能力情况下，为了维护交易安全和公平秩序，国家专门立法（即破产法）来规制相关主体的行为，通过否认不当交易以及追究责任人员的民事责任来维护、恢复责任财产，保障公平的债务清偿秩序及全体债权人的共同利益。从经济管理的角度来看，这是国家从公共利益出发，对民事主体之间权利义务的一种特殊调整，体现实质正义的价值追求。[8]从法人治理的角度来看，这是职业经理人社会信用或称社会责任的客观要求。

（三）破产法上高管民事责任的特征

1. 立法的特别性。破产法既是程序法也是实体法。在实体法方面，其以民商实体法律制度为基础，又根据立法宗旨的要求作出诸多突破和创新。在程序法方面，破产法既依赖于民事诉讼制度，更在此基础上构筑起许多特色程序。[9]以公司高管人员承担破产民事责任为例，其在实体法上突破了债务人企业作为居间媒介对责任承担的阻断作用，在程序设计上也不同于一般民事责任承担方式，体现出鲜明的法律特别调整。

2. 机制的特殊性。同是清偿债务，破产法上的概括清偿与民法上的个别清偿在追偿机制上存在很大区别，高管民事责任的追究亦是如此。一是程序特殊，该责任的追究必须在破产程序中实施，启动破产程序是追究该项责任的前提；二是主体特殊，追究主体一般为管理人而非债权人；三是后果特殊，追回的财产须归入债务人财产而非直接归债权人享有。

3. 规则的限定性。高管民事责任的追究涉及重大利益调整，因此应以法律上有明确规定为前提。所谓法律上的明确规定，一是要坚持法律保留原则，即

---

[8] 参见史际春、邓峰：《经济法总论》（第二版），法律出版社 2008 年版，第 138 ～ 139 页。

[9] 参见王欣新：《破产法》，中国人民大学出版社 2011 年版，第 9 页。

只能在法律层面加以规定，行政法规、地方性法规及行政规章均无权规定；二是法律规定要具体、明确、有操作性，应以列举或概括加列举的方式规定可追究责任的情形，并对构成要件、追究程序等内容作出明确规定。采用列举方式的，对其他情形不得类推适用。采用概括加列举方式的，应慎重适用列举之外的情形，且必须充分说明理由。

三、现行立法存在的不足

（一）角色定位不准

《破产法》第 6 条规定：人民法院审理破产案件，应当依法保障企业职工的合法权益，依法追究破产企业经营管理人员的法律责任。上述规定存在三方面问题：一是对司法权的角色定位失当，将司法裁判权与行政管理权相混淆，必然使法官承受难以承受之重，也为个别法官在破产程序中擅权、越位埋下隐患；二是留有“破产有罪”的印记，该规定似乎设定了这样的前提，经营管理人员对企业破产一律需要担责；三是忽视了破产企业和债权人特别是管理人在追究管理人员法律责任方面的主体地位和主导作用。

（二）责任界限不清

高管承担责任与其负有的义务密切相关。对所在企业，高管负有忠实和勤勉经营的义务；对债权人，高管负有避免责任财产不当减少的义务。很多时候，某一行为具有违反两种义务的外观，这便会产生两种责任的竞合适用问题。此时需要通过对比企业资产负债关系确定实质受损害的主体，从而对责任适用作出合理选择。如，同是虚构债务中饱私囊，发生在资不抵债之前，受损害的是公司，高管应对公司承担民事责任；发生在破产资不抵债之后，受损害的是债权人，高管应对债权人承担民事责任。准确界定两种责任产生的边界是高管民事责任制度的核心问题。

《破产法》第31条和第32条规定了撤销权制度。其中，第32条对个别清偿行为的规制是破产法上的独特规则，与公司法不存在适用上的冲突。第31条规定的五种可撤销行为，从行为特征来看，既损害了保障债权实现的责任财产，也有悖于高管对所在企业的忠实义务。此时，高管对企业和债权人产生责任竞合。破产法将破产撤销权行使期间限定在破产案件受理前的一年内，表面上解决了两种责任的竞合问题，但似乎仍有不妥。现实当中，大量企业在被受理破产时已经亏损多年，此时仅将撤销权行使的期间设定为一年很难起到保护债权的作用。另外，实践中也可能存在企业刚形成破产原因就被受理破产，此时一年的撤销期又显然过长。《破产法》第33条关于无效行为的规定及第36条关于对非正常收入和侵占财产返还义务的规定同样存在上述问题。该两条规定对要规制的行为未设定期限，则意味着对企业被受理破产前任何时期该类行为均可由管理人追回财产供清偿债务，这显然模糊了公司法责任与破产法责任的界限。

（三）责任标准不明

确定责任适用的标准即构成要件是责任追究的前提和基础。适用标准分为客观标准和主观标准。目前，对高管人员民事责任的确定和追究面临的主要问题是主观标准的适用问题。[10]

高管人员因破产可撤销行为和无效行为所承担的责任是一种补充责任，即只有在有关行为被撤销或被确认无效并向第三人追收财产后仍存在损失的，高管人员才承担赔偿责任。[11]因此讨论高管人员承担责任的适用标准，包括两个层次，一是行为被撤销和确认无效的适用标准，二是高管承担赔偿责任的适用标准。根据《破产法》第31条至第33条及第128条的规定，该法对上述

---

[10] 参见张艳丽：《破产可撤销行为构成要件分析——针对我国新〈破产法〉第31条、32条规定》，载《法学杂志》2007年第3期。

[11] 参见甘培忠、赵文贵：《论破产法上债务人高管人员民事责任的追究》，载《政法论坛》2008年第2期。

两个层次的适用标准均未规定主观要件，即只要行为外观符合第 31—33 条的规定，损害债权人利益，行为就可被撤销或被认定无效，高管人员同时承担补充赔偿责任。这充分反映了立法者严厉打击逃债行为的立法取向。

上述情况在《最高人民法院关于适用〈中华人民共和国企业破产法〉若干问题的规定（二）》（以下简称《破产法解释二》）出台后发生了重大变化。上述规定第 18 条将故意或重大过失规定为高管人员承担责任的主观要件。笔者认为上述内容存在如下问题：首先，主观要件的规定增加了管理人的举证责任，不利于对现实中经营者欺诈行为的防范和打击；其次，故意或重大过失与我国民法上惯常使用的“过错”不相一致，易造成定性上的混乱，且实践中对重大过失和普通过失也难以区分，必然造成适用中的难题；最后，可撤销行为和无效行为发生在当事双方之间，要求管理人证明责任人行为时的主观情况已属勉强，再要求进一步区分出故意或重大过失，则难上加难。

（四）追责程序不善

如《破产法》第 125 条规定：企业董事、监事或者高级管理人员违反忠实义务、勤勉义务，致使所在企业破产的，依法承担民事责任。但对如何确定该责任的追究主体、追究机制均未作出明确规定。再如最高人民法院《关于债权人对人员下落不明或者财产状况不清的债务人申请破产清算案件如何处理的批复》规定：债务人的有关人员不履行法定义务，人民法院可依据有关法律规定追究其相应法律责任；其行为导致无法清算或者造成损失，有关权利人起诉请求其承担相应民事责任的，人民法院应依法予以支持。这里涉及因有关人员原因导致无法清算的，是终结破产程序后再由债权人主张赔偿，还是先由管理人主张赔偿并分配后再终结破产程序。最高人民法院相关人员在解释上述批复时提出此情况下可先终结破产程序然后由债权人主张赔偿，但这能否作为官方意见直接引用存在问题。[12]且该方案的合理性也值得推敲。更为突出的问题在于，上述解释实际是将破产法中规定的高管人员程序性责任更改为民事赔偿责任，这是对当事人权利义务关系的重大调整，已超出法律解释可承载的范围。再如，《破产法解释二》第 13 条规定管理人未提起撤销请求的情况下债权人可以依据《合同法》第 74 条的规定提起诉讼，意在通过民事撤销权和破产撤销权的交叉适用平衡债权人与管理人的关系。但笔者认为，“未提起”和“不提起”不同，后者是拒不履行职责的表现，但前者不然。管理人可能由于需继续收集证据等暂时未提出请求，并非不想履行职责，此时如任由债权人提起诉讼必然会打乱管理人的工作计划，对破产程序的正常进行也会造成不利影响。另外，由于对信息的掌握程度不同，债权人与管理人对某一行为是否属于可撤销行为或无效行为可能存在不同认识。如果不加甄别地任由个别债权人提起诉讼，也会对破产程序造成不利影响。

四、完善现行立法的若干建议

（一）修正法院在责任追究上的角色定位

在追究高管人员民事责任的主体问题上，破产法及其司法解释确立了以管理人为主，债权人作为必要补充的追究原则。《破产法》第 6 条的规定与上述原则明显不符。笔者认为应当删除该规定。理由是高管人员法律责任的承担只是实现破产法立法宗旨的一个手段，并不是贯穿于整个破产法律制度的原则和规范，不适合规定在总则之中。如仍要保留，应进行适当修改。职工权益保护与追究经营管理人员法律责任属于不同层次的问题，应该分开规定。针对经营管理人员法律责任的条文本身，可修改为：经营管理人员的有关行为违反公司法及本法规定造成所在企业或债权人损失的，应承担相应的民事责任；破产

[12] 参见宋晓明、张勇健、刘敏：《〈关于债权人对人员下落不明或者财产状况不清的债务人申请破产清算案件如何处理的批复〉的理解与适用》，载《人民司法·应用》2008 年第 17 期。

企业的有关人员拒不履行本法规定的相关程序性义务的，由人民法院依法追究责任。

（二）明确高管对债权人承担责任的边界

在国外立法中，多数国家以公司资不抵债作为公司高管对债权人承担信托义务的分界点，理由是此时公司的全部财产都是债权实现的担保，此后对财产的不当处理将实质影响债权人的利益，与公司股东利益无关。[13]我国可借鉴上述观点，以公司处于资不抵债的时点为界，该时点之前高管对公司承担忠实、勤勉义务，对不当行为造成的损失向公司及股东担责；该时点之后高管对债权人承担避免责任财产不当减少的义务，否则需向债权人赔偿。可撤销行为、无效行为引起的责任，非正常收入、侵占财产的返还责任等，均应以此时点进行界分。个别清偿行为引起的责任则仅在资不抵债后才能产生。欠缴出资、抽逃资金引起的责任及不履行《破产法》规定的义务产生的责任则无须界分。另外，在实践中，某一时点资产正好等于负债的情况是很难出现的，往往是某一时点前资产还大于负债，而该时点后资产已经小于负债，因此，界分时点一般是以资产开始小于负债的最初时点为准。资产和负债的比较关系处于不断变动之中，因此这里的界分点应以离破产案件受理前最近的界分点为准。

由于市场交易行情处于不断变动之中，企业资产和负债也呈现出高度的流动性，准确判断某债务人企业处于资不抵债的时点是异常困难的。[14]在美国的司法实践中，法官综合运用资产偿付能力测试法和破产测试法来测试某公司丧失偿付能力的时点，但仍然无法彻底解决精确性的问题。[15]我国破产法如采用上述界分方法，也面临同样的问题。这里涉及会计、审计、评估等科

---

[13] 参见孙宏友、昝俊敏：《英美董事个人在破产中所担民事责任及对我国完善〈破产法〉的启迪》，载《现代财经》2010 年第 3 期。

[14] 参见王欣新、王雷祥：《论企业高管人员对破产可撤销行为的民事赔偿责任》，载《法治研究》2013 年第 6 期。

[15] 参见朱圆：《论美国公司法中董事对债权人的信义义务》，载《法学》2011 年第 10 期。

学的发展及其在司法上的应用问题，不是本文的研究范围。但在一些申请文书及司法文书中，我们经常可以看到某企业自何时开始出现亏损及资不抵债等字样。这表明，在我国的司法实践中，对何时开始处于资不抵债存在当事人的自认和法院的审查确认。当上述时点距离受理破产案件的期间与法律规定的撤销权行使期间不一致时，理应以实际期间为准确定管理人行使撤销权及高管人员承担责任的边界。因此，笔者建议，在司法界对能否准确界定资不抵债时点尚不能达成共识的情况下，可将破产撤销权行使期间、无效认定期间、非正常收入、侵占财产的返还责任期间均设定为一年，此为法律推定期间，但同时允许管理人、债务人、交易第三人及企业高管人员从利己角度分别举证，法院通过审查决定采信某一期间。无充分证据证明实际期间大于或小于该期间的，则以推定期间为准。

（三）分层次、分类型确定责任构成的主观要件

所谓分层次，就是将可撤销行为的主观构成与高管承担补充责任的主观构成分开考虑。这意味着行为虽被撤销或被认定无效，但高管人员仍有以其主观善意而免责的可能。虽然现实中可撤销行为的发生多是高管人员与相对人在恶意串通或心知肚明的情况下进行的，但也不能排除高管人员为继续经营需要或特殊的商业目的而采取一些利益让步行为，这些行为虽最终并未使企业受益，但若让高管人员对这些行为承担责任则显失公平，也不利于调动经营管理人员在企业危机时期的工作积极性，从而导致一些可能减小损失或产生盈利的机会流失。因此，笔者认为《破产法解释二》对高管承担责任的主观要件作出特殊规定的做法是正确的，但不同意将该要件设置为“故意或重大过失”，因为这等同于让管理人或债权人承担了几乎不能完成的举证责任，有过于袒护高管人员之嫌。笔者认为应采取过错推定的归责方式，由高管人员自证其行为对公司债权人是非恶意的，否则就应承担赔偿责任。这种非恶意可以是主观上对公司资不抵债的情况确实不知，或是为争取盈利的一种商业策略，或是为避免损失扩大的一种无奈选择等，并不以行为的实际效果为判断标准。

所谓分类型，就是根据不同类型的行为确定不同的主观要件。如无效行为产生的补充责任、非正常收入、侵占财产的返还责任无须确定主观要件，因为其行为本身即足以表明行为人存在主观恶意，高管人员的恶意已被客观行为所包含。[16] 再如《破产法》第 31 条规定的对没有财产担保的债务提供担保的行为和对未到期债务提前清偿的行为与同条规定的其他三种行为性质有较大区别，而与第 32 条规定的个别清偿行为的性质却较为接近。因此，上述两种行为完全可以将“使债务人财产受益”作为适用除外。高管人员在举证证明其非恶意时，对于上述两种行为及个别清偿行为的举证义务显然应比无偿转让财产和放弃债权行为要轻。

（四）确立管理人主导下的责任追究程序

对高管人员的各项追责程序中，无论有无规定，也无论规定的是否明确、适当，一个核心问题就是追究主体的确定。这个主体享有破产法赋予的追究高管责任的权利，同样也是其应尽的责任和义务。这个主体不是债权人和债务人，因为无法让其承担此种义务。因此，这个主体只能是管理人。[17] 在管理人能够主动履行职责的情况下，应排除债权人、债务人直接行使该项权利。管理人不履行该项职责的，债权人及债务人可以向法院申请更换管理人，也可以经法院的同意直接行使追究高管人员民事责任的权利。按照上述原则，《破产法》第 125 条和《破产法解释二》第 13 条遇到的问题便能够迎刃而解。管理人依据第 125 条及第 128 条追究高管人员义务后，如在执行阶段高管人员财产不足以执行的，涉及两种责任的平衡问题。这是破产法未考虑到的问题。笔者认为在对责任区间已进行合理界分后，债权人利益和股东利益应处于同等地位，故二者应按赔偿款比例分配执行金。当有关人员不履行法定义务的行为导

[16] 参见王欣新、王雷祥：《论企业高管人员对破产可撤销行为的民事赔偿责任》，载《法治研究》2013 年第 6 期。

[17] 参见甘培忠、赵文贵：《论破产法上债务人高管人员民事责任的追究》，载《政法论坛》2008 年第 2 期。

致无法清算的，是否应承担赔偿责任，涉及当事人的重大利益调整，应尽快通过修改立法的形式予以完善，从而更好地坚持法律保留原则。至于是先终结破产程序后再由债权人主张赔偿还是先由管理人主张赔偿并分配后再终结破产程序的问题，并不是理论问题，而是一个技术问题。笔者认为应从有利于程序效率的角度作出选择。显然，在破产程序当中追究有关人员的责任比程序终结后再追究的操作性和可靠度都要高得多。

五、结 语

总体而言，破产法虽引进了高管对损害债权行为承担民事责任的制度，但规定仅有寥寥几条，主要体现在对破产撤销行为和无效行为的补充赔偿方面，不但范围小，力度也弱。这与当前诚信环境恶劣、逃债行为猖獗的现实情况不相适应。因此笔者认为，在对现有规定进一步完善的同时，我们有必要将眼光放得更远，吸收借鉴国外发达国家的先进经验，从高管人员申请破产的义务及“不当交易”产生损害的角度构建更深层次的高管责任。因此，破产法的再次修改，值得期待。

破产管理人选任制度的反思与完善

袁 晶 张德雄

内容摘要 自2007年6月1日《中华人民共和国企业破产法》引入管理人制度并开始具体实践以来，破产管理人制度替代清算组制度的优越性得到彰显，该制度推动了破产法律制度的司法实践，在很大程度上促进了破产法律制度立法目的的实现，同时也改变了以往法院在破产案件中包办破产企业所有事宜的窘况，将法院的地位回归至裁判者地位。但该制度的立法缺陷也随着实践的一步步深入逐渐暴露出来，尤其是中介机构的管理、选任、报酬确定等几个方面。笔者以案件承办人角度，提出要对现行法院机选破产管理人的制度进行反思，希望构建以法院为主导债权人会议决定的选任机制，实行管理人队伍的分级管理机制，对债权债务复杂、资产量大、具有一定影响力的企业破产案件在优质管理人队伍中随机或竞争选任，一般案件在管理人名册中随机选任，对破产管理人更换采取严格并附条件的更换制度。

关键词 破产管理人 分级管理 更换制度

2006年8月27日，全国人民代表大会常务委员会通过《中华人民共和国

作者单位：海南省人民政府法制办；海南省第二中级人民法院。

企业破产法》(以下简称《企业破产法》),自2007年6月1日起施行。《企业破产法》总结了该法试行以来近20年的经验与教训,完善、统一了我国的破产法律制度。《企业破产法》最大的成就是创造性地引入了破产管理人制度,以替代临时成立、无独立承担责任能力的清算组制度。在该法中规定:破产管理人由专业中介机构或具备相关专业知识的个人担任,公平、公正的独立履行法定清算职责,并就自己的合理劳动从债务人财产处置所得中获得报酬;该制度在很大程度上推动了破产法律制度的司法实践和立法目的的实现。但在近年来的司法实践中,该制度的立法缺陷也随着实践的一步步深入逐渐暴露出来,尤其是中介机构的管理、选任等几个方面。因为现有破产管理人制度立法的不足,严重阻碍了管理人队伍专业化、精英化建设历程,导致担任破产管理人的中介机构或个人基本上还处于"兼职"从业状态,管理人队伍也基本上处于孕育阶段,在很大程度上阻碍了破产管理人制度作用的充分发挥。

一、我国现行破产管理人选任制度

作为《企业破产法》配套司法解释的《最高人民法院关于审理企业破产案件指定管理人的规定》(以下简称《指定管理人的规定》),于2007年4月4日由最高人民法院审判委员会讨论通过,并于2007年6月1日起施行。通过对《指定管理人的规定》的研读,我们发现现行的破产管理人选任制度有以下特点。

(一)法院指定破产管理人

《指定管理人的规定》第15条规定:受理企业破产案件的人民法院指定管理人,一般应从本地管理人名册中指定。对于商业银行、证券公司、保险公司等金融机构以及在全国范围内有重大影响、法律关系复杂、债务人财产分散的企业破产案件,人民法院可以从所在地区高级人民法院编制的管理人名册列明的其他地区管理人或者异地人民法院编制的管理人名册中指定管理人。该司法解释明确了由受理企业破产案件的人民法院指定破产管理人。确定法院指定破产管理人这一制度，是基于破产管理人是一个在破产程序中法定的机构，不代表哪个特定方的利益，在破产中是独立的。其独立地依照破产法上的规定行使权利、承担义务。因此应当由法院来选任并且监督管理人较为公平和公正。

（二）破产管理人以中介机构为主自然人为辅

《指定管理人的规定》在第 16 条明确指出："受理企业破产案件的人民法院，一般应指定管理人名册中的社会中介机构担任管理人。"第 17 条明确指出："对于事实清楚、债权债务关系简单、债务人财产相对集中的企业破产案件，人民法院可以指定管理人名册中的个人为管理人。"这两条是选任破产管理人的基本原则和标准，即通常情况下以中介机构为管理人，在特定条件可以选任自然人为管理人。

（三）清算组可以被指定为破产管理人

在特殊情况下，人民法院可以指定清算组为管理人，即《指定管理人的规定》第 18 条规定的企业破产案件有下列情形之一的："（一）破产申请受理前，根据有关规定已经成立清算组，人民法院认为符合本规定第十九条的规定；（二）审理企业破产法第一百三十三条规定的案件；（三）有关法律规定企业破产时成立清算组；（四）人民法院认为可以指定清算组为管理人的其他情形。"

为了更好地开展清算工作，在清算组为管理人的，人民法院可以从政府有关部门、编入管理人名册的社会中介机构、金融资产管理公司中指定清算组成员，人民银行及金融监督管理机构可以按照有关法律和行政法规的规定派人参加清算组。

（四）随机指定破产管理人为主

一般情况下，受理企业破产法院按照管理人名册所列名单采取轮候、抽签、摇号等随机方式公开指定管理人。

在现实中，笔者所在辖区，采取的是受理企业破产案件的人民法院，在受理案件后，向高级人民法院上报受理信息，并请求高级法院指定破产管理人，高级人民法院在接到受理法院（包括中级人民法院和基层人民法院）报告后，采取机选摇号方式从管理人名册中选定该破产案件管理人，然后函告受理破产案件法院，由受理破产案件法院以其自己名义通知债权人和选定的破产管理人，并告知相关部门。

（五）重大复杂破产案件可采用竞争方式选任管理人

对于商业银行、证券公司、保险公司等金融机构或者在全国范围有重大影响、法律关系复杂、债务人财产分散的企业破产案件，《指定管理人的规定》赋予人民法院可以采取公告的方式，邀请编入各地人民法院管理人名册中的社会中介机构参与竞争，从参与竞争的社会中介机构中指定管理人。参与竞争的社会中介机构不得少于三家。对于采取竞争方式指定管理人的，人民法院应当组成专门的评审委员会。而评审委员会应当结合案件的特点，综合考量社会中介机构的专业水准、经验、机构规模、初步报价等因素，从参与竞争的社会中介机构中择优指定管理人。被指定为管理人的社会中介机构应经评审委员会成员二分之一以上通过。同时，为避免工作量巨大，导致破产程序无法继续，《指定管理人的规定》明确采取竞争方式指定管理人的，人民法院应当确定一至两名备选社会中介机构，作为需要更换管理人时的接替人选。

对于经过行政清理、清算的商业银行、证券公司、保险公司等金融机构的破产案件，人民法院除可以按照《指定管理人的规定》指定清算组为管理人外，也可以在金融监督管理机构推荐的已编入管理人名册的社会中介机构中指定管理人。

二、管理人的选任机制实践中存在的问题

（一）管理人名册制度实践中存在的问题

由于我国《企业破产法》和《指定管理人的规定》，明确了企业破产案件应当指定管理人，管理人应当从管理人名册中指定，这就决定了管理人名册的制订一定要科学合理，要具有可操作性，但实践中，存在以下问题：

1. 中介机构及个人担任破产管理人的资格模糊

破产管理人由专业的中介机构或个人担任。根据《指定管理人的规定》符合企业破产法规定条件的社会中介机构及其具备相关专业知识并取得执业资格的人员，均可申请编入管理人名册。

但是《企业破产法》及《指定管理人的规定》没有对“破产法规定条件”“相关专业知识”“取得执业资格”进行封闭式的规定。虽然最高院明知与破产密切相关的“专业”是律师和会计师，并在《企业破产法》及《指定管理人的规定》中进行了列举，但依然没有禁止“相关专业”的人员担任破产管理人。社会实践中取得“执业资格”有难有易，与破产行业的关系有紧有疏，《企业破产法》及相关规定不进行明确规定，一方面不利于破产管理人行业自治机构的设立，另一方面也不利于将来“主管部门”的管理。

虽然破产程序涉及的专业内容不限于法律、会计，还可能涉及审计、评估、拍卖、教育、企业管理等诸多方面，这些专业知识也是从事破产管理工作人员必须或深或浅掌握的，但也不能简单认为只要学习了破产程序中可能涉及的专业就可以担任破产管理人。从有利于破产管理人行业自治、队伍建设出发，建议对破产管理人应当具备的“专业知识”的范围进行明确，甚至可以考虑抛弃目前对律师、会计师等从业人员的依赖，建立统一破产管理人行业资质考核、管理制度，对管理人队伍进行专业化、精英化培育。

2. 各地管理人名册准入标准不统一

根据《指定管理人的规定》：高级人民法院应当根据本辖区律师事务所、会计师事务所、破产清算事务所等社会中介机构及专职从业人员数量和企业破产案件数量，确定由本院或者所辖中级人民法院编制管理人名册。实践中，多数高级人民法院根据本地中介机构的申报，择优编入管理人名册，进入名册的中介机构的综合实力高于同行业其他中介机构。但也有部分高级人民法院将所有申报的中介机构全部编入管理人名册，不进行甄别；也有的地方高级人民法院限制外地分支机构进入本地管理人名册等。这种欠妥的做法，从地域上讲，已经导致全国管理人队伍水平出现了差异，各地管理人队伍执业水平参差不齐，既不利于管理人队伍的专业化建设，也影响到了破产案件的受理与审理，不利于破产法立法目的的实现，有必要进行纠正和完善。

3. 管理人名册管理中退出机制执行不到位

根据《指定管理人的规定》第14条规定：人民法院可以根据企业破产案件受理情况、管理人履行职务以及管理人资格变化等因素，对管理人名册适时进行调整。但是目前该机制未能发挥作用，致使部分编入管理人名册的中介机构有恃无恐，在履行职责过程中懈怠、消极，甚至将本应管理人履行的工作丢给人民法院，增加了法院审理破产案件的难度、加大了承办法官的工作量；甚至还有大量停业、注销的中介机构依然忝列在某些地方法院的管理人名册中。因此，该制度亟待具体化、明确化。

（二）破产管理人选任办法在实践中存在问题

1. 机选破产管理人缺乏效率

《指定管理人的规定》第20条、第21条，该规定确定了随机指定为主、竞争方式选任管理人为辅的选任原则：即人民法院一般应当按照管理人名册所列名单采取轮候、抽签、摇号等随机方式公开指定管理人。对于商业银行、证券公司、保险公司等金融机构或者在全国范围有重大影响、法律关系复杂、债务人财产分散的企业破产案件，人民法院可以竞争选任。

机选本是为了提高选任的透明度，实质也是法院以牺牲效率为代价，去争取群众的好评，减少暗箱操纵的恶评，但在实践中，因为准入机制不完善，以及管理人队伍专业素质的差异，随机指定管理人导致全国普遍出现人民法院指定的管理人经常出现不能履行法定清算工作职责（转委托其他机构清算的情况时有出现）、管理人推诿等，或对人民法院依赖过多，致使利害关系人监督管理人成了变相的监督法院，救济途径受到影响，人民法院工作任务过重等情况。在笔者所办理的两件破产案件中，其中一件处于新法已公布，但未实施阶段，采用了债权人推荐方式指定了一家专业的清算公司作为破产管理人；另一件在新法实施后，采用了指定清算组为管理人，具有管理人资质的自然人参与其中，两件破产案件均在 1 年左右终结破产程序，而所在法院的采取机选方式指定破产管理人的其他破产案件审理周期均在 3 年以上，甚至 5 年也未结案。

2. 破产管理人选任未考虑债权人的参与，忽略了债权人对其自身权益的保护

通过破产案件审理，除让不符合市场规律的企业合法退市外，更为重要的是通过破产财产的处置变现，将债权人的损失减少到最小。在现有体制设计下，很遗憾的是债权人对破产管理人的选任是没有话语权的，而破产管理人在破产案件中履行下列职责：（1）接管债务人的财产、印章和账簿、文书等资料；（2）调查债务人财产状况，制作财产状况报告；（3）决定债务人的内部管理事务；（4）决定债务人的日常开支和其他必要开支；（5）在第一次债权人会议召开之前，决定继续或者停止债务人的营业；（6）管理和处分债务人的财产；（7）代表债务人参加诉讼、仲裁或者其他法律程序；（8）提议召开债权人会议；（9）人民法院认为管理人应当履行的其他职责。这些职责对于债权人而言，每项都是重要的，任何一项职责未能履职好，均可让债权人遭受重大损失。对于破产管理人这一重要角色，债权人无话语权，实属难以解释。

三、域外立法司法考察

纵观当今世界各国破产法的规定，由于不同的破产程序理念的影响，在破产管理人的选任主体的制度设计上差异明显，学者们认为有以下几种主要形式。

（一）法院选任模式

法院在破产程序中居于主导地位，独立行使对破产案件的审判权，不受债权人会议的干预或影响。任命破产管理人取决于法院自己的决定。该选定的破产管理人向法院负责，并接受其监督。对于法院任命的破产管理人，债权人会议不服的，不能另行选任破产管理人，只能向法院提出异议。大陆法系国家多数采取这种做法，如法国、意大利、日本、埃及、泰国、比利时、韩国等国就采取的此种立法模式，德国原破产法也是采取法院主导型模式。

（二）债权人会议选任模式

此种立法模式认为破产清算是为债权人共同利益进行的，负责破产清算的机构应当由债权人会议选任，才有助于保障债权人的利益，彻底贯彻债权人在破产程序中的自治精神。所以，立法例规定破产管理人由债权人会议选任。破产宣告后，由债权人会议选任破产管理人需要召开债权人会议。但是，在召开债权人会议前或者选出破产管理人前，破产清算程序不能因为尚未选出破产管理人而中止。为此，法院可以任命临时破产管理人负责破产清算事务。临时破产管理人，在债权人会议选出破产管理人时，终止执行其职务；如果债权人会议不选任管理人或无法选任破产管理人，则由临时破产管理人充任破产管理人或者由法院、行政机关代为另行选任破产管理人。美国、加拿大、瑞典、瑞士等国采此种选任模式。

（三）债权人会议和法定机关选任相结合的模式

此种学说被很多学者称为“双轨制”，是指破产管理人可以由债权人会议选任，也可以由破产法规定的机关（特定的国家行政机关、司法机关）指定。《英国破产法》第 19 条规定，破产管理人由债权人会议选任，债权人会议也可以授权检查委员会选任，选任的破产管理人应当由英国贸工部任命；债权人会议在破产宣告后四周内未选出破产管理人的，则由英国贸工部任命破产管理人，债权人会议可以另选破产管理人以取代贸工部的任命。但贸工部享有拒绝任命债权人会议所选出的破产管理人的权力，债权人会议对英国贸工部拒绝任命所选任的破产管理人的，利害关系人可以向上诉法院提出上诉。有学者认为这是典型的“双轨制”制度，但是英国贸工部在选任问题上具有最终决定权，更确切地说应当为行政机关主导型。

四、完善管理人的选任制度

（一）制定受理破产企业案件法院主导，债权人会议决定的选任机制

在民事案件中重要的原则是自力救济和意思自愿原则，在破产案件中，法院仍然应该处于居中裁判的地位，而债权人是破产活动的积极方，破产企业是消极方，从效率的角度来说，债权人更有动力作出最优的决策。因为债权人不但最终享受破产收益，而且最终承担破产成本和风险，因而最希望清算价值最大化。由于管理人的素质和行为直接影响到债权人的利益，债权人会选任适当的管理人，并付出适当的努力和资源激励、约束、监督管理人的行为。同时，这也是符合当事人意思自治的原则。[1]为了公平和效率，将法院归位为裁判者，完全可以借鉴前述域外经验，采取债权人会议和法定机关选任相结合的模式，即法院审定管理人名册，由债权人会议按照能够最大限度保护其权益的

[1] 参见来喜：《关于破产管理人选任程序的思考》，载《江苏经济报》2008 年 1 月 18 日。

方式选定破产管理人。

（二）对管理人进行分级管理

从选择适任管理人的角度出发，并兼顾专业管理人队伍的建设及清算经验欠缺的中介机构逐步培养，可以考虑建立管理人分级管理及业绩考评机制。加强管理人队伍的长效管理机制，可以设立管理人行业协会，由管理人行业协会对中介机构进行分级管理，不同等级或资质的管理人根据债务人企业破产管理的难易程度，选出相应等级的管理人出任。同时，要完善对管理人的考评机制，建立管理人的业绩档案。考评由法院或行业协会组织，采取向债权人、债务企业问卷调查的形式来进行。[2]基于管理人分级管理体系建立的基础上对债权债务复杂、资产量大、具有一定影响力的企业破产案件在优质管理人队伍中随机或竞争选任，一般案件在管理人名册中随机选任。同时，推进大案、要案与普通破产案件的差别选任模式，完善竞争选任机制的架构，对清算难度大的案件通过竞争方式选任。

（三）严格并有条件的破产管理人更换

为了保持破产程序高效、有序地进行，破产管理人一旦被选定不能随意进行更换，破产管理人也不能随意辞职。但是由于破产管理人在履行职责的过程中违反了法律的规定，表现出严重缺乏能力、严重失职以及未披露利害冲突关系等时，为了维护利害相关人的合法权益，并通过更换制度对破产管理人的工作进行监督，有必要对破产管理人进行更换。谁有权决定更换呢？对此笔者认为应采取谁选任谁解任的原则。就我国企业破产法的规定而言，现阶段在选任破产管理人法院主导的情况下，应当由法院作出最终的决定，但是应当听取债权人会议以及相关利害关系人的意见。但是，我们不能忽略给予破产管理人充分的解释权。依据《指定管理人的规定》只允许破产管理人进行书面的说

[2] 参见刘国华、邱维焱:《破产管理人选任制度研究》，载《西部法学评论》2009年第6期。

明，这从程序上未免不合理。我们应当保障破产管理人有充分的说明情况的机会，让其陈述事实与理由，也能够使法院有更多了解破产管理人执行职务的机会。如果破产管理人被解任，破产程序就被中断。为了提高破产程序的效率，同时节约破产成本，应当由法院在听取债权人等相关利害关系人意见情况下，选任新的破产管理人，在新破产管理人上任之前原破产管理人应当继续履行职责。[3]当然，如果赋予了债权人会议选任权后，债权人会议亦应充分听取拟更换破产管理人意见，然后再决定是否更换管理人。

五、结　语

破产管理人制度实施以来，从法律制度的成长来看，破产管理人制度本应已入青年期，但目前依然徘徊在幼年期，诸多显而易见的缺陷至今未能得到完善。究其本质原因，与最高院及相关部门对该制度实施的准备不足、担任管理人的中介机构以“兼职”从业为主，主动推动制度完善的动力不足不无关系。为了顺利服务于经济改革，作为破产法律制度实施一线的裁判者，我们热切期待管理人制度的完善与发展。

[3] 参见刘国华、邱维焱：《破产管理人选任制度研究》，载《西部法学评论》2009 年第 6 期。

专题研讨2

环境法专题

论矿山企业生态治理保证金制度的完善

刘伟琳

内容摘要 矿山企业生态治理保证金制度是用来督促矿山企业在进行矿产资源开发过程中同步实施生态恢复的一项制度，然而该项制度在各地的运行差异较大且不规范，甚至会存在一些腐败行为，因此应当完善矿山企业生态治理保证金制度。本文通过对各地矿山企业生态治理保证金管理规范进行研究，并结合生态治理保证金的实践，总结出完善矿山企业生态治理保证金制度的路径，即只有通过提升立法等级的方式并扩展适用主体，明确功能性质和收费标准、管理手段、验收程序等具体事项，才能够使生态治理保证金的运行更加规范化，最终实现修复矿山区域范围内生态环境的目的。

关键词 矿山企业 生态 环境 保证金 供给侧

一、矿山企业生态治理保证金制度概况

（一）矿山企业生态治理保证金制度的属性之争

矿山企业生态治理保证金制度，是指矿山企业在批准成立之后，向政府

作者单位：河北省博远律师事务所。

地质矿产主管部门缴纳一定数量的保证金，保证其能够在矿产资源开发过程中对生态环境进行修复治理，若能够在划定区域之内按期完成生态修复并经过验收合格的，将保证金全部退还矿山企业的法律制度。[1]从法律属性来看，生态治理保证金与担保法律制度中的保证金有所类似，学术界有两种不同的看法：一是权利质押说。认为保证金必须打入债权人专门账户作为债务担保，相当于占有转移，债务人如果履行了义务，保证人则享有返还请求权。而根据法律规定，债权人在占有质押物时，不得使用质押物。二是让与担保说。认为保证金是金钱的转移，而货币的性质是占有即所有，因而权利人收取保证金后实际上就拥有了对保证金的使用权，可以使用保证金，若债务人履行了义务，债权人只需返还等量数额货币即可。由保证金的法律性质可以推及生态治理保证金，实际上也存在性质认定上的争议，认定为哪个，决定了管理部门是否可以使用生态治理保证金。[2]而目前学术界尚无统一的看法。

（二）矿山企业生态治理保证金制度的立法现状

导致学术界对矿山企业生态治理保证金性质认识不同的根本原因在于法律制度目前尚未对其有明确的规定，主要体现在以下几个方面：一是法律和行政法规层面，对于矿山企业生态治理保证金制度并没有直接性的规定，法律依据的不足使得矿山企业缴纳生态治理保证金的行为一直受到质疑。二是中央部委规范文件层面，2016 年国土资源部修改《矿山地质环境保护规定》，其中第 17 条就规定了矿山企业缴纳生态治理保证金制度：“采矿权人应当依照国家有关规定，缴存矿山地质环境治理恢复保证金。矿山地质环境治理恢复保证金的缴存标准和缴存办法，按照省、自治区、直辖市的规定执行……”这是目前矿山企业缴纳生态治理保证金制度级别最高的规范性文件，但效力范围有限，其

[1] 参见刘云：《简论江西省矿山环境治理和生态恢复保证金制度及展望》，载《江西理工大学学报》2015 年第 2 期。

[2] 参见王维维、杨思留：《我国矿山环境治理保证金制度研究综述》，载《南京工业大学学报》（社会科学版）2017 年第 2 期。

作用并没有得到充分发挥，首先是第17条第1款的规定“采矿权人应当依照国家有关规定，缴存矿山地质环境治理恢复保证金”。问题是到目前为止国家层面的有关规定在哪里尚不明确。其次是保证金的缴存标准和缴存办法授权省级政府自行规定，这就导致了各地规范标准不一致的现象。最后是在地方立法层面，一些地方政府根据本地的实际情况制定了相应的规范制度，来约束矿山企业缴纳生态治理保证金的程序，例如，河北、河南、山西、山东、江西、贵州都出台了相应的矿山地质环境治理恢复保证金管理办法，但是内容并不统一，标准也不一致，具体做法也各有差异，仅以保证金账户管理为例，江西省由地质矿产主管部门对专户进行监管；贵州省对专户由国土资源、环境保护行政主管部门两方共管；山东省对专户由财政、国土资源、企业三方共管；河南省由财政部门、国土资源、环境保护行业主管部门三方共管……由此可见，目前矿山企业生态治理保证金制度的运行是有一定差异性的，中间存在认识上的不同也是必然的。

（三）矿山企业生态治理保证金制度的实践现状

在实践中，一方面，各地方对矿山企业收取生态治理保证金的实践也是五花八门，有的地方具体标准由省国土资源主管部门会同省环保等有关部门共同制定，如辽宁省；有的地方具体标准由省国土资源厅、省财政厅和省环境保护局共同制定，如贵州省；还有的地方具体标准是由省政府制定，如江西省……制定机关主体不同，所涉及的相关利益主体自然也不同，因而收取费用的标准和程序也会有一定的差异。另一方面，对于企业而言，常常会有企业抱怨缴纳了矿山企业生态治理保证金之后企业资金运行压力增大，不利于企业生产经营。尤其是外资企业、合资企业等涉外矿山企业，很多都提出自己的企业在生态环境恢复方面的诚信度较高，可以按照规范要求实现边开采边恢复生态，甚至恢复生态的标准都超出法定标准，再缴纳矿山企业生态治理保证金不仅加剧了企业的融资负担，而且也未给企业创造出较好的投资环境，这将会对进一步招商引资不利。于是实践中也有一些地方会对企业实施区别对待的措施收取矿山企业生态治理保证金，对于外资企业以及以往能够按时进行生态环境修复等信用较好的企业实施减量收取保证金或者免收保证金的情况，当然在标准执行的过程中，也会存在一些权力寻租等腐败现象。

（四）矿山企业生态治理保证金制度的价值体现

现行的法律体系中，法律和行政法规层面还未正式确立矿山企业生态治理保证金制度，该项制度规定在部委以及各省的规范性文件中，实践中具体做法虽各有差异，但凡是收取矿山企业生态治理保证金的地方基本认识是一致的，即通过保证金的收取督促矿山企业在矿产资源勘察开发过程中实施“边开采、边治理”的措施，从而保障矿山周边的生态环境不会因为矿产资源勘察开发而受到不可逆性的损害。当然，实践中矿山企业方面由于受融资成本的限制，对于矿山企业生态治理保证金的缴纳普遍采取反对态度，这也就形成了政府管理部门与矿山企业之间关于矿山企业生态治理保证金制度存废之争的两大鲜明阵营。而从当前经济发展的趋势来看，绿色经济、生态文明已经具有不可阻挡的发展势能，“金山银山不如绿水青山”的观念已经不再是一种宣传口号，在实践中越来越多的人能够接受这样的观念，环保理念已经逐渐被灌输到企业生产开发的每一个环节，矿山企业生态治理保证金的存废也仅仅是站在不同角度的理解。而从生态环保角度来看，矿山企业生态治理保证金的积极意义就在于可以督促企业落实“边开采、边治理”的政策，从而有利于矿山生态环境的恢复。在企业的经济价值与矿山的生态价值二者发生矛盾时，显然应当优先保护矿山的生态价值。

二、矿山企业生态治理保证金制度存在的问题

实践中，各地矿山企业生态治理保证金制度在实施过程中存在的问题主要表现为以下几个特征。

（一）功能相互重合

从功能性质方面来看，矿山企业生态治理保证金的功能主要是用于督促企业在矿产资源勘探开发过程中对矿山周边的生态环境进行修复，当然这种修复必须坚持“边开采、边治理”的基本原则。简而言之，就是发挥督促和保证的作用。相应地，《水土保持法》32 条第 2 款规定：“在山区、丘陵区、风沙区以及水土保持规划确定的容易发生水土流失的其他区域开办生产建设项目或者从事其他生产建设活动，损坏水土保持设施、地貌植被，不能恢复原有水土保持功能的，应当缴纳水土保持补偿费，专项用于水土流失预防和治理……”《土地管理法》第 42 条规定：“因挖损、塌陷、压占等造成土地破坏，用地单位和个人应当按照国家有关规定负责复垦；没有条件复垦或者复垦不符合要求的，应当缴纳土地复垦费，专项用于土地复垦。复垦的土地应当优先用于农业。”《森林法》第 18 条规定：“进行勘查、开采矿藏和各项建设工程，应当不占或者少占林地；必须占用或者征用林地的，经县级以上人民政府林业主管部门审核同意后，依照有关土地管理的法律、行政法规办理建设用地审批手续，并由用地单位依照国务院有关规定缴纳森林植被恢复费……”从这些规定来看，水土保持补偿费、土地复垦费、森林植被恢复费等项费用均在一定程度上具有督促和担保修复生态的作用，因此，矿山企业生态治理保证金的功能与这些费用的功能会发生重合，有重复收费的嫌疑，这无形中也加重了企业的负担。

（二）费用标准机械

矿山企业生态治理保证金的计算由各省级自行掌握，通常是在省级规范性文件中予以规定，但是实践中通常所反映出的问题就是保证金费用标准的计算较为机械，基本上都是根据许可证剩余服务年限和矿区的实际面积来计算，而不是根据实际预期修复项目来计算。这一方面会使得同类型、同规模的矿区每年缴纳的实际费用有可能差异巨大，有的甚至相差百倍之多。[3]另一方面企业所缴纳的生态治理保证金与实际修复费用不对等，实际上有的地方也并不需要那么多资金来修复生态环境，这也大大地增加了企业的运营成本。导致这一现象的根本原因就在于，矿山企业生态治理保证金的费用标准不是根据实际修复生态所需要的项目来计算的，现行实施的费用计算标准过于机械。

（三）管理方式混乱

政府管理部门对于收取的矿山企业生态治理保证金的管理在实践中也是比较混乱的，主要表现为以下几个方面：一是管理部门不统一。至今为止，各地收取生态治理保证金的政府部门并没有统一的规定，而实践中各地管理生态治理保证金的部门也就各有区别，当然管理水平、专业程度自然就会存在差异。二是管理手段不一致。由于各地负责管理生态治理保证金的部门并没有严格限定为某一部门，管理主体不同自然也就存在多种管理手段，即便是在同一省份，管理部门在管理矿山企业生态治理保证金时也会存在不同的管理手段。三是管理数据不联网。实践中对矿山企业收取生态治理保证金的做法已经是沿用已久的做法，但从法律和行政法规层面对于该制度并没有明确的规定，这就使得各地的矿山企业生态治理保证金的管理数据并没有在体系化、网络化的环境下运行，即便在是同一地市范围之内，管理数据也很难做到联网共享，因而在一地缴纳了生态治理保证金，难以作为在其他地区申请开发矿产资源的信用参考依据。四是管理行为不规范。矿山企业生态治理保证金主要作用是担保，因而政府管理部门应当开立专户且不得使用该笔保证金，但是实践中有的地方有挪用保证金的现象发生。

---

[3] 参见刘云：《简论江西省矿山环境治理和生态恢复保证金制度及展望》，载《江西理工大学学报》2015 年第 2 期。

（四）验收标准不一

按照目前各地的规范性文件来看，对矿山企业生态治理保证金的担保性质认识是比较清晰的，基本上都规定了只要矿山企业在规定的时限内履行了全部生态恢复的义务，经过验收合格后，就可以将生态治理保证金全部退还矿山企业。根据这样的规定，政府管理部门具有退还生态治理保证金的义务。但是实践中容易产生争议的地方有两点：一是验收标准问题。由于省级规范性文件中仅规定了验收合格后退还生态治理保证金，但是并没有规定按照什么标准来对矿山企业的生态治理活动进行验收，而实际上由于各地的生态环境特征各有差异，也很难存在统一的标准，于是这样的标准就由各地方自己掌握，所以在实施过程中很容易出现验收标准不统一导致退还生态治理保证金纠纷发生。[4]二是验收主体问题。对于验收主体，从各地的实际情况来看，也并没有统一的做法，有的是有环保部门负责验收，有的是有环保部门会同矿山、林业部门共同负责验收，验收主体不同就会导致地方差异、标准差异等现象。

（五）纠纷解决不畅

由于矿山企业生态治理保证金制度的具体规定常见于各地规范性文件之中，而实践中的具体操作不规范之处也时有发生，因而常常会出现法律纠纷，由于政府部门收取和返还生态治理保证金的行为属于具体行政行为，而各省矿山地质环境治理恢复保证金管理办法制定主体又并不一致，有的是省级人大依据地方立法程序制定的，属于地方法规，如江西省；也有的是地方省级部门联合制定，效力层次连地方政府规章都达不到，如山东省的相关规定就是由省财政厅、省国土资源厅联合制定的。一旦发生行政诉讼，是法律依据还是参考比照目前尚无定论，因而诉讼审理过程就会变得较为艰难，会出现很多疑难问

---

[4] 参见彭茜、程宏伟、喻上坤：《矿山环境恢复治理保证金制度困境与出路分析》，载《中国矿业》2017年第5期。

题，这就使得涉及矿山企业生态治理保证金的案件纠纷往往难以在短时间内寻求到最佳解决结果。

三、完善矿山企业生态治理保证金制度必要性

矿山企业生态治理保证金制度在实践中存在着诸多不规范之处，所以存废之争一直没有停息，但是笔者认为，该项制度的存在有其合理性与必要性，主要体现为“四个落实”。

（一）落实环境责任

生态环境治理责任简称环境责任，是政府进行社会管理的一项责任，政府有义务对当地生态环境进行管理和治理的责任。一直以来，我国政府在履行环境责任方面虽然较为积极，但是制度化、有效化、司法化进程过于缓慢，甚至并没有形成制度。[5]对于矿山环境治理而言，当然也是地方政府的一项义务。实施矿山企业生态治理保证金制度，能够充分调动企业治理矿山生态环境的积极性，使政府管理和治理矿山生态环境更加得心应手，因而，矿山企业生态治理保证金制度可以看成是政府治理矿山生态环境的一种重要手段，有了该项手段，政府能够更好地管理和治理矿山生态环境，更好地履行政府环境责任。

（二）落实主体责任

环境治理的主体责任就是哪一主体利用了生态环境、对生态环境造成了损害，就应当由该主体对生态环境进行治理，在环境法中，该项责任被称为是环境主体应当尽的责任，即主体责任。[6]换言之，就是我们通常所说的“谁破

[5] 参见朱艳丽：《论环境治理中的政府责任》，载《西安交通大学学报》（社会科学版）2017 年第 1 期。

[6] 参见陈泉生：《环境法哲学》，中国法制出版社 2012 年版，第 454 页。

坏、谁修复”。环境主体责任是民事法律责任的一种体现，是救济和补偿的一种责任方式。我国改革开放后，经济飞速发展，一跃成为世界第二大经济体，在世界经济中的话语权与日俱增，但是我们付出的代价就是经济粗放式发展带来的环境破坏问题。这种环境的破坏，在生产领域内是非常普遍的，尤其是矿产资源勘查开发，对环境资源的攫取更是掠夺式的。时至今日，社会已经逐渐发现了保护生态环境的重要性，对生产企业的环境主体责任要求也越来越高，矿山企业生态治理保证金制度就是这样一个督促矿山企业履行主体责任的一项制度，因此完善该项制度，有利于促使企业履行环境主体责任，恢复矿山生态环境。

（三）落实行为责任

行为责任是指企业在生产过程中对生态环境的治理要遵循生产与修复同时进行的原则，实施边生产边修复的生态环境修复行为，并且要使修复进度与生产进度保持基本一致。该原则是对生产企业实施生态环境修复行为的基本规范要求，因而属于行为责任。[7]而现实中，很多企业在落实行为责任时都存在不积极的现象，很难做到“同时生产、同时修复”，甚至是长期不修复，在受到政府部门检查督导时才会进行修复。这种应付检查的生态环境修复的效果并不好，因为生态环境的变化是需要以时间做积淀的，很难在较短的时间内取得效果。因此，在企业履行行为责任时必须坚持同步修复的基本思想。矿山企业生态治理保证金制度的实施，可以督促企业边实施矿产资源开发的行为边进行实施生态环境治理修复，否则在规定的期限内无法完成验收就无法拿回保证金，这种担保作用能够使企业最大限度地实现“同时生产、同时修复”的生态环境修复要求。

---

[7] 参见姜晶花：《环境伦理背景下的企业绿色责任》，载《学习与探索》2013年第11期。

（四）落实效率责任

生态环境修复治理不仅仅需要有生态修复活动、生态修复行为，更为重要的是这种修复活动必须能够在法定期限内取得最大化的效果，因为生态环境的变化是一个较为漫长的过程，所投入的生态环境修复要素不会也不可能全部成功转化为最终的环境要素，因此治理修复生态就存在一个效率问题，修复效率越高，最终生态环境被修复的效果则越好。不仅要有生态修复行为，还要有生态修复效果，这是企业生态环境治理的效率责任。[8]而我国当前各行各业都在推行供给侧结构性改革，目的就是要合理配置社会资源，最终提升全要素的生产效率。[9]其基本任务就是“三去一降一补”，即去产能、去库存、去杠杆、降成本、补短板，对于促进资源勘探开发企业而言，要求是尽量降低过剩产能，弥补损害生态环境的短板，这样才能够提升矿山企业的运行效率。在供给侧结构性改革的政策背景之下，完善矿山企业生态治理保证金制度就显得十分必要了，因为生态治理保证金可以督促矿山企业合理配置生产资源、杜绝资源浪费，并且能够弥补矿产资源开发过程中损害生态环境的短板，不仅提升了企业生产要素的效率，而且提升了生态环境的修复效果。因此，完善矿山企业生态治理保证金制度有助于企业落实生态修复效率责任。

四、完善矿山企业生态治理保证金制度的对策

（一）提升立法等级

矿山企业生态治理保证金制度有利于保护矿山区域的生态环境，但是支撑目前该项制度运行的最高等级法律规范仅为中央政府部门规范性文件，这大大降低了矿山企业生态治理保证金制度的实用性，尤其是当纠纷演化为诉讼，

[8] 参见翁孙哲：《企业环境责任的经济分析》，载《生态经济》2014 年第 2 期。

[9] 参见贾康、苏京春《供给侧改革：新供给简明读本》，中信出版社 2016 年版，第 23 页。

在诉讼过程中要找法律依据就会出现很大的问题。因此，建议提升矿山企业生态治理保证金制度的立法等级，由全国人大以法律的形式将该项制度确立下来，这样就可以使生态治理保证金的运行更加合法合规，与此同时，还能够解决生态治理保证金在履行过程中出现法律纠纷时法律依据不足的问题。

（二）扩展适用主体

生态治理保证金制度的运行其目的就是担保企业能够较好地履行生态修复的义务，而从目前我国的法律体系来看，规范性文件规定的生态治理保证金制度仅限于矿山领域，即只有矿山企业在进行生产过程中才会缴纳生态治理保证金，而其他企业在生产过程中是否也需要缴纳生态治理保证金并没有定论。从理论上讲，生态治理保证金制度不应仅仅限于矿山企业，对于占地面积大、对生态环境造成影响较大等污染类企业也应当对生态环境实施“同时生产、同时修复”，因而生态治理保证金的存在也是有价值的。从这一角度来看，立法对生态治理保证金制度进行完善时，应当将适用主体进行扩展，从矿山企业扩展至所有生产型企业，这样生态治理保证金的价值就可以充分地发挥。

（三）明确功能性质

矿山企业生态治理保证金的功能和法律性质在理论上之所以存在一定争议，关键就在于目前法律对此没有明确的界定，这就会出现随意使用生态治理保证金的现象，甚至其中还会夹杂着腐败行为。因此，建议立法在完善矿山企业生态治理保证金制度时，将生态治理保证金的性质界定为权利质押，仅仅是担保矿山企业履行生态修复义务，并要求政府管理部门开设专门账户存放保证金，且在质押期间，政府管理部门不得使用该笔款项，更不得挪作他用，在规定期限届满之后，如果矿山企业履行了生态修复义务，经过验收合格后，则保证金予以退还。

（四）规定费用标准

矿山企业生态治理保证金的缴纳标准目前并没有统一的规范，这很容易导致各地制定的标准不同、实施收费的标准更不同的现象，甚至出现乱收费的现象。因此，建议立法在规范矿山企业生态治理保证金制度时要明确矿山企业缴纳生态治理保证金的标准，并相应建立信用评分体系和信用折算标准，用信用分来折抵缴纳生态治理保证金的数额，对于信用较好的企业，则可以减量缴纳或者免缴生态治理保证金。[10]这样差异化、法定化的生态治理保证金缴纳标准建立之后，有利于信用较好的企业将资金充分用于生产运营环节，降低企业融资压力，以便企业能够获得更多的发展机会。

（五）细化管理方式

对于矿山企业生态治理保证金的管理方式，各地现行规范规定的并不一致，可以说都是基于本地的实际情况规定了一些较为原则化的管理措施，可操作性较差，这就为政府管理部门权力滥用留出了空间。因此，建议在立法完善矿山企业生态治理保证金制度时，对生态治理保证金的管理方式进行较为细致的规定，增强其可操作性，至少要明确以下问题：一是明确管理部门。要由立法确定矿山企业生态治理保证金由哪个具体部门负责管理，谁是第一责任部门，增加了责任性，就增加了管理的规范性。二是管理手段明确。法律必须事前明确管理部门用什么样的方式加以管理，如专户管理、不得使用等规则都需要具体明确的规定。三是管理数据联网。通过建立统一的生态治理保证金管理数据平台来实现数据联网，对于集团公司在一地的生态修复情况，可以记入企业信用档案，作为该企业在异地的信用基础。

[10] 参见郭俊山：《完善环境恢复治理保证金制度的对策与建议》，载《煤炭经济研究》2014 年第 6 期。

（六）明确验收程序

验收环节是矿山企业生态治理保证金制度实际执行的一个重要环节，只有验收合格后，政府管理部门才会向矿山企业退还生态治理保证金，因此验收环节也是非常容易出问题的环节。实践中，该环节也是比较容易滋生腐败行为的环节，原因就在于目前法律制度并没有对验收合格的标准给予明确的界定。因此，建议立法在完善矿山企业生态治理保证金制度时不仅要明确验收合格的标准，而且还要明确验收程序，这样才可以使验收的过程合理合法。与此同时，还要规定验收不合格的退费标准，既不能不退，又不能全退，这样就需要按照标准规定来执行，只有标准明确，才可以最大限度地避免权力滥用和腐败行为。

五、结　语

矿山企业生态治理保证金制度是为了督促矿山企业在进行矿产资源勘探开发过程中实施同步修复生态环境的一项制度，必须坚持“谁破坏、谁修复”“同时生产、同时修复”的基本原则。然而，该项制度最高等级的规范性文件是中央部门规范，虽然各省级政府部门也规定了本省的矿山企业生态治理保证金的管理办法，但从实践来看，由于矿山企业生态治理保证金的法律性质不明，以及各地规定的收费标准和管理方式各有差异，因而生态治理保证金的收取和管理是比较混乱的，所以必须对矿山企业生态治理保证金制度进行完善才能够使该项制度的运行规范起来。因而从立法的层面来看，必须提升矿山企业生态治理保证金制度的立法等级，并将适用主体扩展到一般企业主体，并相应地明确生态治理保证金功能性质，规定收费标准和具体的管理方式，在验收过程中还要明确验收标准和验收程序，这样就可以使矿山企业生态治理保证金制度的运行更加规范化。

少数民族地区生态旅游产业发展与环境保护的博弈进路

——以法律经济分析为视角

陈昊博

内容摘要 少数民族地区依托于当地的自然、风俗、习惯搞生态旅游项目可以带动区域经济发展，但是以生态旅游为主要支柱的经济结构又会带来一系列环境问题。在供给侧结构性改革的大背景之下，提高少数民族地区的生态供给质量和效率是少数民族地区发展经济的指导思想，但是实践中仍然需要考虑到少数民族地区特殊的政治、经济、文化背景制定具体的实施政策，这是少数民族地区生态旅游产业与环境法律保护二者博弈的必然结果。

关键词 少数民族 生态旅游 环境 经济 供给侧

不断深化的市场经济将先进的经营理念带到了少数民族地区，其中依托于少数民族地区的自然生态条件、文化习俗传统、非物质文化遗产等要素展开的生态旅游项目是少数民族地区发展经济的一大亮点。相对于城市生活的高节奏

作者单位：河北省怀来县人民检察院。

和雾霾环境，经营者将这些项目称为休闲生态旅游。随着我国经济的不断发展，社会对生态旅游的需求也在不断增加，于是少数民族地区生态旅游项目逐渐被产业化，这使得少数民族地区的经济发展状况得到了改善，当地人们的物质文化生活条件不断改观，但是也带来了经济与生态环境如何协调发展的问题。

一、价值源流：少数民族地区生态旅游产业的发展现状

（一）少数民族地区生态旅游产业的兴起之路

截止 2014 年年底，我国的民族区域自治地方行政区划中有 5 个省级少数民族自治区，自治州、盟、地级市等地级行政区划 77 个，自治县、自治旗等县级区划 707 个。[1] 同期，全国共有地级行政区划 333 个，县级行政区划 2854 个，[2] 少数民族自治乡一级的行政区划 8006 个 [3]（同期全国共有乡镇一级的行政区划 40381 个）。[4] 从这些数据不难看出，目前我国少数民族自治地方的数量比例是比较高的。虽然少数民族自治地方的数量较多，但是从地理区位来看，多数处于较为偏远的地区，经济发展地区比内地及沿海地区相对落后，因此，国家为了鼓励少数民族地区发展，缩小少数民族地区与内地及沿海发达地区之间的经济发展差距，在政治和经济上都给予少数民族地区较大的自由和发展空间，在政策方面给予较大的优惠和倾斜，其中依托民族特色、区域特色发展旅游文化产业从而带动地方经济发展是少数民族地区经济发展的主要模式。在少数民族地区的产业结构发展中，少数民族地区生态旅游产业是民族地区经济结构中的重要组成部分。由于生态旅游产业很好地将少数民族地区的生

[1] 参见国家宗教事务委员会经济发展司、国家统计局国民经济综合统计司：《中国民族统计年鉴·2015》，中国统计出版社 2017 年版，第 198 页。

[2] 参见国家统计局：《中国统计年鉴·2015》，中国统计出版社 2016 年版，第 3 页。

[3] 参见国家宗教事务委员会经济发展司、国家统计局国民经济综合统计司：《中国民族统计年鉴·2015》，中国统计出版社 2017 年版，第 198 页。

[4] 参见国家统计局：《中国统计年鉴·2015》，中国统计出版社 2016 年版，第 3 页。

态资源和文化资源相互结合，此种经济形式尤其适合于自然资源比较匮乏的地区，因此备受少数民族地区的欢迎，近些年来诸多民族地区都开始重视发展生态旅游产业，从而使得少数民族地区生态旅游产业产生了蓬勃发展的态势。

（二）少数民族地区生态旅游产业的价值创造

从整体来看，在国家政策的支持下，少数民族地区生态旅游产业的发展态势比较平稳向好，而随着经济的发展，城市居民面临着生活环境和工作环境的双重压力逐渐增大，于是休闲生态出行就成了城市居民缓解精神压力的主要渠道，而由于少数民族地区独特的自然与人文环境，会吸引大量的国内外游客前往。以少数民族地区境外旅游收入为例，2014 年我国国际旅游外汇收入 564 亿美元，[5] 其中少数民族自治地方旅游外汇收入 77 亿美元，[6] 由此可见少数民族自治地方休闲生态旅游的收入是相当可观的。而且少数民族地区生态旅游产业所创造的产值在近些年来一直呈现逐年上升的状态，如图 1 所示：

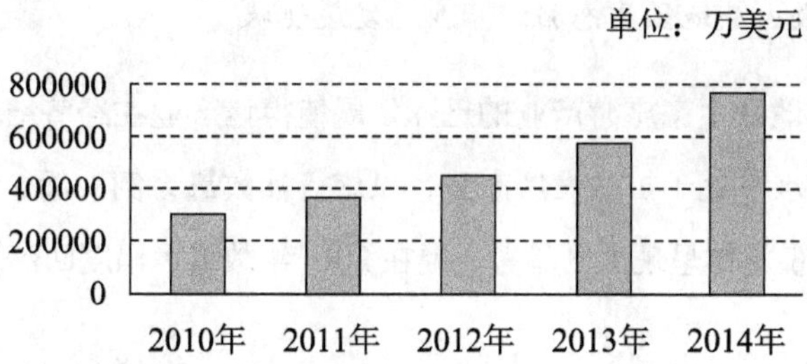

注：数据来源：《中国民族统计年鉴》

图 1　民族自治地方国际旅游收入

在国内收入部分，少数民族地区所创造的产值在近些年来也与国际旅游收入趋同，都呈现出逐年上升态势，如图 2 所示：

[5] 参见国家统计局：《中国统计年鉴 · 2015》，中国统计出版社 2016 年版，第 974 页。

[6] 参见国家宗教事务委员会经济发展司、国家统计局国民经济综合统计司：《中国民族统计年鉴 · 2015》，中国统计出版社 2017 年版，第 375 页。

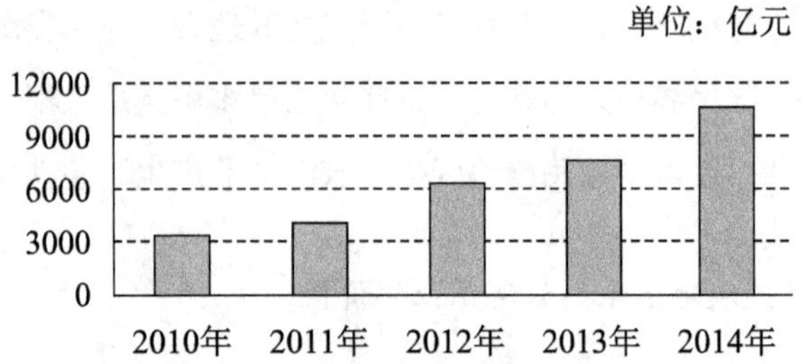

注：数据来源：《中国民族统计年鉴》

图 2　民族自治地方国内旅游收入

从少数民族地区旅游产业的产值来看，无论是国际外汇收入还是国内收入，都在逐年增加，由此可以看出少数民族地方依托于本地生态资源和文化资源发展生态旅游产业，所创造出的价值是非常大的。而在现实生活中，我们也可以感受到少数民族地区在逐步摆脱贫困、落后的状态，民众的幸福指数越来越高，这都与生态旅游产业的发展壮大有着一定的关系。

（三）少数民族地区生态旅游产业的发展现状

少数民族地区生态旅游产业的迅速发展使得该产业在经济结构中的地位越来越高，整体水平处于扩张发展态势，以旅行社数量为例，近 5 年来少数民族地区旅行社数量总体呈现上升趋势，但在 2014 年数量大幅度回落，如图 3 所示：

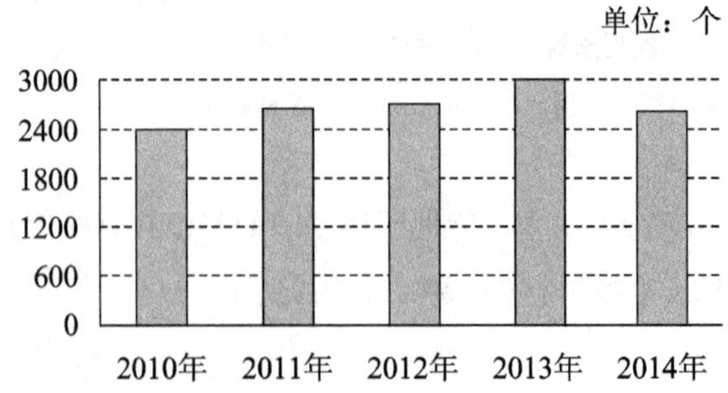

注：数据来源：《中国民族统计年鉴》

图 3　民族自治地方旅游社数量

旅游产业的主体之一就是旅行社，从图 3 可以看出，少数民族地区旅行社的数量从 2010 年至 2013 年的这几年间呈现出稳步扩张的态势，说明了少数民族地方旅游产业发展是比较繁荣的，然而在 2014 年少数民族地区旅行社的数量出现大幅度缩减，这主要是由于 2013 年起正式实施的《旅游法》对于旅游行业和旅行社的规范更加严格，在 2014 年全年国内旅游行业开始大力整顿，整顿效果在年底的统计数据上有所显现，一些不规范的旅行社逐步被取缔，旅行社行业的整体运营环境得到了净化。虽然少数民族地区旅行社的总体数量有所缩减，但是经过筛选和淘汰后，留下的旅行社则是行业内较为规范的企业，这对于旅游产业的发展是比较有利的。具体情况我们从图 4 中就可以看出。

从图 4 可以看出从 2010 年至 2014 年，到少数民族地区旅游的人数一直呈现上升趋势，虽然在图 3 中我们可以看出 2014 年少数民族地区旅行社的总体数量有所下降，但是从图 4 可以看出当年到少数民族地区旅游的游客数量并没有下降，反而有所上升，这说明单个旅行社接待游客的数量和效率都有所提升。这种效率的提升直接反映出对旅游市场整顿后，对于净化市场、发展旅游产业是有好处的。

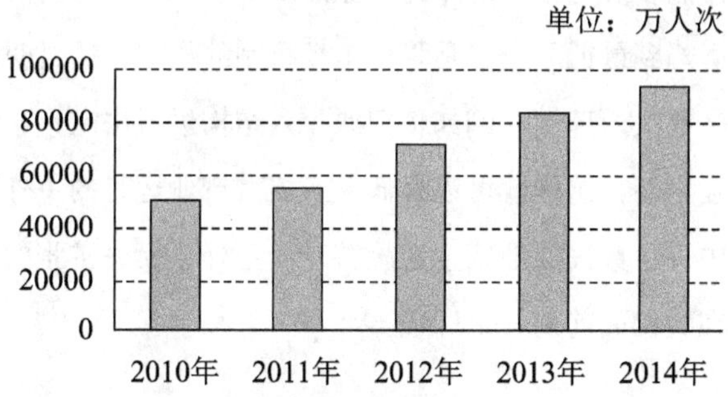

注：数据来源：《中国民族统计年鉴》

图 4　民族自治地方旅游人数

二、价值博弈：少数民族地区旅游产业的博弈现状

（一）少数民族地区生态旅游的负外部性

少数民族地区借助本地生态资源和文化资源大力发展民族生态旅游产业，对于提高少数民族地区经济水平、改善人民生活状态是非常有益的，可以说生态旅游产业的发展为少数民族地区提供了一条较为可行的发展路径。虽然少数民族地区生态旅游产业呈现出蒸蒸日上的发展趋势，也能够为地方经济的发展贡献大量GDP，但是我们不得不清醒地认识到，生态旅游产业繁荣的背后是以大量消耗生态环境资源为代价的，主要表现为生态旅游产业的发展产生了对周边野生动植物生存环境破坏、水质污染、大气污染、地质地貌破坏加剧等一系列环境问题，这说明少数民族地区生态旅游产业的发展不仅有正外部性，而且会带来负外部性。从这一点不难看出，少数民族地区生态旅游产业的运行需要法律进一步规范。从法律经济学的角度来看，一项行为负外部性的解决主要是将外部性内部化，从而纠正负外部性带来的偏差，具体做法有两个方面。一是由政府通过强化对产业的规制降低私人边际成本与社会边际成本的差值，即制定相应的法律制度规范来规范旅游产业的发展、规范游客的游览行为，将对生态环境的损害降到最低。[7]二是强化市场机制的作用，通过明晰产权关系和市场激励手段来解决外部性，例如将门票收入结构进行法定化，专门将其中的一部分用于修复生态，这样就可以降低生态旅游产业运行的负外部性。然而在现实发展过程中，少数民族地区生态旅游产业正处于无序扩张的状态，如何规范发展，是摆在我们面前的一个课题。

[7] 参见〔美〕阿尼尔·马康德雅、〔美〕雷纳特·帕利特、〔美〕帕梅拉·梅森、〔美〕蒂姆·泰勒：《环境经济学辞典》，朱启贵译，上海财经大学出版社2006年版，第231页。

（二）少数民族地区生态恶化的影响因素

少数民族地区生态旅游产业的发展带来的环境问题其实是多方力量博弈失衡的表现，具体体现为五种力量对比的失衡。一是区域经济与环境保护的失衡。不难看出，少数民族地区生态旅游产业是少数民族区域经济的一个重要组成部分，生态旅游产业可以产生巨大的经济收益，但是在生态旅游产业发展过程中对生态环境保护的力度却相对较弱，这种现象在全国范围内都是较为突出的，当然在少数民族地区也不例外，各类环境问题凸显已是少数民族地区生态旅游产业发展过程中出现的不争事实。二是市场运行与政府监管的失衡。生态旅游产业依靠市场化的运行可以解决少数民族地区经济发展问题，改善地区内人民群众的生活状态，面对生态旅游产业迅猛的发展态势，地方政府在管理方面也暴露出了很大的问题。一般情况下，地方政府多会基于地方经济利益考虑，而对生态旅游产业疏于监管，甚至是对其损害生态环境的现象放任自流，这就造成了市场膨胀与政府监管的失衡状态，这种状态在少数民族地区是普遍存在的。三是民族习惯与法律贯彻的失衡。一些少数民族原生态式的风俗习惯体现了对大自然的崇拜，对生态环境保护具有积极意义，而生态旅游产业的发展在某些特定场合会损害少数民族的此类习惯，此时法律制度的保障并没有及时跟进，从而使得一些有利于环境保护的民族习惯没有得到较好的传承。四是自我循环与外部循环的失衡。少数民族地区生态旅游产业的发展，不仅增加了民族区域内部环境的自净负担，延长了生态环境自然循环的时间，同时由于交通工具、空气的流动性，使得区域自然生态经过外部循环后负担加重，从而形成了生态发展的恶性循环。五是休闲生态与系统生态的失衡。少数民族地区生态旅游项目的开发往往是结合区域生态特色和民族特色，以经济利益最大化为目标，这种人工项目运行随着时间延续会打破区域生态自然系统的平衡，造成一些自然灾害，而这些现象在有生态旅游项目的少数民族地区是比较普遍的。

（三）供给侧结构性改革之下的生态供给

2017年是供给侧结构性改革全面推进的一年，各行各业都在践行供给侧结构性改革。供给侧结构性改革的五大任务是“去产能、去库存、去杠杆、降成本、补短板”，目的是要提高社会经济的供给质量，以提升全要素生产效率。[8]在少数民族地区，以生态旅游项目为主要支柱的经济形态已经形成，但是在诸多相互博弈的环节点上存在失衡之处，因而如何平衡生态旅游产业的发展与环境保护之间的关系，是当下应当解决的重要问题。在供给侧结构性改革的大背景之下，少数民族地区也应当走绿色生态发展的道路，即应当尽量减少生态旅游产业发展对生态环境造成的负外部性，充分地配置现有生态资源，既要防止生态资源的过度开发利用，同时又要高效利用现有生态资源，从而提升生态供给的效率。从这一点来看，少数民族地区只有从供给侧结构性改革的思想出发，合理调整区域内的空间产业结构和部门产业结构的布局方式以及配置比重，才能够使区域生态供给效率得到提升，最终实现经济与生态环境和谐发展。

三、正本溯源：少数民族地区环境保护的特殊理念

（一）政策优惠性理念

从政治层面看，少数民族享有与汉族同等的发展权，而由于自然、历史、环境、文化等各种因素的作用，使得现实中少数民族在发展过程中普遍落后于汉族，因此需要在政策层面给予少数民族更多的优惠，才能够保证少数民族与汉族具有同等发展机会。[9]实践中，国家制定了很多针对少数民族的政策优惠，在少数民族地区进行生态环境保护应当充分考虑这些政策存在的基础，不能

[8] 参见郭杰、于泽、张杰：《供给侧结构性改革的理论逻辑及实施路径》，中国社会科学出版社2016年版，第23页。

[9] 参见杨正根、娜仁图雅：《民族法学评论》，法律出版社2016年版，第4页。

以“环境至上”的理念机械地应对，要注重环境保护与少数民族地区发展之间的平衡关系。具体到生态旅游产业，往往是少数民族区域经济发展的重点，甚至是某些地区的支柱性产业，其中当然会存在一些优惠政策，这些优惠政策是促进少数民族发展的基础，若环境保护妨碍了少数民族地区的发展，那么这样的环境保护将会失去其存在的意义。因为很多少数民族地区是从生产力水平较为低下的社会发展而来，原本就有着非常优秀的生态环境，但是这一阶段内民族地区的群众生活状态是较为艰苦的，如果将少数民族地区的生态环境恢复到以前原生态的阶段，势必会使得少数民族地区的经济状态倒退到非常落后的状态，这不符合我国少数民族政策中共同繁荣、共同富裕的基本原则。因此，对生态旅游产业发展产生的环境问题进行治理，应当针对该地区少数民族发展的优惠性政策，以不与政策发展方向相悖为限度。

（二）帕累托最优选择

从经济层面看，少数民族地区生态旅游产业发展与环境保护之间的关系如何寻求平衡点其实是经济学中最优选择的问题，这一问题在法律经济学中可以得到较好的诠释。意大利经济学家帕累托认为，当社会存在 A 与 B 两个目标之时，假设 A 目标不变，对 B 目标实施改进，那么社会整体的福利水准是可以得到推进的，此时 B 目标的利益既得到了优化，又不伤及 A 目标的利益。如果一直对 B 目标继续推进，社会福利处于持续增加的状态，当继续推进 B 目标就必然会以牺牲 A 目标利益为代价时，则到达了对 B 目标推进的阈值，此时社会福利达到最大化，社会资源的效率得到最优化的配置。相应地，假设 B 目标不变，然后对 A 目标进行推进，也可以得到同样的效果，此原理被称为帕累托最优选择。[10] 该原理能够很好地解决如何均衡生态旅游产业发展与环境保护。具体而言，就是环境保护有利于提升少数民族地区的整体福利

---

[10] 参见〔美〕汤姆·蒂滕伯格《环境与自然资源经济学》（第七版），金志农、余发新等译，中国人民大学出版社 2011 年版，第 27 页。

水平，但是应当以不降低少数民族的区域经济水平为阈值，若对生态环境保护的强度过高，必然以牺牲少数民族地区经济水平为代价时，就不应当再对生态环境予以保护。掌握了此项基本原则，在处理少数民族地区由于生态旅游产业发展而破坏生态环境的问题时，就有了一个基本的指针，我们必须以帕累托最优选择的方式来应对少数民族地区生态旅游产业发展与环境保护之间的关系问题，这样才能够找到二者之间的平衡。

（三）文化传统的延续

从文化层面看，少数民族的存在与其独有的文化传承息息相关，这不仅是民族个性的反映，同时也是民族识别的关键。生态旅游产业的发展可以将少数民族内部的文化、风俗传统展现于外部社会，尤其是某些少数民族的自然崇拜文化对于生态环境保护是非常有利的，但是这种相对“保守”的文化外放之后很容易与现代社会都市文化相互融合甚至被利益至上观念所同化。[11]因此，少数民族地区的环境保护不仅是环境学的问题，更是社会学的问题，即在保护少数民族地区生态环境的过程中要充分尊重少数民族的文化传统，要保持民族文化的传承，如果一个少数民族丧失了其固有的基本特色，也就丧失了该少数民族的特性，那么该少数民族被同化的可能性是极大的。历史上很多少数民族由于丧失了民族特性而被同化，如今他们已经成为汉族的一个组成部分，该少数民族已经不复存在，如契丹民族。[12]因此，保持少数民族文化传承是非常重要的。一些少数民族具有自然崇拜，这些民族特性恰恰对生态保护是有益的，例如，一些少数民族具有动物、植物、山林、水流等自然崇拜，不能机械地以生态学的理论来应对少数民族地区的环境问题，应当在尊重少数民族文化、风俗基础之上实施环境治理措施，这样少数民族文化传统才不会因为环境保护而受到破坏。

---

[11] 参见余宏刚：《旅游业对当地少数民族民俗文化的影响》，载《河北旅游职业学院学报》2014年第4期。

[12] 参见彭林：《文化是民族生存发展之基》，载《新湘评论》2017年第2期。

四、结构调整：少数民族地区绿色发展的政策进路

（一）去产能：环境利益优先

去产能就是要消减高污染旅游项目的数量。少数民族地区要解决生态旅游产业发展过程中带来的环境问题，就应当以供给侧结构性改革的思想为指针，调整地方产业部门结构的比重，要摆脱生态旅游项目依赖的惯性，适当消减旅游收入在地方财政收入中的占比，以发展其他生态项目、无污染项目作为替代，逐渐平衡地方财政中生态旅游项目“一头沉”的现象。[13]与此同时还要控制新增休闲旅游项目的数量，并且与环境影响评价报告制度相互联系，对那些有可能产生较大环境污染或者破坏少数民族地区自然生态的旅游项目应当不予批准或者限制批准。因此，这就要求在政策实施过程中要确立环境利益优先原则。所谓的环境利益包含了宁静的环境、清洁的空气、优美的风景、充足的日照等，[14]这些利益都是在少数民族地区生活的人群应当享有的利益。实践中要想不触及少数民族的根本利益，就应当以环境利益为首要考虑因素来处理生态旅游产业发展过程中的相关问题，以减少生态旅游产业发展对生态环境造成的压力。

（二）去库存：资源有效利用

去库存就是应当对于那些污染严重、破坏生态且收益率不高的休闲旅游项目及时予以关停，相应地还应当将少数民族地方的资源进行整合，并充分有效利用，要在提高旅游服务的质量上制定较为规范的标准，使生态旅游项目供给的数量降低但质量和效率得到提升。例如，在一些少数民族珍稀动物自然保护区内人为设置游览通道、铁丝网、公路等。这些生态旅游项目固然可以创

---

[13] 参见魏鹏、杜婷：《旅游经济学》，北京大学出版社 2016 年版，第 84 页。

[14] 参见唐绍均：《“环境优先”原则的法律确立与制度回应研究》，法律出版社 2015 年版，第 79 页。

收，但是破坏了野生动植物的基本生存环境，并且很有可能破坏动物迁徙的自然通道，而且机动车的大量涌入还会破坏当地空气质量，从而影响野生动物的自身繁衍，此类的以透支生态供给能力为代价的生态旅游项目应当缩减。同时要提高生态旅游项目的利用效率，采取多个景点相互整合、联合开发、连锁经营的方式可以提升生态旅游项目供给的质量，同时也降低了环境问题产生的概率。

（三）去杠杆：保护民族文化

去杠杆虽然是金融领域的概念，意为要抛弃以少量经济投入撬动巨额经济收益的经营模式，其本意是要降低经济运行的不确定性风险，恢复可持续发展的状态。[15]在少数民族地区生态旅游产业发展的过程中，同样面临着去杠杆的问题。一些少数民族地方为了发展经济，破坏性地开发生态旅游项目，极大地透支了本地的生态资源，虽然短期内可以以较少的经济投入获得巨额经济利益，但是从长久来看，不仅对少数民族地区经济的可持续发展不利，同时也对生态环境可持续发展不利。因此，地方政府应当出台规范，以保护民族文化为最终目标，对生态旅游项目杠杆率较高的现象进行限制，尤其是要限制那些投资收益比较高但是对生态环境破坏较大的项目，例如，对于不适宜商业化的民族文化、风俗习惯，不能为了获取高额收益而任其出现在生态旅游项目之内，这样既保护了民族文化，又保护了生态环境。

（四）降成本：发展清洁生产

降成本是要降低少数民族生态旅游产业发展与环境保护的成本投入，要做到用最少的成本投入发展生态旅游产业，同时又将生态环境保护投入的成本降至最低，就要大力发展循环经济。对于生态旅游项目而言，应当以规范性文件的形式制定旅游生态绿色经济的发展路线，最根本的措施有两个。一是寻求

[15] 参见贾康：《中国式去杠杆：空中加油》，中国经济出版社2014年版，第3页。

绿色增长。长久以来，少数民族地区生态旅游产业发展的增长点主要是依靠门票经济，途径是量化增长，并没有在质量的提升上下功夫，一些少数民族地区的生态旅游项目甚至多次被媒体曝出黑色内幕，这极大地损害了少数民族地区生态旅游的声誉，而且也催生出游客发泄不满情绪报复性破坏当地生态环境的现象，此种绝非有益的发展方式。因此，要将生态旅游产业的发展方式由总量拉动向需求拉动转变，逐渐抛弃门票经济和人头经济的增长点，在吃、住、行、游、购、娱等多个层次加强服务水准，使游客能够相对延长驻足时间，静下心来品味少数民族地区的文化。[16]二是废物循环利用。在少数民族地区休闲生态旅游区内，应当推行可降解的食品包装袋，并且对于封装食品应当采用可循环利用的包装方式，便于资源的集中回收和二次利用。这样不仅可以降低少数民族地区生态旅游产业发展的成本，而且还节约了环境管理的成本，大大降低了垃圾产生的总量，对生态旅游区内的环境起到维护作用。

（五）补短板：拓展淡季就业

补短板就是要弥补生态旅游产业的短板。生态旅游产业具有较强的季节特性，尤其是在北方少数民族地区，这种季节特性表现得更加明显，在这样的特性之下，少数民族地区生态旅游产业的发展面临的一大问题就是过度依赖旅游经济，这必然会形成两个极端，即旺季不顾环境承受能力拼命赚钱，而淡季对环境又疏于修复。由于行业集中度过高，生态旅游产业供应链过于密集，于是就会形成旺季一荣俱荣、淡季集体凋敝的现象。[17]基于这样的现实，地方发展生态旅游产业时必然会抱着“一年不开张，开张吃一年”的心态进行经营，民族地区生态旅游区内宰客现象时有发生，服务质量与客户满意度显然是非常低的。因此，生态旅游供给侧改革的核心就是要改善经济增长的结构比

[16] 参见曾博伟、魏小安：《旅游供给侧结构性改革》，中国旅游出版社 2016 年版，第 86 页。

[17] 参见刘轩、孙新旺、王浩：《体验视角下季节性乡村旅游景区生产性景观营造——以兴化千垛景区为例》，载《南京林业大学学报》（人文社会科学版）2017 年第 2 期。

例，完善经济发展的路径，变一条腿走路为多点支撑，[18]解决了旅游产业从业人员淡季就业问题，旺季生态旅游的服务质量自然会提升，由此而产生的生态环境问题也能够得到缓解。

五、结　语

少数民族地区地理位置多处于偏远地区，在经济发展方面与内地和沿海地区存在一定差距，但正是由于这样的特征，决定了少数民族地区天然具有较好的生态资源和民族文化资源。为了鼓励少数民族地区发展经济以实现全民族共同富裕，国家针对少数民族地区制定了较多的优惠性政策，在这些政策的指引之下，少数民族地区依托本地自然生态资源和自身民族文化特色发展生态旅游产业，成为一种普遍现象，而且生态旅游产业逐渐成为少数民族地区经济发展的支柱性产业，给少数民族地区带来了巨大的经济收益。在少数民族地区生态旅游产业蓬勃发展的同时，也给当地带来了生态资源过度消耗、垃圾丛生、水污染等环境问题，在生态旅游产业发展与环境保护二者之间的博弈选择时，如何平衡二者的关系是摆在我们面前的一个重要课题，而思考这一问题时，我们必须站在少数民族地区特殊政策优惠和保护少数民族文化传承的前提之下加以研判。具体而言，就是要在供给侧结构性改革的框架之下，用法律制度规范少数民族地区生态旅游产业的发展，坚决贯彻实施环境利益优先、资源有效利用、保护民族文化、发展清洁生产、拓展淡季就业等基本措施，将环境保护与少数民族地区生态旅游产业发展有机地统一，从而化解少数民族地区生态旅游产业发展与生态环境保护之间的矛盾。

---

[18] 参见李莲莲、蔡余杰、赵光辉：《供给侧改革：中国经济夹缝中的制度重构》，当代世界出版社2016年版，第192页。

论我国环境行政执法的问题及解决对策

李 姝

内容摘要 环境行政执法作为环境法制的有机组成部分，在当前的环境保护中地位越来越突出。随着社会的飞速发展，人们已经意识到了自己向自然无尽地索取的结果，就是自然环境不断地发生恶化。现在的环境恶化问题已经非常严重，这个问题并不是一个地区或者一个国家的事情，而是一件关系着全人类福利的大事。当我们意识到环境利益与经济利益不能同时取得的时候，我们应该让经济利益适当地让位于环境利益，及时有效地采取各种有效的手段来充分地保护环境利益以达到环境利益与经济利益的平衡。法律作为一种制约人类行为的最有效的方法就越来越凸显它的重要地位，人类通过不断地立法来制约人们为了经济发展向自然无尽索取的行为。我们都知道法律的作用不容忽视，但是我们也应该意识到任何法律没有良好的执行都会成为一张废纸。所以我们不但要从立法方面去切实保障环境行政执法，从执法方面规范执法人员的行为，提高环境行政执法部门工作人员的专业素质和法律涵养，还要运用司法手段为环境行政执法保驾护航。

关键词 行政执法 环境行政执法 环境保护

作者单位：首都经济贸易大学法学院。

一、绪论

（一）环境行政执法的研究背景

近些年，随着各种各样的环境问题的出现，人们的环境保护意识在逐渐地提高，人们渴望通过自己作出的努力来优化自然生态环境，渴求改变日益恶化的生态环境，使大自然能够恢复以往的生机。治理环境污染问题法律无疑是最有效最直接的手段，我们需要不断地完善环境保护法律体系。把我国执法现状作为研究的对象，根据我国法律法规规定，行政主体可以采取多种手段来治理和防治环境污染行为，那么环境行政执法就顺势而生。但是在我国现在的实践中，环境行政执法还是一个新兴的行政执法手段，它还很不成熟，实践中它有各种各样的问题存在。面对逐渐恶化的生态环境，为了给人们一个健康的生活环境，还人们一片蓝天，这些问题都亟待解决。因此怎样去更好地改善现状，解决这些现实中存在的问题，成了广大学者之间的热门话题。但是由于这是一个复杂的过程，所以解决这些问题并不能一蹴而就，更好地保障环境行政执法将是一个不断发展的过程。因此怎样去更好地完善环境行政执法，应该成为我们法学学生研究的一个方向。

（二）环境行政执法的研究意义

更好地保障环境行政执法是大势所趋。完善环境行政执法相关方面的立法，有利于我国的法律法规体系的构建，弥补在立法、执法和司法方面的不足；保障环境行政执法不仅可以提高环境行政执法的效力，而且也体现了“以人为本”的思想；要求更好的环境行政执法有利于提高环保部门的相关工作人员的整体素质，更好地保障合法执法；保障环境行政执法也有利于防止滥用权力，遏制权力腐败的现象，实现合法行政的基本原则的根本要求；同时完善环境行政执法也符合我国可持续发展的理念，不仅有利于环境保护，也有利于我国的经济发展和社会和谐。

二、环境行政执法的概述

（一）环境行政执法的概念

在我国，行政执法就是指行政机关执行法律的行为，具体包括抽象行政行为和具体行政行为。抽象行政行为就是指行政机关拟定和公布普遍性行为规范的行为。具体行政行为就是指针对特定对象作出的，并对其权利和义务产生影响的行为。[1]

环境行政执法作为环境管理必不可少的措施之一，学者们对其定义为依法享有环境管理权的行政主体，依法在自己的权限范围内赋予环境行政相对人一定的权力，要求他们承担相应的义务的环境行政行为，同时监管他们的生产活动。由此可见，环境行政执法行为是一种具体的行政行为，执法主体不得超越职权或违背法律规定进行执法。

具体地说，环境行政执法是指国家有关的行政机关或者由行政机关授权的相关组织机构，按照法定权限和程序将环境法中规定的环境权利、义务变成环境法主体权利、义务的过程，并对行政相对人的行为进行监督管理。环境行政执法是一个兼具环境法和行政法的概念，涉及环境保护整管的方方面面，在环境保护的监督与管理方面起到了不可替代的作用。

（二）环境行政执法的主体

从环境行政执法的概念中，我们不难看出，环境行政执法的主体是指依法享有环境管理权的行政主体，包括有关环境行政机关和法律、法规授权的组织机构。环境行政执法的主体并不单单是环境行政机关，还有其他可以行使环境行政执法行为的组织或团体，我国现行的法律法规中规定环境行政执法主体主要有：

---

[1] 参见吴建平：《我国环境执法现状及途径探析》，载《内蒙古大学学报》2013 年第 10 期。

1. 各级人民政府

各级人民政府行使的都是影响非常重大的环境行政执法权。按照我国法律法规规定各级人民政府都应负责本辖区内的环境质量，应该采取措施来改善本辖区内的环境质量。各级人民政府都应该对在本辖区内的珍稀、濒危野生动植物、重要的水源涵养水域、有很大文化价值的地质构造等重要的自然生态系统领域加以保护，不允许进行破坏。

2. 环境行政主管部门

环境行政主管部门作为最主要的环境行政执法主体，因其工作性质，环境行政主管部门履行的是大量的、重要的环境行政执法职责。国务院环境行政主管部门，监督全国范围内的环境保护工作；县级以上地方人民政府的环境行政主管部门，只监督本辖区内的环境保护工作。

3. 其他行政主管部门

其他行政主管部门主要是指县级以上人民政府的林业、农业、水利、土地、矿产等行政主管部门。这些行政机关对与本身业务相关的范围内的自然环境资源行使监督管理权。除了这些行政机关具有环境监督管理权之外，还有国家海洋行政主管部门、军队环境保护部门、渔政渔港部门、港务监督部门和各级公安、交通、铁路、民航管理部门等。根据法律法规授权，这些机构在进行与自己主管的范围内行使环境污染防治行为，不能超越权限或者违背法律法规规定行使权限。

4. 其他经法律、法规授权或委托的组织或机构

除此之外，还有其他经法律法规授权或委托的组织，例如环境保护协会、企业内部的环保机构等，还包括一些附属于环境保护行政主管部门的环境监测机构等。这些经过法律、法规的特别授权或受行政机关的委托，也能从事与环境保护相关的执法活动，并能够担负和其他执法主体一样的环保责任。并且通过地方人民政府地方性法规的规定或地方国家权力机关的决议，它们也可以设立一些机构或临时性机构，在环境保护方面也是享有行政执法权的。

（三）环境行政执法的具体方式

环境行政执法方式是指环境执法主体依照法律法规的规定和要求，针对环境行政相对人所采取的各种方式、措施和手段。[2]环境行政执法有自己执法的具体方式，这和一般的行政执法的方式是大同小异的。环境行政执法一般主要有以下几种具体方式：

1. 环境行政检查

环境行政检查是行政主体依据法律的规定对环境行政管理相对人是否遵守环境法、是否达到环境质量标准进行检查、监管，从而达到激励他们严格按照环境保护法的规定生产生活，积极承担责任和履行义务，做一个合格的环保公民。通过这些严格的检查，使得一些企业或者个人能够自觉地保护环境，以法律规定作为生产标准，从源头上解决环境污染的问题。

2. 环境行政许可和行政审批

环境行政许可和行政审批是行政主体批准环境行政管理相对人从事某方面活动的行政行为。通过许可和审批，给予他们一定的环境使用权限，但必须是在法律规定和行政许可的范围之内，不允许超过法律标准自行生产。由此看出，我国在环境使用权方面还是非常严格的，严禁私自从事污染环境的行业。

3. 环境行政处罚

环境行政处罚是指行政主体依法对违反法律法规应受惩罚的环境行政管理相对人给予行政制裁。[3]环境行政处罚是一种非常严厉的行政行为，如果他们污染环境，行政主体根据污染的情况对其进行罚款、停产停业、吊销营业执照等处罚。[4]通过这些处罚使那些行政相对人产生畏惧，不敢进行污染环境的行为，并且在生产生活中严格掌控生产标准，将生产控制在环保指标内。

---

[2] 参见李清宇：《我国环境行政执法与司法衔接研究》，载《甘肃社会科学》2012 年第 3 期。

[3] 参见唐君荔：《环境行政执法监督机制研究》，载《兰州大学学报》2014 年第 9 期。

[4] 参见熊超：《浅谈环境行政执法中的公民参与——以范根生诉浙江省嘉善县人民政府环保行政复议案为例》，载《环境保护》2014 年第 10 期。

4. 环境行政强制执行

行政强制执行是指行政主体在作出行政处理和行政处罚决定后，如果环境行政管理相对人逾期不起诉又不履行义务，环境行政主体依法采取强制措施强迫其履行义务。强制执行是一种保证行政措施能够顺利执行的行政行为，强制执行的措施有查封、冻结、划拨等，只要行政行为合法，相对人不得不按照行政行为履行义务，维护行政机关的权威。

三、中国当代环境执法的现状

近几年，伴随着我国环境立法的不断完善和加强，我国的环境保护法律体系逐渐完善。在各级人大、政府的监督指导下和上级环境保护主管部门的指导下，各级环境保护部门都在工作中不断地吸取经验，依法行政和环境行政的意识有了大幅度的提高，环境保护执法力度也日渐加大，环境执法取得的成绩也越来越好。尽管在环境执法的工作中我们不断地在取得进步，但是在现实工作中还是有这样或那样的问题存在，与那些发达国家还是有一定的差距。当前，我国在环境行政执法方面的问题主要有：

（一）环境行政执法密集于大城市

在我国，环境行政执法主要密集于一些经济比较发达的大城市，而在某些乡镇或偏远地区的环境行政执法较弱。[5]当前，环境恶化的问题逐渐转向农村甚至是偏远的山区。这主要是因为大城市的执法监管强度比较大，而乡镇的环境保护机构的设置比较少，比较偏僻的山区就更是缺乏相关的环境保护执法机构。对于这些小的乡镇、偏远山区无法展开环境污染后的监督管理工作，再加上这些小地方的基层环境保护执法部门受地方经济的制约较大，执法强度自

[5] 参见田正丰：《我国环境行政执法问题研究——以县域环境行政执法中遇到的问题为例》，载《山西财经大学学报》2014 年第 5 期。

然就会特别低。

按照我国环境方面的法律规定，环境保护执法部门应该对各企业进行环境影响评价以及对污染问题进行日常检查、监督，对于一些不符合环境法律规定的，应该严格采取行政措施，如罚款、责令停产停业或者取缔，但对于一些比较小的地方，例如偏远的山区，经济欠发达，招商引资困难，导致对他们采取的行政措施很难执行。这就使地方环境保护执法部门的工作在很大程度上受到了阻碍。在我国，各级环境保护行政部门都由本级政府管辖，在人事、财政、物资等许多方面都归属于本级政府。[6]因此，各级环境保护机构在平时的执法过程中很多情况下都会受到政府的管制，这些执法机构在这样的压力下，是没有办法展开及时有效的执法工作的。

（二）基层环保部门人员素质低

在我国，大部分的基层环境保护部门的工作人员素质普遍偏低。[7]目前，很多基层环境保护部门人员的学历参差不齐，较高学历的工作人员仅仅占总人数的一小部分，大专及以下学历的居多，本科学历的较少，研究生学历及以上的工作人员在基层单位里就更是寥寥无几。

除此之外，环境保护专业的工作人员几乎很少。因为环境保护专业及相关专业在我国大学教育阶段一直都不是热门学科，学生在选择专业的时候并不是很倾向于学习环境保护，这就造成了环境保护执法部门在选聘人才的时候缺失这方面人才。因此招聘的工作人员大部分都是非环境保护专业，对于环境保护及其相关的工作不是特别的了解。虽然近些年，在大学本科和研究生教育的方面，我们国家更加重视对于环境保护和环境保护法及相关专业学生的培养，但是仍然不能很好地将这些人才吸引到基层地方去从事环境保护方面的工作。环境保护部门相对于其他的部门来说专业性比较强。比如，环境保护部门的环

[6] 参见陈秀萍、凤丽萍：《我国农村环境行政执法的现状及其完善》，载《辽宁农业科学》2014年第6期。

[7] 参见董邦俊：《论我国环境行政执法与刑事司法之衔接》，载《中国地质大学学报》2013年第6期。

境监测站，如果要对污水、噪声等进行监测，就需要很强的专业能力，不但要懂得化学的基本原理，还要会操作相关的监测仪器，并且其监测数据要达到非常精确的程度，[8]所以以我们目前基层环境保护部门人员的素质以及能力，很难达到这样的专业水平，很难完成这样的专业工作。另外，由于基层环境保护部门的工作人员对于行政法律的知识缺乏了解，或者说是基层地方监督力度比较小，基层工作人员在环境行政执法时执法程序不规范甚至违法，这也和基层环境保护部门工作人员的素质相对较低有关。

（三）环境执法部门与其他执法部门有交叉

由于受我国环境行政执法立法体制的制约，环境行政执法不力的现象在我国并不鲜见。根据我国环境行政法律法规规定，目前我国环境保护行政执法部门只能对于一些违反规定的企事业单位和个人采取警告和罚款的处罚手段。并且根据我国的环境法和行政法的相关规定，很多企业的同一个违法行为，要由几个部门同时去管，这样就形成了“九龙治水”的情况，几个执法部门权力出现了交叉，没有相对确定的管理部门，这样就大大地削弱了环保执法部门的执法力度。责令停产停业这样的行政处罚权力只能归属于当地的政府，而政府有时会忽略有些企业单位或者个人的环境违法行为。另外对于一些不依法履行义务的企业和个人，只能通过向法院申请强制执行，[9]而法院在强制执行的过程中，由于现实中的种种原因，并不能做到对每个申请都及时地处理。这在某种程度上削弱了环境保护法律的威严，放纵了污染者污染环境没有成本这样的心理，使得环保部门的监督管理工作对某些企业和个人的环境违法行为难以有效展开。

---

[8] 参见文晓静：《低碳理念下西部民族地区环境行政执法问题与对策》，载《前沿》2013年第16期。

[9] 参见陈海嵩：《我国风险环境治理中的府际关系：问题及改进》，载《南京工业大学学报》2012年第3期。

（四）环境行政执法滞后

目前，虽然我们的环境保护意识相对于之前提高了很多，但是由于我们国家还处于发展的阶段，所以我们对于经济利益的追求很多时候要大大地超过对于环境利益的追求。因此，先污染后治理这样的情况是我们国家当前的真实写照。很多情况下，环境污染在第一时间里并没有得到及时有效的防治，由于得不到及时的治理，所以在一定程度上也会使环境污染的情况变得更加严重。[10]环境行政执法工作作为一种治理环境污染的强有力的手段，没能及时地跟进环境的发展，其应有的作用并没有发挥出来。环境行政执法的滞后是我们国家现阶段存在的一个很大的问题。

在公共地段的污染，行政相对人难以确定的问题，也是导致环境行政执法滞后的重要原因。由于环境污染大多数处在公共地段，并且在公共地段环境污染常见、主体流动性更强，环境污染出现后环境执法部门并不能很快地确定准确的环境违法相对人，这就使环境行政执法工作更加的滞后。[11]

四、对于环境行政执法问题的解决对策

以前我们的环境保护工作是在出现问题以后进行治理的滞后模式，这并不是一个很好的方式。环境行政执法贯穿于环境治理的整个过程中，是一项社会系统工程。我们应该学习其他发达国家在执法工作中的经验，让公民参与到环境保护工作中来，使得环境纠纷处理以及行政管理等规范化，并成为一种制度在程序上加以规范，实现社会公众环境权力，这对国家环境环保工作能够顺利地进行也非常有帮助。因此，我们应该从多方面考虑，不断完善环境保护法制建设，提高环境行政执法的能力。

---

[10] 参见李佳音：《基层环境行政执法存在的问题与对策研究》，载《环境科学与管理》2014 年第 5 期。

[11] 参见赵宁：《论行政强制执行主体的设置模式》，载《甘肃联合大学学报》2012 年第 3 期。

（一）完善我国环境行政执法的法律法规

随着我国经济体制的改革，在可持续发展思想的指导下，当今社会的发展仍然在不断地发生变化，那么法律法规就应该适应社会的发展变化，作出适当的调整和修改。

1. 厘清环境执法主体机制

健全环境行政执法机制首先要厘清环境执法主体机制，同一主体，将他们在每个工作中的职责制度化和具体化，使那些原本归属于环境保护机构而现在又归属于政府其他部门的执法权划归到环境保护机构中。只要是关系到执法主体繁多和权力责任不统一等情况时，环境保护机构都应该按照法律规定使其他的执法机构做到各司其职，团结合作。

除此之外，我国还应最大限度地统一执法主体，在环境保护执法部门中分设不同的职能部门，明确各自的管辖范围，避免各个部门管理出现交叉，以提高环境保护工作的效率。虽然环保链上各个执法机构的职责范围并不一样，但是各个环保机构都可以独立行使执法的职能，并能够独立地监督执法。可以通过建立从中央到地方的环境综合信息系统来规范环保部门之间的工作。因为互联网已经成为人们处理信息的重要工具，通过建立能够覆盖全国范围的管理、联络信息网，实现环境保护和环境执法信息大范围、多方面、多层次地快速流动和处理利用，提高环境信息处理速度和利用效率，使各个部门之间的联系更加紧密，从而实现环境行政执法管理的现代化。

2. 环境执法机构实行垂直领导

环境执法机构应该采用垂直领导的管理模式，由上一级的环境保护行政主管部门来决定下一级机构的核心领导的任用和罢免，地方政府只能提出相关的建议和意见，并不能加以干预，从而更加方便环境行政执法工作的展开。

完善的立法是严格的执法和司法的基石。环境行政执法的立法工作要做到不断地完善，注重整体发展，打破地区和部门的局限，使地方有自己的特色，与此同时再不断地吸收其他地方的优点，扬长避短，更好地完成地区环境行政执法工作。[12]我们在完善修订环境行政执法的法律法规的时候，也要弥补当前法律存在的漏洞，同时将也许能出现的环境污染问题重视起来，并规范起来，从立法上解决环境行政执法滞后的问题，让环境保护工作更强有力地进行。

（二）提升环境执法人员的素质

由于环境行政执法工作面比较大，同时还涉及多个领域和学科，所以对于环境行政执法人员在素质方面的要求比较高。虽然，现在环保执法人员群体的总体素质持续地提升，但他们的工作要求也在持续地提升，所以他们的素养仍然要持续地提升。因此为提高环境执法人员的素质，有针对性地去解决我国现在环境执法人员素质低的问题，我们应该提高基层环境行政执法部门工作人员的准入门槛和福利待遇，以吸引更多的环境保护专业的人才进入环境行政执法部门，尤其是基层环境行政执法部门的工作人员更应该提高他们的专业素养和法律意识，以防止毛病总是存在于基层中。[13]同时，对环境行政执法人员进行定期的法制教育和培训，提高环境执法人员的法制水平和执法能力；实行严格的考核制度，防止陷入有法不依的困境，并且也要约束环境行政工作人员，不要出现权力被滥用的现象。

（三）建立系统环保链，完善环境监督体系

为解决环境行政执法工作中出现的“九龙治水”的情况，我国应该建立一条统一归属于中央，分设到地方的环境保护部门链，以形成一个系统的有机的环境保护体系，系统地保障环境行政执法机关工作的有效性。地方环境执法部门要独立于同级政府，尤其是在人事和财政上。这样可以有效地避免地方政

---

[12] 参见汪劲:《中国环境执法的制约性因素及对策》，载《世界环境》2010 年第 2 期。

[13] 参见张福德:《环境行政执法效率的经济分析》，载《中南大学学报》2013 年第 4 期。

府的干预，使环保各项法律法规能够及时有效地落实，保证上传下达、政令畅通，同时还有利于资源、资金的配备，设施的增加，可以有效地解决环保行政执法中存在的问题。[14]

为了保证执法活动的公正、公平、客观，环境行政执法应当受到社会公众、新闻媒体、企业的监督。环境问题关系到每一位公民，社会公众对环境行政执法享有知情权，执法活动应当受到监督。随着社会经济的发展，新闻媒体已成为一种不可忽视的社会力量，尤其在社会违法事件中媒体所扮演的角色越来越重要，舆论监督成为当今社会一些民众维护正义与合法权益的重要手段。政府可以借助媒体曝光相关事件，使问题得到重视。通过在企业里派驻环境监察员，促进环境执法工作人员与企业之间相互监督和沟通，使环境执法工作高效运行。

（四）加大执法力度

根据我国的相关法律的规定，环境行政执法机关突然遇到紧急的环境污染事故以后，如果严格按照法定的程序，只能通过人民法院作出强制措施，[15]而这样就没有把握最好的时机，不但对环境保护起不到积极的作用，反而更容易造成不好的后果。因此，应当加大执法力度，允许环境行政执法部门有一定的强制性手段，例如赋予环保部门查封、冻结、扣押等必要的强制执行权力，使环保执法真正地硬起来。为了提高环保执法的权威性和严肃性，可以赋予环保部门限期治理决定权，从而使违法机关因害怕受到行政机关惩罚而不敢违法，从而学会守法，这是我们改善现在环境行政执法困难现状的必选之路。

除此之外，我们还应该重视非政府性的环境保护民间组织的作用，虽然我国环境保护民间团体组织成立的时间不长，没有较大的活动区域，依然处于

[14] 参见李巧玲：《环境行政执法与刑事司法的协同整合》，载《产业与科技论坛》2015 年第 5 期。

[15] 参见王明远：《论我国环境公益诉讼的发展方向：基于行政权与司法权关系理论的分析》，载《中国法学》2016 年第 1 期。

自发性环保组织阶段，没有有效的法律保障其充分地参与到环境保护监督，但是它们在保护环境和防止环境污染方面也起到了不可磨灭的作用，所以我们也应重视这一团体，从而帮助行政机关了解环境污染的具体情况，使执法机关从扩大对污染情况了解程度上加大执法力度，更好地解决环境污染问题。

（五）用司法手段保障环境行政执法

解决环境行政执法在实践中存在的问题，除了上述的改善建议，从司法手段上应该扩大环境行政诉讼的原告范围。根据我国行政法的规定，我国对于污染环境的违法行为提起诉讼的原告范围是合法权益受到侵害的行政相对人。根据现行《民事诉讼法》规定，对污染环境、侵害众多消费者合法权益等损害社会公共利益的行为，法律规定的机关和有关组织可以向人民法院提起诉讼。另根据我国环境保护法的规定，环保公益组织也可以成为原告，除此之外其他的第三人和检察机关并没有环境行政诉讼的原告主体资格。因此，扩大环境行政诉讼的原告范围将会成为一个解决环境污染问题的有效措施。

将第三人列入环境行政诉讼原告的范围，能够提高公众对于环境污染行为的监督与管理，不管环境污染行为与自己有没有直接的联系，只要发现了环境污染行为，都可以作为环境行政诉讼的原告向人民法院提起诉讼，扩大了对于环境污染问题的公众监督范围，这是在司法上有效解决环境污染问题的手段，从司法上保障环境行政执法。将检察机关纳入原告范围，并赋予其调查职权，使检察机关能够顺畅地获得环境损害的第一手证据，从而进一步平衡原、被告双方在环境公益诉讼中的力量，有效地弥补行政手段的不足。[16]

---

[16] 参见高桂林：《人民日报法评：环境公益诉讼，检察应当强起来》，载 http://opinion.people.com.cn/n/2014/1126/c1003-26093315.html，2017 年 8 月 1 日访问。

五、结 语

环境行政执法作为环境法制的有机组成部分，它的地位日益凸显，环境行政执法的完善也成为一个热门话题。本文从当今环境行政执法的现状和解决途径等方面简单地阐述了怎么才能更好地提高环境行政执法的效力，更好地解决我国的环境污染问题，达到追求经济效益与环境效益的平衡。我们在要求环境行政执法工作更加有效地展开的同时，每个公民都应该从自身做起，增加保护环境的意识，减少污染环境的行为，这将从源头上减少环境污染的可能性。此外，我们应该要求自己有主人翁意识，环境是大家共同拥有的，我们应该做好监督管理工作，做到有情况及时向环境保护行政执法部门报告，使得环境污染问题能够及时地得到整治，环境违法行为能够及时地得到惩罚。

海洋环境污染治理的法治化路径

——以激励规则创建为原点

张　颖　刘　斌

内容摘要　本文着眼海洋环境生态司法保护的现状，查找分析了当前海洋生态环境保护存在的司法缺乏法律根据、审判机构设置及专业程度不够、律师代理环境维权行动受限、社会公众和律师维权缺乏激励等突出问题，并针对海洋环境保护激励不足的司法现状，提出健全与环境民事公益诉讼需要相配套激励机制、重视并发挥律师在海洋污染环境治理的作用、推动构建海洋环境污染治理法律共同体等对策建议，尤其侧重构建律师参与环境公益诉讼的激励制度。

关键词　海洋生态保护　公益诉讼　激励

海洋作为人类生命的发源地，是人类生存和发展所必不可少的物质保障。海洋生态环境的破坏，直接危及海洋生态系统和生物资源及其产品。当前，社会公众追求良好生存环境的需求日益迫切，环境污染所引发的侵权纠纷不断涌现。党的十八大报告提出，“必须树立尊重自然、顺应自然、保护自然的生态

作者单位：山东周智律师事务所；山东省日照市中级人民法院。

文明的理念”。在全面依法治国大背景下，如何发挥法治的力量，依法打击污染海洋环境犯罪，提高治理海洋侵权行为的精准度，亟须法院、律师在内的司法共同体成员的努力。本文着眼海洋环境生态司法保护的现状，分析了海洋环境司法保护存在的突出问题，并针对海洋环境保护激励不足的司法现状，提出有针对性的意见和建议，尤其侧重构建律师参与环境公益诉讼的激励制度，以期能够对海洋环境综合治理保护发挥借鉴作用。

一、喜忧并存：海洋环境污染司法保护的现状及特点

当前，中国的资源约束趋紧、海洋环境污染严重，康菲石油泄漏等事件已经向我们敲响了警钟。《中华人民共和国海洋环境保护法》第 94 条规定，“海洋环境污染损害，是指直接或者间接地把物质或者能量引入海洋环境，产生损害海洋生物资源、危害人体健康、妨害渔业和海上其他合法活动、损害海水使用素质和减损环境质量等有害影响”。司法是生态环境保护的有力手段，当前我国海洋环境污染侵权法治化治理有进步，也有不足，主要呈现以下几方面现状和特点：

（一）党和政府对海洋环境生态环境保护力度不断加大

1973 年，全国第一次环境保护会议之后，我国陆续确立了“预防为主，防治结合，综合治理”“谁污染谁治理”的环境政策，初步形成了涉及环境资源保护和管理的环境法律体系。[1]尤其是党的十八大以来，中央对生态文明建设高度重视，全国上下掀起了一轮生态环境保护热潮。许多地方党委政府充分认识到，生态环境执法和司法是生态文明建设的重要环节，积极推进生态环境保护法制建设。比如，一些地区相继出台了《关于建立环境保护执法协调机制的实施意见》，有的为生态环境保护执法司法专门机构授牌，在构建司法执法

[1] 参见袁春湘：《我国环境司法的现状、问题及相关建议》，载《中国审判》2013 年第 5 期。

联动机制等方面发挥了重要作用。

（二）司法保护的力度不断加大

司法保护力度的加大体现在：一是织密司法环境保护制度依据。为应对日益严峻的生态环境问题，最高人民法院近年来持续推进环境审判方面的司法解释工作，2015 年相继发布《最高人民法院关于审理环境民事公益诉讼案件适用法律若干问题的解释》《最高人民法院关于审理环境侵权责任纠纷案件适用法律若干问题的解释》，为海洋环境污染治理提供制度依据；2016 年发布《最高人民法院关于海事法院受理案件范围的规定》，明确海事法院受理海洋开发利用和海洋生态环境保护类民商事纠纷案件，具体增加污染海洋环境、破坏海洋生态责任纠纷案件等 9 项内容。二是积极推进生态环境审判组织专业化建设。[2]依法审判了一批有影响的环境资源类案件，积累了有益经验。三是发布典型案例。为解决生态环境审判中的法律适用难题，建立典型案例发布制度，为环境资源审判工作提供操作指引。

（三）海洋环境公益诉讼逐步兴起

以康菲漏油事件为标志，不少海洋环境公益诉讼案件进入社会公众视野。起诉主体呈现多样化，既有检察机关、行政机关，又有社团组织，案件主要集中在固体废弃物污染、水污染等较为传统的污染侵权类型。这在一定程度反映了行政执法和监管的不到位，导致环境污染与社会经济发展的矛盾不能及时化解，现有行政救济程序穷尽之后，社会公众选择了司法救济途径，维护社会公共利益。总体上，环境污染造成的损害赔偿案件数量较其他种类的侵权民事案件数量要少，但已呈现逐年上升的趋势。

---

[2] 参见张宝：《我国环境保护审判组织概览》（截至 2014 年 6 月 24 日），载 http://ahlawyers.fyfz.cn/art/406851.htm，2017 年 7 月 24 日访问。由于数据的统计口径原因，与现实状况以及官方公布的数据有细微出入。

（四）大量环境污染侵权行为没有通过司法诉讼程序解决

尽管海洋环境诉讼日益引起重视，但是真正走到诉讼程序的还是很少。环境保护部发布的数据表明，仅 2010 年，环保部分作出的涉及环境行政处罚案件数已达 116820 件。[3] 但据统计，2010 年，全国法院一审环境污染损害赔偿案件 1800 余件，海洋环境污染的更是微乎其微。这一定程度表明，公民乃至政府对海洋环境污染的救济并不及时和到位，也反映了海洋环境司法保护还存在很多短板。

（五）海洋环境污染侵权案件呈现新特点

对比传统侵权案件具有以下特点：一是侵权原因行为及损害形式多样，从性质上可分为两大类。污染环境行为和破坏生态行为，其产生的损害形式是环境污染和生态破坏。二是损害内容多样、损害利益多元。三是因果关系复杂，环境污染侵权因果关系的脉络及侵害的程度等相对不确定，较难认定。四是主体关系具有明显的不平等性。海洋环境污染加害人往往是具有特殊经济地位、科技与信息能力及法律地位的工商企业，而受害人多为普通公众尤其是弱势群体，受害人群通常为不特定的多数人。五是存在重视刑事打击、轻民事救济的问题。

二、追根溯源：海洋环境污染司法保护突出问题及原因分析

经过分析研究，现阶段我国海洋环境司法保护面临的根本矛盾是，环境权受损日益严重与环境保护司法不力的突出矛盾，政府、司法、社会公众协同作战保护海洋环境的合力未能得到充分发挥。本文着重从司法保护的动因和动

[3] 参见环境保护部：《全国环境统计公报（2010）》，载 http://zls.mep.gov.cn/hjtj/qghjtjgb/201201/t20120118_222703.htm，2016 年 12 月 3 日访问。

力不足的角度，讨论为何司法保护救济不力。核心观点是：受制于海洋环境污染的特点、司法保护高门槛、环境污染研究治理的专业性不足、律师参与环境公益诉讼的保障不力等诸多因素，导致了问题产生。

（一）立法缺陷：海洋生态环境司法缺乏法律根据

司法需要在法律的框架内进行活动。而在当前严峻的生态环境形势下，海洋生态环境司法走到了台前，但缺乏充足的法律规范依据和法学理论基础。目前在我国，除了《中华人民共和国海洋环境保护法》之外，涉及环境资源司法保护的法律法规比较少。关于环保法庭设立、海洋环境公益诉讼等程序性规定也都是新生事物，并不健全。尤其是律师及社会公众参与诉讼，能够得到何种赔偿等规定不完善。环境维权的法律制度设置存在不完善甚至真空地带，律师代理环境维权缺乏有效的法律依据。

（二）司法方面：海洋环境审判机构设置及专业程度不够

环境资源审判庭或者合议庭，虽然在全国范围内如雨后春笋般出现，但却缺乏统一的规划，[4] 缺乏长远的目的考量。有的环保法庭设立之后，长期处于无案可审的状态。从人员配备看，环境资源审判人员流动较大、人员不到位、专业性不足等问题也普遍存在。尤其是，海洋生态环境诉讼更加专业，有很强的地域性特征，而各地生态环境案件管辖和审判模式不统一，传统的三大诉讼的实体规范和诉讼规则杂糅在一起适用，不利于律师和当事人参与诉讼和救济。

（三）“九龙治海”：海洋环境治理联动及维权共同体缺失

环保法规定：环保、海洋、渔政、公安、土地、矿产、林业、农业、水

[4] 如 2007 年五六月间爆发的太湖蓝藻污染事件，造成无锡全城自来水受到严重污染，引起当地党政领导的高度重视，直接催生了无锡市中级人民法院环保审判庭。

利等15个部门可依照法律的规定，对资源、污染防治实施监督管理。但行政机关之间的职责划分不清，出了问题各部门之间相互推诿扯皮。与此同时，环保行政执法部门未能与广大民众真正建立起有效的沟通对话平台，环境信息公开制度建设也未完全成型，许多环境污染案件，尤其是影响范围相对较小的污染案件，大多仍是依靠一些民间环境维权斗士或是环保组织推动。在整个环保法治体系的建设中，作为法律专业人士的法官、检察官、律师、法学家未能形成真正的法律职业共同体，法律人士在环境维权案件中发挥的作用未能达到理想的效果。

（四）现实困境：海洋环境污染诉讼难度大、周期长、收益低

在生态环境民事侵权案件中，原告经常遭遇举证困难问题。海洋生态环境侵权具有即时性、动态性，证据难以保存，加上受害者法律和环境知识的缺乏，使得他们很难提供有力的证据。由于生态环境侵权案件，对于损害事实的证明和因果关系的判断往往需要依赖专业技术鉴定结果，诉讼成本高、周期长、风险大。环境案件从接受委托到结案，一般要经过漫长的立案、取证、鉴定、审理等环节，加之环境案件往往具有复杂性、技术性、滞后性、隐秘性等特点，律师处理起来深感棘手，面临“立案难、取证难、胜诉难、鉴定难、执行难”等“五难困境”，而且环境案件的最后处理结果不一定会和自己的预期一致，案件收费很难得到有效保证。

（五）地位失衡：律师代理环境维权行动受限

海洋环境侵权诉讼，原被告双方当事人力量悬殊，往往一方是经济实力雄厚的企业集团，而另一方是势单力薄的普通公民，原告在天然处于弱势地位。环境维权是维护自身或他人的合法环境权益，律师在参与环境维权过程中，也会面临较高的执业风险。由于律师代表的是处于弱势地位的受害人，触动的利益主体往往又是在当地具有较强政治、经济、社会地位优势的企业或行政机关，律师代理环境维权案件实质上是一种私权利与公权力的对抗，举步维艰。

（六）“经济人假设”：社会公众和律师维权缺乏激励

经济学告诉我们，人是其自利的理性最大化，其全部行为的出发点均在于自身利益的最大化。从事诉讼行为的当事人也不例外。对污染环境、破坏生态的不良行为，如果尚未侵犯自身的人身权、财产权，社会公众本着多一事不如少一事的消极心理，一般都会隐忍不发，不去主动监督告发。而律师参与海洋环境公益诉讼，或者律师主动维权，必然也会考虑成本的问题，我国目前现行法律援助机制，并未给予律师参与环境诉讼更多保障，不利于保证法律援助案件质量。即，律师缺乏一种有效的激励机制，去推动海洋环境维权的进程。另外，环境公益诉讼收费问题，也未能得到解决，如果起诉数额过大，前期投入谁来保障等问题需要解决。

（七）能力缺陷：海洋环境诉讼的专业化制约

生态环境问题具有很强的专业性，涉及环境、水文、地质等多学科领域。生态环境案件中，对于侵权行为是否存在、生态环境损害的程度如何评定、因果关系如何推定等，都是此类案件审理的难题，需要很强的专业技术作支撑。实践中，专业化环保人才治理的人才支撑是一个突出问题。律师作为环境司法专门化的参与者和推动者，长期以来专注对传统民商事法律和刑事法律的研习，对环境与资源保护法律则很少有人问津，律师对环境诉讼案件的钻研也往往浅尝辄止、流于表面，不利于环境司法专门化的推动。环境司法专门化遇冷也自然是情理之中的事情。[5]

三、正确姿势：海洋环境污染治理的法治化路径

针对上述分析，笔者认为，现代海洋环境司法体系构建势在必行。应该

[5] 参见吕建伟：《律师代理环境维权的调研报告》，湖南大学 2013 年硕士学位论文。

围绕以下几个方面进行努力，尤其应该加强律师参与环境司法公益诉讼的制度保障，建立一种有效的激励机制，推动司法保护共同体的建设。

（一）树立现代环境司法理念

当前，生态文明建设、环境保护业已成为我国的基本国策。与之相适应，环境司法理念的核心就是要将生态环境作为独特和首要的价值追求。海洋环境司法工作中，应该树立环境秩序、环境正义、生态文明等观念，坚持环境保护优先原则，综合运用事前预防和事后惩治两种手段，坚持综合治理公众参与。就目前情况来看，可以对现行的各种规定进行清理、整顿，对法律条文进行重新整合。对于司法实践中的具体细节问题，涉及审判、检察机关的，可以由最高人民法院、检察院以司法解释的形式对相关问题加以规定，对于涉及环保部门的，可以由国务院制定行政法规加以规定，从而增强法律约束力，统一行政执法与司法联动的执法依据。总之，完善国家层面的立法，从而更好地指导各区域之间进行环境司法联动，保护资源环境。

（二）加强海洋环境司法机构专业化建设

理论和实践证明，生态环境纠纷迥异于传统权利纠纷，涉及多种法律关系、多种利益的纠葛，生态环境司法也具有新颖性、专业性、复杂性等特点，传统的审判机制已经难以适应生态环境纠纷解决的需要。为此，走专门化道路是世界各国通行的做法和经验，也是我国生态环境司法探索和努力的方向。生态环境司法专门化不仅是应对当前环境审判难题、提高案件审判质效、维护公民环境权利的需要，同时，对于推进国家生态环境保护政策贯彻落实、带动形成生态环境保护的社会氛围也具有重要意义。生态环境司法专门化也不仅是指审判组织和机构的专门化，而是包括法律体系、审判理念、诉讼程序以及其他配套制度等一系列理念制度机制在内的系统建设，需要通过国家顶层设计进行推动。此外，我们建议健全环境资源审判机构，设立跨区域环保法庭，一方面是合理配置审判资源的需要，不至于出现有的法庭只有机构而无案可审，另一方面是环境司法专业化的需要，提高处理生态环境案件的质效。

（三）健全与环境民事公益诉讼需要相配套激励机制

环境民事公益诉讼是与各种危害环境公共利益行为做斗争、保护青山绿水的重要法律手段。但是，鉴于环境民事公益诉讼复杂性、长期性和无偿性，不仅要求原告具有高度的社会责任感和较强的诉讼能力，还要有较强的经济能力，仅凭社会责任感和奉献精神，是很难推动环境民事公益诉讼蓬勃发展的。为此，建议各级法院应积极探索推行环境公益诉讼激励机制，对胜诉原告给予一定金额的奖励，以激励更多的主体参与到通过提起公益诉讼维护海洋环境行动之中。比如，推行司法禁止令。借鉴贵州、重庆等地做法，通过发布禁止令的形式对破坏环境行为进行及时制止，使环境公益诉讼在及时制止损害，保护环境上发挥更大、更有效的作用。比如，探索建立公益诉讼资金账户。环境民事公益诉讼中，原告基于保护公共利益所主张赔偿请求，在其胜诉后法院判决支付的赔偿款，并不能赔偿给原告，而是要交付于指定账户，用于生态修复等专项开支。

（四）重视并发挥律师在海洋污染环境治理的作用

对此部分我认为主要有以下几个方面：一是探索将环境公益诉讼律师代理纳入法律援助范围，并按规定给予援助律师一定的经济补助。环境维权案件中的受害人通常寄希望于法律援助为其伸张正义，但目前我国法律援助案件主要是由政府法律援助中心的律师或政府法律援助部门指派的社会律师办理，但保障或者说激励不够。建议政府与专门的律师事务所达成协议，将一定区域内的环境维权法律援助案件交由该所集中承办，政府通过采购律师事务所的专业性援助服务，提高律师参与诉讼的积极性。二是建议建立胜诉酬金制度，即当事人从案件胜诉所得的财物或者利益中提取代理协议约定的一定比例作为律师费支付给代理律师。[6]三是确立“败诉方负担”规则，即法律授权法院，在其认为适当的时候，将胜诉原告所应承担的诉讼成本判给败诉被告承担的一种诉讼成本分摊方式。

（五）推动构建海洋环境污染治理法律共同体

积极推动各地律协成立环资专业委员会，提倡环境法专业人士加入环保法治队伍，加强律师的理论研究和业务交流，提升律师的业务素质，拓展律师的执业领域。加强与其他环境NGO组织的交流对话，为进一步促进环境维权律师专业化队伍建设创造有利条件。律师个人对内苦练内功，熟悉既有的环境法律体系，还能够掌握环境法律知识基础、具备环境法律理念、养成环境法律思维模式，这样才能够在应对新型环境法律纠纷时游刃有余地处理。

完善的环境法律体系、有效的环境司法保障是我国实施环境保护国策，构建资源节约型、生态友好型社会的笃实基础。具体到环境污染侵权法律适用，这是一个系统、复杂的问题，不单牵涉到司法诉讼、审判和执行的方方面面，还涉及行政执法、鉴定与评估制度的构建等多个社会领域。我们希望通过本文的讨论，为海洋环境司法保护提供一些有益的借鉴，为律师参与海洋环境保护提供激励机制、推动海洋环境侵权专业化建设，贡献一份法律人应尽的职责。

---

[6] 参见陈亮：《环境公益诉讼激励机制的法律构造》，载《现代法学》2016年第4期。

论文争鸣

我国股权众筹平台法律规制问题研究

宋耀龄

内容摘要 股权众筹融资依托互联网平台有效对接了投融资双方需求，国家不断出台相关政策鼓励股权众筹融资的发展，但相关监管法律法规和配套制度的缺失导致了实践中产生诸多问题。股权众筹平台作为连接投融资双方的桥梁，在股权众筹融资法律关系中处于核心地位，因此，对股权众筹平台的法律规制也是本文研究的重点。笔者首先对股权众筹融资的概念、特征、必要性、发展和立法现状等相关基本理论问题进行了铺垫性概述。其次对我国股权众筹平台实践中运作情况包括其表现形式的发展演变过程、运作模式、业务流程等进行调研和考察。再次对我国目前股权众筹平台法律规制中的主要问题及其成因进行了分析和总结。最后结合我国实践及国外经验提出了对我国股权众筹法律规制完善和发展的建议。

关键词 股权众筹 股权众筹平台 法律规制

作者单位：天风证券股份有限公司战略客户总部。

一、我国股权众筹融资基本理论问题分析

（一）股权众筹融资概念的界定与特征分析

“众筹”来源于英文的“Crowdfunding”，即“面向公众募集资金，特别是以资助个人、公益慈善组织或商事企业为目的的小额资金募集”[1]。“众筹”融资模式在国外经过了较长时间的发展，Kickstarter、CrowdCube 等平台的兴起使其规模逐渐扩大并在全球范围内获得了较为迅速的发展。但众筹在我国仍属于舶来品，就字面含义而言有大众筹资、群众募资之意，根据投资回报的形式不同，众筹又可以分为奖励式、公益式、债权式等非股权式众筹和股权众筹两种形式。[2]其中，非股权众筹模式通常以奖励、借贷等方式为企业或项目提供财务上的资助，并获取实物、服务等非股权方式的回报，但股权众筹在我国目前尚无统一定义。笔者在对国内外的相关法律规定及学者的观点进行梳理后，认为股权众筹融资（以下简称“股权众筹”）可以科学界定为融资方借助互联网平台发布其融资需求，由合格投资者加以认购并获得一定股份回报的融资模式。

股权众筹作为金融与互联网相结合的一种新型融资模式，具有以下几个方面的主要特征：

第一，普惠金融性。当前，我国大多数中小企业被排除在高门槛的传统融资体系之外，难以实现融资需求，不利于国民经济的持续快速健康发展。随着经济社会的发展和国民财富的积累，传统融资体系越来越难以满足普通个人投资者的投资需求，而股权众筹恰恰为投资者和融资者之间资金的融通提供了一个良好的桥梁和纽带：一方面，依托股权众筹平台可以打破传统融资体系相对复杂的流程和高标准的要求，从而为中小规模的初创企业进行融资提供可

[1] See Shahrokh Sheik: *Although Donation–Based Crowdfunding Has Experienced Some Success, Questions Remain about the Praticality of Equity–Based Crowdfunding*, Los Angeles Lawyer, May, 2013, 1.

[2] 参见雷禹、陈文：《房地产众筹发展模式研究》，载《南方金融》2015 年第 4 期。

能；另一方面，可以有效拓宽社会大众的投资范围和投资方式，从而使普通民众可以参与分享或分担初创企业的收益或风险。

第二，信息半公开性。股权众筹融资主要依托互联网平台实现投融资双方的交流，而互联网的信息公开性和传播高效性又有助于实现信息公开、透明和快速的传递。目前实践中的操作大多是未经注册的用户可以在平台首页浏览项目的基本信息，而只有经过平台合格投资者认证的用户才可浏览项目融资的具体信息，因此，笔者认为，从融资对象和融资方式等角度来看，股权众筹融资具有信息半公开性。

第三，股权回报性。股权众筹融资区别于债权众筹等其他非股权众筹方式的最大特点是投资者可通过股权方式获取投资回报，从而分享初创企业的资本增值和收益，而并非以获取实物、借款利息等为目的。

（二）我国发展股权众筹的必要性分析

股权众筹起源于美国，在国外经过长期的发展形成了较为成熟的运作模式。虽然股权众筹融资模式在我国发展时间尚短，但其发展却极为迅速，国家也多次出台法律、法规、政策等强调要推动股权众筹在我国的发展。具体来说，就我国目前国情而言，发展股权众筹融资模式的必要性可以从以下两个层次理解：一方面，对于股权众筹法律关系主体本身而言，筹资者以中小企业特别是初创企业为主，中小企业融资难现象成为我国现阶段面临的重要问题；而与之相对应的是，在我国又存在严重的民间资本投资渠道不畅、难以充分利用社会闲散资金的问题，因此，互联网金融的产生可以大力促进我国普惠金融的发展。股权众筹融资模式通过搭建筹资者和投资者之间的桥梁，既可以帮助中小企业等大量资金需求者解决融资问题，为其提供资金、市场、人脉等多方面的支持和帮助，从而有力解决国家中小企业融资难问题，又为投资者拓宽了投资渠道，充分发挥国家对民间金融发展的规范和引导作用。另一方面对于社会和国家而言，国家致力于发展多层次资本市场，可利用股权众筹形成的“击穿效应”，打通五板、四板、三板市场。[3]此外，大量中小初创企业通过股权众筹筹措资金，也有利于促进全社会科技创新和社会变革，从而实现我国经济又好又快发展。

1. 促进中小企业融资，扶持小微企业发展

中小企业可以活跃市场经济，对于推动国家经济发展方式转变，实现社会创新发展，促进我国国民经济和社会发展具有重要作用。[4]大多数中小企业存在规模较小，管理体系不健全等问题，在资金、人员素质、信誉等方面都难以与大公司及国有企业相抗衡，因此难以获得银行等传统融资渠道的资金支持。由于我国目前对民间融资缺乏有效的引导和规范，造成实践中非法集资、虚假陈述等行为恣意纵行，严重影响了我国民间金融发展的安全性和规范性，对整个社会的金融秩序造成严重破坏。而股权众筹融资模式的产生恰恰可以为社会上的投资者和筹资者搭建一个桥梁，依托互联网科技，借助股权众筹平台，为中小企业特别是在其初创时期提供较为方便、迅速、规范的融资渠道，从而弥补因传统金融机构高门槛所造成的资金流短缺。因此，大力发展股权众筹是对我国传统借贷、股票、风投、私募等融资体系的重要补充，有利于解决我国中小企业融资难问题。同时，股权众筹强调风险共担与收益共享，究其本质，是筹资者通过股权众筹平台实现筹人、筹钱、筹智的全方位的资源整合过程，从而有力地促进我国中小企业发展，同时也顺应国家“大众创业、万众创新”的时代发展要求。

2. 拓宽民间资本投资渠道，提高社会资金使用效率

随着近年来国家经济的飞速发展及民间财富的不断积累和壮大，普通投资者对于其投资范围、投资收益、投资渠道等也出现了更为多元化的需求，当

---

[3] 参见杨东:《开启财富管理新模式》，载《中国金融》2015 年第 16 期。

[4] 据统计，我国中小企业（含个体工商户）占企业总数的 94.15%，创造的最终产品和服务价值相当于国内生产总值总量的 60%，纳税占国家税收总额的 50%，完成了 65% 的发明专利和 80% 以上新产品开发。参见吕劲松:《关于中小企业融资难、融资贵问题的思考》，载《金融研究》2015 年第 11 期。

前社会大众的理财观也发生了巨大转变，而在我国目前私募基金、天使投资等通常具有较高的合格投资人门槛设置，银行通常采用“零利率”甚至“负利率”的大背景下，普通投资者往往由于其在资金、经验、信息不对称等方面的限制难以直接进入股权投资领域。不同于债券以获取固定收益为回报，也不同于股票以上市公司为投资对象，股权众筹的投资对象为筹资者通过平台发布的特定项目，可以大大降低投资人投资对象的局限性，加强其对自身资金投资去向的决定性，增加投资者参与度和实现资本增值的空间。因而新生的股权众筹平台可以通过充分发挥其中介作用，使更多的普通大众投资者获得项目信息及融资需求等，从而有效缓解资金供给方和资金需求方信息不对称的问题，拓宽普通大众投资者的投资渠道和投资范围，使其可以分享初创企业发展所带来的收益。

3. 促进我国多层次资本市场的完善

资本市场能有效实现资源优化配置，对于促进经济社会的发展进步具有重大意义。党的十八届三中全会明确提出要“健全多层次资本市场体系，推进股票发行注册制改革，多渠道推动股权融资”。虽然我国目前已形成了由主板（含中小板）、创业板、新三板和区域性股权市场构成的多层次资本市场体系[5]，但其仍然存在层级较少、“倒金字塔现象严重”等结构不合理问题，而股权众筹融资方式则能使初创企业通过互联网平台进行股权融资，通过吸引更多的普通民众投资者参与项目融资过程，从而吸引社会闲散资金，解决企业融资问题。因此，可将其打造成专门针对初创型企业的“第五板”，从而提高资本市场交易活跃度，进一步完善我国多层次资本市场体系，设置完善的市场准入和退出机制，促进其结构、功能等方面的合理配置，从而实现市场分级和促进金融创新，满足不同类型企业的融资需要。

---

[5] 参见吕劲松：《多层次资本市场体系建设》，载《中国金融》2015年第8期。

（三）股权众筹法律关系主体分析

通常而言，在我国股权众筹融资的法律关系中至少涉及三方主体，即筹资人、出资人和股权众筹平台，此外，可能还包括资金托管人等法律主体。其中筹资人，即项目的融资者和发起人，通常是指通过股权众筹平台发布项目信息，以获取资金支持和实现融资需求为目的的中小微企业创业者。出资人，即满足我国相关法律法规及股权众筹平台对于合格投资者的相关规定和条件，并经审核和确认后可对平台上发布的项目进行投资，履行出资义务并享有股权回报等权利的投资者。股权众筹平台，即在股权众筹融资法律关系中连接筹资人和出资人的网络中介平台，在股权众筹融资过程中，股权众筹平台根据法律规定及平台业务需要设定符合其自身需要的项目准入标准、合格投资者管理制度、信息披露、风险控制等内容。因此，股权众筹平台在我国整个股权众筹法律关系中处于核心和枢纽地位，对其的监管和规制也是促进我国股权众筹持续健康发展的重中之重。此外，为提升股权众筹平台信用，防止平台滥用筹集资金，建立资金隔离机制，在股权众筹融资法律关系中通常还涉及银行等第三方资金托管机构，履行资金托管职责，最大限度地保障投资者的资金安全。

（四）我国股权众筹的发展和立法现状

股权众筹最初起源于美国，并在世界范围内获得迅速推广，以英国Crowdcube、美国 WeFunder、AngelList 等为代表的股权众筹融资逐渐演变为国际资本市场上较为重要的融资方式之一，大力促进了中小企业发展。针对股权众筹不断发展的现象，国际上也出台了一些法案及监管细则等规定，比较有代表性的如美国的《创业企业融资法案》（以下简称《JOBS 法案》），其明确承认了股权众筹的合法地位并对该种融资方式进行了规范和监管。

较之于国外，我国的股权众筹融资起步较晚，国内最早开展股权众筹融资模式的平台为 2011 年的天使汇和创投圈，后又逐渐产生了诸如人人投、原始会等各类股权众筹平台，奠定了股权众筹行业初步发展的基础。自 2014 年国家在政策层面认可股权众筹融资后，加之国家大力推行“互联网+”和“大众创业、万众创新”，以京东、阿里、苏宁等为代表的颇具行业背景、资源优势、资金实力的电商巨头纷纷进驻股权众筹领域。此外，证券业协会也成立了有政府背景的中证众筹平台，加速了股权众筹平台的专业化分工。据了解，截至2015年7月底，共有113家平台开展股权众筹业务。[6]平台数量呈爆发式增长，使股权众筹成为我国当下互联网金融中的热点，也促进整个行业的整体发展。

我国在股权众筹发展初期并未专门出台具体的法律法规予以规定，只能参照适用已有的《证券法》《公司法》等法律法规。由于股权众筹对于促进我国经济发展和社会创新等方面的重大意义及近年来在我国的飞速发展，国家也不断出台相应的法规、政策等促进我国股权众筹行业发展，并对其予以规范和引导。2014年11月，国务院常务会议上首次提出“开展股权众筹融资试点”。[7]2014年12月，中国证券业协会就《私募股权众筹融资管理办法（试行）（征求意见稿）》（以下简称《众筹管理办法》）公开征求意见。[8]2015年7月，央行等十部门联合发布《关于促进互联网金融健康发展的指导意见》，其中针对股权众筹融资的概念、特征、监管机关等进行了规定。[9]2015年8月，证监会出台《关于对通过互联网开展股权融资活动的机构进行专项检查的通知》，要求加快制定行业监管规定，对我国当前股权众筹行业进行专项检查。[10]2015年8月，中国证券业协会出台《关于调整〈场外证券业务备案管理办法〉个

[6] 上海交通大学互联网金融研究所与京北智库：《2015年中国股权众筹行业发展报告》，载众筹之家网站 http://www.zczj.com/news/2015-08-06/content_3296.html，2016年3月27日访问。

[7]《持续聚焦“缓解融资成本高”，国务院常务会议首提“股权众筹试点”》，载中央人民政府门户网站 http://www.gov.cn/zhengce/2014-11/20/content_2781137.htm，2016年3月4日访问。

[8] 参见《关于就〈私募股权众筹融资管理办法（试行）（征求意见稿）〉公开征求意见的通知》（中证协发〔2014〕236号）。

[9] 参见人民银行等十部门《关于促进互联网金融健康发展的指导意见》（银发〔2015〕221号）。

[10] 参见《中国证监会致函各地方政府，规范通过互联网开展股权融资活动》（证监办发〔2015〕44号）。

别条款的通知》，将其中的“私募股权众筹”修改为“互联网非公开股权融资”。[11] 2015年9月，《国务院关于加快构建大众创业万众创新支撑平台的指导意见》提出“由于股权众筹对于促进我国经济发展和社会创新等重大意义，国家也不断出台相应法规政策等以促进我国股权众筹行业发展，并对其产生规范和引导作用”[12]。

与此相适应，我国各地也纷纷推行股权众筹试点工作。2015年5月，上海市提出发展股权众筹融资试点。2015年7月，广东省发布《广东省开展互联网股权众筹试点工作方案》。2015年10月，北京市出台的《关于大力推进大众创业万众创新的实施意见》中提出“积极开展股权众筹融资试点，打造中关村股权众筹中心”。

从上述我国股权众筹的发展实践和立法现状来看，一方面在国家和政府层面相继多次出台相关政策鼓励股权众筹融资在我国的发展，各地也在大力推行股权众筹融资试点；另一方面我国目前与股权众筹融资相关的立法规定又散见于各项法律、法规及其他规范性文件中，缺乏系统完善的专项法律法规，由此也导致实践中产生了各种问题，笔者将在后文中重点阐述。

二、我国股权众筹平台运作实践情况研究

（一）我国股权众筹平台表现形式发展演变

股权众筹融资方式是筹资者依托互联网平台发布项目信息，投资人以小额、大量的方式进行投资，从而获取初创企业一定比例的股权份额，以满足其融资需求。股权众筹创设了不同于传统银行、私募、天使投资等方式的一种新型融资方式，就我国目前的表现形式而言，主要包括以下三种：凭证式、会籍式、天使式。[13]

[11] 参见《关于调整〈场外证券业务备案管理办法〉个别条款的通知》（中证协发〔2015〕170号）。
[12] 参见《国务院关于加快构建大众创业万众创新支撑平台的指导意见》（国发〔2015〕53号）。
[13] 参见宁连举、刘茜：《互联网金融的创新发展及监管建议》，载《宏观经济管理》2015年第1期。

1. 凭证式股权众筹

凭证式股权众筹是指筹资者将出卖凭证与股权进行捆绑的一种融资方式，投资人投资后并非成为公司股东，只是获取与股权挂钩的相应凭证。凭证式众筹在我国实践中以“美微传媒”和“花草事”为典型代表。2012 年 10 月，淘宝上一家名为“美微会员卡在线直营店”的店铺开始营业，消费者可通过在该淘宝店购买相应金额会员卡，享有“订阅电子杂志”的权利并拥有美微传媒原始股份 100 股，通过该种方式，共有 1191 名会员参与认购 68 万股，共募集资金 120.37 万元。[14] 但该种模式很快被监管部门叫停，以证监会约谈创始人，宣布美微传媒不符合证券法公开发行主体资格，退还全部公开募集股份而告终。在该案例中美微传媒通过此种方式达到募集资金的目的，同时也可以利用互联网平台对其产品和公司起到一定宣传作用。而其中存在的主要问题是一方面上述主体通过网络方式向不特定主体发行股份，在行为定性上属于《证券法》上的公开发行行为，但未经证监会核准；另一方面证券法上规定的公开发行主体性质应为股份有限公司，美微传媒的公司性质为有限责任公司，《公司法》规定有限责任公司的股东人数上限为 50 人。因此，该种方式因不符合证券法上规定的公开发行主体要求及有限责任公司对股东人数的限制而不合法。但证监会在该事件中采用“软处理”方式，并未将其界定为“非法集资”给予严厉处罚，而是采用约谈、自行整改等方式，也体现了监管机关对股权众筹这一新生事物更为包容和开放的态度。而凭证式股权众筹也随着“美微传媒”和“花草事”事件的叫停陷入停滞，并未在我国获得进一步发展。

2. 会籍式股权众筹

会籍式股权众筹主要指投资人通过借助互联网平台直接进行出资并成为被投资公司股东的融资方式。实践中的会籍式股权众筹最典型的即为众筹咖啡馆，其中比较典型的如 3W 咖啡案例，筹资者将其股份以 6000 元 / 股的价格，每人限购 10 股的方式发售，在会籍式众筹方式中，有以下几个方面的显

[14] 参见施慧洪：《众筹的典型模式及案例解析》，载《商业经济研究》2015 年第 16 期。

著特点：第一，会籍式众筹带有显著的“人合性”特征，众筹者之间往往存在熟人、校友、老乡、共同兴趣爱好等交际关系。众筹项目也多围绕创业者、投资者、高管等社会关系向外扩展和延伸，作为股东的投资者之间具有更强的互相信任关系和人合性特征。第二，投资者追求价值回报的多元化。在会籍式股权众筹模式中，投资者并不单纯以追求其股权所带来的资本增值为目的，相反更注重投资咖啡馆等所带来的人脉、社会地位、交流机会、聚会场所等间接回报。第三，对于筹资者而言，股权众筹方式不仅可以满足其融资需求，也可以通过该种方式对其公司或项目起到良好的宣传作用，锁定一大批忠实客户，扩大影响力。会籍式股权众筹模式很快被复制到会所、茶馆、农庄等各个行业，然而其兴起也产生了诸多问题。其中最为重要的是由于其股东人数过多且持股比例相同所造成的控制权分散，使得股东之间容易在公司的运营、管理、盈利模式、分红等方面发生分歧，因“多数人的暴政”而难以形成统一的决策机制，造成公司治理上的僵局。

3. 天使式股权众筹

与前述两种方式不同，在某种程度上可以将天使式股权众筹看作传统天使投资及 VC 形式的互联网化，筹资人依靠互联网平台发布信息进行项目推介活动，使其项目相对于传统方式的传播更为广泛，投资人也依靠互联网平台获取项目信息，投资入股，并获取投资回报。传统天使投资、VC 等规定了较为严苛的合格投资人门槛，从而将普通大众投资者排除在外，而天使式股权众筹则最大限度地实现了全民参与，通过大众、小额的筹资方式分散初创企业的投资风险、共享其成长所产生的收益。具体来说，天使式股权众筹融资的运作模式如下：筹资者通过平台发布项目信息，天使投资人对项目进行认购，在认购人数、认购金额等方面满足融资额度后，通常是由投资人依照各自出资比例共同设立有限合伙企业，并由该合伙企业作为该项目或公司股东，股权众筹平台收取一定中介费用。天使式股权众筹模式近年来在我国被广泛运用，并取得了长足的发展。我国目前的股权众筹平台多以天使式股权众筹方式存在，以原始会、天使汇、京东东家等最为典型。因此，笔者在后文中将结合我国股权众筹平台的实践经验对其运作模式进行深入分析，后文对我国股权众筹平台主要问题及法律规制建议也主要围绕天使式股权众筹为基础而展开。

（二）我国股权众筹平台的运作模式

如上文所述，我国股权众筹融资的主要表现形式为会籍式、凭证式、天使式三种，其中天使式股权众筹表现形式最为常见。笔者在研究过程中选取了实践中比较有影响力的股权众筹平台，如京东东家、天使汇、大家投等，在对其运作模式进行细致分析后发现我国目前的股权众筹平台主要存在以下两种运作模式：

1. "无领投人"业务模式——以天使汇推出的"快速合投""闪投"方式为例

在"无领投人"的股权众筹融资业务模式中，首先由筹资者向平台提供项目基本信息并提出申请，进而平台对项目进行审核和筛选，并在平台上发布符合条件的项目信息，最后由投资者认购股份，在整个过程中各投资人的权利、责任、义务等处于平等地位，无"领投人"及"跟投人"的区分。以天使汇推出的"快速合投""闪投"方式为例，"快速合投"方式为创业项目提供更高效、便捷、快速的融资服务，通过获得平台首页展示及专业媒体报道的机会被更多投资人关注，实现 30 天快速融资对接服务。"快速合投"方式也并未对投资人设置最低出资额的要求。"闪投"方式则是通过开展高效线下融资路演活动从而完成优秀项目与投资人的对接，实现项目融资需求。[15] 实践中，"闪投"和"快速合投"方式通常由 VC、天使投资机构以及有经验的天使投资人参与，由平台完成初步尽调并提供线上信息展示等快速对接的机会。

2. "领投 + 跟投"业务模式——以京东东家为例

"领投 + 跟投"的股权众筹融资业务模式被目前大多数平台所采用，以京东东家为典型代表，其基本运作流程也包括项目的发布、平台的审核及投资人

---

[15] 载天使汇网站 http://angelcrunch.com/help/sd，2016 年 3 月 4 日访问。

的认购等，其突出特点是在该种业务模式中对投资者作出了“领投人”与“跟投人”的区分。拥有一定领域投资经验和风险承受能力的投资者在通过平台审核后成为该领域的“领投人”，“领投人”通过分享投资经验，带领“跟投人”进行合投，“领投人”因此获得“跟投人”的利益分成以及项目方的股份奖励。[16]

（三）我国股权众筹平台的业务流程

无论股权众筹平台采取上述何种运作模式，笔者在对京东东家、人人投、创投圈、天使汇等股权众筹平台的业务流程进行分析后，将我国实践中股权众筹平台的基本业务流程分为以下几个阶段：

1. 合格投资者认证阶段

投资者需要在股权众筹平台上进行注册并提交个人信息，从京东东家、天使汇、大家投等平台公布的《用户服务协议》《会员注册协议》等来看，投资者一般只需要提供手机号、验证码等即可在平台上完成注册，但要浏览项目商业计划书及其他信息并在平台上对融资项目进行投资，还需提交身份证、名片、资产证明、收入证明或投资案例证明等详细信息并完成合格投资者认证。《众筹管理办法》中对于合格投资者的认定进行了规定，但由于其尚处于征求意见阶段，实践中平台多参照《私募投资基金监督管理暂行办法》并结合自身情况制定其合格投资者准入标准，但准入门槛较之私募基金略有降低。

2. 筹资者项目发起阶段

筹资者要在股权众筹平台上提交并发布项目申请，可首先通过手机号或邮箱、验证码等完成合格项目发起人注册，对个人用户还需提供其姓名、身份证、联系方式、学历、工作履历等信息，对法人用户需提供其营业执照、组织机构代码证、税务登记证、章程、纳税证明等信息供平台进行实名认证，通过

[16] 参见杨东、苏伦嘎:《股权众筹平台的运营模式及风险防范》，载《国家检察官学院学报》2014 年第 4 期。

实名认证的筹资者需提交商业计划书并完善项目信息[17]，从而在平台上发起项目融资需求。但在国内的股权众筹平台上，从上线的项目来看，绝大部分项目都是平台的项目经理通过线下渠道获取而来，这是因为目前的创业门槛较低，创业者通过线上提交的项目大部分无法达到平台合格项目的标准。

3. 平台对项目的筛选与审核阶段

通过由股权众筹平台内部成立的评审会审核筹资者提供的商业计划书，对涉及项目估值、商业模式、财务及法律等内容进行审核，若审核通过，则该项目将入选项目库，平台负责运营的工作人员将辅助筹资者将项目上线，项目信息可被投资者查看；若审核不通过，则筹资方可通过修改或待该项目发展为平台认可的合格项目后再次提交。鉴于我国目前的股权众筹平台多采用领投加跟投运作模式，平台审核的重点多为领投方资质及交易条款的合理性，而对于商业模式等方面多为由领投方为待上线项目做背书。

4. 投融资合意达成阶段

投资人对项目信息进行浏览后，通过线上微信群路演，线下创业者约谈、Demo Day、"天使晚宴"实地考察尽调等活动，在对创业者的能力、素质等方面做进一步评估及对项目信息做进一步了解后，确定初步投资意向，完成签订投资框架协议（Term sheet）。Term sheet 是双方对重大事项在正式投资协议签订前所达成的意向性协议，通常不产生正式的法律效力，对估值、股份比例、公司治理、投资款到账时间、独家投资时间等重要问题进行约定，目前有逐步简化的趋势。

5. 项目正式融资阶段

在达成初步投资意向后，投资人需要通过平台进行认购并交纳一定的认购金，通常为实际投资款项的 1%，并在协议规定的期限内完成全部认购资金

---

[17] 如京东东家《融资人规则》第 1 条规定："融资人需提交包括但不限于如下的项目信息：所属行业及提供的产品或服务描述、核心竞争力、核心技术描述及知识产权、商业计划书，估值及融资需求、投资者席位数和投资条款等。"载京东东家网站 http://help.jr.jd.com/show/helpcenter/312.html，2016 年 3 月 27 日访问。

交付，一般来说目前平台都借助第三方托管机构，如在京东东家平台上，在达成投资协议后投资人向京东小金库缴纳认购金，在经过一定时间的冷静期（一般3—5天）后，根据最终确定的投资人数设立有限合伙企业（在“领投+跟投模式”下由领投人担任该合伙企业的GP，若无领投，平台成为该合伙企业的GP），合伙企业设立完成后会将该合伙企业资金托管，该资金定向投资于发起众筹的项目公司，实现资金从托管账户到项目公司，专款专用保障投资人利益，从而完成项目的正式融资过程。

6. 投后阶段

投后阶段一般包括投后服务和投后管理两个阶段。一方面，平台在项目正式融资阶段后可以提供增资协议等法律文本、协助工商登记办理或变更、提供投资者权益证明、投资者退出等投后服务。另一方面，筹资者采用股权众筹方式进行融资更大的优势还在于平台可以提供投后管理等增值服务，筹资者不仅可以通过该平台获得公司或项目的初始资金需求，在完成项目融资后，众筹平台及投资人还可以为创业者提供法律、财务、公司发展战略、公司运营、公司治理、再融资等方面的投后管理服务，促进项目孵化和成长，如依托京东集团资源建立的众筹平台京东东家，可以依托京东集团资源从各个方面为项目公司提供服务。同时，投资者也可以通过平台对项目方重大事项的持续信息披露来了解项目的进程和发展情况，保护自身权益。

三、我国股权众筹平台法律规制存在的主要问题

（一）我国目前对股权众筹融资相关概念缺乏统一界定

股权众筹作为我国互联网金融发展的一种新兴融资模式，其核心特点是公开、小额、大众。股权众筹发展初期，我国法律上对其概念并无明确界定，2014年证券业协会在其《众筹管理办法》的第2条中将私募股权众筹融资界定为“融资者通过股权众筹融资互联网平台（以下简称股权众筹平台）以非公开发行方式进行的股权融资活动”。第5条将股权众筹平台界定为“通过互联

网平台（互联网网站或其他类似电子媒介）为股权众筹投融资双方提供信息发布、需求对接、协助资金划转等相关服务的中介机构”，但上述规定仅为征求意见稿，缺乏正式的法律效力。2015 年 7 月央行等十部门《关于促进互联网金融健康发展的指导意见》规定：“股权众筹融资主要是指通过互联网形式进行公开小额股权融资的活动。股权众筹融资必须通过股权众筹融资中介机构平台（互联网网站或其他类似的电子媒介）进行。”中国证券业协会于 2015 年 8 月将《场外证券业务备案管理办法》（以下简称《备案管理办法》）第 2 条第 10 项的“私募股权众筹”修改为“互联网非公开股权融资”。2015 年 8 月证监会《关于对通过互联网开展股权融资活动的机构进行专项检查的通知》中规定：“股权众筹融资主要是指通过互联网形式进行公开小额股权融资的活动，即创新创业者或小微企业通过股权众筹融资中介机构互联网平台公开募集股本的活动。一些市场机构开展的冠以‘股权众筹’名义的活动，是通过互联网形式进行的非公开股权融资或私募股权投资基金募集行为，不属于《指导意见》规定的股权众筹融资范围。”

证券业协会公布的《众筹管理办法》中首次对我国股权众筹融资及股权众筹平台作出明确规定，将股权众筹融资限定于依托互联网平台的非公开发行方式，虽然上述规定仅为征求意见稿，但至少代表了监管机关对股权众筹平台监管的某种态度，因此，其公布后引发了理论界和实务界的广泛质疑和讨论，饱受热议之处在于认为《众筹管理办法》实质上将股权众筹纳入了我国私募融资活动进行规制，并将其在事实上界定为“私募股权互联网化”，而上述界定在某种程度上违反了“众筹”的本质属性。《众筹管理办法》中参照《私募投资基金监督管理暂行办法》规定了较为严苛的合格投资人准入门槛，不仅大大降低了股权众筹的普惠金融性，使股权众筹演化为一种富人游戏，不利于草根阶层投资者的参与，同时也违反了股权众筹众人共享或共担风险收益的性质。因此，证监会《备案管理办法》将《众筹管理办法》中所谓的“私募股权众筹”在表述上修改为“非公开股权融资”。概念上的变化是因为一方面，我国立法对于私募发行禁止公开劝诱，强调私募的非公开属性；另一方面，私募发行对象应为满足资产收入条件的合格投资者而非普通大众，因而存在“私”募如何“众”筹的尴尬。[18]此后，央行等十部委意见及证券业协会、证监会等规定中界定股权众筹融资时也进一步明确了股权众筹融资借助互联网平台及其公开、小额的特征。

综上所述，证券业协会在《众筹管理办法》中的态度是采用“私募股权众筹融资”概念界定方式，并规定了在事实上参照私募形式对平台进行监管，将股权众筹融资限定为非公开发行方式，并对投资人在投资金额、净资产、投资人数等方面都设置了较为严格的准入条件，是证券业协会在公布该征求意见稿时受限于当前《证券法》等相关规定的情况下又需出台股权众筹相关管理办法的权宜之计，但从长远来看，其与国际上股权众筹公开、小额、大众的本质相悖，在之后央行等十部委意见及证券业协会、证监会等出台的规定中对于股权众筹融资的概念界定也进一步明确了其公开、小额的特征。但上述规章、规范性文件等对股权众筹融资的概念界定上存在一定冲突，难以统一明确。因此，笔者认为，在我国下一步出台正式的法律规定时，有必要对于我国目前立法上股权众筹融资及平台的概念界定予以进一步明确和统一。

（二）股权众筹平台与现有上位法律规定之冲突

1. 对证券公开发行法律制度的挑战

股权众筹是依托互联网平台通过股份受让的方式进行融资，其本质与股份发行无异。[19]而根据我国《证券法》的规定，我国的证券发行根据其对象不同，可分为公开发行和非公开发行。公开发行是指发行人面向社会公众即不特定的社会投资者进行的证券发行。非公开发行是指向少数特定投资者进行的

[18] 参见万国华、王才伟：《论我国股权众筹的证券法属性》，载《理论月刊》2016 年第 1 期。

[19] 参见杨东、刘磊：《论我国股权众筹监管的困局与出路——以〈证券法〉修改为背景》，载《中国政法大学学报》2015 年第 3 期。

证券发行。[20]我国《证券法》第10条规定了公开发行证券的条件。[21]因此，股权众筹行为是否违反证券法应主要依据其是否为证券法上规定的公开发行行为。

《众筹管理办法》第12条中对股权众筹的发行方式及范围进行了界定。[22]虽然其中明确规定禁止以公开或变相公开方式发行证券，也对股东人数进行了限制性规定。但从我国《证券法》的规定可以看出，公开发行的两个主要判断要件为发行对象的不特定性和累计发行对象200人的限制。而从第二部分所述我国目前股权众筹平台实践中的运作情况来看，一方面，针对“不特定性”，不特定性意味着出资者与吸收者是没有联系的人或单位。[23]在股权众筹融资过程中，筹资者通过在股权众筹平台发布项目信息，投资人在未经注册或未经合格投资人认证前通常只能浏览项目的基本信息，此时投资人可浏览的信息范围仅涉及项目简要的宣传和展示，而涉及浏览项目融资需求、股权出让比例等具体信息时，实践中则常常需要投资人向平台提供资产、身份等相关证明文件并经过平台的合格投资人认证后才可以查看上述信息。但特定与不特定目前法律上并无统一的标准，互联网的交互性、公开性必然造成信息传播的广泛性，因此合格投资者准入本身并不能完全否认其不特定性特征。另一方面，针对200人的人数限制，笔者认为由于股权众筹是不同于股票及私募的一种新兴融资方式，立足于服务中小企业，其普惠金融的特性决定了股权众筹“小额”

---

[20] 参见徐孟洲：《金融法》（第三版），高等教育出版社2014年版，第109页。

[21] 参见《证券法》第10条规定：“公开发行证券，必须符合法律、行政法规规定的条件，并依法报经国务院证券监督管理机构或者国务院授权的部门核准；未经依法核准，任何单位和个人不得公开发行证券。有下列情形之一的，为公开发行：（一）向不特定对象发行证券的；（二）向特定对象发行证券累计超过二百人的；（三）法律、行政法规规定的其他发行行为。非公开发行证券，不得采用广告、公开劝诱和变相公开方式。”

[22] 参见《私募股权众筹融资管理办法（试行）（征求意见稿）》第12条规定：“融资者不得公开或采用变相公开方式发行证券，不得向不特定对象发行证券。融资完成后，融资者或融资者发起设立的融资企业的股东人数累计不得超过200人。法律法规另有规定的，从其规定。”

[23] 参见张明楷：《刑法学》，法律出版社2011年版，第686页。

及“融资者众”的本质。因此，特别是在企业融资需求较大时，只有通过众人、小额的方式才能实现最大限度地分散初创企业的风险，加强对投资者的保护。股权众筹的上述特征决定了其投资人往往会超出200人的限制。另外,《众筹管理办法》中只是将最终的投资人数量限定在200人以内，至于在股份认购过程中的投资人数量是否可以超过200人，该200人是否只是表面人数，以及股份代持、间接持股等方式并未做具体规定。

2. 可能触犯刑法规定的非法集资类犯罪

股权众筹不仅涉及对民商法上证券发行制度的挑战，也可能触犯我国刑法规定的非法集资类犯罪，包括三个具体罪名:《刑法》第176条非法吸收公众存款罪，第179条擅自发行股票、公司、企业债券罪以及第192条集资诈骗罪。结合我国的股权众筹平台实践中运行情况来看，其与非法吸收公众存款、集资诈骗等非法集资类犯罪界限不清是常见法律问题。2010年12月13日最高人民法院出台《关于审理非法集资刑事案件具体应用法律若干问题的解释》（以下简称《非法集资解释》）中对“非法吸收公众存款或者变相吸收公众存款”的含义做了进一步解释。[24]上述非法集资类犯罪的重要构成要件，一方面在于其对象是面向社会公众。所谓“公众”，是指社会上不特定的多数人和单位。[25]而我国目前刑法上对“不特定性”的解释一直处于模糊状态，股权众筹依托互联网平台进行项目展示，虽然大多数平台通过设置合格投资者认证制度从而为投资人准入设定一定门槛，但是否通过设置上述投资者准入制度就

[24]《关于审理非法集资刑事案件具体应用法律若干问题的解释》第1条:“违反国家金融管理法律规定，向社会公众（包括单位和个人）吸收资金的行为，同时具备下列四个条件的，除刑法另有规定的以外，应当认定为刑法第一百七十六条规定的‘非法吸收公众存款或者变相吸收公众存款’:（一）未经有关部门依法批准或者借用合法经营的形式吸收资金;（二）通过媒体、推介会、传单、手机短信等途径向社会公开宣传;（三）承诺在一定期限内以货币、实物、股权等方式还本付息或者给付回报;（四）向社会公众即社会不特定对象吸收资金。未向社会公开宣传，在亲友或者单位内部针对特定对象吸收资金的，不属于非法吸收或者变相吸收公众存款。”

[25] 参见王作富、黄京平主编:《刑法》，中国人民大学出版社2009年版，第344页。

可将不特定对象转变为特定对象，以规避上述法律规定，仍没有明确界限。另一方面在于宣传方式的公开性，实践中股权众筹平台在线上宣传的同时，也会组织线下小规模的聚会、沙龙、论坛等活动，况且互联网信息传播的开放性也使其难以避免触碰“公开宣传”的红线。正因为股权众筹的上述特点，使其常常难以与非法吸收公众存款进行明确区分，甚至一旦众筹平台或融资者具有非法占有目的，还可能触犯刑法上更为严重的集资诈骗罪。

除非法吸收公众存款罪、集资诈骗罪外，股权众筹也常常对证券法上的公开发行制度造成挑战，甚至会违反刑法规定的擅自发行股票、公司、企业债券罪。最高人民法院出台的《非法集资解释》对本罪中“发行股票”的含义做了进一步解释。[26]结合上文对我国股权众筹平台的运作实践及国内首次进行网上公开募集的“美微传媒事件”最终被证监会紧急叫停事件等可以看出，实践中股权众筹平台常常会触碰刑法中发行对象不特定性、股东人数大于200人的监管红线。

（三）实践中股权众筹平台权利义务及法律责任不清

1. 平台利用优势地位，造成各方权利义务不对等

在股权众筹融资法律关系中，股权众筹平台作为连接筹资方和出资方的中介，通过匹配双方投融资需求以促成交易，提供媒介服务并收取一定数量的中介费，从表面上看，平台起到居间作用。但对于筹资者而言，股权众筹是一个筹钱、筹智、筹人的全方位的资源获取过程，在上述法律关系中，平台不仅起到居间作用，还会起到一定监督、管理、服务等作用，因此，股权众筹平台往往在股权众筹法律关系中处于优势地位。由于我国目前实践中平台常常会根

[26] 参见《关于审理非法集资刑事案件具体应用法律若干问题的解释》第6条：“未经国家有关主管部门批准，向社会不特定对象发行、以转让股权等方式变相发行股票或者公司、企业债券，或者向特定对象发行、变相发行股票或者公司、企业债券累计超过200人的，应当认定为刑法第一百七十九条规定的‘擅自发行股票、公司、企业债券’。构成犯罪的，以擅自发行股票、公司、企业债券罪定罪处罚。”

据其自身情况制定投资规则、平台协议等，项目融资过程中也大量使用股权众筹平台提供的统一合同或其他格式文本。作为上述规则或合同的制定者，平台常常会利用其优势地位最大限度地维护自身权益，规避风险。因此，其中常常蕴含大量权利义务失衡的现象，如存在平台减轻自身责任，加重他方责任等免责或限责条款，如天使汇《用户服务协议》附则中平台享有对合同的变更权[27]、京东东家《投资人规则》中平台的免责条款等[28]，从而导致实践中股权众筹法律关系各方权利义务事实上的不对等。

2. 项目欺诈情况下平台法律责任

从我国目前实践中的运作情况看，股权众筹平台往往承担着项目的初步审核工作。如在项目方提交项目至人人投平台后，人人投总部会进行七层严格审核。项目通过审核之后，平台才会对项目进行全方位包装，并及时上线预热，融资。[29]在大家投平台的业务流程中也明确了在筹资人提交融资项目商业计划书后，大家投网站会针对项目进行审核，主要审核项目资料是否齐全、项目估值是否合理、项目商业模式是否可行。审核通过的项目才能进入项目库并被投资人查看。[30]由于我国尚未建立完善的征信制度和征信体系，作为资金需求者的中小企业或个人筹资者的征信信息基本处于缺失状态。虽然在股权众筹融资法律关系中，筹资者和出资人名义上属于公司和股东关系，但实际上筹资人显然掌握了更多的项目信息，出资人处于明显信息弱势

[27] 参见天使汇《用户服务协议》13.3 条规定：天使汇金融可因情势变更等原因修改本协议的条款，如用户继续使用天使汇提供的服务，则视为已明知并同意遵守修改后的协议；如不同意，可提出终止协议的要求并注销其在天使汇的账号，载天使汇网站 http://angelcrunch.com/help/service，2016 年 3 月 27 日访问。

[28] 参见京东东家《投资人规则》12.1 条规定：京东或东家不对融资人及投资人在东家上发布信息的真实性、准确性、完整性、合法性、及时性或有效性，投资人投资收益，投资人交易达成等事项作任何性质的担保或保证；同时京东或东家不对投资人的投资损失承担任何责任。除另有说明外，京东或东家不以口头、书面或其他任何形式为投资人提供意见或信息，载京东东家网站 http://help.jr.jd.com/show/helpcenter/311.html，2016 年 3 月 27 日访问。

[29] 参见人人投网站 http://www.renrentou.com/special/novice_guide，2016 年 3 月 6 日访问。

[30] 参见大家投网站 http://www.dajiatou.com/help-14.html，2016 年 3 月 6 日访问。

地位，各方法律主体之间存在严重的信息不对称性，这也极易诱发道德风险。

正是由于征信制度体系的不完善以及信息的不对称，实践中股权众筹平台涉嫌欺诈事件频频见诸报端。首先，由于我国股权众筹在发展初期缺乏法律监管，股权众筹平台基本处于野蛮生长状态。平台创始人及工作人员素质良莠不齐，可能缺乏相关金融从业经验，甚至是单纯技术出身，对项目的审查、运营、风控等缺乏规范管理，从而造成平台由于自身专业能力不足，无法保证对项目信息进行充分的信息披露和风险揭示等问题。其次，由于我国尚未建立健全完善的信用体系，虽然平台对领投人、项目发起者等都设置了一定的准入门槛，但由于我国公民信用记录的非公开性，导致平台事实上难以对筹资方、领投人等的信息进行充分有效的实质性审查，大多时候只是进行简单的形式审核，从而导致实践中在股权众筹融资过程中大量欺诈现象的发生。最后，由于股权众筹平台在整个股权众筹融资过程中实际上充当了筹资方和融资方的中介，其盈利多为融资顾问费、跟投管理费、投资收益分成、股份回报、广告费、增值服务费等。如在大家投平台上，若项目通过该平台成功融资，则融资企业需向大家投平台缴纳相当于其融资额度5%的项目融资居间费。[31]因此，项目融资的成功率影响平台的主要盈利，这也就大大诱发了平台的道德风险。平台工作人员可能会疏于对项目的尽调和审核，甚至进行一定的虚假宣传、通过与项目方的关联交易等行为而损害投资者利益。

针对上述实践中发生的层出不穷的平台欺诈现象，《众筹管理办法》中规定了股权众筹平台的防范欺诈义务。[32]但其中仅规定了平台有防范欺诈行为的义务，并且在发现时应及时公告终止相关活动，但并未规定由于平台主观上的故意或过失应承担何种法律责任，由此造成在实践中发生项目欺诈时，投资

[31] 参见大家投网站 http://www.dajiatou.com/help-14.html，2016年3月6日访问。

[32] 参见《私募股权众筹融资管理办法（试行）（征求意见稿）》第8条规定："股权众筹平台应当履行下列职责：……（四）采取措施防范欺诈行为，发现欺诈行为或其他损害投资者利益的情形，及时公告并终止相关众筹活动；……"

人往往难以对平台进行追偿。

3. 信息披露问题

信息披露是促进项目信息透明化，保护投资者权益，减少双方信息不对称，实现公开、公平、公正交易原则的基础。建立健全全面、真实、完整、及时的信息披露制度可以促进投资者在股权众筹融资过程中全面评估风险，合理估值，审慎作出投资决策，从而减轻由于在股权众筹交易中投资者和筹资者本身在知识储备、信息获取、经验积累、能力培养等方面的不对等地位。《众筹管理办法》中仅规定了融资者的信息披露义务[33]，其中对于我国股权众筹融资的信息披露制度规定的显然过于简单粗糙。我国股权众筹的信息披露制度主要存在以下几个方面的问题：第一，《众筹管理办法》中仅规定了融资者的信息披露义务，并未对平台的信息披露义务进行规定。然而实践中平台承担了对项目及投资人注册信息等初步审核的职责，而对于如何通过平台对信息的审核，确保项目方及投资者递交材料的真实性，从而实现融资者等信息披露的真实准确等缺乏相关规定。第二，《众筹管理办法》中对信息披露仅进行了概括性规定。在股权众筹具体运作过程中，平台通常会制定自身的信息披露规则，对于融资者项目信息披露内容、披露时间等方面进行规定，而信息披露内容本身是一个不断权衡和博弈的过程，信息披露内容过少会加剧投融资双方的信息不对称，不利于对投资人利益的保护。内容过多又易加剧筹资者项目信息被剽窃或模仿的风险，难以确保创业信息的安全。因此，在日后正式出台的法律规定中对于信息披露的具体内容仍有待监管部门出台相关的指引细则。

---

[33] 参见《私募股权众筹融资管理办法（试行）（征求意见稿）》第 11 条规定："融资者应当为中小微企业或其发起人，并履行下列职责：（一）向股权众筹平台提供真实、准确和完整的用户信息；（二）保证融资项目真实、合法；（三）发布真实、准确的融资信息；（四）按约定向投资者如实报告影响或可能影响投资者权益的重大信息；（五）证券业协会规定和融资协议约定的其他职责。"

（四）我国目前对股权众筹平台监管规定不完善

1. 现有相关立法规定位阶过低

股权众筹融资对于满足企业融资需求，拓宽大众投资渠道，规范民间金融发展具有重要意义。虽然政府在其工作报告及会议文件中不断出台一系列政策措施，强化国家对股权众筹融资的鼓励和扶持态度，但就我国目前法律法规的规定层面上看，《私募股权众筹融资管理办法（试行）（征求意见稿）》中虽然对平台、投资者与融资者准入标准等一系列股权众筹融资的基本问题进行了初步规定，但由于其在性质上仅为征求意见稿，无正式法律效力。《众筹管理办法》中所体现的监管态度，对于在我国股权众筹平台野蛮生长的初期，规范其健康发展具有重要意义，但由于尚未正式出台，且即便日后正式出台，其制定的主体是中国证券业协会，我国《证券法》中对于证券业协会的主体地位进行了明确确认，规定了证券业协会"是证券业的自律性组织，是社会团体法人"[34]。证券业协会作为我国证券市场的自律性行业组织，其权力大多来源于《证券法》、证监会制定的规章及其他规范性文件的明确授权，并且其制定的规则应属执行性规则而非创设性规则。[35]因此即便日后正式出台，其在法律位阶上也仅属行业规范，不属于严格意义上国家法律、法规、规章等规范性文件范畴，效力位阶过低，因此，在与《证券法》《刑法》等上位法发生冲突时易造成法律适用上的混乱。

此外，央行等十部门联合发布的《关于促进互联网金融健康发展的指导意见》以及证监会、证券业协会等出台的规章及其他规范性文件等也对股权众筹融资进行了规定，但上述规定的法律位阶都较低，且截至目前，我国法律法规层面尚未出台针对股权众筹融资的专门规定。

---

[34]《证券法》第174条第1款规定："证券业协会是证券业的自律性组织，是社会团体法人。"

[35] 参见柯湘：《中国证券市场监管权配置——基于不同监管模式比较》，载《中南财经大学学报》2014年第4期。

2. 平台准入标准有待完善

证券业协会《众筹管理办法》中所采取的态度是将股权众筹平台定位为投融资双方的中介机构，并规定了其准入标准。[36]证券业协会主要从平台法律属性、净资产、人员素质、技术条件、业务管理制度等方面设置了平台的准入标准，但笔者结合我国目前股权众筹平台实践运作情况，认为上述征求意见稿中准入标准的设置仍存在值得商榷之处，有赖于在正式规定出台前的进一步调研。第一，就平台法律属性而言，《众筹管理办法》中将股权众筹平台的法律属性定位为公司或合伙企业方式。但就笔者对我国目前股权众筹平台法律属性的调研来看，我国目前实践中股权众筹平台几乎全部采用公司形式注册。由于合伙企业带有更多的人合性特征，其资金、规模、治理结构等方面与公司相比都缺乏规范性，而股权众筹平台作为投融资双方的中介平台，在资金需求、规模、管理、人员等方面标准更高，因此，《众筹管理办法》对于股权众筹平台可以采用合伙企业方式的规定在实际运作中是否会由于缺乏现实基础从而难以有效运作，仍值得商议。第二，就平台净资产的规模来看，由于现实中不同平台定位不同，股权众筹平台的股东背景中既包括实力雄厚的传统电商巨头如阿里、京东、苏宁等，甚至目前各大券商也纷纷涉足股权众筹业务，也有一些草根阶层的创业者，各平台在项目要求、投资者准入标准等方面也存在一定差异，单纯采用一刀切的方式对草根阶层难免有失公允，况且500万净资产的要求也缺乏相应调研数据支持。第三，对于股权众筹平台的人员、技术、管理制度等规定过于模糊泛化，缺乏明确规定。例如如何定义《众筹管理办法》中所述的“专业人员”，对于高管相关任职资格除行业和年限外是否有其他如参加资格考试等前置性规定，缺乏对互联网平台及其他技术措施的合法性认定，对

[36]《私募股权众筹融资管理办法（试行）（征求意见稿）》第7条规定：“股权众筹平台应当具备下列条件：（一）在中华人民共和国境内依法设立的公司或合伙企业；（二）净资产不低于500万元人民币；（三）有与开展私募股权众筹融资相适应的专业人员，具有3年以上金融或者信息技术行业从业经历的高级管理人员不少于2人；（四）有合法的互联网平台及其他技术设施；（五）有完善的业务管理制度；（六）证券业协会规定的其他条件。”

业务管理制度缺乏指引性规定等。

3. 备案制登记导致信息不实风险

《众筹管理办法》中规定了“股权众筹平台应当在证券业协会备案登记，并申请成为证券业协会会员”，即对于平台采用备案制的监管模式，并规定了我国股权众筹平台备案登记时间、备案文件、核查方式等要求，但也规定了证券业协会的备案登记不构成对股权众筹平台内控水平、持续合规情况的认可，不作为对客户资金安全的保证。因此，从上述规定的精神来看，我国目前证券业协会对股权众筹平台的备案所采取的态度是形式审查原则，监管机关对平台提交的材料缺乏必要实质性审查的义务，备案制方式固然对于促进我国股权众筹发展，减少国家行政权干预具有重要意义，但考虑到目前股权众筹在我国发展时间不长且仍处于初期阶段，在我国整体信用缺失的大背景下，一刀切采取备案制方式可能会加大股权众筹平台备案信息不实风险，缺乏事先实质性审查机制又造成平台违法成本过低，可能造成对投资人利益的侵犯。

（五）部分规定原则性过强，有待制定具体执行标准

1. 项目合法性标准界定

股权众筹平台在我国股权众筹融资法律关系中发挥着中介作用，在我国股权众筹融资的实践操作中，平台对筹资者提交的商业计划书等项目资料承担初步审核的义务。平台对项目的审核必然包含了财务、法律、战略、运营等诸多方面的审查,《众筹管理办法》第8条规定了平台对项目合法性的审核义务[37]，但其中仅规定了平台对项目的合法性负有审查义务，并没有明确规定合法性审查的具体标准。如若正式出台，会使我国目前实践中平台对项目的审核标准过于模糊，目前实践中各个股权众筹平台大多根据自身实际情况制定审核标准和审核内容。但由于证券业协会缺乏统一的规范化指引，平台审核标准

[37]《私募股权众筹融资管理办法（试行）（征求意见稿）》第8条规定：“股权众筹平台应当履行下列职责：……（三）对融资项目的合法性进行必要审核；……”

过严，可能造成平台对项目审核花费大量的人力、时间，从而加大平台运营成本，同时也会影响平台的运营效率，不利于股权众筹融资模式的长期发展。但审核成本过低又可能造成项目质量难以把控，不利于投资者利益保护。

因此，笔者认为，由于平台在我国股权众筹融资法律关系中起到桥梁和纽带作用，且在我国目前实践中平台也承担对项目的初步审核义务。因此，日后针对我国股权众筹平台出台正式的法律规定时，在界定平台对项目合法性的审查义务时仍有赖于证券业协会出台具体的指引，如应出台具体细则对项目合法性的界定标准，是只涉及形式审，还是也涉及实质审，平台审查的具体内容必须包括哪些必要方面等进行规定。

2. 对平台资金管理缺乏监督

项目资金的控制和安全问题是股权众筹融资法律关系中投融资双方关注的重点，《众筹管理办法》第 8 条也对我国股权众筹平台的资金管理进行了规定。[38] 在目前实际操作过程中，在项目融资的过程中，涉及投资人先支付认投金额后，在经过规定的冷静期后，投资人实际交付的认投款若仍大于项目融资额度，平台通常会选择一个第三方支付平台供投资人进行资金的转账和交割，如大家投选择投付宝作为其第三方支付平台，而人人投选择易宝支付供投资人完成资金转让。一方面，上述第三方支付平台虽然形式上独立于股权众筹平台，但一般由股权众筹平台牵头设立或选定，因此，从实质上讲其独立性和公允性难以保证，并未在事实上形成股权众筹平台和资金之间有效的隔离。另一方面，《众筹管理办法》中仅要求资金应设专户管理的形式要件，而对于资金设专户后如何管理等却未作具体规定，不能对股权众筹平台的资金管理形成有效制约，也就难以实现对投资者的保护。

3. 部分禁止性规定需细化执行标准

为进一步规范我国股权众筹平台行为，《众筹管理办法》中以负面清单形

[38]《私募股权众筹融资管理办法（试行）（征求意见稿）》第 8 条规定："股权众筹平台应当履行下列职责：……（五）对募集期资金设立专户管理，证券业协会另有规定的，从其规定；……"

式规定了我国股权众筹平台的禁止性行为[39]，体现了监管部门对股权众筹平台规范化治理的态度，但笔者结合我国目前股权众筹平台的发展来看，上述禁止性规定也存在一定问题，其中针对股权众筹平台出台上述禁止性规定对保护投资者和筹资者权益，实现国家有效监管具有重要意义，但其中的部分规定过于原则化，仍有待于制定较为细化的执行标准，以更好地适应我国的实践情况。

如为确保不违反我国证券管理等相关上位法概念，《众筹管理办法》中规定平台不得向非实名注册用户宣传和推介融资项目，实践中股权众筹平台依托互联网模式的便利、开放等特点，往往会在平台首页上设置项目的宣传信息展示等内容，但由于其并未对宣传及推介内容和手段进行明确界定，一刀切地禁止向所有非实名用户宣传和推介难以适应我国当前实际情况，因此在正式出台法律时仍需对禁止性规定的设置出台更为细化的执行标准。又如《众筹管理办法》规定平台不能兼营 P2P 网贷，制定的本意是针对实践中一些 P2P 平台积极开展兼营股权众筹业务的现实，但在实践过程中大量股权众筹平台通过借助其关联人从事 P2P 业务规避上述禁止性条款，从而使上述制度形同虚设，因此对该项禁止性规定在细化执行标准时应增加考虑关联方因素。此外，《众筹管理办法》中仅针对股权众筹平台进行一系列禁止性规定，然而归根到底，股权众筹平台的运作仍有赖于其内部工作人员，但其中并未针对平台内部工作人员作出限制性规定。

[39]《私募股权众筹融资管理办法（试行）（征求意见稿）》第 9 条规定："股权众筹平台不得有下列行为：（一）通过本机构互联网平台为自身或关联方融资；（二）对众筹项目提供对外担保或进行股权代持；（三）提供股权或其他形式的有价证券的转让服务；（四）利用平台自身优势获取投资机会或误导投资者；（五）向非实名注册用户宣传或推介融资项目；（六）从事证券承销、投资顾问、资产管理等证券经营机构业务，具有相关业务资格的证券经营机构除外；（七）兼营个体网络借贷（即 P2P 网络借贷）或网络小额贷款业务；（八）采用恶意诋毁、贬损同行等不正当竞争手段；（九）法律法规和证券业协会规定禁止的其他行为。"

四、建立健全我国股权众筹平台法律制度的建议

（一）立法上进一步明确股权众筹融资及平台概念界定

笔者在上文中论述了我国目前立法中对于股权众筹融资及平台缺乏统一明确的概念界定。《众筹管理办法》中所采取的态度是将股权众筹融资概念界定为“私募股权众筹融资”，并在事实上采用了参照我国对私募的相关规定予以监管。然而实践中“私募股权众筹”的说法广受诟病，众筹是被国际市场、金融市场所承认的一种融资模式和资源整合模式，其实根本没有所谓的私募式和公募式众筹之分。众筹的“众”就是强调公开，私募式众筹是不存在的，这个概念从逻辑上就是矛盾的。[40]因此，证券业协会于2015年8月出台的《备案管理办法》中将“私募股权众筹”概念进一步修改为“互联网非公开股权融资”，只说明其非公开性质，在央行等十部委及证监会公布的规章及其他规范性文件中也进一步明确了股权众筹融资公开、小额的特性，并未明确其公募或私募特性。

事实上，之所以在我国存在对股权众筹属于公募抑或私募性质概念上划分的讨论，其本质是来源于我国《证券法》对证券发行的限制和分类。在我国，证券发行分为公开发行和非公开发行，公开发行可称为“公募发行”，非公开发行可称为“私募发行”。公开发行，是指发行人向社会公众要约出售、出售或者销售证券的行为。非公开发行，是发行人向社会公众以外的投资者要约出售、出售或者销售证券的行为。我国现行法律没有规定非公开发行或者私募发行的概念，故应解释为：凡不属于公开发行的，皆为非公开发行。[41]此

[40] 参见杨东：《走出“中国式”误区，给众筹插上法制的翅膀》，载光明网 http://money.people.com.cn/n/2015/0804/c392426-27410520-2.html，2016年3月6日访问。

[41] 参见叶林：《证券法》，中国人民大学出版社2010年版，第123页。

外,《证券法》第 10 条也规定了证券公开发行的条件。[42] 而股权众筹作为互联网金融背景下的一种新型融资方式，股权众筹投资合同具备证券属性且符合证券的经济实质，是一种证券，应当由证券法对其进行规制。[43]

事实上，由于向社会公众募集资金涉及国家资本市场秩序维护及公众投资者利益保护，因此各国均对其进行了严格的规定。如美国《1933 年证券法》规定：任何面向公众的公开股票发售，应当在美国证监会（SEC）注册招股书且经 SEC 同意备案后方可进行。[44] 为避免公开发行的高成本，美国《1933 年证券法》也规定了若干豁免条款。2012 年 4 月，美国出台《创业企业扶助法》（以下简称《JOBS 法案》)，该法案第三部分对众筹进行了规定。其中在立法上承认了股权众筹平台的主体地位，明确提出了集资门户概念即“根据 1933 年证券法 Section4（6）条款，任何涉及为他人账户发行或交易证券过程中扮演交易中介角色的人”[45]。

综上，我国目前关于股权众筹融资及平台的概念界定散见于《众筹管理办法》《备案管理办法》、央行及十部委、证监会、证券业协会出台的各种法律法规及其他规范性文件中，尚未出台有关股权众筹法律层面的正式的具有法律效力的专门性规定，且缺乏明确统一的界定标准。基于上述立法现状及股权众筹融资在我国的现实发展情况，笔者认为，对于股权众筹融资及股权众筹平台的概念界定可以并非采用单纯一刀切的概念界定及监管方式，而是对我国的股权众筹平台区分为面向特定投资者的非公开方式和面向大众投资者的公开发行

[42] 我国《证券法》第 10 条规定：“公开发行证券，必须符合法律、行政法规规定的条件，并依法报经国务院证券监督管理机构或者国务院授权的部门核准；未经依法核准，任何单位和个人不得公开发行证券。有下列情形之一的，为公开发行：（一）向不特定对象发行证券的；（二）向特定对象发行证券累计超过二百人的；（三）法律、行政法规规定的其他发行行为。非公开发行证券，不得采用广告、公开劝诱和变相公开方式。”

[43] 参见万国华、王才伟：《论我国股权众筹的证券法属性》，载《理论月刊》2016 年第 1 期。

[44] 参见张雅：《股权众筹法律制度国际比较与中国路径》，载《金融与法律》2014 年第 11 期。

[45] 殷华、周明勇：《美国 JOBS 法案内容解析及对中国众筹融资法制的影响探析》，载《现代管理科学》2014 年第 10 期。

方式两种，并参照传统公募、私募的概念划分及监管方式。鉴于多层次资本市场的构建是我国未来的发展方向，可以参照国外经验，在我国传统“公募”和“私募”两个层次划分的基础上进行创新，构建“公募”“小公募”“大私募”“私募”等多层次市场体系，因此在我国未来构建股权众筹融资相关法律规定时，对股权众筹融资的相关概念界定可以通过以下两种思路解决：

一方面，对于面向大众投资者的公开发行方式可以通过下一步对《证券法》修订时增设豁免条款解决，这是因为公募股权众筹和目前证券法上通行的上市公司首次公开募股有一定差异之处，二者的募集方式虽都为向大众投资者公开募集，但二者的募资主体在规模及健全程度上差异过大。因此，对于面向公众投资者的股权众筹融资及平台可采取参照适用《证券法》证券公开发行的相关规定，但通过增设豁免条款，将股权众筹融资与传统《证券法》上公开募股方式在募集资金总量、公司资质等方面予以区分，如采用公募股权众筹方式募集的公司在赢利情况、历史沿革等方面可不做严格限制，但可以通过增设如公募众筹的募资主体总募集资金不能超过 500 万元、募资对象超过 200 人的需要在证监会备案、公司必须为股份制形式等规定，既可以让募资主体获得资金，也可让投资人以小额分散的方式参与投资，同时在一定程度上保证了投资人的利益。因此，对于面向公众投资者的股权众筹融资可以将其构建成参照《证券法》公开发行的“小公募”形式。

另一方面，对于面向特定投资者方式的股权众筹平台则可在法律上对其“互联网非公开股权融资”性质予以明确规定，从而将互联网非公开股权融资和传统的私募基金等予以区分，因为互联网非公开股权融资方式募集的资金通过合伙企业等载体方式，直接投资于项目公司，投资人在未投资前就已经对该项目公司有充分了解；而对于被认定为《私募投资基金监督管理暂行办法》中的投资行为，则是通过合伙企业等载体募集资金，通过基金管理人将资金投资于合适的标的，投资人对于投资标的是投资后才知情。二者最大的区别是在股权众筹融资中投资人通过股权众筹平台将资金直接投资于投资人认可的标的公司，而传统私募基金是投资人先将资金交由基金管理人管理，再由管理人决定投资标的。因此，实质上，由于在互联网非公开股权融资中，投资人与投资标的信息不对称程度较少，因此，较之于私募基金，股权众筹融资可以采取适当降低投资门槛和合格投资人认定办法，但仍应该将其性质界定为私募性质，同时为了区分两者的运作模式，从事互联网私募融资的机构不能再同时从事一般私募基金。因此，对于面向特定投资者的股权众筹融资可以将其构建成参照私募基金管理的“大私募”形式。

上述二分法的立法上的设置可以充分考虑股权众筹“互联网+金融”的特殊性，一方面，通过在《证券法》中增设豁免条款，对于面向特定投资者的股权众筹融资，通过设置相较于《证券法》中新股发行相对较低的发行条件，打破传统公募相对较高的门槛限制，为我国未来的“小公募”留下空间；另一方面，将面向特定对象发行的股权众筹界定为“互联网非公开股权融资”方式，从而使其与传统私募基金区分开来，在人数、合格投资人准入标准等方面建立比传统私募更为宽松的“大私募”概念。

（二）完善我国相关上位法律法规

1. 修订证券法中相关规定，建立证券发行豁免制度

正如上文所述，在我国目前法律制度框架内，股权众筹融资方式的发展受限于我国目前证券法律制度中对于证券公开发行制度的限制，造成股权众筹平台在我国实践运作中在某种程度上背离股权众筹的本质，也不符合国际上对股权众筹通行的制度规定，因此，这只是在对现行法律制度作出妥协和平衡后的暂时性规定，长期来看仍有赖于《证券法》等上位法律的修改和完善。

以美国的监管思路为例，针对国内股权众筹的蓬勃发展与其国内证券法的冲突，通过出台《JOBS 法案》对 1933 年《证券法》作出修改，并未采取禁止方式而是通过设置小额发行豁免等制度予以规范，从而促进国内股权众筹的发展。《JOBS 法案》第二章和第三章规定了小额豁免制度，即“在一定范围内允许构成公开发行的股权众筹无须受到现行证券法律的限制，免于相应的

监管要求[46]”。笔者认为，在我国要解决股权众筹与我国现行《证券法》等上位法的冲突，可以从以下几个方面对我国目前的法律制度予以修改：

第一，从证券法促进社会主义经济的立法宗旨来看，面对包括股权众筹在内的互联网金融的大背景和我国实践中对金融创新的迫切需求，证券法应对金融创新和社会发展予以包容、引导、规范，而非禁止的态度。因此，国家立法部门不能抱残守缺地坚持过去的监管思路，而应根据实践情况予以修改，此为立法观念的转变。

第二，在具体制度设置上，美国《JOBS 法案》的监管模式为我国股权众筹的发展提供了一个较为完整的制度框架和监管思路，它以“豁免”的逻辑创设了资本市场中的新层次，在保护投资者的基础上减少初创企业和中小企业的融资成本。[47]因此，结合我国的实际情况来看，按照笔者对我国股权众筹平台进行非公开发行“大私募”和公开发行“小公募”二元监管划分的逻辑思路，在我国未来《证券法》的修改过程中，首先应将公开发行方式的股权众筹融资纳入《证券法》立法，从而为面向公众发行的“小公募”方式的股权众筹融资提供法律上的保证。其次，当前我国股票发行注册制改革议案被不断提出，笔者认为结合我国未来股票发行的改革方向，可以设置以一般公开发行采用注册制为原则，并针对股权众筹等情况建立专门豁免制度的分层审核机制，通过设定一定数量发行额等指标，对未达到规定限度的股权众筹平台公开发行免于证监会审核，从而在提高市场交易效率、保护投资者权益和维护公开市场秩序等法益之间寻求平衡点。

2. 对刑法中非法集资类犯罪进行重新界定

对我国股权众筹平台的监管不但涉及《公司法》《证券法》等对平等主体间法律关系的调整抑或国家行政机关运用行政权力进行经济调控或监管等民商法、经济法、行政法层面上的调整，更可能涉及作为社会秩序最后一道防线的

[46] 袁康：《资本形成、投资者保护与股权众筹的制度供给——论我国股权众筹相关制度设计的路径》，载《证券市场导报》2014 年第 12 期。

[47] 参见郑若瀚：《中国股权众筹法律制度问题研究》，载《南方金融》2015 年第 1 期。

刑法的规制和调整。针对我国股权众筹平台实践运作情况，股权众筹融资常常可能触犯非法集资类犯罪，而面对互联网金融这一新兴领域，刑法的过度介入又必然会压缩其生存和发展的空间，阻碍国家金融创新和金融改革的实现。因此，笔者认为，在运用刑法对我国股权众筹平台运作进行规制时，应着重注意两个方面：

一方面，在运用刑法对股权众筹平台进行规制时应保持刑法的谦抑性原则，将其作为维护股权众筹融资秩序的有力后盾。笔者认为，刑法具有最终适用的特性，针对的是严重破坏金融秩序的行为，因此，可通过建立健全对股权众筹平台监管的相关行政法规，以最大限度地保持刑法的谦抑性。在我国现行法律制度框架下，违法与犯罪之间的衔接过于紧密，一旦违法就可能直接转化为犯罪，不存在任何缓冲的空间。因此，为在实践中审慎适用擅自发行股票、非法吸收公众存款、集资诈骗等罪名，通过在行政法层面对平台禁止行为、行政责任等进行更加细致的规定，从而构建一个能够适当限制将股权众筹行为轻易入罪的“缓冲带”[48]，并通过设置行政责任这一“缓冲带”的构建达到限制股权众筹融资轻易入罪的目的。

另一方面，应对我国刑法中非法集资类犯罪进行进一步界定，明确股权众筹平台中介作用与非法集资类犯罪行为的区别。实践中确实存在某些平台打着股权众筹融资旗号实际从事非法集资类犯罪行为，加剧了大众投资者对互联网金融安全性的担忧，不利于投资者保护和股权众筹平台行业的整体长远发展。因此，国家通过在刑法中专门设置非法集资类犯罪予以规制，但这也造成了诸多问题。目前我国股权众筹平台的运营主要可能触犯非法吸收公众存款罪，集资诈骗罪，擅自发行股票、公司、企业债券罪三个刑法中规定的犯罪行为，但上述三个非法集资类犯罪存在一个共同的特点就是其对犯罪行为的划定过于宽泛，使股权众筹行为动辄入刑，阻碍金融创新功能的发挥。因此，笔者认为可以通过出台司法解释的方式，从规范构成要件以及提高入罪门槛两方

[48] 参见刘宪权：《互联网金融股权众筹行为刑法规制论》，载《法商研究》2015年第6期。

面对刑法中非法集资类犯罪进行重新界定，协调股权众筹对于社会发展的积极价值与刑法过度干预间的错位冲突，为构建行政责任“缓冲带”预留空间。一方面应规范构成要件，对集资诈骗罪中的“以非法占有为目的”加以限制，若确因经营不善等客观原因无法归还的，不能认定为本罪中的“非法占有目的”。对非法吸收公众存款罪中“集资款项用途”，应限定其投资领域为金融风险较高者。另一方面提高入罪门槛，股权众筹相比于传统融资方式更为高效便捷，故应适当提高其入罪的数额标准，从而合理划定犯罪行为。笔者认为，可以参照刑法中通常适用的单位犯罪入罪数额是自然人5倍的原则，在2010年5月7日最高人民检察院、公安部《关于公安机关管辖的刑事案件立案追诉标准的规定（二）》规定的基础上，提高5倍确立为以股权众筹融资名义实际从事非法集资类犯罪行为的入罪数额标准。

（三）建立并完善股权众筹平台监管相关法律法规

1. 完善我国股权众筹平台市场准入及退出机制

股权众筹平台作为市场主体，在股权众筹融资法律关系中居于核心地位，是股权众筹融资方式中投资人和筹资人建立联系和产生信赖的基础，因此平台也就成为国家进行宏观调控和监管的重点。《众筹管理办法》中对平台的准入条件进行了规定，但其中仍存在一定不合理之处，笔者认为对于我国股权众筹平台市场准入机制的完善应注意以下几点：第一，设立股权众筹平台市场准入标准的分层机制。笔者在上文已经提出了建议，即应根据发行方式的不同，将股权众筹平台划分为面向公众发行的“小公募”和面向特定投资者的“大私募”两种，按照上述划分的逻辑和思路，对股权众筹平台的准入门槛也应设立分层机制。通过对股权众筹平台的高管从业资格、注册资本金等必要条件设置相对较低的入门标准，从而达到一般的最低级别的注册标准；进而对平台发行方式、业务范围等实行牌照制管理，通过设置相对更高的准入门槛来实现促进股权众筹平台的发展和投资者保护之间的平衡。第二，笔者建议日后在出台正式的股权众筹平台管理办法时，可以在上位法律法规中设置概括性规定加兜底性条款的模式，并出台具体的实施细则对实践中平台的准入和管理进行细化的指引和规定。这样既可以避免因社会经济变化造成的技术条件、净资产金额等不适应社会实践而对相关法律法规的随意调整，从而保持国家上位法律法规的相对稳定，又可以使国家对股权众筹平台的监管能紧跟时代发展的要求，从而实现法律对经济发展的促进和保护作用。第三，为保证股权众筹平台合法合规经营，在法律法规层面除应设置准入机制，还应建立相应的退出机制，使达到准入条件的平台一旦在运营和管理过程中发生变化，不再符合上述准入标准，或出现其他违法违规行为时，通过相应的退出机制予以规范，从而维护我国股权众筹平台的竞争秩序，促进我国股权众筹融资的良性发展，更好地保护投资人和筹资人利益。

2. 明确股权众筹平台监管机构及监管方式，加强事中和事后监管

《众筹管理办法》中采取的态度是证券业协会负责股权众筹平台的备案管理。央行等十部委《指导意见》中规定“股权众筹融资业务由证监会负责监管”。实践中，证监会曾于2015年8月下发证监办法〔2015〕44号《关于对通过互联网开展股权融资活动的机构进行专项检查的通知》，其中明确了“股权众筹融资属于通过互联网平台公开募集股本的活动，必须依法予以监管，未经国务院证券监督管理机构批准，任何单位和个人不得开展股权众筹融资活动”[49]。因此，由于现有法律法规中缺乏对平台日常运营和管理的监管机关、监管内容等的统一和具体的规定，而法律法规的缺位又可能造成实践中无人监管、多头监管的混乱。

结合国际发展经验来看，为保护投资者利益，规范股权众筹融资行为，在国内股权众筹融资发展相对成熟后，通常会通过相对完善的立法对从事股权众筹业务的中介机构、发行人、投资者等进行严格的监管。如在美国《JOBS法案》中规定了股权众筹平台受SEC监管，法国《参与性融资条例》中规定

[49] 参见《证监会致函各地方政府，规范通过互联网开展股权融资活动》，载中国证监会网站http://www.csrc.gov.cn/pub/newsite/zjhxwfb/xwdd/201508/t20150807_282509.html，2016年3月6日访问。

股权众筹平台受其金融市场监管局（AMF）监督。在监管方式上，实行注册或许可前置性规定是国际上各国通行的经验。美国是股权众筹平台实行注册制的典型代表，在美国从事股权众筹的“中介机构”必须在SEC注册为“经济—交易商”或“融资门户”。英国则规定中介机构无论通过互联网抑或是其他方式，必须获得FCA的许可才能向合格的投资者销售非变现证券。[50]

结合国外的发展经验和我国的实际情况，笔者认为首先应在立法上明确股权众筹平台的监管机构，并对监管方式、监管内容等进行明确界定，从而明确监管机构的监管职责及权限，避免权力的滥用。其次，在具体设置时可以参照设立多层分类监管体制，一方面，对于面向非特定公众的股权众筹平台可以继续由证券业协会负责其准入的备案，同时还应增设对其日常运营管理等内容的监管职能；另一方面，对于面向公众投资者的股权众筹平台通过证券法的修订建立一定数额的发行豁免制度，设立相对较低门槛和较低标准的准入和监管标准，同时对可以进行公募股权众筹业务的机构实行暂时性国家监管下的牌照制度，只有经国家颁发相应金融牌照的机构才能进行该业务，因为面向非特定公众发行的公募股权众筹可以使标的公司实现公开募集，虽可以对募集资金金额等做限定，但如若在发展初期不加强监管，很多机构都可以利用法律间隙损害广大投资人利益。通过上述规定，既给予股权众筹平台充分发展的空间，又明确了公开发行股权众筹平台的监管机关、内容、权限等，从而通过上述制度的设置避免造成对股权众筹平台一放就乱、一管就死的监管乱象，在我国股权众筹平台达到一定规模和数量，股权众筹融资方式发展相对成熟后，应建立专门的股权众筹行业自律协会，在国家行政机关监管外增加行业自律监管。

3. 实行资金第三方托管制度，完善对募集资金的管理要求

在我国目前实践中的股权众筹融资的运作过程中，存在资金的二次流转问题。具体来说即在项目达到规定的认购额度并经过一定冷静期，投资者先将资金打入第三方托管账户，投资者实际缴付资金达到项目融资最低额度后，资

[50] 参见樊云慧:《股权众筹平台监管的国际比较》，载《法学》2015年第4期。

金再由第三方托管账户打入项目方。[51] 虽然《众筹管理办法》中也对平台募集资金应进行专户管理作出了规定，但结合实践情况来看，平台在整个资金流动的过程中仍起着关键作用，一方面，目前实践中的第三方支付平台由平台事先选定，这也就造成了其公允性和独立性难以保证；另一方面，资金在整个流动过程中的资金缴付和交割的指令都是由平台下达，使其在整个资金流动中的角色地位不明，使平台实际上成为资金的最终管理者。

笔者认为，对资金流转的管理是国家对股权众筹融资监管的必要环节，因此，在立法上应明确建立资金第三方托管制度，达到平台管理和资金管理的分离，实现投资者与第三方托管机构、第三方托管机构与项目方的对接，避免平台过度介入项目在第三方托管机构账户资金的管理、指令等操作，这也就可以在事实上剥离了平台对资金的控制权，并且应规定第三方托管机构不得与股权众筹平台之间存在关联关系，并对其资质等条件进行规定，从而在立法上防范平台滥用或挪用投资者资金，防止平台与第三方托管机构恶意串通损害投资者利益。

4. 完善信息披露制度

由于在股权众筹融资交易中筹资者和投资者在信息上存在严重的不对称性，为帮助投资者对项目的投资价值进行正确判断，引导其作出正确的投资决策，同时也为降低筹资者的信息成本，避免其因信息披露程度过大造成商业秘密、知识产权等内容的泄露，股权众筹融资法律关系中信息披露制度的建立和完善需要在上述多方法律主体之间寻求利益的平衡。

国外的股权众筹立法中均规定了较为完善的信息披露制度，以英国《众筹监管规则》为例，其中要求股权众筹平台必须提供精确、足够、清楚、显著的风险提示，并根据投资项目以及投资者的不同，在不同的环境下采取不同的

[51] 参见何欣奕：《股权众筹监管制度的本土化法律思考——以股权众筹平台为中心的观察》，载《法律适用》2015年第3期。

警告措施。[52]在我国证券市场上，信息披露制度作为我国证券市场监管的基础，理论上，凡关系到投资者利益的信息均属于信息披露范围之列，可分为证券发行信息披露和持续性信息披露。[53]股权众筹与证券发行相比具有相似性，其依托互联网平台作为媒介实现了投资者的分散，相互之间关联性较弱，同时未来在《证券法》修改后开放面向公众的“小公募”方式的股权众筹平台，而股权众筹“小额、大众”的本质造成了投资人缺乏专业投资经验，投资金额较低，易形成严重的“搭便车”心理，而上述情况更有赖于完善的信息披露制度的建立。

因此，笔者认为，在建立和完善我国股权众筹融资相关信息披露制度时应明确承担信息披露义务的主体不仅应包含筹资者，还应将股权众筹平台也纳入其中。同时，针对平台的信息披露标准作出规定，出台相关的强制信息披露内容的指引，同时平台可结合自身情况制定高于上述统一标准的信息披露义务规定，实现对于项目信息的国家强制信息披露制度和平台根据自身情况规定的自愿披露制度的有机结合。另外，还应在立法中明示平台信息披露的时间、频率、平台对披露信息应承担的责任等内容。

（四）进一步明晰股权众筹平台权利义务

1. 赋予股权众筹平台部分监管及纠纷处理职责

股权众筹对于促进我国金融市场创新，对接投融资双方需求，丰富我国多层次资本市场具有重要作用。而从平台内部运营来看，平台承担对项目和投资者的初步审核工作，但由于股权众筹平台本质上仍属于市场主体，其以营利为目的的本质加之由于其专业知识、技能、信息来源等仍存在一定限制，这也就使平台是否有足够的能力，是否愿意花费足够的时间、金钱等成本完成对项目及投资者信息真实性、有效性的审核仍有待商榷，其作出的审核结果也就因

[52] 参见何欣奕：《股权众筹监管制度的本土化法律思考——以股权众筹平台为中心的观察》，载《法律适用》2015年第3期。

[53] 参见叶林：《证券法》（第三版），中国人民大学出版社2008年版，第261页。

此存在一定风险。同时，由于平台与投资者、融资者间为平等主体关系，即使发现投融资双方主体提供了虚假信息，抑或发生筹资者未按照规定使用资金、披露信息等情况，也只能通过取消其投资或融资资格的方式来解决，造成其违法成本过低。此外，面对现实中大量的投融资双方的纠纷或争议，平台作为投融资双方的桥梁和纽带必然对双方之间的争议最为了解，但实践中当事人却往往采用诉讼、仲裁、调解等途径加以解决，这无疑加大了司法成本。

针对以上现实情况，按照笔者上文对股权众筹平台作出建立面向公众发行"小公募"和面向特定投资者发行的"大私募"划分的监管思路，由于面向特定投资者的股权众筹平台不涉及社会公众利益的保护，更多体现的是双方之间的人合性，因此股权众筹平台在上述股权众筹融资法律关系中更多的是起到桥梁和中介作用。而对面向公众发行的"小公募"的股权众筹平台，上述平台是我国目前多层次资本市场的重要补充，未来其发展方向应该是中国资本市场的第五板。如若未来国家在法律政策等层面放开面向不特定社会公众的公募股权众筹方式，这也就意味着该募集主体具有了充分的流动性，所以未来公募股权众筹平台将有可能演变为上交所、深交所、股转系统等类型的交易平台，因此，对于上线平台项目、首次募资、交易、信息披露、再次募资等管理办法，可参照现有全国性证券交易所管理办法，但考虑到上线公募股权众筹的项目都为偏早期，所以准入条件等可酌情调整，让更多的企业可以获得营运资金，实现投资人股权资产的流动性。

通过上述对于公募股权众筹平台设置相对于私募平台更为严格的准入标准和牌照管理制度，使平台与融资者、投资者之间形成的不仅是简单的民事关系，还可以参照目前主板、中小板、创业板、新三板等交易市场的规则，由国家行政机关作出授权，赋予平台对投融资双方一定的监管权，如在发生项目欺诈等情况时有权力根据授权在规定限额内作出处罚，以加大违法成本，且有助于我国股权众筹多层次资本市场监管体系的建立。同时，赋予其一定纠纷解决的职能，也有助于减轻司法成本，促进我国多元化纠纷解决机制的发展。

2. 明确股权众筹平台对项目审核义务及防范欺诈要求，建立平台“避风港”制度

平台在股权众筹融资过程中依托筹资方提供的商业计划书及其他项目信息及投资人提供的身份、资产、收入等证明文件，借助线上形式审核及线下约谈、尽调等承担对项目和投资人信息的初步审核工作，因此，平台掌握最为全面的信息。《众筹管理办法》中也规定了平台有防范欺诈的职责，实践中平台多借助“领投+跟投”的模式，利用“羊群效应”和大众的跟风心理，通过领投人的专业知识和对项目的二次审核分散自身风险，同时在其服务协议中设置格式条款，减轻其对项目的审核和防范欺诈的义务，由于现有规定并未规定平台具体的审核标准和对防范欺诈所应承担的具体责任，若完全将项目欺诈责任加之平台可能造成其成本过高，权利义务错位，对平台的要求过高，但若对平台审核及防范欺诈要求过低又可能发生平台由于故意或过失怠于履行审核职责，难以实现对投资者权益的保护。

美国法律也明确规定了平台防范欺诈的义务，并提供下述三种方式确定中介机构是否履行上述义务。第一，平台是否有合理理由确信融资企业符合美国《证券法》和《条例》规定的条件。第二，是否有合理理由确信融资企业信息被准确记录。第三，当中介机构认为融资企业、董事、经理和拥有该企业20%以上权益的股东不具备法定资格或者融资企业存在潜在的欺诈可能时，是否拒绝了其通过平台发行证券。[54]

针对我国股权众筹平台的信息审核及防范欺诈义务，笔者认为，在我国未来股权众筹融资的相关法律法规中应首先将股权众筹平台对投资者和筹资者以及项目信息的审核义务以法律形式确定下来，而上述审核应不仅局限于单纯形式审，还可规定平台对其中重要信息应利用所有必要手段进行实质审核。其次，针对实践中平台常在其服务条款中预先设定其不对信息真实性、可靠性负

[54] 参见杨东、刘磊:《论我国股权众筹监管的困局与出路——以〈证券法〉修改为背景》，载《中国政法大学学报》2015年第3期。

责的免责条款来规避上述审核及防范欺诈义务的现象，应在立法上明确禁止平台在其提供的单方格式合同中设置“霸王条款”而损害筹资者和投资者利益。最后，通过设置“避风港”制度，只要平台有足够证据证明其用尽合理途径对投资者、筹资者及项目信息履行了合理、必要、谨慎审核和准确记录，并对投资者进行了必要的风险提示和投资者教育，在日后发生项目欺诈等情况时，平台可举证证明其不存在因故意或过失造成未合理履行审核义务，则可通过“避风港”制度免责。

3. 建立股权众筹平台负面清单制度

为加强国家对股权众筹融资平台的规范和管理，防止平台滥用其优势地位损害投资者利益，《众筹管理办法》中规定了一系列平台的禁止行为。但同时，针对市场日新月异的变化、金融创新的需求和法律的滞后性等现实情况又使得实践必然超前于法律规定，为了不断平衡金融创新需要、股权众筹平台业务拓展需求、投资者保护及法律监管滞后性等之间的矛盾和冲突，笔者认为，应当在完善我国股权众筹融资法律规定时建立负面清单制度，对于负面清单上的禁止行为平台不可以突破，而平台的其他行为只要不违反负面清单的禁止性规定，不突破其他上位法的要求，则遵循“法无禁止即自由”的原则。同时，对于负面清单的规定也应及时根据社会发展的变化予以修订，或通过增设例外情况等方式进行调整，以不断适应经济发展的需要。

同时，《众筹管理办法》虽未正式出台，但至少代表监管层的某种态度，其对平台的某些禁止性规定在实践中引发了广泛讨论，其制定有其合理性，但在下一步正式立法中负面清单的设置仍有赖于进一步调研后制定和出台更为详细的指引。如第一，《众筹管理办法》规定了平台不得提供股权转让服务，但未来推行的面向公众发行“小公募”方式的平台其发展方向是未来中国资本市场的第五板，这也就决定了其必然会提供类似于交易所性质的股权转让服务；第二，《众筹管理办法》中还提出平台不得向非实名注册用户宣传或推介融资项目，然而实践中筹资者的项目发布依托互联网平台，平台对筹资者的作用也不仅局限于融资，同时起到一定的宣传作用，平台也必然会在其首页公示项目的部分简单推介信息以吸引投资者注册，上述一刀切的规定显然与实践发展背道而驰；第三，《众筹管理办法》规定股权众筹平台禁止提供担保和兼营P2P业务，但仍然无法禁止其利用关联关系规避上述限制性规定。因此，《众筹管理办法》中对于平台的禁止性规定有其合理之处，但综上所述，其中部分规定在与我国目前社会实践情况的适应性不佳抑或其具体标准制定等方面仍有赖于法律进一步明确和细化。笔者认为，解决上述问题的关键在于监管部门应基于对实践情况的调查研究等实证分析，通过建立和完善平台的负面清单制度，并确立以疏导和规范为原则，禁止为例外的原则性规定，既不能脱离现实需求，又不能违背金融创新的发展规律。

4. 强化股权众筹平台法律责任

法律责任是法律调整中的重要手段，根据行为所违反法律的性质，可以划分为民事责任、刑事责任、行政责任。[55]上述三种法律责任之间互相补充，调整股权众筹平台运营过程中不同程度的违法和犯罪行为。其中，最常见的调整方式是民事责任，特别是未来针对特定对象的“大私募”性质的股权众筹平台，由于其更多体现的是当事人之间的意思自治，更应主要用民事责任予以调整。行政责任在民事责任和刑事责任之间设置了一个有效的“缓冲带”，通过国家出台对股权众筹平台的行政法上的监管措施，并在违反上述行政规定时给予罚款、没收违法所得等方式，在违法和犯罪之间形成隔离。刑法作为社会秩序的最后一道防线，针对的是股权众筹平台严重破坏社会秩序的犯罪行为，刑事责任作为最严厉的法律责任的承担方式，在适用时应保持刑法的谦抑性，在具体适用时应慎之又慎。因此，股权众筹平台法律责任的承担应以民事责任与行政责任为主，刑事责任为辅。

（五）完善我国征信体系建设

互联网金融采用“互联网＋金融”的模式，其中互联网仅起到工具作用，

[55] 参见孙春增：《法理学基础》，北京大学出版社2014年版，第314页。

金融仍是其运行的核心和基础，而良好的征信体系的建立是现代社会金融发展的基本规律。而股权众筹融资作为我国互联网金融发展的典型代表，实践中平台对投资者和项目信息起到初步审核作用，因此，筹资者和投资者的信用信息必然是审核时判断依据的重点。我国传统征信系统中的数据来源主要依赖于银行等传统金融机构，在当前互联网金融背景下又产生了依托互联网平台对金融信息的加工、整理、整合，从而针对大数据的信息分析模式。笔者认为，在完善我国征信体系建设时，对我国股权众筹平台的监管和规制可以从以下几个方面予以完善：

第一，建立健全征信业的相关法律法规。长期以来我国征信业的立法处于严重滞后状态，对信用问题的立法规定散见于《民法通则》《合同法》《商业银行法》等法律规定中，缺乏统一的专门性立法。而相关法律法规的缺位使实践中对个人信息的采集、整理、披露、加工等缺乏统一适用标准和监管不明，对征信主体合法权益缺乏保护等乱象广泛存在。2013年3月颁布的《征信业管理条例》作为我国征信业的第一部专门立法，对于规范我国征信市场秩序起到了一定的积极作用，但就实践中运作情况而言，上述《管理条例》仍有赖于实施细则的补充和完善。

第二，建立征信信息共享机制。建立真实、全面、准确的信息数据查询系统可以有效降低交易成本，提高市场运行的效率。而实践中由于缺乏完善的征信体系，不同政府部门、行业协会、民间机构等出于保护国家利益、商业秘密或个人隐私等不同目的，都仅仅局限于对自身部门、行业、机构等的数据系统的更新和归纳，这也就造成了严重的信息分割现象，部门之间缺乏有效的信息对接和共享，从而影响信息的完整性。因此，笔者建议在我国传统银行征信部门信息数据的基础上，创建全国性的公共征信系统，统一个人征信信息的采集、加工、整理、使用等方面的标准，建立信息共享机制。但由于个人征信信息又涉及公民隐私权的保护，因此为平衡两者利益关系，笔者建议，一方面应扩大国家公共征信系统的开放对象和范围，另一方面为解决国家公共征信系统的开放对象门槛过高等现实问题，为股权众筹平台等市场主体提供合格规范的征信信息查询来源，缓解国家建立健全全国公共征信系统的滞后性问题，可以通过发放牌照等方式对民间征信机构予以管理，对其在大数据处理和分析的行为和结果等予以规范，从而完善我国征信体系的建设。

第三，相关配套制度的建设。我国征信体系的建立仍有赖于个人财产申报、破产申报等一系列相关配套制度的建设，需要国家明确指定或设立专门的征信管理机构，承担全国征信工作的宣传、监督、管理等工作。

第四，就股权众筹平台而言，可以将股权众筹融资过程中的相关信用信息纳入全国统一的征信系统中，建立相关的股权众筹融资法律主体诚信档案，降低股权众筹平台对投资者、筹资者等审核的成本，也最大限度提升了信息的真实性，从而加大投资者、筹资者信息不实的违约成本，提升平台运营效率。

五、结　论

以股权众筹融资为代表的互联网金融引发了我国传统金融的巨大变革，顺应了国家促进大众创业、万众创新及实现“互联网+”的时代需求，对于满足我国中小企业融资需求，引导和规范社会资金流动，实现资源的整合与对接，促进我国的金融创新具有重要意义。作为舶来品，股权众筹融资在我国经过不断发展和适应，产生了以“美微传媒”为代表的凭证式、以“3W咖啡”为代表的会籍式和目前被广泛采用的天使式三种表现形式。凭证式、会籍式实际上并非严格意义上的股权众筹，由于其存在与上位法等其他监管措施的冲突，股权众筹融资已经从上述早期的雏形发展为以天使式为代表的股权众筹平台。目前实践中的股权众筹平台运作模式可以分为以天使汇推出的“闪投”、“快速合投”模式为代表的“无领投人”模式和以京东东家为代表的“领投+跟投”的“有领投人”模式两种，经过合格投资者认证、项目发起、平台审核、投融资合议达成、项目融资、投后管理等一系列业务流程，实现对投融资双方需求的有效对接。为避免与上位法冲突，我国目前在性质上将股权众筹融资进一步限定为“互联网非公开融资方式”，虽然新出台的《众筹管理办法》中对于股权众筹平台准入标准、备案登记、平台职责、禁止行为等进行了规定，但在我国实践中仍存在平台利用其优势地位使各方权利义务不明晰，平台信息披露、防范欺诈等义务及其法律责任承担不明确，平台准入标准、资金管理、禁止性规定等监管措施不完善等诸多问题，基于上述对我国股权平台实践运作、立法情况和理论上的总结和分析，笔者提出了我国股权众筹平台法律规制的完善和发展路径，结合国外发展经验及我国实践情况，第一，应建立股权众筹平台公开发行“小公募”和非公开发行“大私募”的分层机制；第二，对《证券法》《刑法》等上位法进行修订和完善，通过建立小额证券发行豁免制度实现股权众筹“融资者众”的本质；第三，通过规范和明晰行政责任建立民事责任和刑事责任的缓冲带，通过完善平台准入机制，建立退出机制，明确监管机构及其职责方式，建立资金第三方托管制度及信息披露制度等实现对股权众筹平台相关具体监管措施的完善；第四，通过赋予平台部分监管及纠纷处理职能，界定平台防范欺诈和项目审核责任，建立负面清单，强化法律责任等方式进一步明晰股权众筹平台权利和义务和责任界定；第五，平台实现其信息真实性，履行其审核义务，加强对投资人的利益保护，仍有赖于我国整个征信体系的建立。

第三方支付的金融监管研究

陈　思

内容摘要　第三方支付对民众的日常生活有较深的影响，需要法律进行规制，但囿于法律的滞后性，相关法律的出台速度已经远远跟不上第三方支付平台的发展速度，因此，在第三方支付领域尚且存在许多没有法律规范的真空状态，引发了很多法律问题。本文希望通过辨别分析第三方支付和第三方支付平台的相关原理，对第三方支付平台作出法律层面的定义，对我国在监管过程中的问题进行阐述说明。在此基础上，分析学习国外的有益经验，健全我国第三方支付平台的监管制度，完善法律体系，建立一系列全面的法律制度来规制第三方支付中存在的问题。

关键词　第三方支付服务商　第三方支付　制度构建

根据收录在艾瑞咨询网站上的《2015 年中国电子支付行业研究报告》中的统计数据，2014 年我国第三方支付的交易规模达到 80767 亿元，跟去年相比增长量达到 50.3%，业内人士预计未来三年的增速比率将会保持在 30% 左右。本文将在汲取境外先进经验，结合我国自身实际的基础上，深入探讨第三

作者单位：中国建设银行重庆市分行观音桥支行。

方支付平台的法律监管问题，以期改善该领域的法制环境，构建完善的法律监管体系，为政府监管第三方支付平台提供建议和参考。

一、第三方支付的概念与模式

（一）第三方支付的概念界定

1. 第三方支付的内涵

支付是随着人类社会的分工交换而出现的，可以看作最远古的经济活动方式。在原始的物物交换时期就出现了支付，为了降低支付成本，出现了货币，之后为了降低现金交易成本，又出现了现代商业银行。但支付活动处于经济活动的最底层，人们已经对生活中每天发生的支付活动习以为常，不会察觉其中正在发生的支付革命。从历史的长河来看，每一次社会生产力的飞跃，每一次生产方式的变迁，每一次技术形态的变形，每一次产业格局的调整，都会首先体现在支付活动上。[1]

具体而言，支付是指为了清偿债权债务关系而将资金从付款人账户转移到收款人账户的过程。用户可以依据自身情况选择不同的支付方式，包括传统支付方式和电子支付方式，与传统支付方法不同的是，电子支付过程大多依赖电子化手段完成，主要包括电子货币支付、移动支付、网上银行支付、第三方平台支付等。

我国对于第三方支付并没有直接的界定。在央行出台《电子支付指引（第一号）》中有对电子支付作出规定，电子支付是指单位、个人直接或授权他人通过电子终端发出支付指令，实现货币支付与资金转移的行为。[2]而第一次在正式场合提出第三方支付这个概念的是阿里巴巴创始人马云，他在年度经济论

---

[1] 参见马梅、朱晓明、周金黄、季家友、陈宇等：《支付革命——互联网时代的第三方支付》，中信出版社2014年版，第3页。

[2] 参见中国人民银行2005年10月发布的《电子支付指引（第一号）》，载http://www.gov.cn/gongbao/content/2006/content_375800.htm，2016年1月26日访问。

坛上提出了“The third party payment”的说法，用中文表示即是第三方支付。[3]但在学术界对“第三方支付”并没有一个权威的定义。

在不同的场合，人们对于“第三方支付”的表达有不同的含义，有认为是第三方支付服务商的，有认为是第三方支付平台的服务的，也有认为是第三方支付平台的，这些都是正确的，并没有谁对谁错，只是定义第三方支付的角度不同而已。[4]本文所指的“第三方支付”，是指具有一定实力和信誉的非银行独立机构，提供银行支付结算服务，为消费者、商家和金融机构提供资金支付、清算以及交易监管等基础服务，并在此基础上形成的支付模式。

2. 第三方支付法律关系中的主体

（1）付款人

付款人是债务人一方，有相应的支付义务。付款方和收款方之间签订了买卖合同，这是整个交易过程的基础，一般来说，付款方是买卖关系中的买方。当交易进行前，首先需要付款方在第三方支付平台上设立虚拟账户，进行相关信息的填写，将相关信息注册到第三方支付平台的数据库中，同时，付款方根据自身需要在自己的虚拟账户中进行储值，储值就是把资金从银行账户转移到第三方支付平台的银行账户。当买卖合同双方达成合意，合同生效后，付款人有义务进行及时付款，这时付款方根据与第三方支付服务商的协议，指令支付服务商从其虚拟账户中进行支付，第三方支付服务商在确认交易信息正确、交易主体有效后，根据指令，在付款人的虚拟账户中扣除指定金额。

（2）收款人

收款人是债权人一方，一般是买卖关系中的卖方。第三方支付机构是独立于买卖双方的，因此，卖方如果想利用第三方支付机构进行交易，也需要在平台上进行信息登记，完成注册。当交易进行到付款方要求第三方支付服务商

---

[3] 参见王娜：《互联网第三方支付法律风险监管制度研究》，中国政法大学 2010 年硕士学位论文。

[4] 参见陈金磊：《网络金融中第三方支付及其法律规范》，湖南大学 2007 年硕士学位论文。

付款时，收款人有权利要求第三方支付平台尽到合理保管义务，对于接收到的资金善意保管。

（3）第三方支付服务商

作为独立第三方，第三方支付服务商起到中介作用，主要工作是按照用户要求完成相应的划拨、结算等操作，并且将相关指令传达给银行，由银行完成实际上的资金转移，最后由第三方支付服务商将操作的最终数据在合理时间内告知用户。

（4）银行

纵观整个交易过程，银行是所有交易行为的实际操盘手。不论是资金的转入还是转出，都是由银行最终完成操作的。但是需要注意的是，银行并不具体管理各方虚拟账户的金额变化。从《电子支付指引（第一号）》中的规定可以看出，央行允许商业银行将其自身的部分银行业务通过外包的方式，让法律允许的服务机构完成，其中包括部分电子支付业务，但其中也明确规定银行的义务和责任并不因为外包关系而改变。[5]因此，银行和第三方支付服务商之间可以看成基于合同的业务外包关系，其中银行负责托管资金和流转资金的实际操作层面，而第三方支付服务商主要负责客户关系层面的操作。

（二）第三方支付与相关概念的区别

1. 第三方支付与电子商务

通常来说，电子商务是一种无纸化的信息交换，主要是利用电子数据进行，通过改变消费者、企业和政府的关系，使其关系之间的行为能够自动完成。[6]通常来说，由于主体的不同，运行模式也有所不同，主要可以分成三种：如果是消费者之间的运作，通常称为C2C；如果在企业之间，则称为B2B；当这种关系存在于企业和消费者之间时，称为B2C。

[5] 参见中国人民银行2005年10月发布的《电子支付指引（第一号）》，载http://www.gov.cn/gongbao/content/2006/content_375800.htm，2016年1月26日访问。

[6] 参见郭懿美、蔡庆辉：《电子商务法》，厦门大学出版社2006年版，第2页。

为了解决在电子商务中出现的资金流问题，互联网第三方支付平台作为一种电子商务中的支付方式应运而生。在电子商务中有两个基本环节，一个是网上交易，另一个是网上支付，缺一不可，如果只进行了网上交易环节，没有在网上最终完成支付，就算网上交易行为成功，也不能说它是电子商务。因此可以看出，电子商务严重受到网上支付的限制，网上支付是完成电子支付的重要环节，在第三方支付方式能够支持电子商务之前，电子商务的完成主要是通过网上银行，但由于网上银行只是商业银行的线上模式，仅仅提供一个支付渠道，不能保证支付的安全进行，在支付过程中存在很大的安全隐患，所以，在第三方支付兴起前，人们为了安全起见，一般还是选择用传统的支付方式进行。电子商务是第三方支付得以发展的大环境，因此本文中的第三方支付，是把第三方支付置于电子商务这个大环境下进行探讨的。

2. 第三方支付与电子支付、网上支付

电子支付是用互联网作为工具，用载有特定电子信息的数据运用在资金流程中，是一种具有实时性的支付方式。[7]电子支付主要分成两类，一类电子支付是在互联网的条件下，也就是通俗意义上的网上支付，发展较早，网上银行就是其中的代表；另一类是非因特网环境下的电子支付，日常生活中随处可见的 POS 机，ATM 机就是这一类。[8]通过前文的分析，能够知道电子支付和网上支付并不是完全隔离的两个概念，两者之间存在紧密的联系。电子支付在外延上大于网上支付，网上支付是电子支付的下一级概念。而第三方支付是以互联网技术为支撑，是一种网上支付方式，所以，如果对三者进行从大到小的排序应该是：外延最大的是电子支付，其次是网上支付，最后是互联网第三方支付。

[7] 参见王蜀黔：《电子支付法律问题研究》，武汉大学出版社 2005 年版，第 1 页。

[8] 参见蒋志培：《网络与电子商务法》，法律出版社 2001 年版，第 395 页。

（三）第三方支付的模式

1. 银行网关型第三方支付与信用担保型第三方支付

不同的支付平台有不同的支付功能。银行网关型的平台模式是比较传统的支付模式，商业银行通过跟第三方支付服务商形成合同关系，形成统一的支付网关，这样方便支付交易的进行[9]，在这种模式下买卖双方利用支付网关与网上银行连接，进而完成网上支付，这种模式的优点就是让银行免去了开发专门网关的步骤，减少了交易成本，首信易支付[10]就是这种类型的代表（图1）。

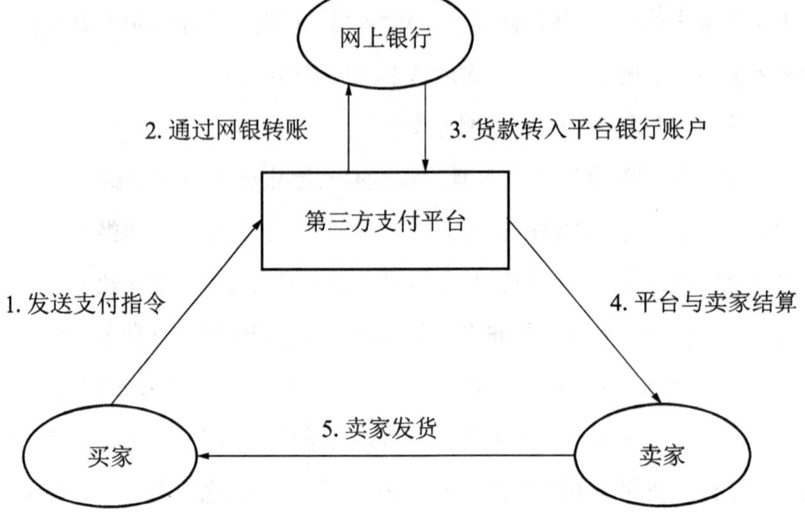

图1 银行网关型第三方支付流程图

与银行网关型模式的不同主要是，信用担保型不仅包括银行网关类型中所有的基本功能，还增加了担保功能。这主要是一种信用担保，因为在买方付款和卖方收款过程中有一个时间差，买方进入第三方支付平台后，进行交易行

[9] 参见蒋志培：《网络与电子商务法》，法律出版社2001年版，第136页。

[10] 首信易支付，载 http://www.beijing.com.cn/views.do?nid=402880191bf83187011bf837f0390001，2016年1月26日访问。

为，在进行支付前，选择第三方支付方式，向第三方支付服务商发出指令，要求第三方支付服务商按照要求进行支付货款，这个时候的货款并没有立即转入卖方的银行账户，而是暂时存放于第三方支付平台，当付款完成后，第三方支付平台通知卖家发货，在买方收到货物并确认货物合格后，通知第三方支付平台将之前存放在平台的货款打入卖方银行账户。通过分析，我们可以看出如果利用这种模式进行支付，第三方平台实际上起到了信用担保的作用，这让买卖双方在交易过程中更加放心，也更愿意选择网上交易。这种支付模式大家并不陌生，因为我们在日常生活中广泛使用的支付宝[11]就是这一类型的典型代表（图 2）。

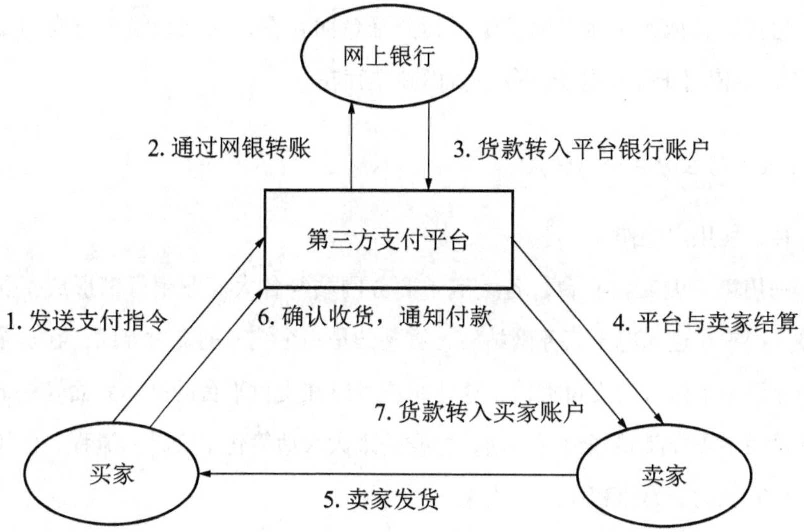

图 2　信用担保型第三方支付流程图

2. 支付通道型第三方支付与平台账户型第三方支付

虚拟账户是用来区分不同支付模式的又一标准。在选择利用支付通道型进行支付时，在这种类型的平台中，用户并不需要注册虚拟账户，这类型平台

[11] 支付宝，载 http://ab.alipay.com/index.htm?Nummain=13，2016 年 1 月 28 日访问。

只是一种支付网关，为交易双方提供统一的通道，买卖双方在这个平台上直接进行交易支付，类似于线下交易的传统模式。相反，如果用户选择用平台账户型第三方支付模式进行支付，买方和卖方需要分别在第三方支付平台上注册一个虚拟账户，这个虚拟账户是用户在平台的专门账户，用于跟商业银行对接，并且，在该账户上用户可以进行充值，用户可以选择使用支付网关进行转账，也可以选择利用虚拟账户进行转账。[12] 被大家广泛接受的支付模式多是第二种类型，支付宝、财付通[13]、首信易支付等就是这种类型。

3. 独立型第三方支付与非独立型第三方支付

第三方支付是随着电子商务平台的深入而发展起来的，因此，根据第三方支付平台与电子商务平台的关系可以进行第三种分类，非独立型第三方支付如支付宝，其依赖于淘宝网等电子商务平台而存在，独立型第三方支付如快钱[14]，不依附于任何电子商务平台而独立存在。

（四）第三方支付的特点

1. 方便用户操作

利用第三方支付平台，各大电子商务网站与各大商业银行都形成了相关链接，用户在进入电子商务网站后，看到的是一个统一的支付界面，在这个界面中显示多个银行的支付端口，这让用户可以在支付平台的操作界面轻松地完成支付而不需要跳转到银行界面，这样一来大大地简化了交易的流程，使用户从烦琐冗长的交易流程中解放出来。

2. 安全支付保障

在信息技术的保障下，第三方支付平台与银行网关连接，在银行本身的安全保障的基础上，第三方支付平台利用自己的支付网关安全技术提供了再一层安全保障，用户在使用第三方支付平台进行资金转移时，可以减少使用顾

[12] 参见黄涛：《第三方支付方式的法律规制之研究》，首都经济贸易大学 2008 年硕士学位论文。

[13] 财付通，载 http://help.tenpay.com/helpcenter/wycz_1.shtml，2016 年 1 月 26 日访问。

[14] 快钱，载 https://www.99bill.com/website/help/intro_myaccount.html，2016 年 1 月 28 日访问。

虑，防止信息被盗等意外的发生。

3. 保护交易双方权益

因为在第三方支付平台上进行交易，资金的转移具有时间差，第三方支付平台起到了担保作用，这能在很大程度上减少欺诈或是拒付行为的出现。第三方支付平台起到了很好的中立和监督作用，使网上交易环境更加诚信化，将欺诈行为以及虚假交易的概率降到最低，还可以在交易过程中监督交易的执行，保存交易双方的具体交易信息。由于买卖双方都是第三方支付平台上的注册用户，其交易记录都记录在了平台上，类似于一个信息数据库，这个信息库里的信息双方都可以看到，方便他们在交易前选择是否选择对方作为交易对象，这能够促进网络交易的安全发展，营造一个诚信的电子商务市场环境。

（五）第三方支付的创新之处

1. 基于银行服务又高于银行服务

由于在传统金融服务业中，各个金融指标发展不均衡，使金融发展速度严重滞后，网络金融也就是在这样的大环境下应运而生。在传统的银行业中，银行从成本和收益两个角度出发，多适用“二八原则”，具体而言则是，20%的客户给银行带来80%的利润，在传统银行业务中，中小客户群并不是银行业务的重点服务对象，银行更愿意跟能够带来巨大收益的大型企业合作，就算各大银行相继开发网络银行，在网络银行中提供的服务也都基本上是将银行线下操作的服务内容进行移植，唯一的不同就是利用了互联网技术。[15] 第三方支付正好弥补了传统商业银行业务的不足，其利用技术优势，通过持续的创新来满足客户的要求，在移动支付业务上，第三方支付平台创新不同的服务方式。第三方支付方式在开发之初就是为了最大限度满足用户的日常需求，因此在服务方式上，第三方支付服务商不断开发新的应用方式，例如通过二维码扫

[15] 参见赵紫剑、高洁云：《第三方支付网络金融创新与金融监管要点分析》，载《金融理论与实践》2014年第1期。

码的形式进行付款。不仅如此，在金融服务的内容上，第三方支付平台创新支付模式，将各项金融服务集中到统一的应用中，客户可以在一个页面中完成多项操作，也就是说消费、转账、理财、缴费等这些服务可以一步到位，使普通用户日常生活更加便利，这满足了用户个性化的要求，体现了其基于银行服务又高于银行服务的创新之处。

2. 从满足支付需求到发掘支付需求

随着第三方支付业务的深化，传统支付中介职能已经不能满足第三方支付企业了。第三方支付平台利用自身中介地位，收集交易过程中的数据，用科学方法进行分析，再深层次发掘用户的需求，想客户之所想。同时，第三方支付平台还推出多样化的在线理财管理业务，吸收分散在民间的小额资本，其中包括存款、基金、保险等，一元起的余额宝就是这项业务的典型代表。虽然这些业务尚处于发展阶段，没有实现产品的多样化模式，但是就服务的类型来说，已经基本上覆盖了传统银行业务中的内容，这在很大程度上冲击了传统银行的经营模式。

3. 利用大数据优势向金融产业链的纵深发展

在大数据的背景下，互联网行业迎来又一发展机遇。在大数据背景下，以大数据为基础，互联网领域的发展有三大变化：第一是互联网在市场中被广泛使用，具体来说就是，企业利用自己的门户网站给客户提供应用服务，收集用户资料，了解用户消费习惯，增强用户对企业的依赖度；第二是相关行业自身进行垂直整合，企业越靠近终端，拥有越大的发言权；第三是数据已经不单单是一个个数字那么简单了，而是能够掌握市场动向的重要资本，能够帮助企业取得巨大的经济利润[16]。正是由于金融创新领域的各大趋势，虽然第三方支付平台囿于其自身性质，不能直接承接金融业务，但为了之后能够在金融市场中占据一席之地，第三方支付服务商已经打响了市场开发战，例如成立相应规模的公

[16] 参见国金证券股份有限公司2012年1月发布的《大数据时代的三大发展趋势及投资方向》，载 http://www.doc88.com/p-2095552439389.html，2016年1月28日访问。

司，争取取得支付业务许可、因特网数据中心业务牌照、与大型金融集团联盟等[17]，这都表明第三方支付平台正在为其向金融产业链的纵向深入发展做准备。

二、第三方支付的金融监管必要性

（一）第三方支付的发展现状

1. 市场规模

从《2015年中国电子支付行业研究报告》（如图3）中的数据里可以看出，2014年我国第三方支付的市场交易数额巨大，实现了8万亿元交易规模的突破，跟2013年相比增长量达到50.3%，在第三方支付领域，其交易规模增速已经持续五年维持在50%左右。艾瑞咨询网预测在2016年市场规模会突破15万亿元[18]，可以说具有光明的前景。

2. 竞争现状

《2015年中国电子支付行业研究报告》（如图4）显示，2014年支付宝继续领军第三方支付，强化了个人用户端的优势，交易规模市场比重达82.3%[19]。而财付通则采取跟随策略，其发展道路与支付宝呈差异化区分，在市场中占比10.6%。但我国现阶段的第三方支付市场的竞争并不健康，具有同质化和低端化的趋势，例如服务趋同以及在价格上进行恶性竞争，这都阻碍了第三方支付行业的健康发展。

---

[17] 参见赵紫剑、高洁云:《第三方支付网络金融创新与金融监管要点分析》，载《金融理论与实践》2014年第1期。

[18] 参见艾瑞咨询2015年6月发布的《2015年中国电子支付行业研究报告》，载http://www.iresearch.com.cn/report/2402.html，2016年2月1日访问。

[19] 参见艾瑞咨询2015年6月发布的《2015年中国电子支付行业研究报告》，载http://www.iresearch.com.cn/report/2402.html，2016年2月5日访问。

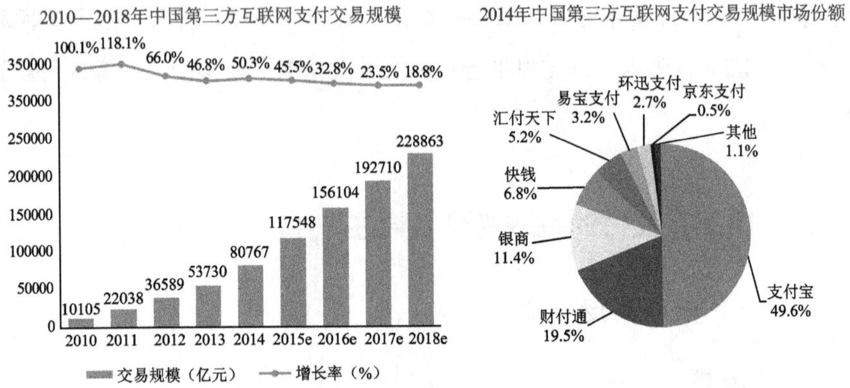

图3　2015年我国第三方互联网支付交易规模及其市场份额

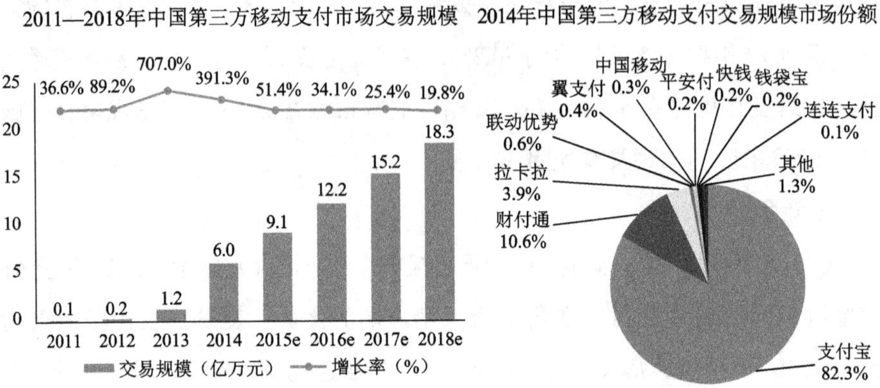

图4　2014年我国第三方移动支付交易规模和市场份额

（二）第三方支付面临的法律问题

1. 主体地位遭受质疑

在我国《商业银行法》中有明确规定，银监会是商业银行的监管机构，监督其合法运营，因此商业银行所从事的业务必须通过银监会的批准，而银行从事的结算业务是银监会专门规定由银行实施的业务，未经银监会批准，任何金融机构都不能从事只有银行可以从事的业务，一旦从事，就是跨越了经营范围，其行为将被认定为无效。一般来说，第三方支付服务商都会避免称自己是银行或是金融机构，而说自己是中介方。例如支付宝在其用户协议中写明，支付宝服务是其提供的中介服务[20]；美国的第三方支付 PayPal 也在其用户协议中提到，PayPal 提供的服务是处理支付服务，并非银行业务，其身份是管理者[21]。但在实践中第三方支付服务商已经部分从事了银行的业务，具有吸储的嫌疑。第三方支付平台从事的服务虽然称为支付中介服务，但其业务内容本身跟银行从事的结算业务相似，由于其定位不明确，进行相关业务并没有经过金融监管机构的批准。第三方支付服务商是否能因为其所从事的行为将其定位成银行，因此纳入相应监管范畴？还有就是从事支付清算业务的是不是只能是金融机构？我国法律中并没有明确规定第三方支付的法律定位，长期处于金融业务和网络运营的灰色地带，其主体的合法性受到质疑。

2. 沉淀资金及其孳息引发的资金安全隐患

第三方支付平台目前运用的是延迟净额结算方法，也就意味着在支付和结算之间存在一个时间差，这就导致了大量资金沉淀在平台上。根据惯常的交易规定，客户资金能够在第三方支付平台上保留三天到七天，造成数目巨大的沉淀资金[22]。如果不制定明确的规定对沉淀资金进行管理，而是让第三方支付服务商各自管理的话，这会导致大量的信用风险问题。从央行出台的相关规定来看，客户是其备付金的所有者，因此第三方支付服务商并没有备付金的所有权，第三方支付服务商需要在商业银行分别开户，区分备付金和自有资金，并且明确规定不允许以任何理由挪用使用客户备付金[23]。

但在实践中，支付交易都是在第三方支付平台中的虚拟账户中完成的，银行没有渠道对实际上的交易行为有全方位的掌握，并且第三方支付平台在商业银行开设的账户，银行也没有权利过问资金流向，所以第三方支付服务商很

[20] 参见支付宝（中国）网络技术有限公司制定的《支付宝服务协议》，载 https://cshall.alipay.com/lab/help_detail.htm?help_id=211403#10，2016 年 2 月 5 日访问。

[21] 参见朱静：《电子商务中第三方支付相关法律问题研究》，中国政法大学 2008 年硕士学位论文。

[22] 参见王慧：《第三方支付金融监管现状》，载《金融经济》2012 年第 8 期。

[23] 参见中国人民银行 2010 年 6 月发布的《非金融机构支付服务管理办法》，载 http://www.gov.cn/flfg/2010-06/21/content_1632796.htm，2016 年 2 月 7 日访问。

容易通过隐蔽的手段将备付金挪作他用。不仅如此，放置在银行账户中的备付金肯定会产生相应的孳息，法律中对于大量的沉淀资金归属并没有进行明确的规定。这些都对第三方支付方式的运行安全埋下了很深的隐患。

3. 不正当竞争风险

（1）市场垄断的形成

表1　2007—2014年我国第三方电子支付业务交易市场份额比例[26]

	支付宝	财付通	银联在线	快钱	环迅支付	易宝支付	其他企业
2007	47.6%	17.0%	12.2%	4.8%	3.5%	2.1%	12.8%
2008	50.7%	19.3%	10.1%	3.7%	3.0%	2.1%	11.1%
2009	49.8%	20.6%	7.7%	4.1%	3.2%	1.9%	12.7%
2010	50.02%	20.31%	4.06%	6.23%	3.55%	3.89%	11.94%
2012	49.2%	20.2%	9.3%	6.9%	2.8%	3.1%	8.7%
2013	48.7%	19.4%	—	6.7%	2.9%	3.4%	18.9%
2014	82.3%	10.6%	—	0.2%	—	0.4%	6.5%

从以上企业的数据分析中我们可以发现，支付宝占据整个市场的半壁江山；而财付通也基本上保持了稳定的市场份额，占1/5左右；快钱支付呈增长态势；银联在线的市场份额呈下降趋势，而环迅支付和易宝支付则是保持了稳定的市场占比。从表1中，我们可以看出为数不多的几家企业瓜分了第三方支付市场份额。随着用户对企业的依赖度加深，支付宝在2014年异军突起，占领了高达80%以上的份额，这让支付宝稳居第三方支付市场冠军，而在支付宝的强势劲头下，其他企业在市场中所占的份额大幅度降低，更有甚者经不起竞争退出了第三方支付市场。通过以上的分析，结合垄断竞争类型的分析，我们可以认定我国的第三方支付市场属于高寡头垄断类型。

（2）过度竞争导致行业畸形发展

在第三方支付行业，为了争夺市场，乱象频生。通过银联的相关数据，我们可以看出仅2014年上半年，就有违规商户46936户之多，这还仅仅是经

[24] 表格中数据是笔者根据艾瑞咨询历年的数据整理而来。

过确认了的，占活跃商户的5.84%，这一数据跟2013年相比，翻了三番，其中在这46万多户违规商户中，超过70%的来自于第三方支付机构。[25]

在2004年之前，我国电子支付企业数量只有10家左右，截至2015年已经增加到数百家。据《长江商报》调查显示，活跃在国内金融市场的第三方支付机构有269家之多。[26]在第三方支付市场中，市场份额就那么大，但机构数量众多，并且产品同质化趋势严重，因此企业之间的竞争演变成了价格战，为了争夺市场份额，支付企业以不合理的价格参与竞争，这种非理性的竞争只会导致支付市场的不健康发展。

4. 消费者权益受损风险

在第三方支付活动中有不同的参与者，其中互联网商户是具有相应的经营资格，有一定交易经验的商户，第三方支付机构是具有一定经济实力的主体，在参与三方中，消费者是弱势的一方。由于我国目前法律对第三方支付机构的地位以及法律关系等问题并没有明确规定，这无疑加大了消费者权益受损的风险。

（1）消费者可能面临财产损失风险

第三方支付平台作为一个独立的市场主体，在经营过程中受到多方面因素的影响，有可能发生经营失败、破产、兼并或是重组等各种问题，当第三方支付平台需要暂时停止营业或是永久性关闭时，消费者在平台上的备付金如何保全就是一个重大问题。

（2）消费者的信息安全可能受到侵犯

消费者在交易过程中，如果选择使用第三方支付方式，首先根据第三方支付平台的要求，需要填写个人相关信息，在第三方支付平台上进行注册，其次需要跟相关银行卡进行关联，整个过程就涉及消费者的信息安全问题。在平

[25] 参见苏曼丽：《POS收单没赚头第三方支付触网求生》，载于新华网科技 http://news.xinhuanet.com/tech/2014-12/31/c_127348794.htm，2016年2月10日访问。

[26] 参见王江泓：《第三方支付迎来行业整肃风暴》，载于财经网 http://money.163.com/15/0330/09/ALUPBHJG00253B0H.html，2016年2月10日访问。

台上进行注册时，消费者需要填写个人资料，进行实名认证，因此庞大数量的用户真实的个人信息被第三方支付平台获取，第三方支付平台一旦使用不当或是遭受黑客公司攻击，将造成消费者信息的外泄，给消费者造成巨大损失。在2003年全美多达五百万的Visa和MasterCard信息被盗，就是因为第三方处理器泄露了信息卡数据。2005年MasterCard发现因为安全隐患问题，一家第三方支付处理公司数据被黑客攻陷，最终导致四千万张信用卡的信息泄露。

（3）消费者维权遭遇困难

网上交易不同于传统交易，它的交易全过程是在网络上进行的，因此买卖双方无法真实感知整个交易过程，这是由网络的虚拟性造成的。在交易完成后，货物进入现实的货物流通环节，在这个过程中一旦发生问题，消费者一方很难举证，所以退货难度也进而提高。

5. 立法滞后

我国目前并没有对第三方支付进行专门立法，并且由于第三方支付兴起时间不长，所以在已有的法律中，对网络支付领域基本上也都没有提及，更别说对于第三方支付中的各种理论和实践问题进行规定了。《电子支付指引（第一号）》[27]算是对第三方支付直接规定的规则，但该指引主要规范对象是商业银行。目前而言，并没有对于第三方支付专门的法律规范，基本上散落于各个法律规章，例如《计算机软件保护条例》《民法通则》《担保法》《金融监管法》《广东省电子交易条例》等。如果从法律效力来看，不管是办法还是指引，都是指导性意见，法律效力层级较低，并在操作性规定上不明确，所以央行出台的相关办法和指引，虽然是专门规定，但只能起到过渡作用。

6. 监管机构管理问题

正如前文所说，目前我国对于第三方支付服务商的定位不明确，这就导致了缺乏监管机构对其进行监管。在第三方支付的运行过程中，涉及方方面

[27] 参见中国人民银行2005年10月发布的《电子支付指引（第一号）》，载http://www.gov.cn/gongbao/content/2006/content_375800.htm，2016年2月11日访问。

面，包括计算机、网络、金融等多个领域，这就要求多个部门联动合作协同监管。但由于目前我国并没有明确规定专门的监管机构对其进行监督，导致在监督层面缺乏专门的评价和投诉机构，不利于第三方支付行业的健康发展。

三、第三方支付法律问题的理论分析

（一）第三方支付服务商的法律地位分析

1. 商业银行说

就各国研究成果来看，判断一个企业是不是商业银行以其是否从事贷款业务和货币结算业务为标准，我国的《商业银行法》也是这样。学者认为第三方支付服务商是商业银行主要有以下几个理由：第一，第三方支付服务商进行了贷款结算业务，这属于银行的中间业务；第二，第三方支付服务商从事了银行吸收存款的业务，主要是保管了沉淀资金及其孳息。但在笔者看来，这两个理由均不能成立。

（1）货币清算业务不同于货币结算业务

目前我国对于“支付”并没有一个明确的定义，根据国际清算银行作出的术语规定，“支付”是指由付款人转移，收款人接受货币的行为。[28]从这个定义可以看出，从进行交易开始，需要一系列的步骤，具体来说首先是由买方发出交易指令，其次是第三方支付服务商对指令进行核对，最后是银行完成资金转移，这三个步骤的完成才是一个完整的支付流程，用专业术语来说就是首先是交易，其次是清算，最后是结算。在整个支付环节中，不同的环节有不同的功能，清算亦不同于结算，两个环节进行的时间点也是不同的，必须先进行清算，才能进行结算。不仅如此，清算主体一般是专门从事清算业务的机构或银

[28] 参见王娜：《互联网第三方支付法律风险监管制度研究》，中国政法大学 2010 年硕士学位论文。

行，更加专业化。[29]

因此第三方支付服务商从事的“支付清算服务”属于货币清算业务，而不是货币结算业务。最终完成结算职能的并不是第三方支付服务商，而是银行。在《支付清算组织管理办法》(征求意见稿)[30]中也明确规定，吸收存款业务的职能只能由银行进行，支付清算组织是不能从事该项业务的，同时也是禁止第三方支付服务商以清算为名，实则进行资金转账的业务。这也就说明清算和结算是不同的，不能将两者混为一谈，也就是说第三方支付服务商仅从事清算业务。

(2)保管沉淀资金及孳息并不等于吸收存款

笔者认为第三方支付中的沉淀资金及其孳息并不等同于银行的吸收存款业务。形成沉淀资金有以下两个原因，第一是由于用户在其虚拟账户中进行充值形成的，第二是对于无账用户因为付款和收款之间存在时间差形成的。

对于第一种原因，我们需要关注第三方支付机构的行为初衷，它并不是把资金吸收到平台进行运营，而仅仅是一个平台，资金只是暂时存储于平台上，第三方支付服务商并不对这些资金进行营业性运作。[31]同时，用户存放在平台的资金其实仅仅作为一个显示在数据库上的数据，并没有任何实际上的意义，是一个虚拟账户数字，最终资金的结算需要依靠银行来完成，第三方支付服务商不具有结算的职能。[32]对于第二种原因，沉淀资金的形成是由于货款的时间差产生的，这是由于第三方支付平台的性质决定的，收款和付款之间必然存在一个时间差，这是无法避免的，所以它并不是有意吸收存款，只是在客观结果上导致了资金的沉淀。但吸收存款是银行的一项独立业务，这完全不同于第三方支付平台保管沉淀资金的业务。

---

[29] 参见帅青红:《电子支付结算系统》，西南财经大学出版社2006年版，第3页。

[30] 参见中国人民银行2005年6月发布的《支付清算组织管理办法(征求意见稿)》，载http://finance.sina.com.cn/money/bank/bank_yhfg/20050610/18161675179.shtml，2016年2月12日访问。

[31] 参见陈金磊:《网络金融中第三方支付及其法律规范》，湖南大学2007年硕士学位论文。

[32] 参见姚雪娇:《网上支付付款中间人相关法律问题研究》，吉林大学2006年硕士学位论文。

从上文的分析中可以看出，第三方支付服务商从事的业务并不是银行从事的存款和结算业务，所以不能将其定性为商业银行。

2. 非银行金融机构说

非银行金融机构以接受信用委托、提供保险、发行股票债权等形式来筹备资金，并把筹集到的资金使用于长期投资上的金融机构，典型代表有信托、保险、证券等机构以及农信社等。[33]支持“非银行金融机构说”的人认为，第三方支付服务商提供的资金转移业务是金融领域的相关业务，把它纳入金融监管领域具有合理性。但根据银监会出台的《金融许可证管理办法》中的规定，如果相关机构想要从事银监会规定的金融业务，首先需要获得“金融许可证”，但在实践中并没有要求第三方支付服务商取得相应的金融许可证，因此，笔者认为将其定义为非银行金融机构也是不妥当的。

3. 仅支付清算组织说

有学者提出，应该将第三方支付服务商定义为支付清算组织性质。笔者在本文中也认定第三方支付服务商是支付清算组织，正如前文所说，银监会并没有颁发“金融许可证”给第三方支付服务商，这可以从另一个角度看出国家对于第三方支付是持鼓励态度的，并没有以金融机构的严格标准对其要求，期望其自身能进行一些金融创新行为。第三方支付来势迅猛，也必将成为今后金融领域不可小觑的力量。当前第三方支付正处于发展时期，政府不宜干预过多，政府应该对于金融创新行为给予鼓励和激励，为其提供自由的发展环境，创造一个宽松的政策氛围，这样第三方支付才能有更大的发展。因此，把它定位成金融组织，使其跟金融机构有同等的严厉管制措施是不妥当的，但又由于其从事业务的特殊性，还是应该对其审慎监管，需要对其有严于一般企业的监管制度，做到创新和风控的平衡。

综上所述，笔者认为将第三方支付服务商定义为支付清算组织更为合适。

[33] 百度百科，载 http://baike.baidu.com/view/168660.htm，2016 年 2 月 11 日访问。

（二）第三方支付法律关系分析

在一般的第三方支付业务中，参与主体有买方、卖方、第三方支付机构以及商业银行，不同主体在各自的商业银行都有设立账户，第三方支付业务中主体众多，各个主体之间关系错综复杂。法律关系是进行各项研究的基础条件，因此必须厘清各个主体之间的关系。

1. 买方与第三方支付服务商的法律关系

对于买方和第三方支付服务商之间的法律关系，不同的人有不同的观点。法律关系不同，对于参与人双方权利义务的分配也不同。由于买方的第三方支付服务商在进行支付活动前，必然会有签订合同的步骤，所以对于买方和第三方支付服务商之间存在合同关系，这一点是没有争议的，两者之间的合同关系是通过服务协议建立的服务合同。

第三方支付服务商作为独立第三方，在收付款人和银行之间起到中介作用，在资金转移业务中，第三方支付服务商既代理买方转移资金给卖方，又代理卖方接受买方的资金。支付宝在其与客户签订的服务协议中就明确规定了代理行为，[34]也就是说第三方支付服务商认为自己的行为是代理行为。因此，笔者认为，在资金转移服务中第三方支付服务商的行为是法律上的代理行为。

针对“代理关系说”的质疑主要是因为第三方支付在实践中存在困惑和法律规定上存在问题。首先如果从实践角度出发，我们可以看到当买方进行支付时，他仍然需要自己完成整个支付过程，第三方支付服务商仅仅作为中介，提供一个便捷通道而已，并且第三方支付服务商并没有义务对交易过程提出过多提醒，也并不对客户的损失承担责任。[35]而作为代理人，其需要以客户的利益为最高使命，因此反对“代理关系说”的学者认为第三方支付服务商不是代

[34] 参见支付宝（中国）网络技术有限公司制定的《支付宝服务协议》，载 http://help.alipay.com/lab/help_detail.htm?help_id=211403，2016 年 2 月 13 日访问。

[35] 参见支付宝（中国）网络技术有限公司制定的《支付宝服务协议》，载 http://help.alipay.com/lab/help_detail.htm?help_id=211403，2016 年 2 月 13 日访问。

理人。其次从合法性的角度来看，在第三方支付过程中，第三方支付服务商同时代理了买方和卖方，这是民法所禁止的。

上述的两个理由有一定合理性，但笔者认为这并没有否认买方和第三方支付服务商之间的代理关系。因为上述两个理由都有其特定的预设前提，并假设预设前提都是正确的，但我们需要警惕的是，这些前提本身就有问题。第一个理由中是假设第三方支付服务商与客户之间签订的服务协议是成立并生效的，在第二个理由的预设前提是我国民法中绝对禁止双方代理。但实际上，通过分析我们知道，这两个预设前提都不能支撑理论分析。

首先，在第一个预设前提中，假设服务协议有效，支付宝在其服务协议中所规定的，支付宝对于客户有提醒义务，但支付宝仍然有免责条款，在条款中并没有明确规定支付宝免责的情形，[36]因此支付宝将由于自己过错导致的风险也纳入免责情形，根据民法公平原则，如果合同中有不利条款，该条款的解释应该坚持对该条款进行不利于制定者的解释原则，因此，服务协议中的该条款并不必然有效。同时，代理人在代理关系中，进行支付活动过程中，有勤勉履行的义务，但这不意味着被代理人可以坐享其成，被代理人也有相应的协助义务，代理人依据被代理人的指令行动，并不意味着被代理人对行为不会介入，被代理人也可以亲自履行，所以，反对者认为买方介入支付行为，从而认定第三方支付服务商没有履行其义务，继而否认代理关系，这是不合理的。

其次，对于第二个预设前提，禁止双方代理行为仅仅是我国多数学者的一种学术主张，而并没有明文规定。我国虽然曾经对于禁止双方代理有过规定，[37]但在之后颁布实施的《合同法》中废除了《经济合同法》的规定。在目前的民法中，法律并没有明确禁止双方代理行为。因此，我们可以认为如果代

[36] 参见支付宝（中国）网络技术有限公司制定的《支付宝服务协议》，载 http://help.alipay.com/lab/help_detail.htm?help_id=211403，2016 年 2 月 13 日访问。

[37] 1981 年的《经济合同法》第 7 条第 1 款第（3）项中规定："代理人如若超越代理权限签订的合同或者以被代理人的名义同自己或同自己所代理的其他人签订的合同即为无效。"

理行为获得了双方当事人的许可，是有效的，因为在民事范围内，法不禁止即允许，双方代理行为是效力的待定的民事法律行为，其有效与否取决于当事人是否许可或追认。在第三方支付过程中，买卖双方是在明了双方代理行为的情况下，再与第三方支付服务商签订的代理协议，这是在事前对代理行为进行了许可，所以行为是有效的。

因此，笔者认为将买方和第三方支付服务商之间的关系认定为代理关系更为合理。在买卖双方与第三方支付服务商之间存在基础合同，如果在进行支付过程中，由于第三方支付服务商的过错导致用户利益受损，买卖双方可以根据签订的服务协议主张合同违约责任，这并不存在任何问题。同时，我们应该看到，法律之所以不允许双方代理，是因为代理人应作为被代理人的最高利益代表者，需要做到以被代理人的利益为先，如果作为双方代理，可能导致不公平的情形出现，但是我们需要注意的是，第三方支付方式是完全不同于传统支付方式的，所以我们不能用传统的观点来看待第三方支付这个新兴模式，第三方支付服务商更多是可以看作电子代理人，大多数代理行为都是在无人控制的情形下自动完成的，电子具有固定模式，是客观存在，因此为了防范相关风险，在代理过程中，完全可以提前利用互联网技术，设计相应的程序或步骤，避免双方代理情形中的困境。

综上，买方和第三方支付服务商之间的关系是代理关系。

2. 卖方与第三方支付服务商的法律关系

由于买方和卖方与第三方支付服务商的支付是相对对称的分布在交易过程的两端上，两者在交易过程和原理上基本相同。由于前文已经对买方与第三方支付服务商之间的关系进行了详尽的说明，所以该段简要说明卖方和第三方支付服务商的法律关系。笔者认为，卖方和第三方支付服务商之间是委托代理关系。但是需要注意的是，为了避免在法律认定上出现角色混乱，需要明晰支付过程中的各个节点。在同一支付过程中，买方向卖方支付时，第三方支付服务商是买方的代理人，而卖方是委托合同之外的第三人，当支付完成，出现了问题需要退款时，第三方支付服务商是卖方的代理人，这时买方是委托合同之外的第三人。

3. 网上银行与第三方支付服务商的法律关系

在进行第三方支付活动之前，首先由第三方支付服务商跟商业银行签订合同，这时在第三方支付服务商和银行之间就是合作关系，建立了连接，在合同签订后，由该商业银行保障账户中的资金为特定目的使用。

有学者认为网上银行和第三方支付服务商之间存在代理关系，认为第三方支付服务商是网上银行的代理人，第三方支付服务商从事的业务是由网上银行指定的，这一认定不利于责任的追究，因为如果第三方支付服务商是网上银行的代理人，当因为第三方支付服务商的责任导致用户损失时，买方或卖方可以直接请求网上银行赔偿，如果是这样的话，网上银行就面临随时被要求承担责任的风险，这对于银行来说是不合理的，因为银行仅仅是整个支付过程的一个环节，它只需要尽到自己的审慎义务即可，不能对其作出过高的要求。而且就算是在实践当中，网上银行也不可能会承担这部分责任。

第三方支付服务商作为独立法人，有自己的独立营业范围和内容，它的业务并不受银行控制，因此说第三方支付服务商是银行的代理人，是不合理的。如果从支付的具体操作过程来说，第三方支付服务商作为支付平台，依据买卖双方的指令进行支付，并根据与相关银行的合同最终完成资金的转移，第三方支付服务商的业务是完全独立于银行完成的，所以认定银行和第三方支付服务商之间是服务关系更为合理，而不是代理关系。

（三）沉淀资金及孳息的法律分析

1. 沉淀资金的所有权问题

沉淀资金又称为休眠资金，最初是形容闲置在社会中，尚未被筹集起来进行利用的资金。后来使用在金融领域，特别是在银行或是企业中，专指在日常的资金流通过程中，会有一定量的资金由于时间差或是交易需要滞留在支付平台上，这部分资金就是沉淀资金。[38]

沉淀资金的所有权问题是研究沉淀资金首先需要解决的问题。货币在传统民法理论中，一般认为适用种类物的例外规则，对货币适用“占有即所有”的原则，也就是说货币的所有权是随着其占有的转移而转移的。[39]有学者认为在第三方支付的货币也适用该原则，但笔者认为这不论在实践上，还是理论中，都是不合理的。究其原理，货币适用“占有即所有”的原则，是因为货币具有流通性。假设货币只是具有流通性，那么无一例外所有货币都适用占有即所有的原则，当然沉淀资金也是这样。但我们需要关注的是，如果有某种类型的货币并不具有流通价值，那么这种类型的货币是否适用该原则？沉淀资金是否具有流通性？

央行颁布的《非金融机构支付服务管理办法》中提供了明确的答案，其中明确规定第三方支付服务商平台中所滞留的资金不是支付机构的资金，其不能对其进行自由支配，对这些资金不具有所有权，支付机构只是一个支付平台，严格按照客户的要求从事活动。[40]可以看出，央行认为备付金的所有权属于客户。在银行账户中的备付金的价值不在于流通，而是意在保障安全。此外，民法理论中所规定的所有权，需要同时具有支配力和处分力，缺一不可，少了其中一个都不能说对其享有所有权。但根据前文的分析，我们可以看出，第三方支付平台上的资金用途是受到严格控制的，不能随便使用，第三方支付平台需要按照用户的指令行事，也就是说客户的备付金是“占有即所有”规则的例外，第三方支付服务商是客户的代理人，只能代为保管沉淀资金。所以如果没有用户的明确指令，第三方支付平台不能对平台上的资金进行使用。

2. 孳息的处分行为

我国对于孳息的处分行为没有明确规定，在实践中，第三方支付服务商多利用其优势地位，在协议中使用格式条款，对孳息进行占有。支付宝在其

[38] 参见杨宏芹、张岑：《第三方支付中沉淀资金的归属》，载《经济导刊》2012 年第 1 期。

[39] 参见梁慧星主编：《中国物权法研究》（上册），法律出版社 1998 年版，第 547 ～ 548 页。

[40] 参见中国人民银行 2010 年 6 月发布的《非金融机构支付服务管理办法》，载 http://www.gov.cn/flfg/2010-06/21/content_1632796.htm，2016 年 2 月 14 日访问。

服务协议中明确规定："您承担所有您接受本服务期间的货币贬值风险及损失。"[41] 在支付宝提供的官方解释中，提到支付宝坚持专款专用的原则，遵守谨慎监管原则，严格保管客户备付金，在中国工商银行开设独立账户，由中国工商银行总行账户资金进行专门监管，工行总行依据银行账户运作规则，严格管理账户，定期出具资金保管的实时报告，并且能够随时让民众查阅。在客户交易过程中交易所产生的孳息，都用"应付账款"的名目存在银行账户里，实际中支付宝并没有将其作为收入使用。

随着第三方支付市场的规模不断扩大，交易量增长速度剧增，在这过程中产生了巨大的沉淀资金量，其中涉及的孳息量也是巨大的。由前文分析知道，客户拥有沉淀资金的所有权，依据传统民法理论，孳息的所有权也是属于客户的，因此，如果客户没有进行授权，第三方支付服务商无权对孳息进行挪用等行为，这些都不属于其法定的经营范围。

四、第三方支付法律问题监管制度比较研究

（一）美　国

1. 监管体制

美国由于其特有的制度设计，存在联邦和各州两个层级，因此与此相对应，在第三方支付的监管上也是分为联邦和州双层监管。具体来说目前适用电子支付的相关规定有联邦层面上的，也有州法的规定。例如联邦《真实信贷法》和《电子资金转移法》。各州层面有各自对于电子资金划拨的法律规定。[42] 就监管机构而言，联邦存款保险公司（FDIC）负责联邦层面的监管，而各州根据自身实践情况，根据不同需要，设立不同的组织进行监管。所以在美国，也没有设立统一的第三方支付监管机构。

---

[41] 参见支付宝（中国）网络技术有限公司制定的《支付宝服务协议》，载 http://help.alipay.com/lab/help_detail.htm?help_id=211403，2016 年 2 月 13 日访问。

[42] 参见帅青红、夏军飞：《网上支付与电子银行》，东北财经大学出版社 2009 年版，第 248 ～ 249 页。

2. 第三方支付平台的法律地位

美国并没有权威观点将第三方支付机构定义为银行或是存款机构。美国目前对于第三方支付机构 PayPal 的定位主要有两种观点：第一种是把它定义为货币服务企业，因为 PayPal 所从事的业务不是银行的吸储业务，不需要取得银行相关业务的许可证，但又由于其业务具有一定金融相关性，在企业性质和服务范围上都不同于企业普通法人，不能将两者等同。[43] 第二种是认为第三方支付机构 PayPal 是进行非法运营的机构，主要第三方支付机构没有从事相关服务的权利。[44] 因此，美国对于第三方支付平台的法律定位并没有明确。

3. 第三方支付平台沉淀资金的监管

联邦存款保险公司（FDIC）对沉淀资金进行监管，存款延伸保险是监管的主要方式。"存款延伸保险"要求商业银行在指定保险公司有一个保险账户，根据法律规定，在这个账户进行支付的金额最多是十万美元，并且在设立账户时，法律强制要求银行对沉淀资金进行审慎监管，必须将沉淀资金存留于第三方支付服务商开设的账户中。[45] 在实践中，用户可以自由选择两种资金保管方式，一种是选择存放在保险公司的特定账户中，另外一种就是用户购买货币市场基金，该基金的管理由第三方支付机构来实现。[46]

（二）欧　盟

1. 监管体制

欧盟在立法方面制定有专门的法律对电子支付进行规制，包括《电子货币指引》《电子货币机构指引》《电子签名共同框架指引》。在欧盟，主要是通过相关牌照的取得来对电子支付领域进行监管。也就是如果企业想要涉及电子

[43] 参见帅青红：《电子支付结算系统》，西南财经大学出版社 2006 年版，第 304 页。

[44] 同上注。

[45] 参见张宽海：《金融与电子支付》，北京大学出版社 2006 年版，第 191 页。

[46] See Kaminshi, Carl, Online Peer–to–Peer Payments: PayPal Primes the Pump, Will Banks Follow?7N. C.Banking Inst, 375(2003).

支付领域，需要根据法律取得许可。由于欧盟期望建立一个统一的支付区，所以在监管机制上，第三方支付机构只需要在欧盟区域内获得“单一执照”即可。欧盟中央银行作为监管机构，统一管理欧盟范围内的第三方支付机构。

2. 第三方支付平台的法律地位

如前文所说，第三方支付机构需要首先获得电子货币许可，在获得相关牌照之后，才有资格从事相关业务。欧盟为了加强对电子支付领域的监管，一度试图希望通过立法把电子支付机构认定为金融机构，对其实施更为严格的监管，但由于欧盟涉及国家众多，每个国家情况不同，统一认定为金融机构存在很大难度，因此这一提法也被搁浅。[47] 所以现在第三方支付机构在欧盟依然属于非金融机构而受到监管。

3. 第三方支付平台沉淀资金的监管

欧盟在对于沉淀资金的监管上采取的是风险准备金制度。[48] 该制度要求第三方支付机构必须在欧盟指定的银行开设账户，现在规定的是欧盟中央银行，开设的这个账户是第三方支付的专门账户，区别于企业账户，避免资金的滥用。[49]

（三）亚洲其他国家和地区

在亚洲国家和地区，不同的国家有不同的国情，实际情况不同，制定的措施也是不同的。新加坡和韩国作为亚洲发达国家，发展第三方支付较早，也在比较早的时候对第三方支付作出了规制，例如新加坡的《电子签名法》[50] 和韩国出台的《电子商务法》，设立金融监管委员会对电子商务机构进行监管；2000 年我国香港特别行政区出台了《电子交易法令》，没有设立单独的监管机

---

[47] 参见杨娟、彭韵程：《新欧盟电子货币机构审慎监管的经验及对我国的启示》，载《华北金融》2010 年第 10 期。

[48] 参见高秋美：《网络第三方支付监管制度研究》，西北大学 2009 年硕士学位论文。

[49] 参见王娜：《互联网第三方支付法律风险监管制度研究》，中国政法大学 2010 年硕士学位论文。

[50] 参见黄璟宜：《论对第三方支付机构的法律监管》，西南财经大学 2006 年硕士学位论文。

构，而是由行业进行自律。[51] 在我国台湾地区，出台了《电子商务中的电子签名法》等，并且把电子支票作为监管重点。[52]

（四）中 国

我国在第三方支付方面的规制方面起步较晚，而且经过了较长的摸索阶段。2005 年相继出台了《关于加快电子商务发展的若干意见》和《中华人民共和国电子签名法》，在政策和法律层面为电子商务的发展提供了标准。2005 年央行起草了《支付清算组织管理办法（征求意见稿）》，希望促进支付市场的健康发展，并同时面向公众广泛征求意见，但该办法最终停滞在征求意见阶段，并没有生效，只是一个草稿。2005 年央行颁布的《电子支付指引（第一号）》，是我国在电子支付领域的第一个规范性质的文件，但毕竟只是指引性质的文件，法律效力层级较低，并且在指引中多是原理性规定，很少有对具体制度的详细说明，仅仅是提出了建议，缺少操作性的规定，只能起到过渡作用。

2010 年央行出台的《非金融机构支付服务管理办法》结束了第三方支付监管中长期没有规范性文件出台的窘境。在该管理办法中，央行将第三方支付机构作为非金融机构进行监管，并规定第三方支付机构须取得相关许可方可从事支付业务，同时也对客户备付金的监管方面做了更完善的规定。[53] 在 2015 年年末，为了进一步规范网络支付业务，促进网络支付市场的健康发展，央行颁布了《非银行支付机构网络支付业务管理办法》，[54] 该办法的出台表明央行规范非银行类支付机构网络支付业务的决心，也出台了相关具体措施，较以往

---

[51] 参见王娜：《互联网第三方支付法律风险监管制度研究》，中国政法大学 2010 年硕士学位论文。

[52] 参见高秋美：《网络第三方支付监管制度研究》，西北大学 2009 年硕士学位论文。

[53] 参见中国人民银行 2010 年 6 月发布的《非金融机构支付服务管理办法》，载 http://www.gov.cn/flfg/2010-06/21/content_1632796.htm，2016 年 2 月 14 日访问。

[54] 参见中国人民银行 2015 年 12 月发布的《非银行支付机构网络支付业务管理办法》，载 http://www.pbc.gov.cn/goutongjiaoliu/113456/113469/2996517/index.html，2016 年 2 月 14 日访问。

有了实质性的进步。但网络支付业务来势迅猛，必然不能靠一个办法层面的文件就可以解决问题。而且，在该办法中，央行试图对各个问题都面面俱到地讨论，广撒网有时候就意味着在某些细节上未予以深入研究。但从央行出台的该办法可以看出中央对于第三方支付行业的重视。

五、中国第三方支付金融监管制度框架的构建

第三方支付业务虽然在中国兴起较晚，但由于其方便快捷性，迅速占领市场，具有很大的发展潜力，但我国目前对于相关监管制度的建设严重缺失，这使我国第三方支付市场长时间处于混乱状态。由于第三方支付行业缺乏一个有序的市场氛围，这严重影响了我国第三方支付行业的深化。通过前文的分析，在理论上对于第三方支付有了一定的了解，本部分主要是对于三方支付中的重要问题提出理念和制度的构建，以供参考。

（一）监管理念的选择

相关体系的建立受到对其定义的影响，例如对于第三方支付服务商的法律定位，一方面跟现行金融体系相关，另一方面又跟国家的政策导向相关，因此，如何在环环相扣的问题中发现逻辑，形成一套行之有效的体系，首先需要关注的是在理念上的确定，意识决定行为，当意识正确后，相关问题也就很好解决。

1. 鼓励创新

目前我国第三方支付市场发展潜力巨大，政府作为有形的手，必须在其中发挥作用，所以在构建第三方支付的监管制度时，相关监管机构应当树立正确的理念，避免出台不成熟的监管措施妨碍第三方支付市场的革新，适度的自由更加有利于第三方支付市场的发展。

2. 坚持法治

对第三方支付行业进行监管的过程就是一种行政过程，行政行为要求其

行为必须具有合法性，需有明确的法律规定。因此在法律中必须对监管内容的各个方面进行明确规定，对监管主体给予权利的同时，也应该明确其对应的义务和权利，鼓励第三方支付进行创新必须以法治为前提。

3. 协作监管

第三方支付市场涉及方方面面的领域，包括金融、计算机和网络等，这就意味着对于第三方支付问题的解决不是某一个领域单独就可以完成的。因此，在第三方支付监管制度的构建时，应注重协作监管，并不是任何一个部门就可以完成监管的，在我国目前没有专门监管机构进行监管时，需要加强部门与部门之间的合作，让各个部门在各项监管活动中有效配合。[55]

4. 多层次监管

由于第三方支付的服务具有公共性质，并且其服务内容涉及国家金融安全，所以政府必须进行监管，但政府是宏观层面的监管，并没有具体的行为规范。而企业作为市场经济的主体，以追求利润为目的，由于企业趋利避害的特性，不能依赖企业进行自律。所以笔者认为，在我国构建监管制度时，应让行业协会发挥其作用，这主要是由行业协会的职能决定的，行业协会是非营利性的专业组织，可以对第三方支付领域进行专业规范。因此，在监管制度构建时，应让政府和行业协会共同参与的多层次监管体系，这有利于我国第三方支付市场的理性发展。

5. 监管效益与经济效益的平衡

任何经济活动都是有成本的，有收益也有损失。对于第三方支付市场的监管亦是如此，选择不一样的监管措施，可能导致成本收益的巨大不同。根据相关经济原理，监管并不是越严越好，其中有一个度的选择。因此，在第三方支付的相关制度构建时需要平衡安全性和效率性，这样才有利于第三方支付市场的长效发展。

---

[55] 参见陶广峰、张宇润：《金融创新与制度创新》，中国政法大学出版社 2006 年版，第 412 页。

6. 国际协作监管

第三方支付方式如今是金融市场的热门话题，我国的第三方支付市场要有更广阔的发展必须跟国际接轨。并且美国、欧盟等发达国家和地区在第三方支付的研究上已经有了比较成熟的成果和经验，所以我国在相关制度构建时，应注意加强国际协作，学习发达国家有益经验，借鉴监管中的先进措施。

（二）监管制度的构建

1. 建立沉淀资金管理制度

正如前文所分析的，大量沉淀资金滞留在第三方支付平台，如果第三方平台被黑客攻击或其自身监管出现问题，导致资金的滥用，不仅损害用户的权益，而且还有可能导致整个金融市场的信任危机。所以，必须加强对沉淀资金的监管。

在前文中详细论述了美国和欧盟对于第三方支付平台监管制度，在美国，用户对第三方支付平台上的账户资金享有债权，而欧盟是把沉淀资金定义为电子货币，其性质上是跟商业银行的存款相似。如前文所说，笔者认为我国第三方支付平台应被看作支付清算组织，也就是说沉淀资金是第三方支付平台上的负债。同时，美国利用保险的形式对第三方支付平台上的沉淀资金进行监管，而欧盟是通过设立账户专门储存沉淀资金。我国对于沉淀资金的管理还没有具体的相关规定。

通过比较各国监管制度，分析我国现有的监管手段，笔者认为我国对于沉淀资金的管理应该从我国现有规则出发，一定程度上吸收外国的有益经验，综合国内外优秀研究成果，建立因地制宜的监管制度。我国大多数第三方支付服务商选择将沉淀资金存放于商业银行，并在银行开设专门账户，与企业账户区分。在未来的第三方网上支付平台监管立法中，应当使用这样的模式。商业银行由于其专业性，可以对沉淀资金进行托管，央行作为中央银行，对沉淀资金进行宏观层面的监管，可以要求商业银行在规定时间内缴纳相关数额的保证金。这样能从两个层面对沉淀资金进行安全保障。

2. 建立第三方支付协作监管制度

一个国家相关领域的监管制度的建立与本国的政治环境大背景息息相关，正如前文分析，美国建立的是两级多头监管体制，这是美国联邦制的国家体制所决定的，分为联邦和州两个层面进行监管，在欧洲，由于在欧盟内部大力推进欧洲一体化进程，因此在欧盟实行央行的集中监管体制。我国是单一制国家，因此在金融监管上，采取集中统一监管的模式更为合适。正如监管理念的选择中所提及的，第三方支付市场涉及很多的领域，因此对于第三方支付问题的解决不是某一个领域单独就可以完成的。因此，在第三方支付监管制度的构建时，应注重协作监管，具体而言就是应该根据第三方支付所涉及的业务采取监管部门协作的模式。

虽然中国人民银行一直在积极推动各项办法的出台，但中国人民银行作为我国的中央银行，基本职能是在国务院领导下，制定和执行货币政策，防范和化解金融风险，维护金融稳定，并且在《中国人民银行法》中具体规定了中国人民银行的13项职责，因此，中国人民银行并没有对第三方支付进行全面监管的权限和能力。笔者认为，在第三方支付的金融监管制度上可以采用“1+X”的模式，其中的“1”是指负责牵头的主负责监管机构，由这个主监管机构对第三方支付的监管进行统筹安排，负责各个监管机构之间的协调工作；而“X”是指若干个协作的监管机构，主要负责配合主监管机构的统筹安排，各自负责专门领域的监管工作，协作机构和主监管机构之间有机配合。具体来说，第三方支付的主要业务是支付清算，而支付清算是中国人民银行的法定职责，因此，应该确定中国人民银行为第三方支付的主监管部门，由其对第三方支付的监管进行统筹安排。第三方支付中所涉及网络技术的部分，因为涉及专业技术方面，因此由信息产业部协作监管更为恰当。对于第三方支付中的其他业务监管，则应由银监会负责监管，虽然银监会是负责对全国银行业金融机构及其业务活动监督管理的工作，但银监会自2003年设立以来，专门从事银行金融机构的监管工作，对于金融监管有成熟的监管体系和监管方面的经验，并且有大批具有专业知识的人才，在我国目前对第三方支付还没有专门的监管机构的现实情况下，银监会是对于第三方支付中的相关业务进行监管的最佳选择。因此，应确定中国人民银行为第三方支付的主监管部门，由其负责支付清算方面的工作，并对其他部门的工作进行统筹安排，其他部门在分工负责的基础上，有配合中国人民银行统筹监管的义务。

3. 加强监管立法

外国的理论和制度固然有可取之处，但并非外国的月亮都比较圆，我国现有理论和制度的存在必然有其合理性，全盘否定或全盘接受都不是我们应有的态度。所谓改革，不同于革命，改革是对自身的优化，并不改变原有的制度，在本制度范围内进行革新，最终推动制度更加健全。所以，改革的出发点应该是本国现有的制度，而不是一味吸收借鉴国外经验。在目前第三方支付法律监管体系没有形成的情况下，立法需要耗费大量的时间和人力财力，不是短时间内就可解决的，需要一个长期的过程，因此我们更多是需要在现有的法律制度的基础上，充分利用现实条件，使立法逐步完善。

虽然第三方支付是随着网络兴起的新兴事物，但究其本质来看，第三方支付并不是横空出世的，它以传统的支付活动为基础，是一项支付活动。虽然法律中缺乏对第三方支付的法律规定，但有大量的规范是来规制传统支付活动的，这些规范条文依然是可以用来对第三方支付进行规制的。当然，对于第三方支付活动中产生的新问题，我们应以发展的眼光看待，鼓励创新。对于可以通过已有的法律规范进行规范的，应将第三方支付中出现的问题解决纳入现有法律规制范围，而不是耗费大量的人力财力建立一套全新的规则，这是无谓增加了立法成本。当现有法律确实无法调整出现的新问题时，方可制定新的法律法规进行规制。

具体来说，第三方支付中涉及的网络交易、电子票据等问题在法律中已经有明确的规定，对于它们的规制也已经比较规范，因此，如果本来的法律体系中已经存在了较为成熟的规定，能够合理规制相关行为的，应充分利用已有法律，在适时修改后，对第三方支付进行规制。现行法律没有规定的，例如电子认证服务管理，这种情形下就可以制定新的法律规范进行规制。就我国目前的规范制度来看，我国已有一定数量的规范性问题，并且呈发展态势，所以我国现在需要对第三方支付市场进行法律层面的规制，提高规则法律位阶，提高第三方支付的监管权威性。当然，如果对于一些比较棘手的问题，没有时间等待法律的出台，可以先采取“指引”“办法”等规范性文件，先解决实践中的问题，等待时机成熟，立法条件满足后，制定相应的法律法规，但必须注意的是，即使是规范性文件，由于它是用来指导实践的，所以必须具有明确的操作规范，使其具有可操作性。

六、结　论

人们传统的购物方式正因为电子商务的不断发展而发生根本的变化，越来越多的人选择新兴的交易方式进行支付，因为新兴的交易方式更加方便和快捷。第三方支付由于其操作的便利性和覆盖面广，被民众广泛接受。第三方支付服务占领了各个电子支付市场，由于第三方支付服务是一项新兴的服务方式，对其进行规制的法律法规甚少。本文在对第三方支付中的相关基本概念进行分析后，阐述了我国目前第三方支付市场中存在的六项法律问题，其中包括：第三方支付主体的法律地位问题；沉淀资金的风险；不正当竞争的风险；消费者权益保护问题；立法滞后问题以及监管机构的管理问题。理论是制定制度的基础，所以需要运用法学基础理论对第三方支付活动分析。第三方支付机构的法律地位问题需要首先解决，目前并没有对法律地位有权威的界定，不同的学者有不同的观点，其中具有代表性的是商业银行说、非银行金融机构说和支付清算组织说。在阅读文献的基础上，笔者认为将第三方支付机构认定为支付清算组织说更为合适。对于第三方支付中，买方和卖方都与第三方支付机构构成代理关系，而网上银行和第三方支付机构之间是服务合同关系。在理论层面对相关问题进行分析后，本文将美国、欧盟、亚洲各国地区与我国的监管制度相比较，认为对第三方支付进行监管，应将国内外经验相结合，基础是我国已有的相关规则，汲取本国在发展中已有的良好经验，通过分析比较国外规则，最终制定因地适宜的法律规范。在本文的最后一部分，笔者试图从理念和制度上对第三方支付市场提出构建的建议，在理念上有鼓励创新、坚持法治、协作监管、多层次监管、监管效益与经济效益的平衡和国际协作监管；在制度上明确主体法律地位、建立沉淀资金管理制度、建立第三方支付协作监管制度和加强监管立法。

上市公司的中小股东权益保护

——以信息披露为视角

王姿淇

内容摘要 随着我国市场经济的制度的逐步完善，公司作为市场重要主体，越来越受到多方关注。现代公司涉及多种利益的结合、多元产权的有机统一，平衡各种利益主体之间的权益使公司能够得以健康发展是现代公司法的一大目标。尤其上市公司，在资本国际化、全球化的大环境下，公司中小股东权益保护已经成为一个世界性课题。面对比比皆是的大股东侵害中小股东的现象，加强中小股东权益保护势在必行。尤其在我国《公司法解释（四）》出台的背景下，再谈中小股东权益保护又有了新的意义，毕竟过去此类文章中提到的问题在新法条中得到了贯彻和实现。本文共分为四个部分。第一部分，分析了上市公司以及中小股东的概念，然后论证了中小股东权益保护的理论依据。第二部分，分为两层，先介绍了信息披露制度，然后从该角度论述了我国中小股东权益保护方面的立法现状和受损情况，列举分析了 2015 年中国证监会发布的案例。第三部分，简述了美国和日本在信息披露方向的立法状况和对我国的启示。第四部分，论述了可以采取的立法措施，以完善信息披露制度，从而保护中小股东权益。

关键词 上市公司 中小股东 信息披露制度

作者单位：首都经济贸易大学法学院。

一、上市公司的中小股东权益保护理论分析

（一）相关概念分析

1. 上市公司的概念

根据《公司法》界定，上市公司是指股票在证券交易所上市交易的股份有限公司。[1] 上市公司法律特征有：（1）上市公司是股份有限公司，具有股份有限公司的全部法律特征：如股东人数广泛性，股份发行转让的公开性、自由性，股份的均等性，公司经营的公开性。（2）上市公司是符合法定上市条件的股份有限公司。我国公司法对上市条件有严格规定，只有符合条件的股份有限公司的股票才可以在证券交易所上市交易。（3）上市公司的股票在证券交易所上市交易。即使股份有限公司符合上市条件，也并不是所有股份有限公司发行的股票都能进入证券交易所交易。只有依法经批准，所发行股票在证券交易所上市的股份有限公司才能称为上市公司。

2. 中小股东的概念

中小股东的这一概念，虽然在理论和实践研究中广泛应用，但是在学界，并没有找到一个准确的术语来解释。在英美法中，常会出现“Majority shareholders”和“Minority shareholders”的法律用语，我国学界将前者翻译成大股东或多数股东，后者翻译成中小股东或少数股东。[2]中小股东和大股东是相对应的两个概念。实践中，我们是将中小股东与除了大股东、控股股东、多数股东之外的其他股东等同适用。[3]

通常我们认为，大股东是指拥有大量股份，其所持股份在公司具有表决权的股份总数中占很大比例的股东，而中小股东则可以认为是持股比例上占少数，在公司中处于非控制地位的股东。这与早期传统的公司法理论不谋而合。

[1] 参见于群：《上市公司治理的法学视角》，人民出版社 2008 年版，第 3 页。

[2] 参见夏雅丽：《证券市场与股份制度研究》，科学出版社 2007 年版，第 239 页。

[3] 参见李海燕、盖映红：《关于我国中小股东权益的法律保护》，载《当代法学》2003 年第 10 期。

早期传统的公司法理论认为，股东的控制力主要是从资本控制这方面来理解，依据股份多数决原理，单纯以其持有的股份数额作为区分标准，认为持有股份超过公司股份50%的股东即可对公司施加支配性影响，这部分人成为公司的控制股东，即控股股东，也就是大股东。

然而，随着现代公司股权的日益分散化，尤其是对于上市公司而言，很少有人再持有50%以上的股份，通常情况下持有10%的股份以上就是大股东。在股份稀释的上市公司，即使持有1%的股份，股东还可以通过兼任董事、企业合同、签订控制协议等方式，实现对所投资公司的实际控制，资本已经不能成为区分能否控制公司的唯一标准。因此，现代意义上的“控制股东”的基本内涵已经发生了变化，控制股东与大股东是两个有所重叠但又不完全等同的概念。控制股东包含大股东的概念。

综上所述，中小股东是相对于控制股东而言的，需要从实质意义上定义的，在公司中处于非控制地位的部分股东。“根据我国国情，中小股东主要指公共股东，也即流通股东。”[4]下文提到对中小股东相对应的概念，都会用“控制股东”。

（二）保护中小股东权益理论依据

1. 法律公平价值理念

俗语说：“法平如水”，这一朴素的法律谚语表明法最基本的价值在于一个“平”字。公平，公为公正、合理；平指平等、平均。意味着一事物与另一事物相等同。“公平”落实到公司法领域此处应该体现为“中小股东利益保护”。当公司正常的经营运作，控制股东权益得到切实落实和保障之时，中小股东的利益也应该得到保护，他们不应成为公司发展过程中的牺牲品。否则就不合理，违反了公平理念。在控制股东与中小股东权益发生冲突的时候，控制股东

[4] 袁明：《上市公司收购中的中小股东权益保护——以欧盟指令为视角》，西南政法大学2013年硕士论文。

利用自身的优势作出有利于己方的公司决定是对中小股东财产权益的直接侵害。这种做法侵害了中小股东应得之权益，违反了平等理念。

根据法的公平正义理念衍生出来的股东平等原则是股东权益保护的又一基础。“股东平等的原则可以界定为，要求公司在给予股东资格而发生的法律关系中，应该按照股东所持有股份的性质和数额实行平等对待，不得在股东之间实行不合理不平等的待遇。”[5]股东平等原则在实践中具有重要意义。首先，它保障了中小股东的财产权益和参与公司经营管理的权益，维护了中小股东的投资热情；其次，能够有效抑制控制股东滥用股东权利的行为，在股东之间形成平等的关系；最后，它能够约束管理者行为，公平准确地处理股东与公司之间、股东与股东之间关系，做到一视同仁。

“股东平等原则可以分为形式平等即股份上的平等和实质平等即股权上的平等。”[6]形式上的平等就是股东根据其持有股份的份额行使决定公司事物的权利。但是很显然这种形式上的平等会导致事实上的不平等。会导致控制股东滥用手中权力侵害小股东权利。这个结论我们都知道，从法律制度设计和经济学角度前人也都做了详细的解释，在此，笔者想从政治学角度阐释这种矛盾的产生原因。就像托克维尔在《论美国的民主》中所讲的那样，为什么美国不选德才兼备的精英做领袖，而是通过民主从中产阶级里选出代表大多数利益的人做领袖。因为德才兼备的人所代表的精英的利益如果不和大多数人对立还好，一旦对立了那么他们的德和才就会用来做侵害大多数人利益的事情。而这种利益的对立是不可避免的。控制股东和中小股东的关系也是这样。一旦涉及公司的管理问题、决策问题或是监督问题，由于资本多数决原则的存在，控制股东的意志极有可能上升为公司意志。[7]当二者不存在冲突时，问题自然不会存在；但当控制股东和中小股东的利益发生冲突时，控制股东便会为谋取私利而弃中小股东利益于不顾。所以，在这种情况下，中小股东的利益是很容易受到损害

[5] 曹魏：《公司法人治理结构研究》，知识产权出版社 2010 年版，第 71 页。

[6] 李俊娜：《“平等”的内涵》，载《信阳农业高等专科学校学报》2009 年第 4 期。

[7] 参见朱宝宪：《公司并购与重组》，清华大学出版社 2006 年版，第 374 页。

的。那么就像我们要求政府信息公开一样，公司信息公开不失为给中小股东的资金流向选择提供必要保障的一条有效途径。

2. 民主理念在经济领域的延伸

随着民主法治进程的演进，民主理念逐渐突破了传统的政治范畴，开始影响各个领域。现代公司制度是民主理念在经济领域延伸的经典写照。所谓“经济民主是指在充分尊重经济自由的基础上，通过公众平等参与、多数决定、保护少数的机制，在共同体内实现财富、机会、权利（权力）的均衡[8]”。民主理念在经济领域的延伸，以下按引用文章的观点用“经济民主”来表述。主要体现在以下几个方面：

（1）股东平等参与。充分调动每一个股东的决策积极性，无论是控股股东还是中小股东，都平等地享有参与公司决策的权利，鼓励大家积极平等参与到公司的经营决策中来。

（2）少数服从多数。即多数决，在现代公司制度中具体表现为资本多数决原则。虽然每一个股东都有平等参与公司决策的权利，但是在具体决策的过程中，要遵循大多数的意见，由占公司所有股份中的多数股份的股东来决定。此处就会出现一个疑问，我们都知道公司制度中“资本”决定话语权，但是占有大量资本的人，在人数上可能是少数人，为了平衡这种冲突，应当给资本处于少数，人数处于多数的中小股东给予制度上的保障措施。

（3）保护少数。依旧从资本上来论，在现代公司制度中具体表现为立法保护中小股东的利益。虽然控制股东基于自己在公司股权上的优势地位而实际控制着公司的管理层和经营决策，但该种优势不能以牺牲中小股东的利益为代价，不能建立在侵害中小股东权益的基础上；当然从人数上论，控制股东可能处于少数，这时，保护少数的原则也应惠及控制股东。在这方面我国立法也有相关制度建设，由于本文主要研究中小股东利益保护，此处不再赘述。

（4）在共同发展中实现利益的均衡。在现代公司的治理中，通过公司管理

---

[8] 王全兴、管斌：《经济法与经济民主》，载《中外法学》2002 年第 2 期。

层的经营管理，实现双赢，既能满足控制股东的利益最大化，也能满足中小股东的利益诉求。

二、从信息披露角度看上市公司的中小股东权益保护现状

（一）上市公司信息披露制度概述

1. 上市公司信息披露制度的含义

信息披露制度，也称上市公司公示制度、公开披露制度，是上市公司及其信息披露义务人依照法律规定通过法定的方式和途径将其自身的财务变化情况、经营状况、盈亏情况等信息和资料向社会公开或公告，以便使投资者了解公司情况、采取相应措施以及决定如何投资的制度。它既包括在证券发行阶段的信息披露，也包括证券上市之后的持续信息公开。

2. 我国上市公司信息披露制度基本框架

公司信息披露制度包含三个方面，证券信息制度、会计信息制度和审计信息披露制度，这三个制度是最基本的构成因素。因为各国的监管体制不同，信息披露制度的基本框架也不相同。目前从全世界的范围来看，各国都有自己不同的证券监管模式，但是就目前世界各国的立法实践来看，主要有以下三种立法模式和框架：第一种是统一立法模式。美国是统一立法模式的典型代表。统一立法模式的特点是立法建立一整套完备的专门性法律法规，并且建立与之相配套的完备的监管体系。第二种是自律监管模式。这种模式的特点是市场的参与各方进行自律监管，政府基本不对市场进行直接监管。市场主体参与者在其中发挥决定性和主导性作用。在自律模式下，没有统一的专门的法律法规，也没有专门的政府监管部门，主要靠证券交易所、证券业协会等社会自律组织进行自律监管。监管的依据主要是自律组织的内部规章制度和公约等。目前这种监管模式的代表是英国。第三种模式是兼顾型模式。这种模式的特点就是前两种模式都能兼顾，既有专门的立法和专门的监管机构，也注重发挥市场主体的自律监管作用，两者不可偏废的模式，目前这种模式的典型代表是德国。

我国的监管模式具有自己的特点，同时也借鉴了国际相对成熟的制度，我国应该属于统一型立法模式。我国政府十分重视证券市场的监管。立法机构也很重视证券立法工作的开展。我国先后颁布了《股票发行与交易管理暂行条例》和《证券法》等专门规制证券市场发展的相关法律法规，并在监管实践中不断完善。我国这两部成文法的颁布在很大程度上借鉴了美国的先进立法经验和立法体系。我国不仅制定了专门的《证券法》，还在其他法律中对信息披露进行了规定，比如在《公司法》中就规定了上市公司的信息披露义务。为了健全我国的上市公司信息披露机制，我国在制定基本法的同时也制定了《会计法》和《审计法》，从其他的相关层面对信息披露进行了规定。以上专门的法律法规共同构成了我国的证券监管体系。

梳理一下，我们发现，我国关于信息披露的立法规定是双层模式。两个模式彼此不同又密切联系，就像蛋糕胚和奶油雕花共同构成信息披露规定的大蛋糕。第一层是以基本法律为基础构成，主要是《公司法》《证券法》等。第二层主要以位阶较低的法规构成，目前看来主要包括《会计法》《审计法》《注册会计师行为规则》等，这两个层次规范的内容不同，规范的角度也不相同。但是这两个体系存在联系，那就是第二层次的规范内容，是第一个层次的细化和补充规定，两者的立法目的是一样的。除了这两层以外，证券监督管理部门和证券交易所等市场自律组织还会不断地出台一些补充性规定，这些文件就像蛋糕上的巧克力碎片和法律法规共同构成了我国信息披露的大蛋糕。

（二）我国对中小股东权益的保护的发展历程和不足之处

改革开放以前，由于特定历史条件的原因，相关公司法理论和制度存较多的缺陷，在此不再赘述。党的十一届三中全会后，改革开放的浪潮席卷到公司制度方面，我国为顺应时代发展的需要而颁布了相应法律制度。例如，我国先后颁布了《私营企业暂行条例施行办法》（1989 年）、《股份有限公司规范意见》(1992年)、《公司法》(1993年)等法律。[9] 1993年我国首次颁布《公司法》，但当时的立法目的和重心主要是规范国企体制改革，因此该部公司法并未过多关注股东权益保护，更谈不上对中小股东的权益保护了。为适应时代的发展，我国对《公司法》进行了多次修订，其中2005年的修改幅度最大，这次对中小股东权益保障方面作出了较多的修改，为中小股东权益保障提供了法律上的支持。例如，它增加和完善了股东知情权、股东大会召集和主持权、股东派生诉讼制度，股东退出机制等这些制度都对保护中小股东权益发挥了极大的作用，但是2005年在保障中小股东权益方面的修订并非完美。《公司法解释(四)》，从第10条到第16条对股东知情权方面对中小股东权益进行了保护性规定。从信息披露角度看，理论和实践方面对中小股东权益的保护，有以下两点不足。

第一，股东知情权保障措施不够全面。股东可以对公司的账簿进行查阅的规定，过于原则，缺乏具体的实际操作性与内容，以及由此引起的纠纷保障措施的规定不够全面。首先，《公司法》解释四中股东查阅账簿的程序缺乏一定的可操作性，只提到了股东提出书面申请即可查阅公司账簿，但是何时提交、何时能查阅、查阅期限等问题没有作出相关的规定。其次，《公司法》中对于相对应的司法救济过于原则，对于股东行使账簿查阅权时法律救济途径并没有明确的规定，这使中小股东权益受到侵害时，得不到相关法律救济。

第二，信息披露制度失真与滞后。信息披露制度，起源于英国，在1844年英国首次对信息披露原则采取强制性的制度，这一制度在各个国家的法学领域都有广泛的运用，但在具体实践中信息披露的实施质量并不高，存在着一定的滞后性、虚假性、不严肃性、不全面性。虽然我国已经有了很大的改变，但是一些上市公司并不在规定的时间内进行披露或者有选择性的进行披露一些好的消息，对于不好的消息都会迟延，这使一些内部的工作人员进行内部交易，从而获得好处，也使入股者不能及时了解相关信息，严重破坏了市场的透明

[9] 姜天波:《公司法修改的若干理论问题》，载《人民司法》2005年版第4期。

度，还有最近一种隐形的信息披露违规“概念性信息披露”，都严重损害了中小股东的利益。

（三）我国不良信息披露损害中小股东利益的案例及分析

信息披露制度的贯彻落实，是中小股东保护自身权利的重要前提和基础。但在大股东控制的上市公司中控股股东常常利用在公司治理中的强势地位，剥夺、侵害中小股东对公司重大事务、财务会计资料等信息披露内容的知情权，甚至伪造和提供虚假的经营信息，严重误导了投资者的行为，从而损害了中小股东的利益。由于会计准则的不完善，以及证券监管的不严格，许多上市公司往往不能及时、完整、透明地披露相关信息，造成控股股东与中小股东之间信息严重的不对称。[10]下面，我将结合具体案例分析。

当前我国资本市场中因信息披露违法违规被立案调查的案例层出不穷。“其中证监会对二十六起违法信息披露的案件进行了处罚，其中最为典型的是‘华锐风电’‘皖江物流’‘青鸟华光’‘大元股份’‘承德大路’等案件。”[11]其中，上海超日、青鸟华光等上市公司的董事、监事以及高级管理人员被实施市场禁入的行政处罚。根据对证监会行政处罚决定书的搜集、整理，上市公司及其董事、监事、高级管理人员主要的信息披露违法事实和行为类型主要有以下几种：披露虚假信息、未披露信息、披露信息不及时、披露信息不准确、不完整等。笔者将从典型的虚假信息披露和披露信息不及时角度进行实证分析，并将经济学中提出的概念性信息披露的危害与实际案例相结合进行解析。

1. 虚假的信息披露

财务数据造假是进行虚假信息披露的主要方式。皖江物流案中涉及披露虚假的财务数据，[12]皖江物流股份有限公司通过虚构贸易循环、签订阴阳合

[10] 参见张雪梅：《浅析上市公司中小股东权益保护》，载《时代经贸》2008年第122期。

[11] 马婧好：《26件信息披露违法案受到行政处罚》，载《上海证券报》2015年8月1日。

[12] 参见中国证监会：《行政处罚决定书（安徽皖江物流（集团）股份有限公司、汪晓秀、孔祥喜等24名责任人员）》〔2015〕21号。

同、通过买方付息方式进行银行承兑汇票的贴现且贴现费用未计入财务费用中以及未合理进行债权计提坏账准备等手段虚增收入和利润。

比如华锐风电案中，在公司董事长的策划之下，客服部门、销售部门以及生产部门和财务部门的负责人依照华锐风电董事长的指示，通过伪造变造票据等手段提前确认收入。在2011年年度财务报告中虚增营业收入、营业成本、利润总额，多预提运费，多计提坏账等行为实施财务舞弊。[13]数额巨大，影响恶劣。

2. 信息披露不及时

赛迪传媒一案中，动车组上杂志刊物的摆放权由免费上车方式变更为全国统一招标，使赛迪传媒生产经营的外部条件发生重大变化。属于可能对上市公司股票交易价格产生较大影响的重大事件，赛迪传媒应当报送临时报告并予以公告，但赛迪传媒直至决定退出参与招标才披露上述事实。[14]此种未及时披露信息属于未按照规定披露信息的情形。超日股份案件[15]中，2012年3月年报审计时，超日陆续与境外合作方签订了4份《电站公司管理协议》及1份《公司管理协议》，约定由境外合作方负责前述5家境外公司电站项目的开发、建设、运行、日常经营及财务运作，但直至2012年10月才披露。

3. 概念性信息披露

概念性的信息披露花样很多，例如：重庆啤酒的“治疗性乙肝疫苗”的研发进程的信息披露，十年来成为股市炒作的题材，使重庆啤酒成为“乙肝疫苗”概念股，从而引发其股价的暴涨与暴跌。ST昌九的“稀土”概念性的信息披露，使ST昌九曾经一路逆市狂飙，注入稀土资产落空后，ST昌九股价

[13] 参见中国证监会:《行政处罚决定书（华锐风电科技（集团）股份有限公司、韩俊良、陶刚等15名责任人员)》，〔2015〕66号。

[14] 参见中国证监会:《行政处罚决定书（北京赛迪传媒投资股份有限公司、周江军、董立冬等10名责任人员)》〔2015〕32号。

[15] 参见中国证监会:《行政处罚决定书（上海超日太阳能科技股份有限公司、倪开禄、陶然等10名责任人)》〔2015〕10号。

疯狂下跌。啤酒花的“探矿权”尽管只是一纸勘探权，却足以令资本市场为之沸腾。2010 年 12 月 30 日，啤酒花发布公告称，下属子公司阿拉山口啤酒花有限责任公司经申请，于近日获得新疆维吾尔自治区国土资源厅颁发的五个矿产勘查项目的《矿产资源勘查许可证》。此后三天，啤酒花股价大涨 24.52%。ST 宝利来不断爆出“资产重组”信息，同样成为市场炒作的题材，ST 宝利来在二级市场上的走势，停牌前股价节节高升，复牌后连续跌停。[16]

上市公司为增加自己的“内在价值”，吸引投资者的眼球，不断挖掘信息披露的“亮点”，这就出现了一系列概念性的信息披露，概念性的信息披露具有一定的不确定性，会为市场提供炒作的题材，从而引起股价的暴涨与暴跌，严重挫伤了投资者的投资信心，扰乱了资本市场的秩序，对资本市场的健康发展极为不利。

三、国外关于信息披露制度的规定及借鉴

（一）国外相关法律规定

1. 美国上市公司信息披露制度介绍

美国上市公司的相关信息披露制度大概自 20 世纪 30 年代开始逐渐地形成，并且相关的立法也逐步得到了完善。[17] 美国的信息披露制度系统主要由《证券法》《证券交易法》以及公认会计原则组成，内容则涉及上市公司的财务信息以及公司业务的经营情况，主要包含两部分制度，即初次信息披露和持续信息披露。[18]

---

[16] 参见贾小能：《从重庆啤酒来看上市公司概念性的信息披露对股价的影响》，载《生产力研究》2012 年第 6 期。

[17] See Forker JJ. Corporate governance and disclosure quality .Accounting and Business Research, 1992, 22 (86) , pp.111–124 .

[18] 参见〔美〕雷蒙德 · W. 戈德史密斯：《金融结构与经济发展》，周朔译，上海三联书店 1990 年版，第 207 页。

初次信息披露，是指主要以招股说明书为对象内容的披露制度，而招股说明书所能体现的是一个公司内部最基础的一些情况，包括公司资金的运作方向，资金的收支情况，公司的盈亏等内容。招股说明书使未来的股东，尤其是小股东能够更加清晰地了解公司的整体情况，为其自身的投资决策提供考察细节。另外当面对不同领域的时候，招股说明书所要披露的内容也不尽相同，对小股东所能带来的保护也各有千秋。[19]

持续信息披露，主要针对上市公司的各项报告的内容信息进行披露。上市公司的报告有很多种，年度报告、季度报告、月度报告这些都在披露的范围内，这样规定也是为了跟踪上市公司经营过程中的各项情况。[20]对于小股东来说，公司的运营走向非常重要，但是往往这些信息不容易被小股东所知悉，因而报告内容的公布无疑对于小股东跟踪公司投资决策变化，调整自身行为有着很大的帮助作用，另一方面还可以促使小股东为了自身的利益更好地参与到公司的管理过程当中，有利于公司的良性发展。[21]

2. 日本上市公司信息披露介绍

日本的上市公司信息披露制度，虽然起步的时间较晚，但是发展速度很快，虽然无法达到美国的水平，但是由于日本的法律规范更加具体，所以日本的上市公司信息披露制度对于我国来讲，是一个非常好的借鉴典型。同美国的信息披露制度相同，日本的信息披露制度也包含初次信息披露和持续信息披露两个方面。

日本的初次信息披露制度同样是针对招股说明书的规定，但是与美国不同的是，日本的公司法律对于信息披露的范围作出更为具体和严格的规定。比如说日本的信息披露中还加入了董事等高管个人信息的内容，另外还包括公司

[19] 参见王图展、胡浩、张利国：《证券监管有效性的博弈分析》，载《江西农业大学学报》（社会科学版）2003 年第 1 期。

[20] 参见吴越、马洪雨：《证监会与证券交易所监管权配置实证分析》，载《社会科学》2008 年第 5 期。

[21] 参见李维安：《美国的公司治理：马奇诺防线》，中国财经出版社 2003 年版，第 170 页。

所面临的风险，以及应对风险的预警和具体办法等内容。[22]这样严格具体的规定对于中小股东的权益保护来讲，是至关重要的，董事高管往往会受到大股东的控制和影响，因而导致董事高管更多地为大股东牟利，那么小股东的权益相应地就会受到损害，而风险的预警对于更容易受到公司坏影响的小股东来说，是一种可以提前预知和防范的重要方面。在持续信息披露方面，日本也是针对报告的各项内容进行分析，日本的披露制度中加入了两个标准，即重要性和及时性标准，严格按照标准分析上市公司各方面报告所蕴含的信息。

另外日本关于信息披露的审查制度，也规定得较为具体。日本采取的是事前审查，这样能够更加有效地帮助中小股东对于信息提前作出判断，继而更好针对进行投资决策的更改。但是缺点也非常明显，事前的审查会更加消耗时间，效率自然也非常低下。

（二）国外相关规定对我国的启示

国外的信息披露制度的完善对于我国信息披露制度的发展有很好的借鉴作用。

初次信息披露方面，我国的《证券法》第 64 条有以下规定："依法公开发行的股票或依法公开发行的公司债券，应当公告招股说明书、公司债券筹集办法"。从中我们不难看出，在初次信息披露的方面，我国的法律仅仅规定了招股说明书这一个内容，但是在招股说明书当中，应当如何规制具体的内容，却没有涉及，然而只有规定了具体的内容，公司才会真的这样去做，小股东也才可以通过披露的信息对自身的权益更好地进行保护。

持续信息披露方面，我国《证券法》的 69 条规定的对于上市公司信息披露审查程序的方面还是比较含混不清的。仅仅笼统地规定了董事、监事和高级

[22] See Eng L.L., Mak Y. T. Corporate governance and voluntary disclosure. Journal of Accounting and Public Policy, 2003, 22 (4) , pp.325–345 .

管理人员的责任原则，但是什么样的披露内容需要审查，又相应地应该承担怎样的责任，这些都没有规定。这样一来，容易导致先损害后解决的情况，不仅不利于小股东权益的事先保护，在事后解决过程中，往往也会因为原则规定不一，而无法准确有效地作出最终的裁决。[23]

因此，我国应当严格地将信息披露制度与现实问题结合起来，不能单纯地停留在理论概念的层面，更多地从立法实践以及司法监督的过程中汲取关键点，创设更好的信息披露程序系统，更好地保护在信息知情方面，中小股东所享有的权利。

四、通过完善信息披露制度保护上市公司中小股东权益法律建议

（一）完善上市公司信息披露制度的规定

1. 拓宽信息披露范围

想要更好地完善国内上市公司的信息披露制度，规范上市公司的行为，就需要我们在立法的层面有更加完善的阐释和规定。在笔者看来，直接对于信息披露的具体内容加以规定无疑是过于繁杂的，按照我国上市公司自我监督以及信息披露义务人的自觉性来看，尚难以实现，立法工作的任务也会过于庞大，因而笔者认为，在信息披露的内容上国家只需对于原则性的内容加以规定就可以较为完美地解决这一类问题。[24]比如将公司环保的内容纳入到信息披露的范围当中，规定环境内容的哪些问题适用什么样的信息披露程度，这样一来，上司公司内部更好进行落实，对于外部的监督来讲，也能更好地加以规制。这种原则性的规定虽然不够细致，但是能涵盖得更加宽泛，在具体司法过程中，只需要对于法条进行适当的解读，就可以确定最终信息披露结果。

[23] 参见张东文、吴岩：《对上市公司信息披露的思考》，载《辽宁行政学院学报》2007 年第 4 期。
[24] 参见何杰：《证券交易制度论》，经济日报出版社 2001 年版，第 109 页。

2. 确定信息披露标准

从我们国家的《证券法》《公司法》的规定来看，我国的信息披露制度更多地强调信息的真实性，而对于信息的及时性、完整性则规定较少。

关于及时性，一个信息的实效期是固定的，过了这个期限，那么信息也就不再具有价值，因此我国应当在立法中加入诸如公开信息的时间、方式等问题，另外附加一些信息公布迟延所引起的法律责任问题。[25]

关于完整性，信息披露中的完整性至关重要，信息的完整与否直接决定了一些小股东的投资方向，甚至信息不完整的状况会导致完全相反的错误。因此建立信息完整性的法律审查机制就显得尤为重要。

另外也可以通过立法设立第三方中介机构，专门针对上市公司信息披露进行担保，如果出现问题，由第三方中介机构承担担保责任。

（二）完善上市公司信息披露过程中的各项措施

1. 加强上市公司信息披露的监管

就目前我国的上市公司信息披露监管来看，监管机构的独立性不足，在公司运营当中，监管机构权限不足，处理问题的方法也过于单一，监管往往很难进行下去。所以我国应当在分业监管的问题上加大力度，在各个不同部门的监管方面，既要区分相互的职能范围，又要在一定程度上有所结合，这样便可以增强信息披露制度监管的透明度。我们应当注意一个事实，那就是一般信息披露案件非常难以发现，因而从违法程度上也更加难以确定，更好的监督监管机构，是解决信息披露问题的重要一环。

2. 从公司的内部信息披露措施来讲

解决上市公司治理问题的关键在上市公司自身，鼓励引导股东自治、公司自治，将公司治理从服从外部的要求转化为公司内部的自觉规范，逐步形成

[25] 参见何永祺、张传忠、蔡新春：《市场营销学》，东北财经大学出版社 2011 年版，第 398 页。

促进上市公司规范运作的内生机制，是深入推进公司治理的必然要求。[26]一个公司内部的信息掌握者，自然也来源于公司内部，所以公司自身其实是引导信息披露制度在内部良好执行的基本，公司内部治理更加和谐，那么信息披露的问题也会更加透明公开，这样对于从公司内部的角度解决上市公司信息披露制度，是非常容易实现的。

（三）健全信息披露违法责任制度

通过立法加大对上市公司会计造假的处罚力度，大幅提高造假成本，使造假者无利可图，从根本上遏制会计造假的势头。具体包括财产责任、经济行为责任以及经济信誉责任。财产责任是对责任人以其财产或其他经济利益受到一定损失的方式来承担的责任；经济行为责任是责任人以其经济行为受到某种限制为代价承担责任；通常采用的制裁方式为强制整顿、强制停业、暂停上市等；经济信誉责任是使责任人的经济信誉受到损害，通常采用的制裁方式是予以通报批评、证券信誉降级等。[27]确立股东集体诉讼制度和股东代表诉讼制度，发挥集团诉讼的作用，对民事赔偿确定方式作出详细规定。

五、结　语

2016年2月，聚美优品的私有化在投资者市场掀起轩然大波，短短两年间，以每股20美元上市，7美元退市，这其中给小股民造成的损失不言而喻。而这些小股民还有一个身份就是上市公司中的小股东。在资本市场中，这些股民——上市公司的小股东是最无力的。目前，通过信息披露是保护这类小股东权益的最直接最便捷的方式。通过本文的分析论证得出的结论即是如此。信息披露制度在我国的规定过于原则和笼统。首先应拓宽信息披露的范围，把公司

---

[26] 参见蔡丛光：《上市公司内部控制信息披露研究》，西南财经大学出版社2013年版，第125页。

[27] 参见〔英〕马歇尔：《经济学原理》（下卷），陈良璧译，商务印书馆2014年版，第539页。

的各项状况都依法进行披露；严格信息披露标准，不应只关注真实性，保证及时性，避免概念性信息披露同样重要。其次，对于上市公司信息披露行为，一方面加强外部监督，另一方面加强内部自律。最后，增加违法违规法律后果的规定，如果一项法律制度违法成本过低，这项制度的履行积极性便会降低。因此，要加强对上市公司违规信息披露的处罚力度。在我国没有成型独立法律制度的缺陷下，关于信息披露制度还有碎片化的不足。

论有限责任公司的股东除名制度

刘佳琳

内容摘要 有限责任公司具有封闭性和人合性的特点，因此，构建一个合理有效的退出机制至关重要。我国《公司法解释（三）》的出台虽然首次确立了股东除名制度可以适用于有限责任公司，但是由于条文中规定较为模糊，给司法实践中的适用留有较大的自由裁量权，导致该制度在应用的过程中出现困境和弊端，因此，要加强对该制度的运用规范，通过建立严谨的程序规则，明确权利主体，限制表决权等方式以防止股东除名制度被滥用。

关键词 股东除名 有限责任公司 限制表决权

《最高人民法院关于适用〈中华人民共和国公司法〉若干问题的规定（三）》（以下简称《公司法解释（三）》）于2011年2月16日正式施行。该司

作者单位：青岛大学法学院。

法解释第17条确立了股东除名制度在有限责任公司中的应用。[1]但是所谓“股东除名”还仅仅是学理界的专有名词，并没有出现在我国的法律条文中，在条文中仅仅表述为“股东会决议解除该股东的股东资格”，[2]这样一来，学界对“股东除名”定义阐述各执一词，并没有形成通说。如将除名权比较为防卫权。“社员因社团一方之意思表示，而被动地被剥夺其社员资格时，则为开除（除名）。除名是股东被迫地脱离公司，其基本理念乃在于借由除名，以确保公司存在的价值及其他股东继续经营公司的权益，所以，公司除名权，可说是股东集体性的防卫权。”[3]再比如将除名权附上强制的色彩：“有限责任公司股东的除名指基于法定事由，将有限责任公司某一股东开除出公司，它是被除名股东以外的公司股东作为一个整体作出的强制性决定。”[4]学界对此定义的阐述在此不一一赘述，笔者综合各家观点，将“股东除名”的基本含义总结为以下几点：第一，除名具有强制性且具有被动性；第二，除名必须要符合一定的特殊事由；第三，除名决定一旦作出即为生效，被除名股东丧失股东资格。

---

[1] 笔者认为股东除名只适用于有限责任公司，对于股份有限公司来说，一般会规定复杂、严密的出资规则，通常能够避免欠缴出资的情形，尤其是在我国公司法规定募集设立公司应采取实缴资本制的情形下更是如此；此外，由于股份有限公司人数较多、规模较大，公司对股东的除名往往很难实施。从国外法的发展趋势看，将股东除名仅适用于人合性的公司亦是各国法的通例。

[2]《公司法解释（三）》第17条：“有限责任公司的股东未履行出资义务或者抽逃全部出资，经公司催告缴纳或者返还，其在合理期间内仍未缴纳或者返还出资，公司以股东会决议解除该股东的股东资格，该股东请求确认该解除行为无效的，人民法院不予支持。在前款规定的情形下，人民法院在判决时应当释明，公司应当及时办理法定减资程序或者由其他股东或者第三人缴纳相应的出资。在办理法定减资程序或者其他股东或者第三人缴纳相应的出资之前，公司债权人依照本规定第13条或者第14条请求相关当事人承担相应责任的，人民法院应予支持。”

[3] 杨君仁：《有限公司股东退股与除名》，神州图书出版有限公司2000年版，第117页。

[4] 吴德成：《有限责任公司股东的除名》，载《西南民族大学学报》（人文社科版）2005年第9期。

一、股东除名制度的现实需要

（一）有限责任公司股东除名制度设计价值

在我国，有限责任公司是市场上最活跃的经济体之一，促进有限责任公司蓬勃发展对稳定我国经济意义匪浅。有限责任公司如何建立一个稳定合理的退出机制是发展的前瞻性问题，股东除名制度恰恰能有效解决这一问题，对有限责任公司法律制度的发展和完善起到了至关重要的作用，其制度价值有以下几个方面：

1. 有利于维护资本的真实性。公司的资本是一个公司赖以生存发展的重要物质基础。2013 年我国公司资本制度进行了大刀阔斧的改革，降低了公司设立的门槛，取消了最低注册资本的要求。这就意味着一元人民币也可以注册公司，这是有限责任公司等小微企业的福音，与此同时，也对公司资本的真实性造成了巨大的挑战。如何在环境相对宽松的状态下保证资本的真实性迫在眉睫。股东除名制度的设计恰恰符合这一目标，对于公司的股东来说，除名是极具有威慑力的惩罚，足以起到震慑作用，可以起到维护公司资本真实性的法律效果。[5]

2. 惩罚和示警作用。股东除名制度的惩罚性体现在股东的身份上，若一个公司对其股东采用除名的方式，则立刻具有单方性和强制性，被除名的股东将永久地从股东名册中消失，即使被除名股东补足了出资或用其他方式弥补了不忠行为也无法回到从前，这对信誉和名誉十分重要的商场来说是致命一击。这就起到了很强的惩罚作用，同时对其他股东来说算是警钟长鸣。[6]

3. 有利于维护经济健康与安全。若股东不履行出资义务或者抽逃出资必然影响整个公司的正常运行，对公司的资本来说也是一种损害，往往因为某些恶

[5] 参见李建伟：《有限责任公司的股东除名制度研究》，载《法学评论》2015 年第 2 期。

[6] 同上注。

意股东损害公司利益导致公司的生产经营陷入僵局，甚至导致了公司解散，这对于那些与其有经济往来的公司或股东来说，无疑是沉重的打击，对市场的交易安全也埋下了隐患。因此，确立股东除名制度有利于维护市场的稳定和交易安全。

（二）股东除名制度司法现状

股东除名制度最早只适用于一些合伙企业或者无限责任为主要特点的商业主体中，用于解决因个人原因缺乏偿债能力从而危害公司利益的情形，是维持企业存续的一种有效方式。[7]随着我国经济的高速发展和公司法及其配套法律的逐渐完善，该制度被逐渐广泛运用到有限责任公司中，至此，股东除名制度的应用在现实生活中越来越广泛。据统计，从 2001 年至 2017 年 8 月，全国与股东除名相关的案件纠纷如图 1 所示：

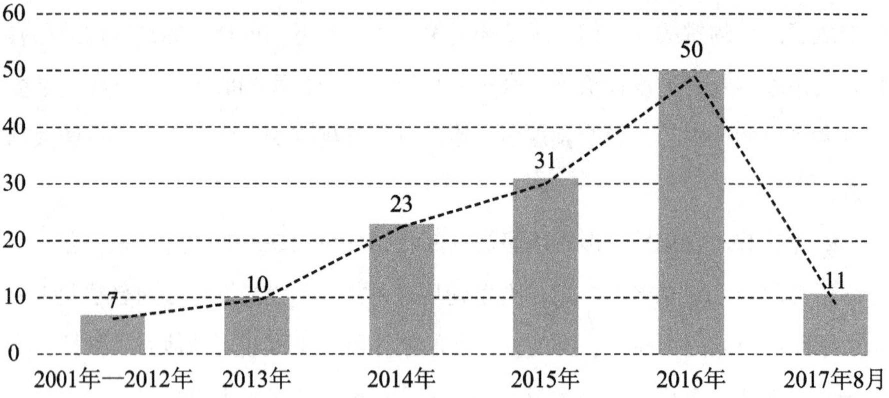

图 1[8] 案件数量走势图（单位：件）

如图 1 所示，自 2012 年《公司法解释（三）》的颁布实施，一方面可以看出，

[7] 参见杨君仁：《论有限责任公司之退股与除名及其法政策上之建议》，载《中原财经法学》2005 年第 5 期。

[8] 数据来源：威科先行法律数据库。

相关股东除名案件呈现递增态势，2014—2016年直线上升；另一方面也可以看出由于法律规定存在空白区域，公司实务与司法实践对该制度的适用存在较大争议。因此，应当对该制度进行进一步的规范和剖析。

二、有限责任公司股东除名制度的理论基础

（一）有限责任公司股东除名制度的法律属性

股东除名制度是指恶意股东出现法律规定的某些损害公司利益或其他股东利益的情形，公司有权依照法定程序，使其强制退出公司的一种制度。探究这一制度的理论基础首先要研究该制度的法律属性，笔者认为该制度有以下几个方面的法律属性：

1. 股东除名制度是一种形成权。对于有限责任公司中不履行出资义务的股东或者该股东存在法律法规规定的有损公司和其他股东利益的行为时，公司可以单方面对该股东进行除名，无须得到被除名股东的同意，其除名完全是公司一方的意思表示。

2. 股东除名制度是一种共益权。有限责任公司的股东除名制度的出发点和落脚点就是维护公司的集体利益，是全体股东的共同利益，对恶意股东的除名对其他股东和公司来说是有利无害的，因此，该制度是共益权的一种体现。

3. 股东除名制度具有身份剥夺性。这种身份的剥夺是相对于财产性而言的。股东除名解决的是股东的身份或资格的问题，而不是股东的财产权问题，该制度的设计仅针对股东资格，并未针对该股东的出资额。当这种身份被剥夺后，基于股东身份所享有的表决权、分红权等便不再享有。[9]

4. 股东除名制度具有要式性。股东除名制度的要式性主要体现在股东除名

[9] 参见杨君仁：《论有限责任公司之退股与除名及其法政策上之建议》，载《中原财经法学》2005年第5期。

的运用和执行过程中必须严格遵循法律法规所确定的除名程序，若违反法定程序，则除名的行为将失去法律效果。具体流程如图2所示：

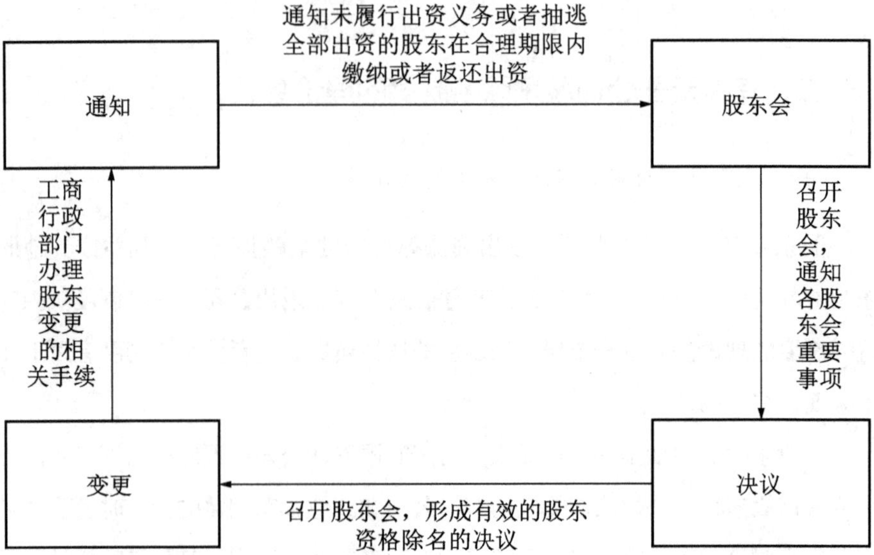

图2　股东除名流程图

（二）有限责任公司具有人合性

公司按照信用基础为标准分类可以分为以下三种：人合公司、资合公司和介于人合兼资合公司。大陆法系的有限责任公司以人合性为主要特征，其表现为无论是设立公司章程、设立登记等还是成立公司后的生产运营、收益分配，均以人合为基础。[10]对于一个有限责任公司原始股东来说，起初大多数的人会选择私人关系熟络的人一起创办公司，自此便风雨同舟，荣辱与共。因此，相互信任对一个公司的长久发展起到了十分重要的作用。但是随着公司外部环境和内部软实力的不断发展变化，可能会出现某些股东恶意损害公司利益或者其他股东利益的情况，导致双方展开博弈，公司陷入僵局。在这种情况下，对于那些被损害利益的股东来说，主动从公司退出或者眼睁睁看着公司解

[10] 参见高永周:《论有限责任公司的人合性》，载《北京科技大学学报》(社会科学版)2008年第4期。

散是他们的下下策，他们无不例外地在积极寻求一个可以有效化解危机的方式，而当其他股东对不忠的“坏股东”失去信任之后，一如既往地一起共事的概率少之又少，这时候解决问题的办法就是赋予他们除名权，赋予他们将这些“坏股东”驱逐出公司的权力，使公司回归正轨。由此可以看出，除名这种处理方式是符合有限责任公司人合性特点的，是合乎公平正义的选择。[11]

（三）股东除名制度符合“股东忠实义务”理论

“忠实义务”是指一个股东，作为该公司的一员要保持一颗忠诚之心，时刻以公司和集体利益为重，积极促进公司的生产经营，以期公司利益最大化。股东忠实义务不仅体现在章程的规定、法律规定，以及交易中遵守诚实信用原则。更重要的是体现在不侵害公司的利益，时刻以公司利益为主。[12]德国理论界和司法界也对“忠实义务”做了相关阐述，即“除了法律和公司合同所规定的股东义务外，股东一般还要承担忠诚义务”[13]。这种“忠实义务”有效地维护了公司的内部稳定，使得有限责任公司股东之间的凝聚力不断加强。若股东违背忠实义务，给公司造成了重大损失，使公司陷入僵局，这时股东间的信任关系被破坏，想要重新恢复公司的凝聚力，必须将违背忠实义务的股东驱逐出公司。正如德国《有限责任公司法》规定，“基于重大事由而对违背忠实义务的股东提起除名之诉”。为了维护整个公司的人合性，必须将违反忠实义务的恶意股东踢出公司，维护公司和守信股东的利益。因此，股东除名是对违背忠实义务的股东最重的惩罚，也是该股东必须承担的责任。[14]

---

[11] 参见顾晓慧：《有限责任公司股东除名法律制度研究》，中国政法大学 2010 年硕士论文。

[12] 参见杨君仁：《论有限责任公司之退股与除名及其法政策上之建议》，载《中原财经法学》2005 年第 5 期。

[13] 参见〔德〕托马斯·莱赛尔、〔德〕吕迪格·法伊尔：《德国资合公司法》第 3 版，高旭军等译，法律出版社 2010 年版，第 471 页。

[14] 参见戴中璧：《试论有限责任公司股东除名制度的理论基础》，载《扬州大学学报》（人文社会科学版）2013 年第 5 期。

三、有限责任公司股东除名制度适用事由分析

（一）《公司法解释（三）》规定的适用事由

我国《公司法解释（三）》第17条仅规定了两种适用事由：未履行出资义务或者抽逃全部出资。虽然寥寥数语，但是其内涵丰富，笔者总结出以下几点：（1）适用事由必须是股东全部没有出资，如果只是出资了一部分，就不能适用该制度；（2）被除名股东抽逃的是全部出资而不是部分出资；（3）被除名制度的适用必须是经过催告，该股东在合理的催告期内仍不履行义务。

（二）公司章程规定的事由

公司章程是公司是所必备的，对公司的基本事务，如公司名称、宗旨、资本、组织机构等事务进行统一的规定。我国公司法的基本原则是坚持私法自治，有法则依法，无法则依章程。股东可以在章程中针对公司重大事项作出其认为必要、合理的约定，以将其意志贯彻于公司治理。股东除名无疑是公司的重大事项，需要也值得章程将个性化的除名事由预先列明，既可以给股东带来明确的预期，也可以避免在未作约定时对除名事由是否属于"重大事由"而发生争议。[15]

（三）其他重要事由

显然，法律法规中规定的事由和公司章程中规定的事由不能穷尽所有情况，世界万物瞬息万变，很多复杂的情况层出不穷，笔者认为以下几种情况也应当列入除名的重大事由：（1）股东自身由于生理原因导致不能参与公司经营，例如年老、疾病、精神异常等情况；（2）股东行为严重违反忠实义务，滥用股东权利损害公司利益；（3）股东自身财务状况恶化或负债累累，无清偿能力；

[15] 参见李建伟：《有限责任公司的股东除名制度研究》，载《法学评论》2015年第2期。

(4)股东有不良嗜好且喜挥霍浪费;(5)股东丧失了公司章程规定的某种特殊条件或者身份;(6)股东存在犯罪行为，被司法机关立案追究;(7)股东私底下经由资本参与以妨害公司的方式投资其他同属竞争关系的公司;(8)股东拒绝履行章程规定的合作义务等。

四、股东除名制度的困境与出路

(一)股东除名权利的行使主体不明

对于行使除名权的主体是公司还是股东个人在学界存在争议。公司法将除名权赋予什么样的主体行使，这是股东除名制度首先应当解决的问题。笔者认为，行使除名权的主体只能是公司而不是其余股东或是其他主体。理由有两点：第一，有限责任公司股东除名是维护公司与其他股东的共同利益，从整体利益角度来考虑，公司作为主体是合理的；第二，有限责任公司遵守股东平等原则，股东之间的地位是平等的，若股东有权将“坏股东”开除公司，这等同于其他股东地位高于“坏股东”，这显然违背股东平等原则；第三，有限责任公司是社团法人，民法中社团与成员在一定情形下是不平等的，成员要受到团体意思的约束。当某个成员具有不正当行为时，社团可以处罚该成员。但社团意思要通过股东会决议才能作出，因此，除名权行使的主体必须是公司。当然，若公司在出现除名情形仍不积极作为时，股东可以向法院提出除名之诉来救济自己的权利，这样一来，既可以避免股东之间的强烈冲突，也可以防止有异心的股东借此制度来瓦解公司。[16]

(二)表决权限制问题

《公司法解释(三)》的颁布实施使得“股东除名”实现了有法可依，但同时在实务中又带来一些新的问题。首先是关于股东会决议的表决权问题。以宋

[16] 参见朱冰清:《有限责任公司股东除名制度研究》，华东政法大学 2016 年硕士学位论文。

余祥与上海万禹国际贸易有限公司股东会决议效力纠纷案为例来分析司法实践中由于表决权问题引起的纠纷，[17] 案情如图 3 所示：

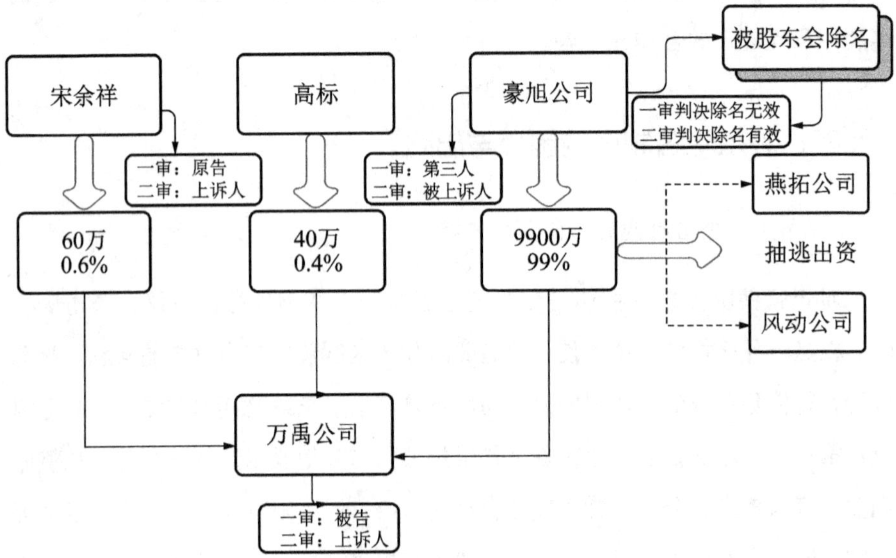

图 3　案件梳理

该案经历了两审，一审和二审的判决截然不同，争议的焦点问题就是表决权的问题，该案中持有公司 1% 股权的小股东解除了另一名持股 99% 的大股东。[18] 在该案中，表决情况为同意 2 票，占总股数 1%，占出席会议有效表决权 100%；反对 1 票，占总股数 99%，占出席会议有效表决权的 0%。故上海市第二中级人民法院撤销了原一审法院关于被除名股东在除名表决中享有表

[17] 详见（2014）黄浦民二（商）初字第 589 号一审判决书，（2014）沪二中民四（商）终字第 1261 号二审判决书。

[18] 参见陈克：《再论股东除名制度中的表决权限制——从填补法律漏洞视角下展开》，载《法律适用》2015 年第 12 期。

决权的判决。[19]一、二审法院之所以作出不同判决，源于对上述争议有不同观点，第一种观点认为，应当限制该股东表决权。第二种观点认为，不应当限制股东的表决权。笔者同意第一种观点，应当对表决权进行限制，对表决权进行限制是对该制度设计的尊重，从侧面体现了股东除名制度的审慎性和公平性，如果不限制该股东表决权，就会给被除名的股东可乘之机，他们可能会操纵股东会来防止自己被除名，这样一来，如上诉案件中的小股东无法通过这个制度来维护自己的权益，将直接导致股东除名制度虚置。[20]

（三）司法审判困境

由于股东除名制度在立法上存在空白点，导致法官在运用该规则时存在较大的自由裁量权，在司法实务中，常常导致同案不同判的现象。例如上文所诉案例，一、二审法院的裁判不尽相同。再比如，公司章程中约定了股东除名条款的前提下将股东除名，法院对此的判决却截然不同，有的法院肯定了章程中关于除名条款的有效性，认为法无禁止即自由，但是有的法院则不承认公司章程的效力，认为股东除名仅适用于司法解释规定的两种情形。[21]上诉现象的出现和我们现如今强调的法治精神是背道而驰的，在社会上容易造成司法混乱，一方面，这一现象容易给当事人造成困惑，极大地损害了司法的权威性，也损害了当事人对于法律的心理预期。另一方面，法官个人对于案件的评判有自己的标准，这种标准可能来源于法官个人长期的学习工作或是司法实践，但是每个法官的经验和评判标准必然不同，在处理相同事由的案件时也会作出不同的判决，这并不代表着法官作出的判决必然是错误的，若二审法官或再审法

---

[19] 上海市第二中级人民法院在终审判决书中认为：《公司法解释（三）》规定的股东除名权是公司为消除不履行义务的股东对公司和其他股东所产生不利影响而享有的一种法定权能，是不以征求被除名股东的意思为前提和基础的。在特定情形下，股东除名决议作出时，会涉及被除名股东可能操纵表决权的情形。故当某一股东与股东会讨论的决议事项有特别利害关系时，该股东不得就其持有的股权行使表决权。

[20] 同上注。

[21] 参见蒋琪：《首例股东除名制之争》，载《法人》2012年11期。

官更改判决，或是撤销判决，这会极大地挫伤原审法官自由裁量的积极性，不利于我国司法稳定和法治道路的建设。[22]

五、结 语

伴随着我国公司资本制度的改革，投资门槛和成本的降低将鼓励更多投资者创立公司。有限责任公司作为小微投资者的首选，将面临更多复杂的情况，而对于有限责任公司至关重要的股东除名制度将成为未来公司长久发展不可缺少的利器。现如今，我国公司法对股东除名问题有所回避，立法有所空白，导致公司实务和司法实务中出现一些混乱。我们需要根据实践发展的需要更加完善有限公司股东除名制度，笔者希望更多的立法者和学者关注有限责任公司股东除名制度，并提出更多符合我国国情的立法建议。

[22] 参见朱冰清:《有限责任公司股东除名制度研究》，华东政法大学2016年硕士学位论文。

关于某市土地承包经营权纠纷案件的调研

尹　腾

内容摘要　民以食为天，粮以地为本。土地是人类赖以生存之本，是农民安身立命之基，是我国“三农问题”的核心。随着我国社会进入深度转型时期，土地政策调整，城市化进程加快，人民法院受理的农村土地纠纷案件逐年递增。此类案件政策性强、敏感度高、法律关系复杂、处理难度大，极易引起矛盾激化，影响社会稳定。为妥善处理农村土地承包经营权纠纷，维护农村社会和谐稳定，笔者梳理了近三年来所在地法院农村土地承包经营权纠纷的审理情况，总结了该类纠纷审判工作的特点及成因，分析了审判实践中面临的难点问题，提出了具体的解决对策，为妥善化解矛盾纠纷，促进农村经济发展，维护农村社会稳定提供参考依据。

关键词　土地承包经营权　土地政策　多元化解决

作者单位：山东省莱芜市中级人民法院。

一、农村土地承包经营权纠纷案件审理概况

（一）收结案情况

1. 收案情况

当前，由于农村社会经济生活正在发生急剧的变化，农村的利益分配关系日益复杂，因土地承包引发的纠纷逐年递增。2014 年至 2016 年，全市两级法院的收案情况如表 1 所示：

表 1　全市两级法院收案情况图（单位：件）

数量 年度	L 市中院	L 区法院	G 区法院	上诉率
2014	30	33	6	76.92%
2015	16	15	12	59.26%
2016	40	41	17	68.97%
合计	86	89	35	69.35%

虽然该类案件的整体收案数量占全部民事案件收案数量比重较低，但上诉率极高，三年来平均上诉率达到 69.35%。分析原因，主要有以下几个方面：一是该类案件调解难度大，判决率高，导致上诉率高；二是土地作为农民基本生活保障来源，当事人附着于土地的诉求期望值较高，一旦判决不予支持，往往选择继续上诉，请求上级法院救济；三是该类纠纷审判实践中裁判标准不统一，案件事实难认定，当事人双方对一审裁判难以达成共识；四是该类纠纷案特点突出，群体性诉讼所占比重较高，一定程度上提升了案件上诉率。

2. 结案情况

因法律政策与农村现实存在冲突、行政管理存在错位和缺位、有的农村基层组织弱化、惠农政策及征地补偿带来利益驱动等原因，该类案件呈现出案件类型多样、涉及人数众多、法律关系复杂、矛盾冲突激烈、社会影响大、处理难度高等特点，审结一审案件调解撤诉率较低，裁定驳回起诉率较高。如表 2 所示：

表 2　一审案件结案情况图（单位：件）

数量 年度	收案数	结案数	判决数	裁驳数	裁驳率	调撤数	调撤率
2014	39	39	27	6	15.3%	6	15.38%
2015	27	27	21	7	25.93%	5	18.52%
2016	58	58	37	11	18.97%	10	17.24%
合计	124	124	85	24	19.35%	21	16.94%

中级人民法院对二审案件的审理始终坚持“调解优先、调判结合、慎重改发”的工作原则，加强调解工作，妥善化解矛盾，案件审理呈现出调撤率逐年提升、改发率逐年下降的良好态势。如图 1 所示：

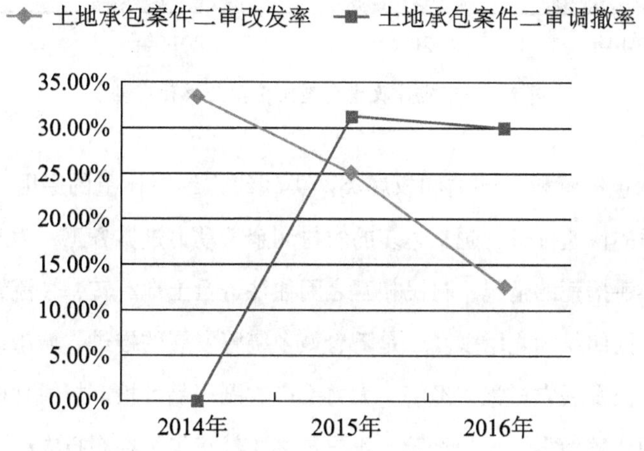

图 1　二审案件改发调撤对比图

（二）土地承包经营权纠纷案件的特点及成因

1. 案件类型多样，类案特点突出

土地承包经营权纠纷以土地承包经营权为核心。本文所审查梳理的案件是指广义上的土地承包经营权纠纷，不仅包括土地承包经营权权属类纠纷，即土地承包经营权确认纠纷、承包地征收补偿费用分配纠纷、土地承包经营权继承纠纷；还包括农村土地承包合同纠纷（包含转包合同、转让合同、互换合同、入股合同、抵押合同、出租合同纠纷）和土地承包经营权侵权纠纷（包含侵害集体经济组织成员权益纠纷和其他侵权类纠纷）。三类纠纷中尤以合同类和权属类纠纷所占比重较大。如图2所示：

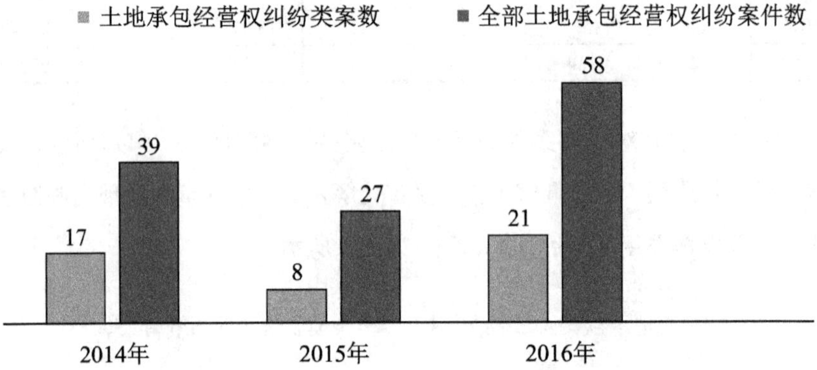

图2 一审案件收案类型比重图（单位：件）

土地承包经营权合同类和权属类两类纠纷占绝对比重的原因，一是随着城镇化进程的快速推进，越来越多的农村剩余劳动力进城务工，为避免承包的土地出现弃耕撂荒的情况，村民相互之间往往进行土地流转，在流转过程中的土地承包合同纠纷随之增多。二是随着城乡统筹发展的推进，城市结合农村实际情况，积极发展农村集体经济，大力推广农副产品种植。规模种植的发展依赖于土地的化整为零，连片经营，农户与集体经济组织在履行农村土地承包合同过程中产生的纠纷越来越多。三是随着城镇化和工业化进程的推进，大量农村集体土地或以“公共目的性”的名义被征收使用，或采取“以租代征”的方式违反土地的农业用途，由此产生承包地征收补偿费用分配纠纷及合同效力纠纷大量而普遍存在。四是二轮承包确定的“增人不增地、减人不减地”的政策，造成实践中大量新生人口、外来迁入人口、出嫁女或离婚女及其子女、户口挂靠人口、超生子女等无法承包取得土地经营权，上述人员提起的以确认集体经济组织成员资格为前提的收益分配纠纷、征地补偿纠纷越来越多。

规模经营的发展和土地的大面积征收、征用导致土地承包经营权纠纷的类案特点尤为突出。

2. 案件调撤难度大，类型不同难以分化

对比全部民事一、二审案件，2014 年至 2016 年土地承包经营权案件的整体调撤率较全部民事一、二审案件调撤率偏低。如表 3、表 4 所示：

表 3　一审案件调撤率情况对比图（单位：件）

数量 年度	土地承包经营权纠纷一审结案数	土地承包经营权纠纷一审调撤数	调撤率	全部民事一审案件结案数	全部民事一审案件调撤数	全部调撤率
2014	39	6	15.38%	4945	2136	43.20%
2015	27	5	18.52%	6297	2308	36.65%
2016	58	10	17.24%	6107	2537	41.54%
合计	124	21	16.94%	17349	6981	40.24%

（注：2016 年调撤的 10 件案件中，其中 5 件属类案）

表 4　二审案件调撤情况对比图（单位：件）

数量 年度	土地承包经营权纠纷二审案件数	土地承包经营权纠纷调撤数	调撤率	全部民事二审案件数	全部民事二审案件调撤数	全部调撤率
2014 年	30	0	0	414	141	34.06%
2015 年	16	5	31.25%	497	122	24.55%
2016 年	40	12	30%	490	119	24.29%
总计	86	17	19.77%	1401	382	27.27%

（注：2016 年调撤的 12 件案件中，其中 7 件属类案）

分析该类案件调撤难度大的原因，主要在于以下几个方面：一是土地资源的有限性制约调解。该类案件双方的争议标的是土地承包经营权，土地资源的收益性和有限性决定了争议双方往往互不妥协，不愿为了一次性的眼前利益，放弃能带来长期收益的土地承包经营权。二是集体经济组织自主权有限。法律赋予农村集体经济组织一定的村民自治权，农村土地承包合同的签订、集体经济组织成员资格的取得、集体经济组织成员权益的分配等问题往往经过民主议定程序决定，由此农户与集体经济组织产生纠纷时，集体经济组织并无太大自主权，增加了案件调撤难度。三是案件当事人诉求对抗明显。原承包人、村委、现承包人之间关于土地承包经营权的确认、合同效力的认定及地上农作物的补偿争议难以化解，矛盾激烈。四是涉案群体性矛盾涉及面广。该类案件涉及面广，影响大，尤其征地补偿费用分配类纠纷，影响众多农户的切身利益，该类诉讼往往是集体诉讼和连环诉讼，敏感度高，仅凭法院一己之力难以协调处理。

上述多种原因的存在，致使土地承包经营权纠纷中的三大类案件中，权属类和侵权类纠纷的调撤难度较合同类纠纷的调撤难度更大。

3. 案件改发率较高，改发原因多样

对比全部民事二审案件，可以看出土地承包经营权纠纷二审改发率略高于民事二审案件整体改发率。如表5所示：

表5　二审案件改发情况对比图（单位：件）

数量 年度	土地承包经营权纠纷二审案件数	土地承包经营权纠纷二审改发数	改发率	全部民事二审案件数	全部民事二审改发数	全部改发率
2014年	30	10	33.33%	414	92	22.2%
2015年	16	4	25%	497	91	18.3%
2016年	40	5	12.5%	490	86	17.5%

土地承包经营权案件改发率较高的原因，主要在于法律关系复杂，事实认定难，裁判标准不统一等。一是案件类型多样，法律关系复杂。该类纠纷涵盖了土地承包经营权的取得、流转、行使、丧失的全过程。诉讼主体包含承包户、集体经济组织、流转双方、实际耕种人等，各主体之间存在多种法律关系，合同关系、侵权关系相互交织，有的还涉及行政行为，法律关系极为复杂。二是基础证据缺失，案件事实难以认定。土地承包经营权证的发放不普遍，承包合同的签订不规范，承包地四至范围的界限不明确等现象时有发生，土地承包经营权纠纷时间跨度大，村委的数次换届，村组底账的遗失、损毁，农民对合同文本的保管不善，导致基础证据缺失，真实情况难以落实，案件事实难以认定。三是法律规范缺位，裁判标准不统一。土地承包经营权问题很多

通过政策手段加以调整，相应法律规定尚不明确，导致审判实践中裁判标准难以统一，给审判工作带来困扰。

4. 案件裁驳率较高，案件受理问题突出

《最高人民法院关于审理涉及农村土地承包纠纷案件适用法律问题的解释》第1条明确规定了涉及农村土地纠纷民事案件的受案范围，但审判实践中，该类纠纷的受理问题仍是案件审理的重点问题之一。法院裁定驳回起诉的比例较全部民事案件裁定驳回起诉的比例明显偏高。表6所示：

表6 一审案件裁驳情况对比图（单位：件）

数量 年度	土地承包经营权纠纷一审案件数	土地承包经营权纠纷一审裁驳数	裁驳率	全部民事一审案件数	全部民事一审裁驳数	全部裁驳率
2014年	39	6	15.38%	4945	256	5.18%
2015年	27	7	25.93%	6297	344	5.46%
2016年	58	11	18.97%	6107	379	6.21%
合计	124	24	19.35%	17349	979	5.46%

审结的二审案件中，因案件受理问题引起的改发占有一定比重，说明土地承包经营权纠纷的案件受理问题仍是审判实践中的难点问题。如图3所示：

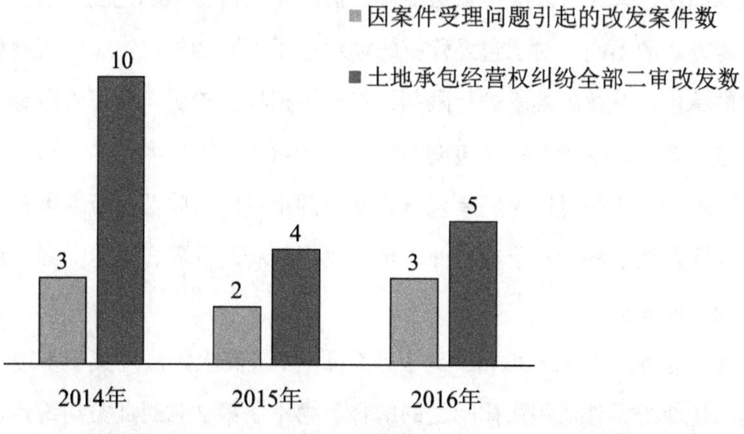

图3 案件受理问题与土地承包经营权纠纷全部二审改发数对比

二、土地承包经营权纠纷审理中的疑难问题透析

（一）土地承包经营权纠纷受案范围成审判难点

一是农村集体经济组织成员资格认定问题。随着农村土地被征收征用，涉及征地补偿、收益分配等纠纷明显增多，这些案件的矛盾焦点多涉及成员资格问题。2005年《最高人民法院关于审理涉及农村土地承包纠纷案件适用法律问题的解释》规定，对承包地征收补偿费用的分配提起诉讼时，属于作为平等民事主体的集体土地所有人和使用人之间产生纠纷，应受民法调整。对于集体经济组织成员就用于分配的土地补偿款数额提起民事诉讼的，人民法院不予受理。理由是土地补偿费金额系集体经济组织通过民主议定程序确定，属基层组织自治范畴，司法权力不宜介入，对此类纠纷不予受理。从实践来看，该解释存在逻辑矛盾，就土地补偿费用分配提起诉讼需首先确认是否具有集体经济组织成员资格，故审判实践中对该司法解释的适用存在疑问。

二是土地承包经营权继承纠纷受理问题。《最高人民法院关于审理涉及农村土地承包纠纷案件适用法律问题的解释》第1条第1款第5项规定，承包经营权继承纠纷，人民法院应当依法受理。但因《农村土地承包法》根据承包经营权取得方式的不同，对承包经营权的继承作了不同的规定：对以家庭承包方式取得的承包经营权的继承进行限制，对通过招标、拍卖、公开协商等方式取得的承包经营权，继承人在承包期内可以继续承包。审判实践中，当继承问题发生后，继承人主张对以家庭承包方式取得的承包经营收益进行继承时，人民法院往往因司法解释的不予支持而否定其民事权利的性质，对此类案件裁定不予受理或驳回起诉。

三是土地承包经营权取得纠纷受理问题。《最高人民法院关于审理涉及农村土地承包纠纷案件适用法律问题的解释》第1条第2款对此类纠纷是否属于民事受案范围已有明确规定，但相关争论仍然在一定程度内存在，甚至还反映到相关法律的制定过程之中。《农村土地承包法》第5条和第18条规定，农村

集体经济组织成员有权依法承包由本集体经济组织发包的农村土地；按照规定统一组织承包时，本集体经济组织成员依法平等地行使承包土地的权利。实践中之所以会产生争论，其根源就在于当事人往往以前述规定作为行使民事诉权的基础，而忽视主张取得土地承包经营权所必需的民事法律关系基础。

（二）证据形式不规范，案件事实难以认定

审判实践中普遍存在着土地承包合同、土地承包经营权证签订和发放率低，原始合同内容记载不准确不完整，诉讼程序中案件事实无法查清。一是承包合同或承包经营权证的证据效力存在瑕疵。实践中，很多村没有签订过土地承包合同，很多村没有发放土地承包经营权证，还有的依据卫星测量土地四至得出的数据制作的土地承包经营权证与土地承包合同记载的土地四至不一致，导致实践中政府为避免因此产生争议，选择不发放承包经营权证。二是土地四至登记等基础性证据缺失。二轮延包时，大部分村没有开展大规模的重新丈量和确定准确的四至界限。村干部在此期间数次换届，村组的底账遗失、损毁时有发生，加之有的农民对自己所持合同文本管理不善，一旦发生纠纷因基础证据缺失往往无据可查，处理难度加大。三是村干部不作为、乱作为致经营权归属无法确认。基层干部不作为、乱作为，土地登记管理不到位，存在界限不清、登记不明、地亩账混乱等问题。还有的村集体经济组织考虑与村民的各方面关系，不配合法院出示村组底账，造成承包经营权归属难以确认。

（三）土地承包经营权流转问题突出、处理难度大

土地承包经营权流转方式包括代耕、转让、转包、出租、互换等多种形式，因此产生的争议多归为农村土地承包合同类纠纷，审判实践中此类纠纷比重大，问题多，认定难。一是流转程序不规范，随意性大。采取转让方式流转的，应当报发包方同意而未报；采取转包、出租、互换或者其他方式流转的，应当报发包方备案的未备案等问题；流转当事人极少报批、报备案或申请变更登记等法定手续，流转随意性大。二是流转内容不明确，类型区分不清。流转

双方普遍以口头协议形式进行流转，极少签订书面流转协议，流转协议的内容和格式不规范，流转方式界定不清，责任不明，为纠纷埋下隐患，双方诉诸法院，因约定不明，无其他证据加以佐证，难以查清案情。三是流转期限约定不明，合同终止时发生争议。实践中有很多土地承包经营权流转合同如转包、出租等，并无流转期限的明确约定，由此引发了一些终止或解除流转合同关系的纠纷。对当事人未约定流转期限或者约定不明的情形，往往涉及苗木清退的执行行为如何掌握、农作物的腾退补偿、解除或终止合同的时间确定、承包费的计算等问题，当事人之间矛盾尖锐，处理难度大。四是以流转形式规避法律，改变土地农业用途。受利益驱动的影响，面对粮食种植与"非粮化"的收入差距越来越大的现实情况，土地流转双方为追求利益最大化，以土地承包经营权流转的形式改变土地的农业用途，甚至以农村土地承包合同的形式规避法律，以非法建筑代替建设用地使用权，成讼后为法院如何认定及处理带来困难。

（四）村委会发包程序不规范、违法收回或调整承包地现象时有发生

根据《农村土地承包法》的相关规定，发包方将农村土地发包给集体经济组织成员外的单位或个人，必须通过村民会议三分之二以上成员或三分之二以上村民代表的同意，并报乡镇人民政府批准。实践中集体经济组织对外发包存在以下几方面问题：一是未经民主议定程序对外发包。有的村干部利用手中权力，不经过民主议定程序而私自发包给家族成员或有其他关系的农户，有的发包价格明显偏低，往往成为发生纠纷的隐患。二是承包期限内发包方随意收回、调整承包地。根据《农村土地承包法》的规定，承包期内发包方不得收回承包地，不得调整承包地，不得单方面解除承包合同（法定特殊情形除外）。但审判实践中发现，有的村委会违反法律规定制定"土政策"，如有的村规定"口粮地三年一调整，增人增地、减人减地"等；有的强制收回农民承包地搞土地流转，乡镇政府或村级组织出面租赁农户的承包地再进行转租或发包；假借少数服从多数强迫承包方放弃或者变更土地承包经营权而进行土地承包经营权流转；等等。三是弃耕撂荒承包地，发包方随意收回另行发包。随着越来越

多的农民进城务工，有的农户承包地被弃耕或撂荒，实践中发包方往往不经土地承包经营权人同意即将土地收回另行发包给他人，原承包户重新回到农村后，起诉要求收回原承包地。

（五）基层政府在土地流转过程中引发的矛盾难化解

此种情况主要有以下三个方面：一是对政府“以租代征”引发的纠纷处理原则存在争议。20 世纪 90 年代初地方政府为发展经济，广泛投资兴建乡镇企业。这些乡镇企业用地往往是采取承包、租赁等形式从农村集体经济组织获得土地使用权，所建设厂房一般没有任何手续，有的还每年向村集体缴纳承包费。审判实践中法院对此类案件的审理应仅局限于房屋买卖租赁合同的效力还是严格按照“审房先审地”的原则进行处理存在争议。二是失地农民要求政府返还“以租代征”土地，案件处理效果难统一。随着城镇化和工业化进程加快，征用土地面积逐年增加，基层政府往往采取“以租代征”形式取得土地后即开发建设厂房或住宅，失地农民内心失衡，强烈要求返还承包地，法院裁判结果很难达到法律效果与社会效果的有机统一。三是因基层政府或基层组织法律政策宣传力度不够，农民利益难保障。对于以其他方式承包村集体所有的荒山、荒沟、荒丘、荒滩等的外来人员，大多熟知政府的各种补贴政策，承包土地大多以获取政府补贴为目的，而本村村民对各种法律及政策规定却不甚了解，基层政府及基层组织对法律及政策宣传力度不够，损害了本村村民的优先承包权及相关权益。

三、妥善化解土地承包经营权纠纷的对策和建议

随着社会进入深度转型时期，“三农”问题成为一个重要社会问题提上日程，农村土地纠纷日益突出，而反映到法院案件中来的仍是小部分，要从根本上解决实际存在的土地问题，不仅需要人民法院依法公正审理，更需要社会各个职能部门综合施策，对症下药，合力攻坚，为建设社会主义新农村创造和谐

稳定的社会环境。

（一）充分发挥审判职能作用，人民法院依法审理土地承包案件

土地承包经营权纠纷案件蕴含的不稳定、不确定因素多，矛盾冲突大，容易引起群体诉讼，人民法院必须引起高度重视。在审判实践中，要准确把握农村土地政策，进一步统一法律适用，在法律与政策之间寻找最佳契合点，最大限度实现法律效果与社会效果相互促进的目的。

第一，正确把握土地承包纠纷的受案范围。根据《最高人民法院关于审理涉及农村土地承包纠纷案件适用法律问题的解释》第1条及最高院、省高院的民事审判会议纪要规定的精神，以下三类纠纷不属于法院审理农村土地承包纠纷案件的受案范围：一是集体经济组织成员因未实际取得土地承包经营权而提起的民事诉讼，此处的“未实际取得土地承包经营权”应理解为“未订立土地承包合同（书面或口头合同）”；二是集体经济组织成员就用于分配的土地补偿款数额而提起的民事诉讼；三是集体经济组织在土地延包或者依法调整承包地重新发包后，丧失承包地的农户请求返还原承包地发生的纠纷。根据山东省高级人民法院2011年民事审判工作座谈会纪要的规定，此类纠纷属于土地承包经营权取得纠纷，不属于人民法院民事案件的受理范围，告知当事人向有关行政主管部门申请解决。对于涉及“集体经济组织成员资格认定”的纠纷，相关法律政策规定经历了从不予受理到严格受理条件再到应予受理的过程。根据2015年《最高人民法院关于当前民事审判工作中的若干具体问题》（即八民会议纪要）的规定，对于因土地补偿费分配、“外嫁女”等问题产生的集体经济组织成员资格认定问题，应依法进行审理。

第二，准确认定土地承包经营权的转让效力。根据《农村土地承包法》第41条的规定，对转让行为效力的认定应从两个要件进行判断：实质要件是“转让方有稳定的非农职业或稳定的收入来源”，程序要件是“经发包方同意”。关于实质要件，应结合具体案情进行综合判断，依法保护农民的土地承包经营权，但如果当事人未以此主张转让无效，法院不宜主动审查；关于程序要件，

立法本意并非意在限制流转，而是通过对发包方的审查达到充分保护承包方权益的目的。关于“发包方同意”的形式，可以明示亦可以默示的方式作出或通过发包方的行为推定其同意转让。实践中，可结合转让方及受让方是否将转让的事实告知发包方或征求发包方的意见、发包方是否知道或应当知道转让的事实、发包方是否在合理期间内表态、发包方不同意的理由是否为法定理由等因素，综合判断是否已“经发包方同意”。仍不能认定的，可在诉讼中令发包方对是否同意转让作出明确的意思表示。发包方不同意转让的法定理由应为流转行为违反《农村土地承包法》第 33 条规定的流转原则。以转让之外的其他流转方式流转土地承包经营权，法律规定需向发包方备案，这种备案并非认定流转行为的效力要件。

第三，慎重处理土地承包合同中涉及的违法建筑问题。对于双方就土地用途用于非农建设达成共识的，若当事人要求确认合同效力，法院应对合同效力作出认定。对于订立合同时明确用于农业生产，合同履行过程中承包方私自改变土地用途用于非农建设的，当事人要求解除合同的应认定合同订立时有效，发包方以对方违约为由要求解除合同的，法院应当进行审理，如果依据农村土地承包合同对非法建筑要求排除妨碍赔偿损失的，法院不予受理。因为农村土地承包合同不涉及建筑物的问题，不能依据合同要求赔偿。如果当事人在签订合同时明知合同目的是进行非农建设，法院应认定合同无效，合同被认定无效后，基于合同关系由过错方共同承担责任。

第四，进一步强化证据裁判规则。在案件审理过程中，人民法院要进一步强化证据意识，严格按照证据规则全面综合评判证据，将每一个证据置于全部证据背景下考察其真实性、合法性和关联性。法官在必要时要依照职权调查取证，尽可能在证据使用时符合客观真实。在举证责任分配上，对土地流转方式约定不明的，原承包人主张为转包，受流转人主张为转让的，应从保护原承包人合法承包经营权的角度，将举证责任分配给受流转方。由受流转方交纳农业税费或享受种粮补贴等，是农村的习惯做法，并不能对抗流转方的土地承包经营权，受流转方以此主张双方是转让关系，证据并不充分。在具体证据认定上，根据山东省高级人民法院2008年民事审判工作座谈会纪要的规定，在土地承包合同与土地承包经营权证书不一致的情形下，以土地承包合同为准。

（二）着力加强监督指导职能，基层政府规范引导农村土地承包

一是要加强监督指导。基层党委政府要加强对农村土地承包工作指导，认真开展“回头看”，对土地承包经营权证及时发放，对现有土地承包合同进行认真核查，对不完善的合同进行甄别，及时进行规范。要建立全程监督工作机制，对农村承包合同签订、履行进行监督指导。对利益分配方案、征地拆迁补偿方案要依法制定，决不能任意行事，要坚持公开原则，对承包方案、补偿规定及时进行公开，确保村民实现知情权、参与权。对于侵犯农民土地承包权的行为不姑息迁就，及时处置，依法保障农民合法权益，最大限度地减少矛盾纠纷。

二是要强化规范引导。对于政府通过“以租代征”方式引发的土地流转纠纷，建议政府部门在“以租代征”实施前，指导村委会与农民签订收回承包地协议，由农民承诺自愿交回承包地，村委会则同时承诺在国家正式征用土地前，农民享有土地收益（租金），在国家正式征用土地后有权获得征地补偿款等。基层政府在拆迁过程中合理解决农民土地问题，采取“土地入股”“经营权流转”等途径解决村民生产生活问题，保留其必要的生活来源，从根本上完成城市化进程。

三是要建立登记制度。完善农村土地承包经营权流转制度的一个关键就是建立完备的公示公信制度。实践中基层政府仅对流转合同进行备案审批，未建立系统科学的登记制度，这种模式不能确保流转的安全性。为保证土地流转的安全有序，基层政府可以对土地承包经营权的流转进行登记造册并予以公示，并建立统一的土地承包经营查询系统，便于流转当事人及时了解相关土地的承包经营权状况。

四是要加大法制宣传力度。政府部门要正确理解相关政策法规的精神，会同法院等部门积极开展法制宣传，采取巡回审判、现场授课等形式，为百姓提供全方位、多层面的法律服务，不断提高基层组织人员和人民群众的法律素

养，最大限度地减少矛盾纠纷。

（三）全面完善多元化解机制，妥善化解土地承包矛盾纠纷

一是要建立矛盾排查机制。政府部门要深入农村开展土地纠纷和不稳定因素的排查调处工作，做到土地问题“早发现、早处置”。对排查中发现的土地纠纷苗头，及时报告相关部门协调处理，职能部门要提前介入，做好纠纷当事人疏导稳控工作，把问题解决在基层，把矛盾化解在萌芽状态。

二是健全农村土地纠纷处理机制。地方政府要树立以最小代价解决大问题的理念，人民法院要紧紧依靠地方政府彻底化解农村土地问题，从根本上减少涉诉信访，实现互利双赢。要充分发挥“熟人社会”优势，尽量由村民自己解决矛盾纠纷。在一些问题无法解决时，可以邀请乡镇司法所、基层法庭参与调解，提供必要的法律服务，为妥善及时地处理矛盾提供动力支持。建立健全处理土地纠纷的调解、仲裁机构，组织专人，集中力量，主动深入农民中及时处理发生的土地纠纷，防止矛盾激化引起不良事端，使调解工作成为预防和解决土地纠纷的第一道防线。

三是强化诉与非诉机制的有效衔接。由法院依法确认民间调解协议，提高基层调解组织的工作积极性和主动性，从源头上减少呈诉案件数量。

多元化纠纷解决机制的衔接与构建

——以立案登记制下诉前调解制度的构建为视角

李莎莎

内容摘要 纠纷解决机制的成熟和完备，是国家治理体系和治理能力现代化的基本标志，在国家治理体系中居于核心地位。最高人民法院从 2004 年起牵头开展了“多元化纠纷解决机制改革”，是国家治理体系和治理能力现代化的一个重要尝试。2015 年 4 月 15 日，最高人民法院发布《最高人民法院关于登记立案若干问题的规定》，明确了立案登记制的范围、条件、流程等。至此，我国立案制度开启新纪元，由审查制变为登记制。深化多元化纠纷解决机制的改革，在立案登记制下推行诉前调解制度将案件合理分流，实现矛盾纠纷的多元化解决是可行途径。本文拟在此背景下，对如何实现当场登记立案与诉前调解的衔接，从诉前调解制度的功能意义、立案登记制下诉前调解的构建、诉前调解实现繁简分流等角度进行探索。

关键词 多元纠纷解决 立案登记 诉前调解

作者单位：山东省莱芜市中级人民法院。

2014年10月，党的十八届四中全会通过《中共中央关于全面推进依法治国若干重大问题的决定》(以下简称《决定》)，指出改革法院案件受理制度，变立案审查制为立案登记制。2015年4月1日，中央深化改革领导小组审议通过了《关于人民法院推行立案登记制改革的意见》(以下简称《立案登记意见》)，强调对依法必须受理的案件，做到有案必立、有诉必理，保障当事人诉权。4月15日，最高人民法院发布《最高人民法院关于登记立案若干问题的规定》(以下简称《登记立案规定》)，明确了立案登记制的范围、条件、流程等。至此，我国立案制度开启新纪元，由审查制变为登记制。立案登记制实施以来，案件呈井喷式增长，如何化解不断尖锐的人案矛盾，在保障诉权和案件质量的同时，避免司法资源的过度浪费是必须面临的重要难题。深化多元化纠纷解决机制的改革，在立案登记制下推行诉前调解制度将案件合理分流，实现矛盾纠纷的多元化解决是可行途径。

一、诉前调解制度的功能意义

2015年4月9日，最高人民法院院长周强在四川眉山召开的全国法院多元化纠纷解决机制改革工作推进会上强调："在立案登记制改革的大背景下，多元化纠纷解决机制建设只能加强，不能削弱。"我们必须重视当场登记立案的落实，不得对符合立案条件的起诉拒绝立案、推诿受理，又要积极引导当事人选择诉前调解，将纠纷化解在诉前。本文所探讨的诉前调解制度，是指在立案登记之前，将纠纷交由法院附设的调解机构进行调解，若调解成功，当事人可以请求法院出具调解书；若调解不成功，则由法院依法予以立案登记转入诉讼程序进行解决的纠纷处理机制。当纠纷到达法院时，不是所有案件都毫无例外地进入正式的诉讼程序，法院把立案审查分流纠纷的功能与当事人的处分权相结合，为希望寻找司法救济的当事人首先提供一种快速、低廉、低对抗性解决纠纷的选择，然后在调解人员主持下，实现当事人合意，促进纠纷解决。在立案登记制背景下，诉前调解制度作为构建多元化纠纷解决机制的有效途径，功能和优点显著。

（一）缓解司法资源与司法需求的冲突

随着立案登记制的实施和法官员额制的推进，“案多人少”矛盾有进一步加剧的倾向。2016年，全国各级法院受理案件2305.2万件，审结、执结1979.2万件，同比分别上升18%、18.3%。[1]以近三年来受理案件数量最多的江苏为例，2015年江苏法院受理案件1633486件，与2012年相比增长62.98万件，增幅62.76%；而中央政法专项编制总数仅为18516名，与2012年相比仅增加477名，增幅2.64%。[2]可以预见的是，在今后的一段时间内，全国法院新收案件将继续呈增长态势，执法办案压力将不断增大。因此，法院系统应积极进行多元化纠纷解决机制的探索，无疑，诉前调解制度便是这个机制的有效方式之一。

（二）创新社会纠纷综合治理机制

纠纷通过既有机制得以解决并得到纠纷当事人与社会公众的普遍认可，应是评价一个社会纠纷解决机制是否有效的标准。这取决于两个因素：一是纠纷解决依据的合法性，二是纠纷解决者的权威性。随着改革开放的深入与经济体制的转型，法律逐渐取代行政命令成为主要的纠纷解决依据，人民调解的权威性因为失去国家权力支持而被大大削弱。于是，民间社会纠纷解决组织基本上出现了真空状态，公众对于大多数矛盾纠纷转而寻求法律途径解决。“当前我国的社会是一种带有较多局部性、碎片化的社会”，社会自我消解矛盾纠纷的能力较低。立案登记制下面对矛盾化解的巨大压力，诉前调解作为多元化纠纷解决机制的重要一环，应负担起社会控制与整合的能动功能。

《立案登记意见》关于配套机制专门强调健全多元化纠纷解决机制，进一

---

[1] 参见周强：《最高人民法院工作报告》，载 http://www.court.gov.cn，2017年3月30日访问。

[2] 参见李少平：《大力推进繁简分流全面深化司法改革》，载《人民法院报》2016年9月14日。

步完善调解、仲裁、行政裁决、行政复议、诉讼等有机衔接、相互协调的多元化纠纷解决机制，加强诉前调解与诉讼调解的有效衔接，为人民群众提供更多纠纷解决方式。意在构建一个充分援借外部力量推动法院调解工作的有效实施机制。2010年，最高人民法院印发《关于进一步贯彻“调解优先、调判结合”工作原则的若干意见》(以下简称《若干意见》)规定:“对于未经人民调解、行政调解、行业调解等非诉讼纠纷解决方式调处的案件，要积极引导当事人先行就近、就地选择非诉讼调解组织解决纠纷，力争将矛盾纠纷化解在诉前。”2016年6月，最高人民法院出台了《关于人民法院进一步深化多元化纠纷解决机制改革的意见》，对诉前分流作出了详细规定：一是建立纠纷解决告知程序，人民法院应当在登记立案前告知并引导当事人选择适当的非诉讼方式解决纠纷。二是鼓励当事人先行协商和解，鼓励当事人及其律师就纠纷解决先行和解。三是健全委派调解，对当事人起诉到人民法院的适宜调解的案件，登记立案前，人民法院可以委派特邀调解组织、特邀调解员进行调解。四是探索建立调解前置程序，有条件的基层人民法院对家事纠纷、相邻关系、小额债务、消费者权益保护、交通事故、医疗纠纷、物业管理等适宜调解的纠纷，在征求当事人意愿的基础上，引导当事人在登记立案前由特邀调解组织或者特邀调解员先行调解。[3]

二、立案登记制的正确理解

界定了诉前调解制度的基本内涵，我们需要厘清立案登记制的基本概念和内在要求，只有正确理解法律关于立案登记制的相关规定，才能正确落实该制度也才能避免我们所倡导的诉前调解制度违背立案登记制的立法精神。不管是《决定》《立案登记意见》，还是《登记立案规定》，甚至答记者问都一脉相承地强调“法院对当事人的起诉，必须接受材料一律接受诉状，当场登记

[3] 参见李少平:《大力推进繁简分流全面深化司法改革》，载《人民法院报》2016年9月14日。

立案”。最高人民法院负责人就《立案登记意见》答记者问中指出：“立案登记制是指，法院对当事人的起诉不进行实质审查，仅仅对形式要件进行核对。除了意见规定不予登记立案的情形外，当事人提交的诉状一律接收，并出具书面凭证。起诉状和相关证据材料符合诉讼法规定条件的，当场登记立案。”[4]立案登记制实施以来，有不少人根据以上文件的字面含义对之产生误解，认为只要向法院提交了诉状，法院就必须登记立案。其实不然，立案登记制旨在解决因非法律因素所导致的立案难现象，保障立案工作只服从法定标准，不受法律之外因素干扰。立案依然需要严格遵守三大诉讼法对于管辖与起诉条件的相关规定，有案必立、有诉必理的前提必须是“依法应该受理的案件”。

立案登记制最终落脚点在于立案。立案作为诉讼程序流程上一个的节点，必须外化为具体的程序措施才具有实践意义与操作价值。立案登记制中的登记即为立案的具体程序措施与内容。质言之，立案是通过诉状登记这一行为方式来进行的，诉状进行登记的过程即为立案的过程，诉状登记的完成即意味着立案的完成。登记如欲达到立案的客观效果，法院在接受登记诉状的同时，应当给予案号，实现登记与立案的自然衔接与功能合一。如此看来，当场登记立案与诉前调解乍看似乎存在矛盾冲突，当场登记立案着实没有给诉前调解留有空隙，寻找两者的最佳契合点是解决这一看似冲突的突破口。

三、立案登记制下诉前调解的构建

《立案登记意见》提出加强诉前调解与诉讼调解的衔接，但并未明确诉前调解的概念，实践中对诉前调解的理解各有不同，有理解为法院附设的诉前调解，有理解为在诉讼前进行的所有调解，包括法院委托调解。诉前调解按最高人民法院之前相关规定的本义是，在案件起诉之后立案之前由法院专职调解

[4]《最高法负责人就〈关于人民法院推行立案登记制度改革的意见〉答记者问》，载 http://news.xinhuanet.com/legal/2015-04/15/c_127692652.htm，2017 年 3 月 30 日访问。

员、聘任调解员或者委派人民调解委员会、行业协会、商会组织等非诉调解组织对案件进行调解。笔者认为，诉前调解是指法院通过案件管理制度，使部分案件在立案登记时分流到法院附设的调解机构寻求调解解决，调解不成方进入诉讼程序的一种纠纷解决机制。诉前调解作为自愿协商基础上的一种纠纷解决机制，具有自治、便捷、柔性、高效等优势，发挥诉前调解制度功能，实现案件繁简分流，使多元化纠纷解决机制更加科学合理。

（一）诉前调解的阶段

诉前调解具有其独特的阶段性特征，并不囊括立案登记之前所有的调解活动，也不包括立案登记后的诉讼调解。目前尝试建立的诉前调解模式主要有两种，一种是立案登记前调解。即当事人在起诉时立案登记之前由法院立案庭立案人员引导当事人选择法院附设的调解室或由法院委托的基层调解单位专职调解人员、行业调解专业人员等对案件进行调解。另一种是立案登记后调解。即案件在立案登记后由审判庭主审法官委托法院调解室专职调解人员对案件进行调解。诉前调解应是当事人起诉时立案登记之前的调解，即实践中尝试的立案登记前调解模式，其独立于诉讼程序，同时又与诉讼程序紧密相连。诉前调解的启动遵守当事人意思自治原则，由立案法官引导和建议前来登记立案的当事人选择法院附设的调解机构先行调解，调解不成时再由立案庭立案登记后进入诉讼程序，以实现案件诉前的繁简分流。《若干意见》第 8 条规定：“当事人选择非诉讼调解的，应当暂缓立案；当事人不同意选择非诉讼调解的，或者经非诉讼调解未达成协议，坚持起诉的，经审查符合相关诉讼法规定的受理条件的，应当及时立案。”专门强调当事人对诉前调解的选择和同意。诉前调解必须以当事人的“同意或选择”为前提条件。当事人不同意的，不能强制进行调解。因此，“根据双方当事人的申请，或征得双方当事人的同意”为进行诉前调解的条件之一。

（二）诉前调解的范围

《最高人民法院关于适用简易程序审理民事案件的若干规定》以及《最高人民法院关于人民法院民事调解工作若干问题的规定》等相关法律的规定，已为调解和审判在案件适用上的划分打下了基础，《调解若干意见》把调解、和解与协调案件的范围扩大至行政、刑事自诉、轻微刑事、刑事附带民事、国家赔偿、执行案件等。根据上述法律文件的规定，并结合我国司法实践，以下类型化案件应重点进行诉前调解：家庭邻里纠纷、相邻关系纠纷、劳动劳务纠纷、房屋买卖预售纠纷、不动产租赁纠纷、交通事故赔偿纠纷、民间借贷纠纷、小额财产权益纠纷、有调解意向的行政案件、轻微刑事案件等。同时，高度重视以下类型化案件的诉前调解：事关民生和群体利益、需要政府和相关部门配合的案件；可能影响社会和谐稳定的群体性案件、集团诉讼案件；案情复杂、难以形成证据优势的案件；当事人之间情绪严重对立的案件；相关法律法规没有规定或者规定不明确、适用法律有一定困难的案件；判决后难以执行的案件；社会普遍关注的敏感性案件；当事人情绪激烈、矛盾激化的再审案件、信访案件；等等。

（三）诉前调解的主体

传统的诉前调解主体主要是法官或专职人民调解员，特别是法官，既为审判员又为调解员，其身份和地位上的优势，存在使以当事人合意为基础的调解演变为法官主持下的强制性调解的嫌疑。诉前调解应在审调分离的基础上，创新与诉讼相衔接的调解主体机制，重点在调解主体的配置模式上下功夫。可在立案庭设立“诉前调解中心”或者“综合调解室”，选任具有丰富的法律工作经验和裁断能力的退休法官、检察官、人民调解组织人员、行业调解人员、商会组织调解员等，由法院聘任为常驻“庭前调解中心”或者“综合调解室”的主调解员。同时，吸纳社会经验丰富、热心公益事业的律师、退休干部、人民调解员、仲裁员等为协助调解员，制定法院诉前调解机构的协助调解人员名单。当事人可以从名册中挑选一至两名候选人担任协助调解员，与常住法院的主调解员组成调解组进行诉前调解。

（四）诉前调解的时限

诉前调解在于快速简便解决当事人的纠纷，如果久调不决、久调不立，就违背了诉前调解制度的初衷。因此，在诉前调解的程序规定中应对诉前调解的时间作出限制性规定。首先，由立案法官对前来起诉的当事人进行释明与说服，出示《诉前调解建议书》，告知诉前调解对案件处理快捷等优势，若当事人接受诉前调解则签名确认，立案法官当日将案件转交专职调解人员。专职调解员 3 日内征求对方当事人意见，启动诉前调解程序，诉前调解的时间一般不应超过 20 天，如果诉前调解成功，需要司法确认的，调解员当即将调解笔录交立案庭法官，由立案庭法官为当事人制作调解书，并直接向当事人送达。诉前调解不成功的，依法立案登记进行诉讼程序，实现诉前调解与诉讼程序的有效对接。

（五）诉前调解的效力

调解协议的可反悔性减损了其稳定性和当事人双方之间的诚信，若允许当事人任意否认调解协议的效力，无疑与调解制度的快速解纷性背道而驰。所以，应强化调解效力，限制当事人对调解协议的无限反悔权，双方当事人一旦达成调解协议并为调解法官所确认，即刻就产生与生效判决相同的效力，并设置简便可行的司法审查程序确定双方当事人达成的调解协议的强制执行效力。设立这一机制的目的在于充分利用诉前调解，积极应对依法治理和解决纠纷的需要，提高诉前调解的公信力和预判力，从而引导当事人积极选择诉前调解机制化解纠纷，促进社会和谐稳定。

四、诉前调解实现繁简分流的创新举措

立案登记制实施以来，全国民商事纠纷迅速递增，而法官员额制改革下，法官却有减无增，“案多人少”的司法现状与“公正高效”的司法需求之间的冲突愈加凸显，这使得法院必须在现有的资源条件下，创新矛盾纠纷多元化化解机制。探索诉前繁简分流运行机制有相当大的可行性，多数案件属于简易纠纷，通过诉前程序可以最大限度地促进司法资源与社会资源的有机整合，最大程序地实现“案结事了”。繁简分流改革是当前法院实现矛盾纠纷多元化解的重要方式，它以司法效率为主题，通过合法合理的规范化程序设计，缓解司法资源与司法需求的剧烈冲突，使不同类型的案件在其矛盾解决过程和结果上达致成本与效益的最佳平衡，实现司法资源优化利用与社会矛盾高效化解的多层目标。

（一）加强便民诉讼网络建设，拓展诉前调解载体

便民诉讼网络是法院根据“便民、高效”的原则，整合城乡司法资源，及时满足人民群众司法需求的立体网络载体。在以广大农村为服务对象的“网络”中，以人民法庭为基准“点”，以其案件管辖范围为“面”，纵向延伸巡回审判站、诉讼联系点和诉讼联络员，实现庭、站、点、员的相互对接。在以城区为服务对象的“网络”中，以民事审判一庭为发射“点”，以城区镇（街）、工业园区为“圆面”，以区公安、工会、妇联、工商、交通管理等部门为“扇面”，横向建立巡回审判站、诉讼联系站、诉讼联络员的常态化沟通协调工作机制。结合调解资源的现状，便民诉讼网络的功能是协助立案登记、诉讼材料转交、法律文书送达以及诉前调解纠纷、处置信访等。便民诉讼网络实现了镇街司法所、村社调解组织与诉讼程序的有效对接，经人民调解组织调解成功的案件，可通过巡回审判站或便民联系点进行司法确认，为及时化解矛盾纠纷提供方便快捷的途径。

（二）发挥综调室枢纽作用，完善诉前导诉服务

设立人民调解员、行业调解员、商会组织调解员等非诉调解组织的调解员常住法院综合调解室，完善诉调对接制度。综调室的建立，承载着完善诉调对接制度，进一步增强调解的效力，提高调解的社会地位，使化解纠纷的关口前移，将调解成本低、效率高、不伤和气的优势，与法院诉讼调解的认同度高、程序规范、裁判效力权威的优势叠加起来，形成良性互动，有效地化解矛盾纠纷，降低诉讼成本，节约司法资源，提高司法效率的重要任务。综调室作为法院、非诉调解员两者之间的互动平台，运行的前提是人员配备充足合理。笔者以为，可以确立法院固定调解组织与人民调解组织、行业调解组织、商会调解组织等随机选择相结合的调解模式。固定调解组织可由调解经验丰富的部门类型分别确定非诉调解组织人员名册，供当事人根据案情需要予以选择。

综合调解室具有四大功能：一是导诉功能。导诉法官为困难当事人提供法律咨询、诉讼引导、完善立案登记制备、介绍诉前调解优势等便民服务，比如诉状的填写、证据的复印、诉讼材料的转交，既方便了当事人，又提高了立案效率。二是心理疏导。无论是在信访化解，还是在庭审调解中，心理疏导越来越重要。综合调解室配备具有心理咨询师资格的调解员，可运用心理学知识，对前来立案登记案件的当事人进行情绪疏导，准确把握当事人争议的焦点，为下一步调解工作的开展搭好平台。三是诉前调解职能。综调室最重要的工作职责就是对前来立案登记的案件进行诉前调解，在接受委托之日起的20日内协调人民调解组织调解员、行业协会调解员、商会组织调解员等以及相关业务庭指导法官，组织当事人各方达成调解协议。经诉前调解达成的调解协议，具有民事合同的性质，当事人应当按照约定履行自己的义务，不得擅自变更或者解除调解协议，当事人也可按照最高人民法院《关于人民调解协议司法确认程序的若干规定》请求法院立案庭予以司法确认。综调室组织协调当事人调解未果的，应及时将调解形成的书面材料及案件诉讼材料转交立案庭予以立案登记，由审判业务部门审理裁判。四是组织协调功能。综合调解室是联系法

院审判资源与社会调解组织的“枢纽”，对内需要加强与各业务庭的沟通衔接，在判前调解群体性纠纷时，可主动邀请对应业务部门资深法官给予法律指导；对外需要加强与人民调解组织的合作，经当事人自愿选择的人民调解组织，综调室应及时联系，保障当事人对诉前司法资源的需求。[5]

（三）探索涉诉信访诉前调解机制，促进纠纷源头治理

涉诉信访主要是指人民群众就某一具体案件，要求人民法院启动司法程序，实施一定诉讼行为予以处理的过程。当前，法院处理涉诉信访案件的重心在化解积案，当事人多数有进京访、越级访、缠访等非正常程序解决纠纷的不理性行为，耗费大量的司法资源。笔者认为，涉诉信访案件的化解应当在合理的制度规范之内，不能给当事人一种无限上访、无限申诉、无限再审、终审不终的心理预期。司法程序解决纠纷机制有严格的法律规定，不管是程序还是实体，都需要以维护司法裁判的权威性和终局性为目标，也就是说司法是社会公平正义的最后一道防线。当前，我国社会正处于快速转型期，矛盾纠纷加剧，利益关系紧张，在这样的背景下，如何在化解信访案件与维护司法权威之间寻找平衡，是法院亟须完善的课题。

---

[5] 参见张娇东：《立案登记制与诉前调解的衔接》，载《民事法律文件解读》（总第141辑），人民法院出版社2016年版，第101页。

浅析邮政行政执法中消极事实的证明

王 冠

内容摘要 在邮政业大发展的背景下，对邮政行政执法的研究却非常少。邮政行政执法中经常会遇到须证明消极事实的情况。邮政行政执法机关和执法人员无法寄希望于依靠未来的法条修改来解决当前的现实问题。本文在研究已有的执法经验的基础上，在现有的法律法规框架下，讨论以转化为积极事实、邮政执法机关直接证明、穷举、依据当事人合议或自认、合理推定等方式处理邮政行政执法中消极事实的证明的有关问题。并对处理相关问题时引用的依据进行进一步讨论。以期对现实中的邮政行政执法工作有所裨益。

关键词 邮政法 邮政行政执法 行政执法消极事实

一、研究的背景和意义

近年来，以快递业为代表的邮政业是新的经济增长亮点。2014 年至今，快递业全年的业务收入增长平均保持在 40% 左右。最高的年份（2016 年）高达 43.5%，最低的年份（2015 年）也有 35.4%。2013 年以前，相关部门只统

作者单位：北京市南区邮政管理局。

计了规模以上快递企业的业务收入，与 2014 年以后的数据没有直接可比性，如果算上这部分数据，那么快递业的业务收入持续保持 40% 左右的业务收入增长已经超过 5 年。近年来全国 GDP 的增长幅度都在 7% 左右，快递业的增长速度可谓令人惊叹。快递业的增长不只体现在业务收入上，更体现在业务量上。仅 2017 年上半年，全国快递业业务量 173.2 亿件，已经远远超出 2014 年全年的 139.6 亿件。考虑到快递业务的高峰期主要集中在下半年的 11 月和 12 月，这个增长速度在全国各种行业里绝无仅有。比起收入的增长，业务量的增长更能说明行业的发展壮大。在单个快递员投递快件的基本方式没有变化的情况下，业务量的增长意味着这个行业成倍地吸收了更多的就业。受快递业的带动，整个邮政业近年来的业务收入增长率也均在 30% 左右。[1]

然而，面对这样一个每年有数千亿元产值，直接吸收了数百万人就业的行业，政府的行政监管却刚刚起步。法律具有滞后性，在邮政行业，依照法律组建的行业监管部门难免要落后于行业的发展。实际上，2006 年邮政行政监管职能才从普遍服务职能中剥离。现行的邮政业行政监管体系在 2009 年邮政法进行较大修订以后才逐步开始建立，直到 2013 年才基本建成。所以，今天我们谈论的邮政行政执法，基本上是从 2009 年开始的。

2009 年以前,《中华人民共和国邮政法》(1986) 是在邮政业“政企合一”的背景下颁布实施的，这一版的邮政法，没有确认快递服务业的合法地位。2009 年《邮政法》进行了较大的修订，最大的两方面改动，一是改变了过去“政企合一”背景下的立法思路，二是首次在法律上确认了民营快递的合法地位。现行的邮政行政执法的执法机构、管理模式、执法适用的法律依据，从根本上都源于这部《邮政法》。

如前文所言，尽管邮政业发展快、影响大，但目前对邮政行政执法尚处于起步和摸索阶段，专门针对邮政行政执法的法学研究少之又少。而对于邮政行政执法中，消极事实的证明问题的研究，经本文的作者检索，数量为零。一

---

[1] 上述数据来源均为国家邮政局网站：http://www.spb.gov.cn/sj/tjxx_1/，2017 年 12 月 5 日访问。

方面，是一个蓬勃发展的行业，另一方面，是行业行政执法中遇到的具体问题。本文希望通过对现有的邮政行政执法具体经验的研究，讨论邮政行政执法中消极事实的证明难题，逐步开始探索邮政行政执法，并对实践中的邮政行政执法，乃至更广阔意义上的行政执法有些许参考价值。

二、邮政业的概念

在现有的文献中，对邮政业、快递业的概念的认识并不一致，有时还会与物流业混淆。即使在官方文件当中，相关概念也莫衷一是，最常见的是将邮政业与物流并称，统称为“寄递物流业”，有些甚至使用物流业代替邮政业和快递业的概念。

本文中的行业划分，依据国家标准《国民经济行业分类》（GB/T4754–2017）。邮政业属于G大类（交通运输、仓储和邮政业），行业代码G60，与道路运输业（G53）、仓储业（G59）等行业并列。快递业是邮政业的两个子项之一，代码G6020。另一项是邮政基本服务，代码G6010，指邮政企业提供的信件、印刷品、包裹、汇兑等邮政服务，以及国家规定的其他邮政服务。[2]

在通常的语境中，“邮政业”极易与邮政基本服务混淆。邮政基本服务是国家保障公民通信自由这一宪法权利的具体措施，是公共服务的一种。因为其公共服务的属性，国家对服务价格有严格管制，目前大体上由国有企业中国邮政集团公司专营。中国邮政集团公司及其提供邮政服务的全资企业、控股企业称为“邮政企业”。[3] 国家补贴邮政企业因提供基本邮政服务产生的亏损。而快递服务业是竞争性行业，没有垄断经营的企业。经营快递业务的企业称为“快递企业”。[4] 邮政企业和快递企业是邮政行政执法的主要行政相对人。

---

[2]《国民经济行业分类》（GB/T4754–2017）中对邮政基本服务的定义。

[3] 参见《中华人民共和国邮政法》（2015）第84条。

[4] 参见《中华人民共和国邮政法》（2015）第54条。

三、消极事实的证明路径探索

（一）证明消极事实的问题的提出

邮政行政执法的第一步，通常是行政执法人员对邮政业企业的违法行为取证。对于企业积极地违法行为——通常表现为以一个积极的行为违反法律的禁止性规定——取证较为容易。还有一类违反行为，是企业以消极地、通常是不作为的方式违反了法律的规定。在法律条文上，通常表述为“未……”“未按照规定……”“未遵守……的规定”等。消极事实同样是客观存在，但在证明上，与积极事实有明显的区别。积极的事实可以通过采集发生时留下的痕迹或“轨迹”予以证明。证据采集和证明的方法仅仅是技术、技巧问题。而消极事实则“以一种极其特殊的形式存在——‘虚无’，它不能在坐标系中直接定位，也没有留下任何‘轨迹’，确切地说是消极事实根本没有证据证明而不是没有留下起证明作用的‘证据’。消极事实不是不存在，而是指存在的状况为‘虚无’。人们对消极事实只能主张其存在，而不能直接地证明这种存在的存在。即‘虚无’的存在不能直接证明[5]”。

而邮政行政执法中，恰恰有大量的需要对企业的消极不作为进行的行政处罚。这就迫使邮政行政执法机关设法证明消极的事实。如邮政企业提供不便服务不符合普遍服务标准、[6]未经批准停限办普遍服务和特殊服务业务；[7]快递企业未安装视频监控系统、[8]未对人员进行安全教育和培训[9]等。证明没有作出的行为给邮政行政执法带来了困难。

现有的关于对消极事实的研究，主要集中于诉讼程序中，特别是民事诉

[5] 李秀芬：《反思“谁主张，谁举证”》，载《法学》2004 年第 1 期。

[6] 参见《中华人民共和国邮政法》（2015）第 67 条。

[7] 参见《中华人民共和国邮政法》（2015）第 68 条。

[8] 参见《北京市快递安全管理办法》（2018）第 30 条。

[9] 参见《邮政行业安全监督管理办法》（2013）第 23 条、第 51 条。

讼程序。具有代表性的观点认为，涉及消极事实的举证和证明问题，在民事诉讼领域，可以在一定条件下和一定程度上进行平衡，由法官分配。[10]但在行政处罚程序中，却不能要求行政相对人“自证清白”，对于无法或难以取证的事实，则不得不由行政执法机关承担不利后果，这也称为有利于行政相对人的原则。[11]这也是邮政行政执法当中，消极事实证明问题的根源，即从法理上，行政机关不能将证明责任推给行政相对人。

（二）实际执法中的消极事实证明

经过总结和梳理邮政行业法律和规章和实际执法经验，本文认为，解决邮政行政执法中的消极事实证明问题，应研究待证的消极事实的性质，再根据不同情况加以解决。诚然，消极事实有共同的特点，但根据笔者的执法经验，希望用同一种方法解决所有的消极事实证明问题，恐窒碍难行。从外观上看，待证的事实同为消极事实，而待证事实的内在特征并不完全相同。因此，实际执法活动中首先应当对遇到的消极事实的性质进行研究。

1. 可转化为积极事实的消极事实

将待证的消极事实转化为一个易证明的积极事实是证明消极事实的基本方法，[12]甚至有学者认为是唯一方法，消极事实“只能通过一个积极事实得到间接证明”[13]。这种处理方法在邮政行政执法过程中有大量的应用空间。在执行《邮政法》第67条[14]的过程中，邮政行政执法机关发现邮政企业营业时间

---

[10] 参见杨路、鞠晓红：《从一起合同纠纷案看民事诉讼举证责任的分配》，载《法学》2003年第11期。

[11] 参见朱新力：《论行政诉讼中的事实问题及其审查》，载《中国法学》1999年第4期。

[12] 参见杨剑、窦玉梅：《论消极要件事实的证明——以法律要件分类说为基础》，载《法律适用》2007年第7期。

[13] 李秀芬：《论消极事实的证明规则》，载《甘肃政法学院学报》2006年第6期。

[14] 该条规定：“邮政企业提供邮政普遍服务不符合邮政普遍服务标准的，由邮政管理部门责令改正，可以处一万元以下的罚款。”

不符合标准,[15]可以拍摄营业场所营业时间的铭牌、在营业场所关门停业时进行现场检查并制作《现场笔录》等方式取证、证明。这样就把未执行标准这样一个消极的行为,转化为“提前关门”这一易于取证、能留下“轨迹”的事实。类似的,还有《快递市场管理办法》第40条。[16]邮政行政执法机关发现快递业在分拣、装卸快件的过程中野蛮操作,抛扔快件,在证明违反标准这一要件上,只需证明快件脱手时距接触面超过30厘米[17]即可。通过拍摄照片、录像等方式,证明这一行为的难度不大。

这种转换为积极事实的方法使用的前提是违法行为中包含了积极的事实行为,执法机关仅仅是发现相应的积极事实。通过前文的分析,易见此种情况下的消极事实是立法过程中,法条表述方式造成的,并不是真正的“虚无”的事实。

2. 行政机关直接证明

一些特殊情况下,可证明行政相对人消极的违法事实的依据正好掌握在邮政行政机关手中。例如,未经批准停限办普遍服务和特殊服务、[18]未经许可经营快递业务、[19]快递企业未提交年度报告书[20]等。这些违法行为共同的特点是未履行特定手续。这是纯粹的消极事实,当中不包含任何积极的事实行为,无法通过转化为积极事实的方法证明。

这种情况的特殊之处在于,上文中的批准机关、许可机关、接受年度报告书的机关都是邮政行政执法机关。邮政行政执法机关在办理案件时,只要在自身的文件存档中,没有发现批准、许可的记录,即可直接认定行政相对人违法的消极事实。在实际执法操作中,通常只需要行政执法机关单方面明示行

---

[15] 参见行业标准《邮政普遍服务标准》(YZ/T 0129–2016)。

[16] 该条规定:“经营快递业务的企业违反快递服务标准,严重损害用户利益,由邮政管理部门责令改正,处五千元以上三万元以下的罚款。”

[17]《快递服务第3部分:服务环节》(GB/T 27917.3–2011)5.3.2规定:快件分拣脱手时,离摆放快件的接触面之间的距离不应超过30cm。

[18] 参见《中华人民共和国邮政法》(2015)第68条。

[19] 参见《中华人民共和国邮政法》(2015)第72条。

[20] 参见《快递业务经营许可管理办法》(2015)第31条。

政相对人未履行特定手续即可。具体而言，邮政行政执法机关在《询问笔录》《立案审批表》《案件处理意见报告》等行政执法文书中有明确的记载，就不需要其他证据材料。

邮政行政机关直接证明消极事实，除了法定职权上的便利条件外，还隐含了一项条件，即国家机关的公信力。很难想象在民事诉讼程序中，原告单方的声明即可成为对被告不利的证据或事实。但是在行政执法程序中，特定情况下，国家机关的公信力保证了行政执法机关的证明效力。当然，邮政行政机关的这种证明并不能妨碍行政相对人举反证。行政相对人依然可以通过出示批准文件、许可证等方式反驳行政机关的直接证明。

违法行为五花八门，证据和证明方式更是多种多样，而证明违法行为的证据或材料碰巧掌握在行政执法机关手中，这看似是低概率事件。但是，目前我国的行业管理基本上是“谁许可、谁监管、谁负责”的体制，因此在邮政行政执法过程中，掌握关于许可、备案、资格资质方面的材料的机关，基本上同有处罚权的机关是同一的。这是此类消极事实的特点，也是由邮政行政机关直接证明的前提。消极事实由行政机关直接证明的情况虽然特殊，但并不偶然，也不罕见。

3. 使用穷举的方法证明

穷举的方法就是要列举所有空间和时间上的一切可能性，发现在所有可能的情况下，均没有出现特定的事实，从而认定该事实不存在。理论上讲，大部分消极事实均能通过穷举所有可能性加以证明。但是，行政执法机关显然没有如此庞大的时间和精力。因此，穷举法的使用范围受到很大的限制，只有在空间和时间范围极其有限的情况下，才具备应用的现实可能性。

在邮政行政执法中，在空间范围有限的情况下，穷举法的优势更为突出。如未按规定标注信件字样、[21]未安装视频监控系统[22]等。执法过程中，在证明前者的时候，行政机关需要穷举所有可能标注“信件”字样的位置，查看了所

[21] 参见《中华人民共和国邮政法》(2015) 第73条第2项。

[22] 参见《北京市快递安全管理办法》(2013) 第30条。

有可能的位置以后，没有发现相关字样，便可证明“未标注”这一消极事实。而在这类案件中，“所有可能的位置”恰好仅是封套的表面，实际上只需要执法人员将快递封套正反面各拍摄一张照片即可。两张照片中均没有“信件”字样，即可完成证明。方法虽简单，但背后的证明思想是穷举所有的可能性。快递封套的表面积十分有限，因此，这种采集证据的方法简便易行。而证明快递企业在营业场所未安装视频监控系统相对复杂，但基本原理相同。实际执法过程中，如果遇到面积不大、形状为标准矩形的场地，笔者通常站在房间内一条对角的两个端点附近，分别向对侧拍摄一张照片。这样两张照片基本上可以覆盖整个场地。照片上穷举了所有的可能安装监控设备的位置。如果场地较大，执法人员通常站在房间的中心位置，对四个方向各拍摄一张照片。如遇到场地面积大、形状不规则、中间有隔段阻挡等情况，就需要站在不同的位置拍摄多张照片。这样比证明未标注“信件”字样要复杂许多，但耗费的时间精力可预期，行政的成本可控。

总之，使用穷举的方法证明消极事实依赖于待证明的消极事实存在的时间、空间的有限性。时空范围越有限，穷举法的可操作性就越高、效果就越好。

4. 对消极事实的合议一致或自认

合议一致与自认都是当事人对包括消极事实在内的事实的承认，通常是对自己不利的事实的认可。合议一致与自认出现的场合不同。

在行政处罚等行政程序中，行政机关与行政相对人的地位并不对等，行政行为依职权作出，而行政机关的职权又是法定的，因此，在大多数情况下，不可能像民事诉讼和民事法律行为一样和行政相对人协商。从这个意义上讲，合议、协商等方式对邮政行政机关的意义并不大。而在实际操作当中，邮政行政机关会接到大量的邮政业用户的申诉。而处理用户的申诉，也是当前邮政行政机关的工作内容。尽管有些申诉会提供邮政、快递企业的违法线索，使得申诉最终进入行政检查，乃至行政处罚程序，但大部分申诉并没有进入其他程序，而只是在申诉程序中解决。实践中，邮政业用户有两种申诉渠道，一种是通过信访直接找到邮政行政机关。另一种是通过邮政业申诉中心进行申诉。处理人民信访中的申诉内容并无直接的法律依据，而处理申诉中心有关问题的依据是《邮政业消费者申诉处理办法》。该办法是规章以下规范性文件，且以国家邮政局文件的形式发布，若作为行政执法的依据，效力似有不足。

因此，在没有其他依据的前提下，邮政行政机关处理申诉的工作是非强制的，性质实际上是行政调解。在行政调解的框架下，双方当事人（邮政业企业和用户）有协商一致的空间。对于双方合议一致的包括消极事实在内的事实问题，在不违反强制性法律法规的前提下，邮政行政机关在调解过程中自然没有不予认可的理由。若在一次调解中，双方就关键的消极实事实存在争议，无法达成一致，考虑到消极事实证明上的难度，那么这一次调解就将宣告失败。

自认本是民事诉讼程序中的概念，指的是当事人对不利于自己的事实的承认。这一原则自然也适用于在诉讼上对消极事实的自认。“当事人在诉讼中主张某一消极要件事实，对方当事人明确表示承认……则主张该消极事实的当事人无须举证加以证明。”[23]民事诉讼领域中，当事人对不利于己方的事实的自认有明确的司法解释作为依据，[24]而行政诉讼中，相关司法解释并未明确指出“不利事实”。但从条文表述上，可以认为，行政相对人对于行政机关陈述的对自己不利的事实的认可，在没有其他证据时，具有法律效力。[25]在实际的邮政行政执法中，《现场笔录》《询问笔录》的核心内容本质上都是当事人对违法事实的自认。参照诉讼程序中司法解释的精神，将当事人的自认作为邮政行政执法中对消极事实的证明方式并无不妥。且在绝大部分的邮政行政处罚案

[23] 杨剑、窦玉梅:《论消极要件事实的证明——以法律要件分类说为基础》，载《法律适用》2007 年第 7 期。

[24] 参见《最高人民法院关于民事诉讼证据的若干规定》第 74 条:“诉讼过程中，当事人在起诉状、答辩状、陈述及其委托代理人的代理词中承认的对己方不利的事实和认可的证据，人民法院应当予以确认……”

[25] 参见《最高人民法院关于行政诉讼证据若干问题的规定》第 65 条:“在庭审中一方当事人或者其代理人在代理权限范围内对另一方当事人陈述的案件事实明确表示认可的，人民法院可以对该事实予以认定。但有相反证据足以推翻的除外。”

件当中，当事人的自认都占有很重要的位置。

但邮政行政执法毕竟不是诉讼程序。最高院的司法解释不能直接被援引于行政处罚程序当中。而邮政行政执法程序，甚至是行政程序中对于自认并没有明确规定。在邮政行政执法中，自认是重要的定案依据，有时甚至是唯一的直接依据。若当事人撤销自认、在自认后出现与自认矛盾的证据，邮政行政机关不论是程序上还是实体上，均处于无法可依的窘境。这将危害邮政行政执法的安定性和邮政行政机关的公信力。因此，本文认为，邮政行政执法，特别是邮政行政处罚程序中，自认可以作为证据，须与《现场笔录》、照片、证人证言等其他证据形成证据链条，一般不宜作为唯一的定案证据。

5. 合理的推定

近期，恰有 1 个案例可用来说明合理推定在邮政行政执法中对消极事实的证明作用。2017 年 1 月中旬某日，邮政行政执法人员对北京市房山区某快递公司进行例行执法检查。检查过程中，执法人员怀疑该公司对从业人员的教育培训不到位，难以保证安全生产，遂决定按照《邮政行业安全监督管理办法》第 23 条开展调查。调查过程中，执法人员意识到“未经培训合格”是一种消极的事实，难以直接证明。尽管调查过程中，该快递公司未能出示进行过安全教育培训的记录，但执法人员也同时认识到，不能仅仅将快递企业未能出示培训记录这一事实作为定案依据，否则，有让行政相对人“自证清白”的嫌疑，举证责任分配并不恰当，亦无法穷举所有可能的进行培训的时空中的一切可能。

最终，执法机关采集了如下证据：（1）《现场笔录》，主要记录了在操作场地有大量的烟头。（2）操作场地的现场的照片，主要内容为仓库的地面上有多个烟头。（3）《询问笔录》，记录当事人对上述实事的认可，并承认出现这种现象的原因是对员工的安全教育培训不到位。邮政行政执法机关的证明思路是依据仓库里有大量烟头的事实，推断该公司的从业人员经常在仓库内吸烟。仓库显然是严格的禁烟区域，因此，推定该公司对从业人员的安全教育培训力度不足，以至于从业人员的安全意识淡薄，经常在仓库内吸烟。在这个案件中，邮政行政机关对事实的认定参照了《最高人民法院关于行政诉讼证据若干问题的规定》第68条第5项“根据日常生活经验法则推定的事实”的规定，使用经验法则，推定难以直接证明的消极事实。

以合理推断的方法证明消极事实，不得不依赖非常具体的执法人员个人的生活经验。而经验法则却并不等同于个人的经验。个人经历中“以前发生过”并不能等同于“以后还会发生”。经验法则实际上是一种统计上的明显优势。“如果不能在统计意义上做到与客观事实在多数情况下一致，或者使人们普遍相信有可能达到并追求这种一致，那么，裁判所依赖的这种法律真实，就会在制度和意识形态上失去其正当性，司法过程就会变质。”[26]“推定事实与基础事实之间的常态联系必须具有高度的盖然性，具有极大可能性，才能使用推定。”[27]依靠合理推定证明消极事实，一方面需要依靠执法人员的生活经验，但不能依靠经验专断。另一方面除推定的事实外，还应当有其他证据与之形成相互印证的关系，并且不能剥夺行政相对人对统计上属于小概率事件的举证权利，也就是对行政机关的推定举反证的权利。在上述案例当中，除邮政行政机关的推定外，还有当事人对消极事实的自认作为定案依据，已经能形成完整的证据链。

（三）对证明消极事实引用的依据的反思

在前文论证第4种和第5种证明思路的时候，均引用了最高人民法院的司法解释。但本文认为，在实际的邮政行政执法过程中，援引司法解释作为定案依据的一部分似有不当。这是由于司法机关和行政机关均由权力机关产生，都依权力机关的立法行使各自的职权，互无隶属关系。所以，可以合理推论，司法机关无权为行政机关设定行为准则，行政机关也不能干预司法机关。“行政机关不能以行政立法的形式规定行政审判的内容和形式，而人民法院也不能

[26] 宋英辉、吴宏耀、雷小政：《证据法学基本问题之反思》，载《法学研究》2005年第6期。

[27] 江必新：《适用〈关于行政诉讼证据若干问题的规定〉应当注意的问题》，载《法律适用》2003年第10期。

以司法解释的形式为行政权力的运行提供行为模式，否则就会造成对另一方权力的侵夺。”[28]最高院的司法解释对行政机关无当然的拘束力。从这个角度讲，在邮政行政执法过程当中司法解释并不能作为办案的依据。此外，司法机关依法对行政机关进行司法监督，行政诉讼是司法监督的重要组成部分。邮政行政机关办理的执法案件也要接受司法监督，所以也应参照诉讼程序中司法机关的规定，避免受到司法机关的否定性评价，例如在行政诉讼中败诉。笔者认为，办理邮政行政执法案件时，避免在可能的行政诉讼中败诉，是邮政行政执法机关的追求的最低标准。邮政行政执法机关追求的更高标准是通过合理适用法律，纠正不当行为，实现社会更高层次的正义。为追求这种适用法律的合理性，在合法的前提下，参照借鉴司法解释、其他行政机关的经验，乃至科学研究的成果都是具有重要现实意义的。

四、总　结

邮政业处于大发展时期，邮政行政执法也处于不断完善、成长的过程当中。邮政行政执法过程中会遇到许多问题。本文撷取其一，对邮政行政执法过程中对消极事实证明问题进行讨论。对邮政行政执法中证明消极事实的问题，可采用可转化为积极事实、邮政行政执法机关直接证明、穷举、当事人合议一致或自认，以及合理推定的方法加以解决。采取以上方法的时候，需要根据待证明事实性质的不同加以选择和结合。证明消极事实的过程中，要注意保证当事人举反证的权利，要避免仅依行政机关经验而造成的专断。不直接引用，但可吸收司法解释等作为参考资料。希望本文的讨论对邮政行政执法工作的完善有所贡献。

---

[28] 荆月新：《论行政程序中的秘密取证》，载《法学论坛》2004年第6期。

人权保障视野下刑事诉讼中心主义变迁之考量

李　雷

内容摘要　实行以审判为中心的刑事诉讼制度改革，是充分保障人权理念的价值追求，是我国全面推进依法治国的重要标志，是我国法治现代化建设中的重要里程碑。刑事诉讼中心主义实现由“诉讼阶段论”向“审判中心主义”变迁，符合人权保障价值理念的需要。我国现行刑事诉讼制度在人权保障方面存在缺陷，需要对审前程序和审判程序进行实质化改造，以适应人权保障需要。

关键词　人权保障　审判中心主义　依法治国

党的十八届四中全会通过《中共中央关于全面推进依法治国若干重大问题的决定》，明确提出要“推进以审判为中心的诉讼制度改革”，为深入推进刑事诉讼制度改革、切实保证司法公正提供了清晰的改革路径。实行以审判为中心的刑事诉讼制度改革，既是充分保障人权理念的价值追求，更是有效防范冤假错案的现实需要，是我国全面推进依法治国的重要标志，是我国法治现代化建设中的重要里程碑。

作者单位：莱芜市钢城区人民法院。

一、刑事诉讼中心之变迁：由“诉讼阶段论”到“审判中心主义”

（一）刑事诉讼中心变迁之概述

党的十八届四中全会提出“推进以审判为中心的诉讼制度改革”，应界定为刑事公诉领域的诉讼制度改革。因为，在民事诉讼或刑事自诉领域，审判必然居于中心环节，在民事审判中，两造对立，法官居中裁判；在刑事自诉案件中，虽因被害人、被害人的法定代理人、近亲属向法院起诉而启动，但是审判仍处于整个诉讼程序的中心。而在刑事公诉领域，因为存在立案、侦查、审查起诉、审判等多个环节，无论是立法还是实践，都没有肯定审判的中心地位。因此，贯彻落实党的十八届四中全会提出的“推进以审判为中心的诉讼制度改革”，实质是在刑事司法体制和司法环境下探索刑事公诉制度改革，[1]实现刑事诉讼中心由“诉讼阶段论”到“审判中心主义”的变迁。

刑事诉讼以审判为中心，是现代法治发达国家的一项重要司法原则，是法治国家刑事诉讼制度的基本特征。[2]以审判为中心，具有三层含义：一是与立案、侦查、审查起诉等环节相比较，审判居于中心地位，因为，只有在审判阶段，才能最终确定被告人罪与非罪、罪轻罪重。二是一审与二审、再审相比较，居于中心环节。[3]因为，一审距离案件事实的发生时间最短，与二审、再审比较而言，一审更容易查清案件事实。三是在整个审判程序中，法庭审判居于中心环节。法庭是法院查明案件事实、行使刑事定罪权的地方，法庭审判是决定被告人有罪与否的重要环节。刑事案件的定罪权，由人民法院统一在法庭审判环节行使，这不仅是国际惯例，更是我国《刑事诉讼法》明文规定的司法原则。

[1] 参见张建伟：《审判中心主义的实质与表象》，载《人民法院报》2014年6月20日。

[2] 参见张保生：《审判中心与证据裁判》，载《光明日报》2014年11月5日。

[3] 参见樊崇义：《刑事诉讼法学》，中国政法大学出版社2002年版，第84页。

（二）"诉讼阶段论"与"审判中心主义"之价值取向比较

1. 审判中心主义：重在保障人权

审判中心主义，强调审判在整个诉讼过程居于中心地位，从价值取向来看，更利于保障人权。在西方国家法治形成与演变的过程中，刑事诉讼代表了国家行使刑罚权的过程，为了保护新兴资产阶级及平民的权利不受国家机器非法侵犯，逐渐演变出由审判决定被告人是否有罪及刑事责任轻重的审判中心主义理论，特别是形成了以陪审团为主导的刑事诉讼模式。审判中心主义理论认为，审判是整个诉讼活动的中心，侦查和审查起诉都为审判服务，不经法院审判，不得确定有罪。与审判相比较，侦查与审查起诉由于不具备控、辩、审三方相互制约格局，因此，不属于诉讼程序，而是"诉讼外程序"。[4]

从价值考量角度来看，审判中心主义重在保障人权，强调"宁可放过千人，不可冤枉一人"。在审判中心主义看来，由国家机器错误行使追诉权导致的社会危害远远比个人犯罪带来的社会危害要大，前者好比污染水源，而后者仅仅是污染了水流。此外，由于错误行使追诉权而导致的公民对公权力机关的对抗不利于社会安定和谐和政权稳定。因此，在保障人权与惩治犯罪二者不可兼得的情况下，审判中心主义更加侧重于前者。

2. 诉讼阶段论：重在惩治犯罪

从立法或现实的司法环境来看，我国目前坚持的是"诉讼阶段论"。《宪法》和《刑事诉讼法》规定，公、检、法分工负责、相互配合、相互制约，这被认为是刑事诉讼的一项基本原则。公、检、法三机关分别独立行使侦查权、审查起诉权、审判权，三个阶段相互独立，互不隶属。但在实践中，三机关相互协作多于相互制约，整个刑事诉讼的中心环节向侦查环节偏移，我国的刑事诉讼结构被人形象地称为"葫芦形"诉讼结构。其中，侦查环节处于葫芦底

[4] 周士敏：《刑事诉讼法学发展的必由之路——由审判中心说到诉讼阶段说》，载《国家检察官学院学报》1993年第2期。

端，是整个葫芦最庞大的部分，这也意味着侦查机关在刑事诉讼结构中居于中心地位；检察机关负责审查起诉环节，是整个葫芦的细腰；法院的审判居于葫芦的最上方。无论是从法定期限还是从权力运作的独断性来看，审查起诉权和审判权都是属于被弱化的环节。[5]“分工负责、互相配合、互相制约”的刑事司法原则逐渐被异化为以侦查活动为中心、检察院、法院相互配合的刑事诉讼格局。[6]

任何公权力都有被滥用的风险，侦查权也不例外。由于侦查权是侦查机关一方单独行使的权力，权力运作过程中不易受到他方制约，因此，侦查权容易被异化为侵犯公民正当权利的工具。从历史演变来看，我国一直将惩治犯罪作为刑事诉讼法的首要任务，“诉讼阶段论”的价值追求是重在惩治犯罪。

3. 刑事诉讼中心主义变迁之人权保障考量

在惩治犯罪与保障人权之间，审判中心主义更加强调人权保障，诉讼阶段论更加强调惩治犯罪。这种区别体现在以下几个方面：

（1）审判在整个刑事诉讼程序中的地位不同。审判中心主义强调，审判是整个刑事诉讼的中心，侦查和审查起诉是为审判做准备的，被称为“诉讼外程序”。[7]诉讼阶段论强调，侦查、审查起诉、审判三个环节分工负责、互相配合、互相制约，都属于诉讼程序中的环节。

（2）司法权对侦查权、起诉权的制约力度不同。审判中心主义强调审判权对侦查权和起诉权的有效制约，审判权是一种判断权，对作为单方权力的侦查权和起诉权进行审查、制约；诉讼阶段论则没有赋予司法权享有对侦查权和审查起诉权以审查的权利，甚至司法权有被架空和弱化的危险。

（3）犯罪嫌疑人或被告人人权保障力度不同。审判中心主义主张在侦查环

---

[5] 参见张建伟：《刑事司法：多元价值与制度配置》，人民法院出版社 2003 年版，第 157 页。

[6] 参见汪红：《法学家读四中全会公报（九）提出以审判为中心有其背景》，载《法制晚报》2014 年 10 月 24 日。

[7] 参见周士敏：《刑事诉讼法学发展的必由之路——由审判中心说到诉讼阶段说》，载《国家检察官学院学报》1993 年第 2 期。

节赋予犯罪嫌疑人足够的权利救济来抗衡来自强大国家机器的侵犯，包括赋予聘请律师在侦查阶段的辩护权、审判阶段的直接言辞原则、非法证据排除规则等，强调“宁可放纵一千个罪犯，也绝不冤枉一个好人”。诉讼阶段论更强调惩治犯罪，主张依靠强大的侦查权代表国家追究犯罪，保障国家安全与社会正义实现，对被告人人权采取了弱化的态度。

总之，从刑事诉讼制度的历史演变来看，在法治欠发达国家，实行的是以侦查为中心的诉讼制度，侦查机关在诉讼中居于中心地位，拥有不经法院审判就对被告人进行惩处的权力，重惩治犯罪而轻人权保障；在法治发达的国家，实行以审判为中心的诉讼制度，重视人权保障，强调“宁纵勿枉”的刑事司法理念。纵观各国刑事诉讼制度的发展历程，由侦查中心主义向审判中心主义演变是一种大势所趋，更加契合人权保障的国际潮流。

二、我国现行刑事诉讼制度之人权保障弊端及改革方向

从历史发展来看，侦查机关在整个刑事诉讼过程中处于无可替代的中心地位，在发展市场经济初期，从重从快打击犯罪有利于保障我国社会主义市场经济秩序持续、快速、健康发展。但是，随着经济发展、社会文明程度的提升以及国际社会保障人权的呼声越来越强烈，我国传统的刑事诉讼制度弊端日渐暴露出来。

（一）“诉讼阶段论”之人权保障弊端

刑事诉讼阶段论，强化了侦查权，其最大弊端在于无法充分保障被告人的诉讼权利，容易导致刑事冤假错案的发生。从近年来曝光的 20 余起刑事冤假错案来看，多是公安机关在侦查阶段对证据认定出现错误或者存在刑讯逼供的嫌疑，法院在审理案件的过程中，面对巨大的社会及政治压力，不得不对被告人作出有罪的判决。诉讼阶段论的弊端在于：

1. 公、检、法三机关配合有余而制约不足。实践中，公安机关侦查完毕移

送到检察机关审查起诉，然后由检察机关起诉到法院的案件，由于经过了侦查与审查起诉两个环节，法院一般愿意采信检察机关的主张，这是法院减轻办案压力的需要，也是三机关权力制约的生态环境使然。

2. 被告人的诉讼权利无法得到充分保障。在现有的刑事诉讼制度下，被告人无法享有足够的辩护权来对抗公权力，三机关配合有余而制约不足，导致刑事冤假错案接连不断发生，被告人诉讼权利无法得到充分保障。

（二）我国现行刑事诉讼制度之改革方向

从国际社会来看，强化被告人的人权保障是一种时代发展的必然趋势，改革现有的刑事诉讼制度，实现由“诉讼阶段论”向“审判中心主义”的转变，是我国刑事诉讼制度的改革方向。

实行以审判为中心的刑事诉讼制度，强调审判在整个诉讼活动中居于中心地位，有三层含义。一是从整个刑事诉讼程序来看，强调审判居于中心地位，不论是审前程序，还是庭前准备，都应为审判服务，真正发挥审判在确定罪与非罪、罪轻罪重中的决定性作用，而不是把审判当作形式上的走过场、做样子。二是从权力相互制约的角度看，既强调审判权对侦查权的有效制约，又强调被告人辩护权对侦查权的有效制约，以弱化侦查权为手段，真正实现充分保障被告人人权的目的。三是强调法院或法官在审判环节的中心地位。既强调法官职业保障，不因法定原因不受非法干扰，从而保障其自由行使裁判权；又强调法院或法官掌握审判权，真正有权决定被告人罪与非罪、罪轻罪重。

三、人权保障视野下我国现行刑事诉讼制度之实质化改革

革除我国现行刑事诉讼制度之弊端，应以充分保障人权为基本理念，对刑事审前程序和审判程序进行实质化改造。

（一）刑事审前程序之实质化改造

实行以审判为中心的诉讼制度，并不必然否定审前程序的重要意义，相反，这一概念的提出，恰恰是将以审判为中心作为前提的，是我国刑事诉讼制度发展过程中的一个必经阶段。目前而言，需要对审前程序进行诉讼化改造，确保审查起诉权与审判权对侦查权形成强有效制约，避免公权力对犯罪嫌疑人、被告人权利造成非法侵害。

1. 对强制性侦查实行司法令状原则

侦查权是一种单方性权力，由侦查机关单方行使，由侦查机关自行发动，具有单方性、强制性的特点，如若行使不当，极易对被告人权利造成侵害。对侦查权形成有效制约的方法是赋予司法权以监督权，制约侦查权的滥用，以避免暴力取证、非法取证的发生。[8]

西方法治发达国家为避免侦查权的滥用，普遍采取司法令状原则，即要求侦查机关在采取强制措施时，必须向法官提出申请，由法官审查决定是否签发司法令状，只有在获得司法令状的前提下，侦查机关方可对犯罪嫌疑人或被告人的人身或财产权利进行限制或剥夺。[9]在我国，虽然立法要求侦查机关在采取搜查、扣押等强制措施时应当依据有关证件进行，但是，除逮捕外，其他强制性措施均由侦查机关自行决定、自行执行，没有形成司法权对侦查权的有力制约，无法达到有效保护犯罪嫌疑人或被告人权利的目的。

2. 强化检察机关的监督权

我国立法确立了公安机关和检察机关分工负责、互相配合、互相制约的关系，但在实践中，由于已经确立了以侦查为中心的刑事诉讼格局，检察机关对公安机关的有效制约仍显不足。因此，有必要对侦察活动中是否存在违法行为进行检查监督，尤其是在侦查活动中是否存在刑讯逼供和非法取证的情况。

---

[8] 参见樊崇义、张中：《论以审判为中心的诉讼制度改革》，载《法学研究》2014 年第 1 期。

[9] 参见樊崇义：《刑事审前程序改革实证研究》，中国人民大学出版社 2006 年版，第 2 页。

具体做法是，改变当前的刑事侦诉模式，改变检察机关与公安机关相脱离的局面，赋予检察机关在刑事诉讼活动伊始就参与刑事诉讼的权利，使检察权对侦查权形成有效制约，加强检察机关对公安机关的有效引导和法律监督。

3. 强化犯罪嫌疑人或被告人的刑事辩护权

控辩双方在刑事诉讼中具有天然的不对等性，强化犯罪嫌疑人或被告人的诉讼权利，一方面，需要用公权力制约公权力，通过对强制侦查实行司法令状或强化检察机关的监督权，以制约强势的侦查权；另一方面，需要强化犯罪嫌疑人或被告人的刑事辩护权。我国《刑事诉讼法》扩大了律师刑事辩护的范围，由审判阶段延伸到了侦查阶段，犯罪嫌疑人或被告人仍不享有律师在场权，很多犯罪嫌疑人没有能力获得律师帮助。即使是犯罪嫌疑人有能力自行委托律师进行法律服务，律师取证、阅卷等权利仍然无法得到充分保障，“律师伪证罪”始终是悬在律师头上的达摩克利斯之剑，导致犯罪嫌疑人或被告人刑事辩护权无法充分行使。因此，应对律师辩护权进行充分保障，以强化犯罪嫌疑人或被告人的刑事辩护权。

（二）法庭审判程序之实质化改造

“只有依法经过审判，才能确定被告人是否有罪。”已经成为各国刑事诉讼领域的一项基本共识。法庭，是确定被告人是否有罪的唯一场所；审判，是确定被告人是否有罪的唯一途径。对法庭审判进行实质化改造，避免刑事审判成为走过场或审判秀，是实现以审判为中心的必然选择，更是充分保障人权的必然要求。

1. 完善庭前会议制度

我国《刑事诉讼法》第182条第2款规定：“在开庭以前，审判人员可以召集公诉人、当事人和辩护人、诉讼代理人，对回避、出庭证人名单、非法证据排除等与审判相关的问题，了解情况，听取意见。”考据立法本意，召开庭前会议目的在于明确庭审重点，便于提升庭审质量。但是，实践中，庭前会议仅限于法官了解情况、听取意见，法官不享有根据庭前会议作出裁判的权力。完善庭前会议制度，需要明确庭前会议的职能定位，赋予庭前会议以法律效力。完善庭前会议的方向在于，明确控辩双方在庭前会议的案件争议点，对双方形成合议的程序性问题，制作庭前会议合议书，赋予合议书以证据效力。[10]

2. 改革全案卷宗移送制度

根据《刑事诉讼法》第172条之规定，“检察机关提起公诉时，应当将案卷材料、证据移送人民法院”，确立了全案卷宗移送制度，从而修改废止了之前“复印件主义”。然而，如何真正避免“先定后审”“先入为主”的情况出现，真正实现“以审判为中心”，成为新的问题。

为彻底解决法庭审判流于形式的问题，建议废止案卷移送制度，实行起诉状一本主义，配合完善证据开示制度和庭前会议制度，从而有效割裂侦查程序与审判程序之间的联系，避免侦查结果对庭审造成不当干扰。

3. 实行直接言词原则

直接言词原则的含义是，法官在法庭亲自倾听被告人陈述、证人证言和法庭辩论，案件事实和证据必须以口头形式向法庭展示，不得以书面形式代替。直接言词原则已得到许多国家的认可，它有助于审判人员正确审查证据、认定案情，有助于实现刑事审判的公正性等价值目标。[11]虽然我国《刑事诉讼法》一些条文肯定了直接言词原则，但是该原则在实践中贯彻并不彻底。如《刑事诉讼法》第180条规定对于重大、疑难、复杂的案件，合议庭认为难以作出决定的，应当提请院长提交审判委员会讨论决定。审判委员会的决定，合议庭应当执行。直接背离了直接言词原则。反思最近曝光的佘祥林案、杜培武案的发生，都是由于背离了直接言词原则，导致法官擅断。

直接言词原则，有利于法官在法庭查清事实，审查证据，从而最大限度地避免冤假错案发生。贯彻直接言词原则，首先必须赋予合议庭独立作出裁

[10] 参见闵春雷、贾志强：《刑事庭前会议制度探析》，载《中国刑事杂志》2013年第3期。

[11] 参见卞建林：《直接言词原则和庭审方式改革》，载《中国法学》1995年第6期。

判的权力，避免审委会不当干预，实现“由审理者裁判，由裁判者负责”；其次，强化证人出庭作证的义务，在法庭通过询问证人、交叉盘问等方式，查明案件事实，保证程序正义；最后，坚决摒弃“卷宗中心主义”，严格限制卷宗的使用。

4. 全面贯彻证据裁判规则

实行“以审判为中心”的刑事诉讼制度改革，必须牢固树立“打官司就是打证据”的理念，有效限制法官恣意妄为。坚持证据裁判原则，必须做到以下两点：[12]一是证据必须经过法庭举证、质证之后，才能作为认定案件事实的证据；二是案件事实的认定必须建立在证据基础之上，有证据才有事实，无证据就无事实。

全面贯彻证据裁判规则，一是落实非法证据排除规则，从根本上铲除刑讯逼供存在的土壤，有效解决程序违法问题；[13]二是贯彻疑罪从无原则，鉴于该原则在实践中有被虚化的危险，需要在刑事诉讼中引入一事不再理原则，限制侦查机关追诉权的行使。

5. 完善法官职业保障制度

完善的职业保障制度，是法官独立行使裁判权的基础和前提，是保证裁判权不受外界非法干预的必然要求。从当前的司法环境看，全国范围内既不乏法官因独立行使审判权而被免职或受到刑事追究的情况，也不时有一线法官面对巨大办案或生存压力而选择辞职或转行的事例出现。

完善法官职业保障制度，一是要确保刑事法官独立行使审判权而不受非法干涉，不因作出与侦查机关、审查起诉机关预期不一致的判决而遭受免职甚至追究行政或刑事责任。二是完善法官薪酬职业保障体系，强化刑事法官的职业尊荣感。实现由“诉讼阶段论”到“审判中心主义”的刑事诉讼制度变迁，既彰显了充分尊重和保障人权的价值追求，又为深入推进司法改革、保证司法公正注入了强心剂。

---

[12] 参见常林、张中：《证据理论与科学》，中国政法大学出版社 2004 年版，第 112 页。

[13] 参见陈瑞华：《非法证据排除规则的理论解读》，载《证据法学》2010 年第 5 期。

判解研究

连带共同保证中债权人向部分保证人主张权利的行为是否具有涉他效力

刘根友　田家升

一、裁判要旨

在连带共同保证中，债权人在保证期间内向部分保证人主张权利，其效力能否及于未被主张权利的其他保证人，取决于共同保证人提供保证的具体情形。如果各保证人之间互有意思联络，以“联保”的形式作为一个整体共同提供担保，则未被主张权利保证人的保证责任不能免除；如果各保证人之间并无意思联络，各保证人不知悉其他保证人的存在，或者先签字的保证人不知悉后签字保证人的存在，则未被主张权利保证人的保证责任免除。

二、相关法条

《最高人民法院关于适用〈中华人民共和国担保法〉若干问题的解释》第34条第2款。

作者单位：山东省成武县人民法院。

三、案件索引

山东省成武县人民法院（2015）成民初字第474号民事判决书。

四、基本案情

原告何某某诉称，2013年6月11日，被告胡某平向原告借款6万元，被告王某某、胡某波为该笔借款进行担保。原告以现金形式向被告胡某平交付借款。借款后经原告催要，被告分别于2014年1月20日、2014年6月6日、2015年1月16日各向原告偿还借款2000元、500元、500元。此后虽经催要，三被告始终未履行还款义务，故依法起诉。请求判令被告胡某平偿还原告借款5.7万元及利息；被告王某某、胡某波承担连带清偿责任。

被告胡某平、王某某、胡某波未出庭应诉，亦未提交书面答辩意见。

经审理查明：被告胡某平因调动工作用钱，经原告战友刘某介绍于2013年6月11日向原告何某某借款6万元，约定还款日期为2013年8月11日，被告王某某、胡某波作为保证人为被告胡某平的该笔借款提供担保，双方未约定保证期限、保证方式及保证范围。当天下午，原告把6万元现金交付给了被告胡某平，被告王某某、胡某波及原告战友刘某均在场，三被告并为原告书写借条一份。借条载明："今借何某某现金陆万元整（60000元）两个月归还""借款人：胡某平2013.6.11"、"担保人：王某某、胡某波"并书写有各自联系方式。借款人胡某平及担保人王某某、胡某波在该借条上签名捺手印。借款到期后，被告胡某平分别于2014年1月20日、2014年6月6日、2015年1月16日向原告偿还借款2000元、500元、500元，尚欠原告借款本金5.7万元未偿还，被告王某某、胡某波亦未履行担保责任。

庭审中，原告单方陈述双方在签订借条时口头约定利息为月息3%，被告胡某平于借款当日给付原告一个月利息600元或1000元，具体数额记不清，借款到期后未偿还利息；原告并陈述借款逾期后于 2013 年 12 月底曾委托刘某要求被告胡某波、王某某承担担保责任。庭后，本院向案外人刘某调查核实关于被告胡某波、王某某为胡某平借款提供担保及催要情况，案外人刘某证实其于 2013 年底 2014 年初接受原告委托找过胡某波，要求其承担担保责任，并于 2013 年 7 月、8 月找过王某某，但未找到。

上述事实有当事人陈述、借条、调查笔录等在卷为凭，并经庭审审查，可以采信。

五、裁判结果

山东省成武县人民法院于 2015 年 9 月 2 日作出（2015）成民初字第 474 号民事判决：（1）被告胡某平于判决生效后十日内偿还原告借款本金 5.7 万元及逾期利息（自 2013 年 8 月 11 日起至本判决确定的还款之日止按年利率 6% 计付）；（2）被告王某某、胡某波对上述债务承担连带保证责任，并在承担保证责任后，有权在其履行保证责任的范围内向被告胡某平追偿。

六、裁判理由

法院生效裁判认为：本案审理重点是：一、被告胡某平是否向原告借款 6 万元及被告胡某平是否应向原告偿还本金 5.7 万元；二、被告胡某波、王某某应否为胡某平的上述借款承担连带清偿责任；三、原告要求的利息有无事实及法律根据。

（一）关于本案审理重点一

合法的借贷关系受法律保护。《中华人民共和国合同法》第 210 条规定：自然人之间的借款合同，自贷款人提供借款时生效。结合本案原告陈述、对案外人刘某的调查笔录及涉案借条，能够证实原告已将现金 6 万元实际交付给借款人胡某平，且交付借款时保证人王某某、胡某波也在场。据此，应认定原告已经实际履行交付6万元借款的义务，已具备借款合同的实质要件，自原告提供借款时借款合同即产生法律效力。借款到期后，被告胡某平曾向原告偿还借款3000元，尚欠本金5.7万元未予偿还，其迟延履行债务行为以构成违约。故对原告要求被告胡某平偿还借款本金5.7万元的主张依法予以支持。

（二）关于本案审理重点二

1. 二被告与原告之间的保证关系是否有效

本院认为，被告王某某、胡某波作为完全民事行为能力人，对自己的行为及后果有清楚的认识，其自愿作为保证人在借条上签字，就是同意对合同债务承担保证责任。依法生效的合同对当事人具有法律约束力，故二被告已与原告建立起合法有效的保证关系。

2. 二被告承担保证责任的方式

当事人在借条中虽未约定保证方式，但根据担保法关于保证方式的规定，当事人对保证方式没有约定或者约定不明确的，按照连带责任保证承担保证责任。本案中同一债务人有两个保证人，保证人对保证份额没有约定，应承担连带保证责任，即被告王某某、胡某波都负有担保全部债权实现的义务。

3. 保证期间的确定

原被告双方在借条中对保证期间并未约定。根据相关法律规定，连带责任的保证人与债权人未约定保证期间的，债权人有权自主债务履行期届满之日起六个月内要求保证人承担保证责任。按照借条约定，主债务履行期限为2013年6月11日至2013年8月10日，保证人王某某、胡某波的保证期间自2013年8月11日起六个月。

4. 保证范围

鉴于原被告双方在借条中对担保范围约定不明确，故保证人王某某、胡某波应当对全部债务承担责任。

5. 二被告是否最终承担保证责任

原告庭审陈述其曾委托案外人刘某于2013年12月底要求被告胡某波承担担保责任，其陈述与案外人刘某陈述相符，能够证明原告曾于保证期间届满前要求被告胡某波承担担保责任。鉴于原告在该保证期间届满前要求保证人胡某波承担保证责任，则从原告要求保证人承担保证责任之日起，开始计算保证合同的诉讼时效。另在连带共同保证中，原告在保证期间内向部分保证人主张权利，其效力能否及于未被主张权利的其他保证人，其他保证人的保证责任是否免除问题。根据涉案借条的签订场合、时间、书写格式情况及二保证人之间的关系看，被告胡某波、王某某有为借款人胡某平的借款提供保证的共同意思联络，均知悉其他保证人的存在，认定二人属于"有意思联络的连带共同保证"是符合案件客观事实的。本院认为，二保证人是作为一个整体对原告承担保证责任，原告对其中一个保证人或者一部分保证人主张保证责任的效力及于其他保证人，其他保证人的保证责任不能免除。原告于2015年3月12日诉至本院，要求二被告承担连带清偿责任的诉请应予支持。

（三）关于本案审理重点三

根据合同法规定，自然人之间的借款合同对支付利息没有约定或者约定不明确的，视为不支付利息。原告与被告在借条中没有约定借款利息，且除原告关于利息的单方陈述外亦无其他相应证据予以支持，故对原告关于双方约定利息的陈述不予采信。《最高人民法院关于审理民间借贷案件适用法律若干问题的规定》第29条规定："借贷双方对逾期利率有约定的，从其约定，但以不超过年利率24%为限。未约定逾期利率或者约定不明的，人民法院可以区分不同情况处理：（一）既未约定借期内的利率，也未约定逾期利率，出借人主张借款人自逾期还款之日起按照年利率6%支付资金占用期间利息的，人民法院应予支持……"原、被告虽然没有书面约定借款利息，但原告可主张借款逾期后的利息，利息可按年利率6%计付。

综上所述，本院认为，原、被告借贷、保证关系明确，事实清楚，被告胡某平应当按照约定返还借款，被告王某某、胡某波作为保证人应对全部债务承担连带保证责任，故对原告要求被告胡某平偿还借款本金5.7万元及逾期利息的主张予以支持，被告王某某、胡某波承担连带责任。被告王某某、胡某波承担保证责任后，有权向被告胡某平追偿。被告胡某平、胡某波、王某某经本院合法传唤，未到庭参加诉讼，是对其举证、质证、抗辩权的放弃。

七、案例注解

本案的关键问题是：在连带共同保证中，债权人在保证期内向部分保证人主张权利，其效力能否及于未被主张权利的其他保证人，是否能免除其他保证人的保证责任？

（一）连带共同保证的界定

连带共同保证是相对于按份共同保证而言的，同一债务存在两个以上保证人，不论各保证人是否知悉彼此的存在，如果各保证人与债权人没有约定保证份额，即为连带共同保证，如果保证合同约定了各保证人的保证份额，则为按份共同保证。连带共同保证中的“连带”，在各保证人之间，是指在责任承担的数额和顺序上的连带性；在保证人与债权人之间，是指各保证人对债权人承担保证责任的方式均为“连带”方式。有观点认为，在连带共同保证中，各保证人的保证方式不限于连带责任保证，也可以存在一般保证。笔者认为这种观点值得商榷。根据《最高人民法院关于适用〈中华人民共和国担保法〉若干问题的解释》第20条的规定，连带共同保证的债务人在主合同规定的债务履行期届满没有履行债务的，债权人可以要求债务人履行债务，也可以要求任何一个保证人承担全部保证责任；但如果部分保证人提供的是一般保证，根据《中华人民共和国担保法》第17条的规定，在主合同纠纷未经审判或仲裁，并就债务人财产依法强制执行仍不能履行债务前，保证人是可以拒绝承担保证责任的。因此，笔者认为，同一债务存有多个保证人的情况下，如有保证人提供的是一般保证，其与其他保证人则不构成连带共同保证。本案被告王某某、胡某波在涉案借条中均以担保人的身份签名，但均未约定保证方式，依法应按照连带责任保证承担保证责任，该二人提供的保证即成立连带共同保证。

（二）区别对待各保证人保证期间的法理分析

按照各保证人之间是否有意思联络，连带共同保证可以区分为“有意思联络的连带共同保证”与“无意思联络的连带共同保证”。对于“有意思联络的连带共同保证”，保证人在设定保证时不仅知道如债务人不按期履行债务，自己有可能对全部债务承担清偿责任，其更加知道，自己是与其他保证人共同对债权人承担着保证责任，虽然形式上可能先由自己清偿全部债务，但其可以向其他保证人追偿其代偿的份额。对于此种类型的连带共同保证，有观点认为，多个保证人是作为一个整体对债权人承担保证责任，债权人对其中一个保证人或者一部分保证人主张保证责任的效力及于其他保证人，其他保证人的保证责任不能免除，笔者是赞同的，但对于“无意思联络的连带共同保证”，即各保证人之间并无意思联络，各保证人不知悉其他保证人的存在，或者先签字的保证人不知悉后签字保证人的存在，在保证期间内未被主张权利的保证人，其保证责任是否免除，笔者认为应该区别对待。“无意思联络的连带共同保证”，也被学者称为“推定的连带共同保证”，其目的是加大对债权的保护，但笔者认为，各保证人与债权人形成的保证关系，与债权人分别和保证人签订连带责任保证合同并没有实质上的不同，而且担保制度的设立不仅仅是保护债权人的利益，其通过对保证方式、保证期间等具体制度的规定，对债权人的权利进行一定程度的制约，从而也平衡地保护了保证人的利益。对于这种类型的连带共同保证，由于各保证人提供的均是连带责任保证，在保证期间内，债权人有权向每个保证人主张权利，要求其承担全部债务，这正体现了各保证人在责任承担的数额和顺序上的连带性，但这并不能否定各保证人独立的合同主体地位，各保证人应独立适用各自的保证期间，这既是由各保证人提供保证时的具体情形即事实基础所决定的，也符合合同具有相对性的合同法原则和要求。具体到本案，根据涉案借条的签订场合、时间、书写格式情况及二保证人之间的关系看，被告胡某平、王某某有为借款人胡某平的借款提供保证的共同意思联络，均知悉其他保证人的存在，认定二人属于“有意思联络的连带共同保证”是符合案件客观事实的。

单位犯罪中主要参与人员的责任认定

魏中飞

一、裁判要旨

直接负责的主管人员就是对单位犯罪负有直接责任的单位领导人员；被告人系单位实际控制人，为了公司的利益向国家机关工作人员行贿，构成单位行贿罪。

二、相关法条

《中华人民共和国刑法》第393条、第64条、第67条第3款。

三、案件索引

一审法院：山东省单县人民法院。

裁判文书编号:（2016）鲁1722刑初46号。

作者单位：山东省单县人民法院。

四、基本案情

北京某科技有限公司（原北京创意数通科技有限公司）在经营过程中，为谋取公司利益，在公司实际负责人于某某的决议下，以给予国家工作人员回扣款、感谢费的形式，向多名国家工作人员行贿数额总计4077251元。

1. 2007年至2012年，北京某科技有限公司在销售妇幼保健信息IC卡的经济活动中，该公司实际负责人于某某为谋取公司利益，以给国家工作人员回扣款的方式，向菏泽市妇幼保健院原财务科科长吴某某行贿总计891200元。

2. 2007年至2008年，北京某科技有限公司在销售妇幼保健信息IC卡的经济活动中，该公司实际负责人于某某为谋取公司利益，以给予国家工作人员回扣款的方式，向菏泽市妇幼保健院原院长周某某行贿总计10万元。

3. 2008年至2010年，北京某科技有限公司在推广妇幼保健信息系统的经济活动中，该公司实际负责人于某为谋取公司利益，以给予国家工作人员回扣款的方式，向菏泽市卫生局原基妇科科长崔某行贿总计107000元。

4. 2007年至2012年，北京某科技有限公司在销售妇幼保健信息IC卡的经济活动中，该公司实际负责人于某某为谋取公司利益，以给予国家工作人员回扣款的方式，向淄博市卫生局基妇科副科长刘某行贿总计32万元。

5. 2006年至2010年，北京某科技有限公司在销售妇幼保健信息IC卡的经济活动中，该公司实际负责人于某某为谋取公司利益，以给予国家工作人员回扣款的方式，向烟台市妇幼保健院副院长王某行贿总计18万元。

6. 2007年至2012年，北京某科技有限公司在销售妇幼保健信息IC卡的经济活动中，该公司实际负责人于某某为谋取公司利益，以给予国家工作人员回扣款的方式，向济宁市妇幼保健院妇幼保健部主任朱某某行贿总计161300元。

7. 2006年至2009年，北京某科技有限公司在推广妇幼保健信息系统的经济活动中，该公司实际负责人于某某为谋取公司利益，以给予国家工作人员手续费的方式，向济宁市卫生局基妇科科长吴某行贿总计144150元。

8. 2003年至2010年，在北京某科技有限公司推广妇幼保健信息系统、新农合信息系统的经济活动中，山东省卫生厅（现山东省卫生和计划生育委员会）基层卫生与妇幼保健处、农村卫生管理处原处长张某某利用其职务之便，为北京某科技有限公司提供帮助，北京某科技有限公司实际负责人于某某为对张某某表示感谢，先后多次送给张某某感谢费共计100万元。

9. 2008年至2012年，在北京某科技有限公司推广妇幼保健信息系统的经济活动中，山东省卫生厅妇幼保健与社区卫生处原处长丁某某利用其职务之便，为北京某科技有限公司提供帮助，北京某科技有限公司实际负责人于某某为对丁某某表示感谢，先后多次送给丁某某感谢费共计456000元。

10. 2006年至2008年，北京某科技有限公司在销售妇幼保健信息IC卡的经济活动中，该公司实际负责人于某某为谋取公司利益，以给予国家工作人员回扣款的方式，向潍坊市妇幼保健院院长王某某行贿总计29万元。

11. 2005年至2007年，北京某科技有限公司在销售妇幼保健信息IC卡的经济活动中，该公司实际负责人于某某为谋取公司利益，以给予国家工作人员回扣款的方式，向潍坊市妇幼保健院妇幼保健部原主任王某某行贿总计205000元。

12. 2010年至2012年，在北京某科技有限公司销售妇幼保健信息IC卡的经济活动中，山东省卫生厅机关服务中心三产办原主任王某某利用其职务之便，为北京某科技有限公司提供帮助，北京某科技有限公司实际负责人于某某为对王某某表示感谢，先后多次送给王某某感谢费共计8万元。

13. 被告人于某某为了和在山东省卫生厅农村卫生管理处工作的姚某某搞好关系，以便更好地推广业务，于2008年初以姚某某母亲去世为由向其送现金人民币（下同）5000元。被告人于某某为谋取公司利益，于2009年9月、10月在姚某某负责起草山东省卫生厅、民政厅、财政厅、农业厅四部门《关于巩固和发展新型农村合作医疗制度的实施意见》联合文件的过程中，送给姚某某价值106000元别克凯越轿车一辆，于某某为该车办理牌照、保险、购置税等手续，总计价值 111985 元。被告人于某某，为了继续和姚某某搞好关系，于 2014 年 1 月份给予姚某某 5000 美元，折合人民币 30616 元。被告单位北京某科技有限公司在公司经营过程中，在实际负责人于某的决议下，为谋取公司利益，向姚某某行贿共计 147601 元。综上，北京某科技有限公司在经营过程中，公司实际负责人于某某为谋取公司利益，以给予国家工作人员回扣款、感谢费的形式，向国家工作人员行贿数额总计 4082251 元。被告人于某某归案后向侦查机关提供他人犯罪线索，经查证属实。

五、裁判结果

根据本案的犯罪事实、性质、情节和对社会的危害程度及被告人的认罪态度，依照《中华人民共和国刑法》第 393 条、第 67 条第 3 款、第 64 条、第 61 条之规定，判决如下：

1. 被告单位北京某科技有限公司犯单位行贿罪，判处罚金 100 万元。（罚金已缴纳 30 万元，剩余罚金 70 万元于判决生效后十日内缴清）。

2. 被告人于某某犯单位行贿罪，判处有期徒刑二年，并处罚金 30 万元。（刑期从判决执行之日起计算。判决执行以前先行羁押的，羁押一日折抵刑期一日，即自 2016 年 1 月 28 日起至 2017 年 6 月 3 日止，罚金已缴纳，待本判决生效后依法上缴国库）。

六、裁判理由

法院生效裁判认为：被告单位北京某科技有限公司为谋取公司利益，以回扣款或感谢费的方式向多名国家工作人员行贿，行贿数额 400 余万元，情节严重；被告人于某某作为该公司的实际控制人，具体实施行贿行为系直接责任人，被告单位及被告人均已构成单位行贿罪，公诉机关指控的事实及罪名成立，予以支持。

被告人到案后能主动如实供述涉及本案犯罪事实，系坦白，且供认了侦查机关并未掌握的大部分犯罪事实，认罪悔罪态度较好，故本院决定对被告单位及被告人均从轻处罚。对辩护人请求对被告人从轻处罚的辩护意见，符合法律规定，予以采纳。

七、案例注解

单位犯罪以双罚制为主，个人刑事责任是以单位构成犯罪并且追究刑事责任为前提。我国《刑事诉讼法》第 31 条规定：单位犯罪的，对单位判处罚金，并对其直接负责的主管人员和其他直接负责人判处刑罚。笔者认为直接负责的主管人员就是对单位犯罪负有直接领导责任的单位领导人员。他应当符合两个条件：一是行为条件，即应直接策划、决定、批准、授意、指挥了单位犯罪，且该行为是引发单位犯罪的直接原因；二是身份条件，即其应是单位的领导人员。结合本案，于某某是公司的实际控制人，且直接实施了向国家机关工作人员行贿的行为，应受到刑事处罚。

开发商无权以购房户未完全履行按揭贷款合同而解除商品房买卖合同

仵新忠

一、裁判要旨

1. 开发商与购房户之间为商品房买卖合同法律关系，开发商、购房户与银行之间为购房担保借款合同法律关系，银行为贷款人，购房户为借款人，开发商为保证人，两者为不同的法律关系。购房户通过支付首付款和办理银行按揭的方式依约支付全部购房款，已履行其作为买受人的合同义务。根据合同的相对性原理，购房户未按约向银行偿还按揭贷款，需向银行承担违约责任，开发商不能以此为由要求解除双方《商品房买卖合同》及要求购房户向其承担违约责任。即使在三方签订的《个人购房借款/担保合同》中赋予开发商上述合同解除权利的条款，因该条款违反合同相对性原理和公平合理原则，对购房户也没有约束力。

2. 开发商代购房户偿还银行贷款后，向购房户主张权利，实质为开发商作为保证人在履行贷款合同保证方义务代购房户偿还贷款后，依据担保法的规定，享有的是向购房户的追偿权，与商品房买卖合同不属同一法律关系。

作者单位：菏泽经济开发区人民法院。

二、相关法条

《中华人民共和国合同法》第8条第1款。

三、案件索引

一审法院：山东省菏泽经济开发区人民法院。

裁判文书编号：（2017）鲁1791民初747号（2017年5月23日）。

四、基本案情

原告菏泽某房地产开发有限公司诉称，原、被告于2010年12月21日签订《商品房买卖合同》，约定被告购买原告开发的商品房一套，总价款335436元，被告交纳总房款的30%即105436元，剩余房款按揭贷款。同时约定被告逾期付款超过90日，原告有权解除合同，被告按累计应付款的1%支付违约金。2010年12月31日，被告在第三人处办理《个人购房借款/担保合同》，按第三人的要求，原告为被告按揭贷款承担担保责任。但自2016年7月起，被告未按合同约定偿还贷款，致使第三人从原告账户中扣划贷款本息。被告严重违反合同约定，原告有权要求解除购房合同及借款/担保合同，对应当退还给第三人及被告的款项同意按法律规定退还。

被告王某某未作答辩。

第三人中国工商银行股份有限公司菏泽某支行述称，原被告解除《个人购房借款/担保合同》之前应把贷款本息及违约金还清。

法院经审理查明：2010年12月21日，原告菏泽某房地产开发有限公司（以下简称某公司）与被告签订《商品房买卖合同》一份，约定被告购买原告开发的位于某小区商品房一套，总价款335436元，合同约定被告交纳总房款的30%即105436元，剩余房款230000元由被告申请银行按揭贷款。同时约定被告逾期付款超过90日，原告有权解除合同，被告按累计应付款的1%向原告支付违约金。2010年12月31日，原、被告与第三人中国工商银行股份有限公司菏泽某支行（以下简称工行某支行）签订《个人购房借款/担保合同》，约定由第三人向被告提供230000元的贷款用于购买案涉房屋，贷款期限为360个月。合同第4条约定，利率以贷款发放时适用的中国人民银行公布的同期同档次贷款利率为基准利率，下浮15%确定。第9条约定，借款人未按合同约定日期偿还贷款，贷款人有权按罚息利率按日计收利息；对不能按时支付的利息，按罚息利率计收复利。罚息利率按第4条约定的利率基础上加收50%确定。被告以案涉房屋提供抵押担保，原告向第三人提供连带责任保证。合同第20条约定，抵押人应及时到有关登记机关办理抵押登记手续，抵押登记证明在贷款全部还清之前由贷款人保管。抵押物为尚未取得产权的房屋的，应在合同签订之日起30天或贷款人另行要求的合理时间内办妥预售登记备案或抵押权预告登记手续。抵押人获得房屋所有权证书后，应在30天或贷款人要求的合理时间内办妥正式抵押登记手续。合同第28条规定，保证人不按本合同约定履行保证担保责任的，保证人授权贷款人从保证人开立在中国工商银行的所有本外币账户中扣收相应款项用以清偿，直至借款人在本合同项下的所有债务全部清偿完毕为止。合同第11条约定的争议解决方式为：向贷款人所在地人民法院提起诉讼。

合同签订后，第三人依约将贷款划入原告账户。案涉房屋在房管部门办理了抵押预告登记，尚未取得产权证书，未办理正式抵押登记手续。2016年7月开始，被告未再按约定偿还借款，第三人从原告账户扣收贷款本息计10295.22元。

五、裁判结果

山东省菏泽经济开发区人民法院于2017年5月23日作出（2017）鲁1791

民初 747 号民事判决：驳回原告菏泽某房地产开发有限公司的诉讼请求。

六、裁判理由

法院生效裁判认为：本案涉及商品房销售合同关系及商品房按揭贷款合同关系。原被告双方当事人所签订的《商品房买卖合同》及原被告、第三人所签订的《个人购房借款 / 担保合同》是各方当事人的真实意思表示，不违反法律法规的强制性规定，为有效合同。合同应当履行。被告向原告交付了首付款并依约定在第三人工行某支行处办理了按揭贷款手续，由第三人向原告支付了贷款，被告已经完成了《商品房买卖合同》约定的付款义务。原告以被告未按原、被告及第三人签订的《个人购房借款 / 担保合同》的约定偿还 2016 年 7 月之后的贷款本息为由请求解除与被告所签订的《商品房买卖合同》，并请求判令支付因原告解除合同而应由被告支付原告的违约金，于法无据，本院不予支持。原、被告及第三人之间系商品房按揭贷款合同关系。被告未按合同约定向第三人偿还贷款本息，第三人从保证人即原告账户中扣收相应款项用于清偿，系第三人作为债权人在行使担保权利，符合合同的约定及法律规定。但原告作为担保人以被告未按约定偿还第三人贷款本息为由解除三方签订的《个人购房借款 / 担保合同》，不符合合同约定，亦于法无据，且三方签订的上述商品房按揭贷款合同约定的争议解决方式为“向贷款人所在地人民法院提起诉讼”，故原告请求解除三方签订的《个人购房借款 / 担保合同》，本院不予支持。至于原告请求被告支付原告为其偿还的按揭贷款本息 10295.22 元，实为原告作为保证人在履行贷款合同保证方义务，其代被告偿还贷款后，依据担保法的规定，享有的是向被告行使的追偿权，与本案不属同一法律关系，本院不予审理。原告可另行主张权利。

七、案例注解

本案争议的焦点是原告在履行保证责任后的法律地位以及原告是否享有商品房买卖合同的解除权。关于原告在履行保证责任后的法律地位问题。首先，从本案所涉的法律关系来看，原告基于与被告及第三人签订的两份合同，具有两个法律身份，形成了两个法律关系，即原告与被告之间形成的买卖合同关系；原告与被告和银行之间形成担保合同关系。其次，从银行所享有的权利来看，根据《个人担保 / 借款合同》的约定，银行依据按揭贷款合同所得的是抵押物的优先受偿权，并不能产生房屋买卖和房屋产权变动的效果。而且，根据《担保法》第 40 条的规定，在抵押合同中不能约定抵押人无力承担还款义务时，抵押物直接归抵押权人所有，所以，银行也不可能依据抵押贷款合同直接取得房屋，但可以依据合同约定，从原告在银行保证金账户中扣划被告未能偿还的贷款数额。依据《担保法》第 31 条规定：保证人在向债权人履行了担保责任后，享有向债务人追偿的权利，因此，原告在履行保证责任之后取代银行所取得的只是抵押权人的法律地位，即享有的是代位追偿权。

关于原告是否享有合同的解除权的问题。由于原告与被告之间的房屋买卖合同主合同义务已经实际履行，原告亦已收齐讼争房屋的全部购房款，因此，原告不能以被告没有履行《个人购房担保 / 借款合同》中的还款义务的事实理由，再以买卖合同的卖方的主体地位来主张解除房屋买卖合同及支付违约金。

网络侵权责任的认定

李　斌

一、裁判要旨

被侵权人在发现网上存在侵犯名誉权的网帖后，应及时通知网络服务商，如网络服务商不及时采取措施，网络服务商应对损失扩大的部分承担连带责任。如网络服务商在接到通知后及时采取措施，防止了损失的扩大，则不应承担责任。

二、相关法条

《中华人民共和国侵权责任法》第36条。

三、案件索引

一审法院：菏泽经济开发区人民法院。

裁判文书编号：（2015）菏开民初字第463号（2015年8月13日）。

作者单位：菏泽经济开发区人民法院。

四、基本案情

原告窦某某诉称，原告在退休前是菏泽某医院的内科副主任医师，从事工作兢兢业业。但在2014年9月，原告在“××茶座”网站上发现一整页诋毁原告名誉的信息材料。“××茶座”上诽谤原告的材料给原告的形象造成恶劣的影响，影响了原告的工作，摧残了原告的精神，使原告难以正常工作、生活。因“××茶座”是被告开设，原告要求被告停止侵权，删除百度网站上“××茶座”栏目对原告进行侮辱诽谤的文字、图片等信息资料；要求被告向原告赔礼道歉，恢复名誉，在“××茶座”上发布消除影响的材料；要求被告提供直接侵权人即发帖人的身份信息情况；要求被告赔偿原告经济损失20000元，精神损失费30000元。

被告联通公司辩称，被告对原告未构成侵权，2015年4月27日下午，被告接到原告要求删帖的通知，2015年4月28日上午8时45分，被告即将该贴删除。同时，被告对发帖人的身份情况进行了查询，因“××茶座”为非实名登记制，所以无法查询发帖人的真实身份情况，原告如要追究发帖人的法律责任，可以向公安机关报案。综上，被告未构成侵权，原告的诉请没有法律依据，应当驳回。

经审理法院认定，原告窦某某原是菏泽市某内科医师。2014年9月，原告在上网时，通过百度搜索，发现在论坛“××茶座”上有一篇名为《创伤医院的庸医》的帖子，发帖人网名“subiao”，帖子对原告进行了感情色彩较浓的诋毁，文字下附原告照片一张。2015年4月27日，原告通知被告，要求被告将上述帖子删除。2015年4月28日，被告将上述帖子进行了删除，并对直接发帖人“subiao”的登记信息进行了查询，查询结果只显示“subiao”最后访问时间、最后登录IP、注册时间、注册IP情况，其他信息因论坛未进行实名注册要求，被告并不掌握发帖人的真实身份信息情况。原告庭审中认可，其在开庭前通过网络搜索工具检索，已搜索不到涉案帖子的相关情况。

五、裁判结果

山东省菏泽经济开发区人民法院于 2015 年 8 月 13 日作出（2015）菏开民初字第 463 号民事判决：驳回原告窦某某的诉讼请求。

六、裁判理由

《中华人民共和国侵权责任法》第 36 条第 2 款规定："网络用户利用网络服务实施侵权行为的，被侵权人有权通知网络服务提供者采取删除、屏蔽、断开链接等必要措施。网络服务提供者接到通知后未及时采取必要措施的，对损害的扩大部分与该网络用户承担连带责任。"法院认为，网名为"subiao"网络用户在"×× 茶座"论坛上发表了对原告侮辱性的言论，但被告作为网络服务商在收到原告的删除通知后，及时采取措施，删除了相关帖子，已尽到合理的管理义务。本案中，被告不存在接到删除通知后拒绝、拖延删除的情形，没有侵权的故意或者过失，不应承担侵权责任。因"×× 茶座"为非实名制注册论坛，被告并不掌握该发帖人相关信息，对原告要求被告提供发帖人具体身份情况的诉讼请求，法院亦不予支持。

七、案例注解

随着网络 e 时代的来临，微博、微信变得大行其道，每个公民就像佩带了随身的"麦克风"，拥有了自己的发声阵地，个人的言论自由权得到了充分的行使。但是，如果在网络中过度行使言论自由权，越过了自由的边界，那么就有可能侵犯到他人的权利。该案例就是网名为"subiao"网络用户因为在医院诊疗的过程中遇到了一些不快，就在菏泽知名论坛"×× 茶座"上发表了带有污辱窦某某人格性质的帖子。被侵权人窦某某在 2014 年 9 月就已在网上发现了这篇帖子，但一直未采取措施，而是听之任之，暗自烦恼，未就相关事项通知网络服务商联通公司。直至2015年4月27日，在上述主题帖子已经沉底的情况下，窦某某才通知联通公司，要求联通公司删帖。联通公司接到通知后，即对涉案网帖进行了删除，因此，法院未认定联通公司侵犯了窦某某的名誉权。可见名誉权被侵犯后，被侵权人应立即行使权利，通知网络服务提供者采取相应措施，而不是将权利束之高阁，以致损失的扩大。

（一）网络侵权中的“避风港”规则

《侵权责任法》第36条第2款规定的网络服务提供者的连带责任：“网络用户利用网络服务实施侵权行为的，被侵权人有权通知网络服务提供者采取删除、屏蔽、断开链接等必要措施。网络服务提供者接到通知后未及时采取必要措施的，对损害的扩大部分与该网络用户承担连带责任。”该条款规定了网络服务商的承担责任的前提条件，即在接到被侵权人通知后，如果不采取必要措施，致使损失扩大，将就损失扩大的部分与直接侵权人承担连带责任。[1]如果侵权人未向网络服务提供者发出通知，或者网络服务商经过提示之后即采取必要措施，网络服务提供者就不承担责任，该条款即为“通知规则”，在国外也被形象地称为“避风港”规则。

“避风港”规则源自美国1998年《数字千年版权法》（DMCA），我国于2006年5月18日颁布的《信息网络传播权保护条例》也引入了该项规则，目的在于将网络服务提供者与其用户的侵权行为分割开来：如果网络服务商满足了通知原则的豁免规定，则只有侵权的网络用户承担侵权责任，而网络服务商并不因为向该用户提供网络服务而承担侵权责任，从而保护和鼓励互联网行业的健康发展，给予互联网行业、更为自由的发展空间。[2]

[1] 参见梅夏英：《权利冲突：制度意义上的解释》，载《法学论坛》2006年第1期。
[2] 参见贺桂华：《网络知识产权保护体系存在的问题及对策研究》，载《理论导刊》2007年第9期。

（二）网络服务提供者不宜承担主动审查义务

在审理窦某某诉联通公司名誉权纠纷一案中，法院内部有一种意见认为，联通公司应对论坛用户所发的帖子主动进行审查，如果发现帖子内容存在明显侮辱、诽谤他人的内容，联通公司应在合理时间内主动对帖子予以删除或不予登载，而不应被动等待被侵权人的通知。笔者认为，上述看法值得商榷。

第一，网络服务提供者无法承受之"重"。根据最高人民法院于1998年7月14日颁布的《关于审理名誉权案件若干问题的解释》中的规定，新闻媒介与出版机构对其发表、出版、转载的稿件应当进行事先审查，如果因为审查不严，致使侵犯他人权益的，不但作者应当被追究责任，出版单位也应当承担责任。但是网络服务提供者与传统媒体有着显著区别，传统媒体的编辑部门每天所面对的稿件相对于网络服务提供者面对的信息数量不可同日而语。[3]本案中联通公司所提供的"××茶座"BBS平台，是菏泽市一个开放性质的网络平台，平台每天的信息量是巨大的，信息更新速率非常快。如果要求网络服务提供者承担与新闻出版机构相同的审查义务，网络服务商将会投入大量的人力、物力、财力去审查平台上发布的信息，最终加大的这部分成本费用又会转移到社会公众身上，这将无益于科技的发展、社会的进步。另外，网络服务提供者承担责任的风险将会大大增加。网络服务提供者并不是行政机关或者司法机关，不享有侵权责任认定权。对于哪些信息应当采取措施，哪些信息不应采取措施，没有相关的固定标准。如果是明显的侵权信息，像本案中污辱人格性质的帖子可以很快作出判断，但核对侵犯著作权、肖像权的信息却并非易事，贸然对这样的信息采取删除或屏蔽的措施，恐怕又会给网络服务提供者带来不小的麻烦。

第二，对公民言论自由权与隐私权的戕害。言论自由但也应当遵守法律

[3] 参见张新宝、任鸿雁：《互联网上的侵权责任：〈侵权责任法〉第36条解读》，载《中国人民大学学报》2010年第4期。

法规的规定，不能超越权利的边界。但如果规定网络服务提供者对网络平台上的流通信息必须进行审查，则有可能矫枉过正，侵犯公民的言论自由权与隐私权。2016 年 3 月 24 日，深圳市公安局微博公众号发布信息称，将会加强对互联网社交平台的安全防范工作，研发智能监测系统，对 QQ、微信中的关键字进行筛查，一旦发现有可疑信息，将立即暂停其对话功能。但深圳市公安局在发布该微博后不久，就删除了该条微博。诚然，犯罪分子可能会使用微信、QQ 等聊天工具实施犯罪行为或者为犯罪行为做准备，但遵纪守法的公民也在使用微信、QQ 等聊天工具，如果采取以上措施，这部分公民的言论自由权与隐私权将受到极大的危害。在打击犯罪行为的同时，如果以牺牲更多人的权利为前提，违反了权利冲突的解决原则，也与权利位阶原则相矛盾。

（三）责任主体缺位的反思

在网络侵权案件的司法实践中，直接网络侵权者往往躲藏在互联网的某个角落，通过网络媒介发泄完情绪，侵犯过他人权利后就销声匿迹。被侵权人发现权利被侵犯后不能确认侵权人真实的身份信息，除了网络服务提供者外，找不到明确的被告，难以对直接侵权人提起诉讼。[4] 2014 年 10 月 10 日施行的《最高人民法院关于审理利用信息网络侵害人身权益民事纠纷案件适用法律若干问题的规定》第 4 条规定，人民法院可以责令网络服务提供者提供其所掌握的网络用户的姓名、联系方式、网络地址，但网络用户在注册时多以邮箱号、虚拟的用户名作为注册 ID，像本案中，由于“× × 茶座”为非实名注册的论坛，用户注册时未登记真实姓名与联系方式，从而使找到并追究发帖人的民事责任成为空谈。因此，实行网络实名制将是建立健康网络秩序的大势所趋。通过网络实名制的实施，以破解当前难以追责直接侵权人的现实困局。

---

[4] 参见史学清、汪涌：《避风港还是风暴角——解读〈信息网络传播权保护条例〉第 23 条》，载《知识产权》2009 年第 3 期。

对车上人员责任保险条款中“使用”一词的理解

魏　铭

一、裁判要旨

一方投保车上人员责任险后，双方当事人要严格按照保险合同条款的约定履行合同义务。对“使用机动车”中的“使用”一词，合同条款未对何种情形属于使用机动车作出明确解释和分列，应综合考虑被保险车辆的营运性质，依照保险法的规定作出通常理解，而不能狭义地将“使用”限定在驾驶机动车且机动车在移动过程中。在免责条款中，保险公司对于驾驶人离开座位后发生意外事故是否免责并未作出约定，不能单方随意扩大免责范围，加重被保险人的保险风险。

二、相关法条

《中华人民共和国保险法》第30条：“采用保险人提供的格式条款订立的保险合同，保险人与投保人、被保险人或者受益人对合同条款有争议的，应当按照通常理解予以解释。对合同条款有两种以上解释的，人民法院或者仲裁机构应当作出有利于被保险人和受益人的解释。”

作者单位：山东省菏泽市中级人民法院。

三、案件索引

一审法院：山东省定陶县人民法院。

裁判文书编号：（2015）定商初字第864号（2015年12月30日）。

二审法院：山东省菏泽市中级人民法院。

裁判文书编号：（2016）鲁17民终1314号（2016年8月10日）。

四、基本案情

原告李某、王甲、王乙诉称：原告亲属王丙系某半挂牵引货车实际车主。2015年3月18日，该车在被告处投保，险种有交强险、车上人员责任险等，合同约定车上人员险保险金额为20万元，责任期间自2015年3月19日至2016年3月18日。2015年5月30日，王丙驾驶半挂牵引货车到杭州送货，到达目的地后，王丙在车上解除覆盖在货物上的篷布时，不慎从车上摔下坠亡。王丙作为保险车辆的驾驶、使用、管理人在使用车辆过程中死亡，其家属依法享有得到保险金的权利。故诉至法院，请求判令被告支付原告保险金20万元。

被告中国人寿财产保险股份有限公司某支公司辩称：涉案车辆在被告处投保了交强险和车上人员险属实，但王丙是在车辆处于静止状态时由于其本人的意外事故摔到车下致伤而亡，因此被告不应承担赔偿责任。

法院经审理查明：王丙系半挂牵引货车实际车主，该车挂靠在定陶县某物流有限公司名下经营。2015年3月18日，王丙为该车在被告处投保，险种有第三者责任险、车上人员责任保险（驾驶人）、机动车损失保险、不计免赔率特约等，共缴纳保费17306.30元，合同约定车上人员责任保险金额为20万元，责任期间自2015年3月19日零时至2016年3月18日24时。王丙在机动车保险投保单上签字。《机动车车上人员责任保险条款》第3条约定："本保险合同中的车上人员是指保险事故发生时在被保险机动车上的自然人。”第4条约定：“保险期间内，被保险人或其允许的合法驾驶人在使用被保险机动车过程中发生意外事故，致使车上人员遭受人身伤亡，依法应当由被保险人承担的损害赔偿责任，保险人依照本保险合同的约定负责赔偿。”第5条约定：“被保险机动车造成下列人身伤亡，不论在法律上是否应当由被保险人承担赔偿责任，保险人均不负责赔偿：……（五）车上人员在被保险机动车车下时遭受的人身伤亡。”2015年5月30日8时许，王丙驾驶半挂牵引货车到杭州送货，到达目的地后，王丙在车上解除覆盖在货物上的篷布时，不慎从车上摔下，导致头部受伤，王丙同行人员随即拨打“120”急救电话，并于当晚21时43分拨打被告“95519”客服电话报案。“120”急救车到事故现场后将王丙送往医院进行抢救，经医院诊断为高处坠落造成脑干损伤，在医院治疗后病情无改善，于次日转入定陶县人民医院经抢救无效，于2015年6月3日死亡。山东省立医院于当日出具了《居民死亡医学证明书》，死亡原因为呼吸循环衰竭，重度颅脑损伤。原告李某和王丙系夫妻，双方于2003年5月8日登记结婚，婚后有一女、一子，王丙父母均已去世。

五、裁判结果

定陶县人民法院于2015年12月30日作出（2015）定商初字第864号民事判决：判决被告中国人寿财产保险股份有限公司某支公司支付三原告保险金20万元。宣判后，被告向菏泽市中级人民法院提起上诉。菏泽市中级人民法院于2016年8月10日作出（2016）鲁17民终1314号民事判决，驳回上诉，维持原判。

六、裁判理由

法院生效裁判认为：根据被告提供的《机动车车上人员责任保险条款》第

4条“保险期间内，被保险人或其允许的合法驾驶人在使用被保险机动车过程中发生意外事故，致使车上人员遭受人身伤亡，依法应当由被保险人承担的损害赔偿责任，保险人依照本保险合同的约定负责赔偿”的规定，王丙属于该条款所规定的“在使用被保险机动车过程中发生意外事故”的被保险人。被保险车辆作为货运车辆，王丙作为驾驶人，其使用车辆不但包括驾驶车辆，也包括在车上处理与所运货物有关的事务。本案保险事故发生时，王丙正在被保险车辆上进行货物运输操作，属于在使用被保险机动车过程中。因此，王丙从车上坠落身亡，符合《机动车车上人员责任保险条款》第4条关于保险责任的规定，保险人应当负责赔偿。

七、案例注解

该案例涉及保险合同纠纷中对保险格式条款具体内容的理解问题。根据《保险法》第30条规定，采用保险人提供的格式条款订立的保险合同，保险人与投保人、被保险人或者受益人对合同条款有争议的，应当按照通常理解予以解释。对合同条款有两种以上解释的，人民法院或者仲裁机构应当作出有利于被保险人和受益人的解释。在机动车车上人员责任保险中，应综合考虑机动车的类型、是否为营运车辆等因素对保险格式条款内容进行理解。

本案中，保险合同约定被保险人在保险期间内使用被保险机动车过程中发生意外事故，致使车上人员遭受人身伤亡，保险人负责赔偿。对于何谓“使用”双方当事人存有争议，通常的理解，对机动车的使用应当是驾驶的过程，但涉案车辆为营运货车，从有利于被保险人和受益人的角度出发，将“使用”的内涵进行一定程度的延伸，将“使用”包括在车上处理与所运货物有关的事务也具有一定合理性。

（一）保险合同已经成立并生效是享受保险利益的前提

《保险法》第13条第3款规定：“依法成立的保险合同，自成立时生效……”一般情况下，保险合同自双方当事人签署保险合同时成立，但保险合同往往对责任期限或生效时间作出约定，即保险合同成立时间与生效时间并不完全一致，保险合同已经成立并生效是享受保险利益的前提。如果仅是保险合同成立，尚未生效或责任期限尚未开始而发生事故，则被保险人无法享受保险利益。

（二）关于对“车上人员”的理解

《机动车车上人员责任保险条款》第3条约定：“本保险合同中的车上人员是指保险事故发生时在被保险机动车上的自然人。”第4条约定：“保险期间内，被保险人或其允许的合法驾驶人在使用被保险机动车过程中发生意外事故，致使车上人员遭受人身伤亡，依法应当由被保险人承担的损害赔偿责任，保险人依照本保险合同的约定负责赔偿。”“车上人员”仅是临时的、相对的身份，可因特定时空条件的变化而发生转化。因保险车辆发生意外事故而受害的人是否属于“车上人员”，必须以该人在事故发生当时这一特定的时间是否身处保险车辆之内为依据，在车内即为“车上人员”。

（三）对“使用”的理解

对车上人员责任保险条款中“使用”一词的理解存在争议。在被保险车辆是营运货车的情况下，按照通常理解，被保险人本人既作为车主又作为驾驶人，装货、运输、卸货是其必然工作流程，也符合被保险人运输营利、增加家庭经济收入的常理，在缺乏明确约定的情况下，使用机动车不能仅狭义限定为驾驶机动车，在车上处理与运输货物有关的工作都属于使用机动车的范畴。

《企业合规论丛》稿约

《企业合规论丛》是在华东师范大学法院学支持下，由华东师范大学企业合规研究中心创办、独立编辑并公开出版发行的学术集刊。

《企业合规论丛》初创于2018年，现包含“专题研讨”“论文争鸣”“判解研究”等栏目。

欢迎海内外专家学者、优秀学子、司法实务工作者惠赐稿件，论文来稿原则上在8000字以上，案例分析来稿原则上在5000字以上，并只接收电子邮箱投稿。来稿请以“作者姓名+文章标题”为邮件名称。收稿邮箱：qyhglc@163.com。

来稿请附摘要（300字之内）、关键词（5个以内）及作者个人简介（包括姓名、单位、职务或职称、地址、联系电话、电子邮箱）。关于引证规范，请具体参见尾页所附之引证体例。

《企业合规论丛》实行匿名审稿制，编辑部收到稿件起三个月内向作者通报审录结果，每稿必复。

《企业合规论丛》崇尚学术自由，严守学术规范。一旦发现作者一稿多发、抄袭或者存在其他严重学术不端行为的，本刊将向其所在单位、主管机关、学术团体及新闻媒体通报情况，并保留追究其法律责任的权利。

为了扩大本刊及作者知识信息交流渠道，除非作者在来稿时声明保留，否则视为同意《企业合规论丛》拥有以专有方式授予中国法制出版社对已刊作品纸质图书的出版权，以非专有方式向第三人授予已刊作品电子出版权、信息网络传播权和数字化汇编、复制权，以及向《中国社会科学文摘》《高等学校文科学术文摘》和中国人民大学书报复印资料等文摘类刊物推荐转载已刊作品的权利。

《企业合规论丛》编委会

《企业合规论丛》注释体例

一、文中注释一律采用脚注，全文连续编号。

二、非直接引用原文的，注释前加“参见”；引用非原始资料时，请注明“转引自”。

三、引用同一文献的，如果两个注释并非相邻，分别列出完整的文献信息；如果两个注释相邻，则采用“同上注，第 × 页”。

四、注释及参考文献范例。

（一）著作、教材类：

1《马克思恩格斯选集》（第4卷），人民出版社1972年版，第24页。

2 龚祥瑞：《比较宪法与行政法》，法律出版社1985年版，第255页。

3 佟柔主编：《中国民法》，法律出版社1990年版，第67～75页。

（二）论文类：

1 苏永钦：《私法自治中的国家强制》，载《中外法学》2001年第1期。

2 王利明：《隐私权的新发展》，载《人大法律评论》2009年第1辑。

（三）文集类：

1 龚祥瑞：《比较宪法学的研究方法》，载《比较宪法研究论文集》（第一集），南京大学出版社1993年版，第55页。

（四）译作类：

1 〔古希腊〕亚里士多德：《政治学》，吴寿彭译，商务印书馆1983年版，第54页。

（五）报纸：

1 张志铭:《现代化与中国律师制度的发展》，载《光明日报》2003年9月23日。

（六）古籍类：

1 （清）沈家本:《沈寄簃先生遗书》甲编，第43卷。

（七）辞书类：

1《新英汉法律词典》，法律出版社1998年版，第24页。

（八）网络资料类：

1 郑成思:《“入世”、知识产权保护与民商法的现代化》，载http://www.iolaw.org.cn/showNews.asp?id=243，2009年6月19日访问。

（九）英文类：

1 L.Fuller, *The Morality of Law*, Robert Gilpin, revised edition, New Haven: Yale University Press, 1969, p.143.

2 Joseph Raz, *Legal Principles and The limits of Law*, 81 Yale Law Journal (1972), p.839.

3 H.L.A.Hart, *Jhering's Heaven of Concepts and Modern Analytical Jurisprudence*, in Eaasys in Jurisprudence and philosophy, London: Oxofrd University Press, 1983, pp.269–270.

（十）英文以外的外文文种：依照该文种注释习惯。

图书在版编目（CIP）数据

企业合规论丛. 第1辑 / 华东师范大学企业合规研究中心编. —北京：中国法制出版社，2018. 7

ISBN 978-7-5093-9622-3

Ⅰ. ①企… Ⅱ. ①华… Ⅲ. ①企业法—研究—中国 Ⅳ. ①D922.291.914

中国版本图书馆CIP数据核字（2018）第161725号

策划编辑／王雯汀　　责任编辑／马　颖　王雯汀　　封面设计／杨泽江

企业合规论丛·第1辑

QIYE HEGUI LUNCONG · DI 1 JI

编者／华东师范大学企业合规研究中心
经销／新华书店
印刷／北京京华虎彩印刷有限公司
开本／710毫米×1000毫米　16开
印张／24.25
字数／358千

版次：2018年7月第1版／2018年7月第1次印刷
书号：ISBN 978-7-5093-9622-3　　定价：98.00元

北京西单横二条2号
邮政编码：100031　　传真：010-66031119
网址：http://www.zgfzs.com　　编辑部电话：010-66060794
市场营销部电话：010-66033393　　邮购部电话：010-66033288

（如有印装质量问题，请与本社印务部联系调换。电话：010-66032926）